Grammatik des heutigen Englisch

von

Friedrich Ungerer
Gerhard E. H. Meier
Klaus Schäfer
Shirley B. Lechler

unter Mitwirkung und Leitung
der
Verlagsredaktion Neue Sprachen

Ernst Klett Verlag

Grammatik des heutigen Englisch

von
Dr. Friedrich Ungerer, München; Gerhard E. H. Meier, Saarbrücken;
Klaus Schäfer, Ludwigsburg; Shirley B. Lechler, Esslingen;

unter Mitwirkung und Leitung
der Verlagsredaktion Neue Sprachen.
Mitarbeit an diesem Werk:
Inge Schäfer und Noreen O'Donovan, Verlagsredakteurinnen.

An den Arbeiten nahmen beratend teil:
Hans-Joachim Lechler, Esslingen; Dr. Peter Pasch, Tübingen.

Dieses Werk ist auch in englischsprachiger Version erhältlich:

A Grammar of Present-Day English

Klettnummer 5058

ISBN 3-12-505700-0

1. Auflage   1 8 7 6 5 4 | 1990 89 88 87 86

Alle Drucke dieser Auflage können im Unterricht nebeneinander benutzt werden, sie sind untereinander unverändert.
Die letzte Zahl bezeichnet das Jahr dieses Druckes.

Umschlag: Hans Lämmle, Stuttgart.
Druck: Ernst Klett Druckerei. Printed in Germany.

Vorwort

Adressaten und Funktionen dieser Grammatik

Die vorliegende Grammatik wendet sich vor allem an Schüler der gymnasialen Oberstufe. Darüber hinaus dient sie auch als Hilfsmittel für Studium und Weiterbildung: Sie ist ein praktisches Handbuch für all jene, die sich aus beruflichen oder privaten Gründen mit der englischen Sprache befassen.
Die *Grammatik des heutigen Englisch* hat zwei Hauptfunktionen: Sie soll einen Überblick über alle wesentlichen grammatischen Erscheinungen der englischen Sprache geben und dadurch der Auffrischung, Vertiefung und Erweiterung der Sprachkenntnisse dienen. Ebenso eignet sie sich als Nachschlagewerk in Einzelfragen.

Aufbau

Da eine Grammatik notwendigerweise eine große Vielfalt von Informationen umfaßt, wurde besondere Sorgfalt darauf verwendet, ihren Inhalt überschaubar zu präsentieren. Dies geschieht durch einen gestaffelten Aufbau.

- Zu Beginn jedes Kapitels – bei umfangreicheren Kapiteln auch vor Teilgebieten – steht eine in mehrere Abschnitte gegliederte Übersicht, die der ersten Orientierung im jeweiligen Stoffgebiet dient. Dabei sind die wichtigsten Erscheinungen durch einen doppelten Rahmen hervorgehoben.
- Im Anschluß an diese Übersichten werden die sprachlichen Erscheinungen im Detail vorgestellt. Auch hier heben doppelte Rahmen besonders Wesentliches hervor. Bei den weiteren Ausführungen sind farbig unterlegte Beispielsätze und Erläuterungen einander gegenübergestellt.
- Seltenere und weniger grundlegende Erscheinungen werden in Anmerkungen behandelt.
- Ein ausführlicher Anhang stellt einige Randgebiete der Grammatik dar (z. B. Wortbildung und Schreibregeln). Dadurch soll der Nutzen dieses Buches als Nachschlagewerk erhöht werden.
- Querverweise, ein detailliertes Register sowie ein übersichtliches System von Randziffern und Überschriften erleichtern dem Benutzer das Zurechtfinden.

Berücksichtigung von Satz- und Textzusammenhang

Die Grammatik einer modernen Sprache muß berücksichtigen, daß alle sprachlichen Mittel stets im Satz- und Textzusammenhang verwendet werden. Bestimmte Erscheinungen lassen sich ohnehin nur auf Satz- oder Textebene sinnvoll erklären (z. B. Passiv, Fragewörter, Relativpronomen, Konjunktionen, indirekte Rede, emphatische Wortstellung).
Andererseits machen die Vielfalt der Materie und das Streben nach übersichtlicher Darstellung eine isolierte Betrachtung bestimmter Satzelemente notwendig (z. B. Nomen, Pronomen, Verbformen). Doch auch hier wird die Satz- und Textebene so weit wie möglich durch das Beispielmaterial miteinbezogen. Dabei sind die Beispielsätze meist in einen thematischen Rahmen eingebettet. Satzübergreifende Erscheinungen werden durch längere Textbeispiele, darunter auch Originaltexte, veranschaulicht.

Stilistische Ebenen und Sprachvarianten

Im Hinblick auf eine möglichst vielseitige Verwendbarkeit wurden vorwiegend stilistisch neutrale Beispielsätze gewählt. Wenn jedoch typisch umgangssprachliche oder typisch förmliche Strukturen erläutert werden, sind die Beispielsätze auch im Wortschatz der entsprechenden Stilebene angepaßt.
Beispiele und Erläuterungen konzentrieren sich auf die britische Standardsprache. Auf Varianten, vor allem des amerikanischen Englisch, wird jedoch hingewiesen.

Sprachbetrachtung, linguistische Grundlagen, Terminologie

Die *Grammatik des heutigen Englisch* will sprachliche Erscheinungen nicht nur beschreiben, sondern bemüht sich auch um eine Begründung ihrer Verwendung, wobei Unterschiede zum deutschen Sprachgebrauch besonders hervorgehoben werden. Dabei wird die traditionelle grammatikalische Terminologie zugrunde gelegt (Satzteile, Wortarten, etc.). Sie wird nur durch wenige, jeweils ausführlich erklärte Begriffe ergänzt. Trotz dieser bewußten terminologischen Beschränkung werden viele Erkenntnisse berücksichtigt, die die verschiedenen neueren linguistischen Ansätze erbracht haben. Eine Ergänzung und Abrundung erfährt das Bemühen um Spracheinsicht im Einführungskapitel. Dort werden anhand einfacher Beispiele verschiedene Formen der Sprachbetrachtung und deren Einfluß auf die Grammatik vorgestellt.

Inhalt

Kapitel 4: Adjektiv und Adjektivgruppe

Kapitel 5: Adverb und adverbiale Gruppe

Kapitel 6: Die finiten Verbformen

Kapitel 7: Die Hilfsverben

Kapitel 8: Infinite Konstruktionen

Kapitel 9: Nebensätze

Kapitel 10: Direkte und indirekte Rede

Kapitel 11: Textverknüpfung und Emphase

Anhang

Einführung: Sprache, Kommunikation und Grammatik

Solange man sich in seiner Muttersprache bewegt, wird man selten das Bedürfnis verspüren, Hilfsmittel wie Grammatiken und Wörterbücher heranzuziehen. Die Kommunikation, d. h. die Verständigung zwischen Sprecher und Hörer, Autor und Leser, ist gewöhnlich auch so gewährleistet.
Anders in der Fremdsprache: Beim Sprechen und Schreiben fühlt man sich oft unsicher in der Wahl der sprachlichen Mittel, beim Hören und Lesen bereitet manchmal ihre Aufnahme und Auswertung Schwierigkeiten. Eine systematische grammatikalische Beschreibung der sprachlichen Mittel kann hier Hilfe leisten, indem sie auf folgende Fragen eingeht:

- Wie werden Wörter zu einer sinnvollen Äußerung angeordnet?
- Durch welche sprachlichen Mittel wird der Wirklichkeitsbezug einer Äußerung gewährleistet? (Woher wissen z. B. Sprecher und Hörer, daß sie beide dieselbe Person oder Sache meinen?)
- Auf welche Weise wird eine möglichst wirkungsvolle Informationsvermittlung erreicht?
- Welche Sprechabsicht oder Sprecherperspektive liegt einer Äußerung zugrunde?
- Entspricht eine Äußerung der Sprachnorm, und welcher Stilebene gehört sie an?
- Inwiefern unterscheiden sich die fremdsprachlichen Mittel von den muttersprachlichen?

Welche Rolle diese Gesichtspunkte bei der sprachlichen Verständigung spielen und wie sie in der vorliegenden Grammatik zur Geltung kommen, soll in diesem Einführungskapitel gezeigt werden.

1–3 Kommunikation und die Anordnung der Wörter

Kommunikation ist nur dann möglich, wenn Wörter in einer bestimmten Reihenfolge angeordnet werden. Dies verdeutlichen die folgenden zwei Beispiele:

our indeed holiday enjoyable very was last
our last holiday was very enjoyable indeed

Nur das zweite Beispiel ist eine sinnvolle englische Äußerung, da es richtige Wortstellung hat. Die Wortstellung ist ihrerseits abhängig von verschiedenen Faktoren, die in den drei folgenden Abschnitten vorgestellt werden.

1 Wortstellung und Strukturmuster (Wortgruppen, einfache Sätze, komplexe Sätze)

Die kleinste Einheit, in der die Wortstellung eine Rolle spielt, ist die **Wortgruppe.** Sie besteht aus den Mitgliedern einer oder mehrerer **Wortarten.** So enthält unser obiges Beispiel eine Nominalgruppe *(our last holiday)* mit folgender Zusammensetzung:

our	last	holiday
Possessivbegleiter	Adjektiv	Nomen

Außerdem enthält das obige Beispiel eine Adjektivgruppe *(very enjoyable).* Daneben gibt es noch Adverbgruppen (z. B. *very nicely*), Präpositionalgruppen (z. B. *in Italy*) und Verbgruppen (z. B. *must visit*).

Die nächst größere Einheit, die für die Wortstellung bestimmend ist, ist der **einfache Satz.** In ihm übernehmen Wortgruppen oder auch Einzelwörter die Funktion von **Satzteilen.** Die Kombination dieser Satzteile bezeichnet man als **Satzmuster.** Bei unserem Beispiel handelt es sich um ein besonders häufiges Satzmuster, das aus Subjekt, Prädikat und Ergänzung besteht und zu dem hier noch eine adverbiale Bestimmung tritt:

Our last holiday	was	very enjoyable	indeed.
Subjekt	Prädikat	Ergänzung	adverbiale Bestimmung

Der einfache Satz kann zum **komplexen Satz** erweitert werden. In diesem Fall erscheinen als Satzteile nicht nur Wortgruppen oder Einzelwörter, sondern auch **Nebensätze** oder **infinite Konstruktionen** (Infinitiv-, Gerundial- und Partizipialkonstruktionen):

Sailing around the Greek islands	was very enjoyable	as you may imagine.
Gerundialkonstruktion als Subjekt		Nebensatz als adverbiale Bestimmung

Die vorliegende Grammatik beschreibt, nach welchen Strukturmustern Wörter zu sinnvollen Sätzen kombiniert werden. Sie will dadurch nicht nur bei der Erzeugung sprachlich richtiger Äußerungen Hilfe leisten, sondern auch beim Verständnis von Sätzen wie dem folgenden:

To start with the development of tourism must be aimed at once the basic problems of food and housing have been solved.

Hätten Sie diesen Satz auf Anhieb richtig erfaßt? Die grammatische Analyse ist:

To start with	the development of tourism	must be aimed at	once the basic problems of food and housing have been solved.
Infinitivkonstr. als adv. Bestimmung	Subjekt	Prädikat	Nebensatz mit *once* (= „sobald") als adverbiale Bestimmung

Mit den Strukturmustern befassen sich insbesondere Kapitel 2 (Satzmuster), Kapitel 3–5 (Strukturen und Funktionen der Wortgruppen), Kapitel 8 und 9 (infinite Konstruktionen und Nebensätze).

2 Wortstellung und Satzarten

Bisher haben wir nur die Strukturmuster im Aussagesatz berücksichtigt. Doch in den anderen Satzarten gelten zum Teil andere Regeln für die Wortstellung. Dies zeigt z. B. der folgende Vergleich zwischen einem Aussagesatz und einem Fragesatz, in dem Umstellung von Hilfsverb und Subjekt (Teilinversion) eintritt:

Aussagesatz:		We Subjekt	have brought back Prädikat	plenty of holiday snapshots. Ergänzung (Objekt)
Fragesatz:	Have Teilprädikat (Hilfsverb)	you Subjekt	brought back Teilprädikat (Vollverb)	any holiday snapshots? Ergänzung (Objekt)

Die Strukturen der verschiedenen Satzarten werden detailliert in Kapitel 1 dargestellt.

3 Wortstellung, Textverknüpfung und Informationsgliederung

Satzmuster und Satzarten legen die Anordnung der Wörter zwar weitgehend fest; trotzdem sind in bestimmten Fällen verschiedene Wortstellungen im Satz möglich. Auch hier ist jedoch die Reihenfolge der Satzteile nicht beliebig, sondern ergibt sich aus der **Textverknüpfung und Informationsgliederung,** die der Sprecher anstrebt. (Zur Informationsgliederung, vgl. auch **6.**) So hängt z. B. die Stellung einer Ortsangabe davon ab, wie der Satz sich inhaltlich an den oder die vorangehenden Sätze anschließt:

Spanish food is quite different from English food.	**In Torremolinos,** however, some restaurants serve fish and chips. Ortsangabe in Anfangsstellung
You needn't do without your fish and chips completely.	You can get them **in Torremolinos.** Ortsangabe in Endstellung

Im ersten dieser beiden Beispiele steckt die satzeinleitende Ortsangabe den räumlichen Rahmen ab, unter dem der nachfolgende Schwerpunkt der Aussage betrachtet werden soll. Gleichzeitig knüpft sie kontrastiv an den vorangehenden Satz an (Kontrast Spanien im allgemeinen/Torremolinos).

Im zweiten Beispiel bildet die Ortsangabe am Satzende den Schwerpunkt der Aussage. Sie bietet in diesem Satz die eigentlich neue Information; die übrigen Satzteile knüpfen an das an, was schon durch den vorangehenden Satz bekannt ist.

Um eine besonders wirkungsvolle Informationsgliederung und Textverknüpfung zu erzielen, kann ein Sprecher sogar von der Wortstellung Subjekt – Prädikat – Ergänzung(en) abweichen, die sonst im Aussagesatz üblich ist:

Tourism has become essential to the country's economy.

A lot less beneficial	**have been**	**its effects on the natural beauty of the South coast.**
Ergänzung	Prädikat	Subjekt

Die Auswirkungen von Textverknüpfung und Informationsgliederung auf die Wortstellung werden vor allem in Kapitel 11 erläutert.

4–5 Sprache und Wirklichkeitsbezug

4 Mit jeder sinnvollen sprachlichen Äußerung bezieht sich der Sprecher auf Personen, Gegenstände, Vorgänge oder Zustände der außersprachlichen Wirklichkeit (manchmal auch auf abstrakte Ideen oder eine erfundene Phantasiewelt). Wie die folgenden beiden Darstellungen ein und desselben Sachverhalts zeigen, stellt aber nicht jede Äußerung diesen Wirklichkeitsbezug mit gleicher Deutlichkeit her:

HOSTAGES FREE
The hostages of the Taunton bank robbery were freed by a special police task force
from a remote farmhouse last night.

In der ersten Fassung wird zwar durch die Bedeutungen der Wörter *hostage* und *free* klar, daß es sich um eine Geiselbefreiung handelt; außerdem zeigt das Plural-*s* an, daß mehrere Geiseln betroffen sind. Nicht geklärt wird jedoch, um welche Geiseln es geht; ebensowenig kommt zum Ausdruck, wo, wann und durch wen die Befreiung erfolgte. Deshalb ist ein solcher Wortlaut auch nur unter bestimmten Umständen sinnvoll, z. B. als Schlagzeile zu einem nachfolgenden Zeitungsartikel, der die nötigen Erläuterungen liefert. In der zweiten Fassung sind dagegen alle diese Unklarheiten beseitigt. Die Klarstellung erfolgt – in Verbindung mit weiteren Wortbedeutungen – durch verschiedene **grammatische Mittel:**

- Der bestimmte Artikel ***the*** in *the hostages* zeigt an, daß es sich um ganz bestimmte Geiseln handelt. (Die genauere Festlegung erfolgt durch die nachfolgende *of*-Gruppe: *of the Taunton bank robbery.*)
- Die finite Verbform ***were freed*** zeigt unter anderem, daß die Handlung – gemessen am Sprechzeitpunkt – in der Vergangenheit geschah. (Die genauere Festlegung erfolgt durch die Zeitangabe *last night.*)
- Die Präposition ***by*** weist auf die Urheber der Befreiung hin (sogenannter *by*-agent).
- Die Präposition ***from*** kennzeichnet *a remote farmhouse* als Ort der Handlung.

5 In den obigen Beispielen wird der Wirklichkeitsbezug vorwiegend durch die Wortbedeutung der Nomen, der Adjektive und des Verbs hergestellt, während die grammatischen Mittel nur zur Verdeutlichung dienen. Doch es gibt auch Situationen, in denen die grammatischen Mittel eine weitaus größere Rolle spielen. So können sich z. B. Gesprächspartner, die die Geiselnahme im Fernsehen oder Rundfunk verfolgt haben, in folgender reduzierter Form ausreichend darüber verständigen:

A: They've freed them at last.
B: Thank God they have.
A: I never thought they would.
B: Nor did I.

Hier wird der Wirklichkeitsbezug nur noch zu einem kleinen Teil durch eine spezifische Wortbedeutung, nämlich durch die Bedeutung des Verbs *free* im ersten Satz, hergestellt; anstelle der möglichen Nomen *(police task force, hostages)* treten Pronomen *(they, them)* ein. In den folgenden beiden Sätzen wird *free them* durch die Hilfsverben *have* und *would* vertreten. Im letzten Satz schließlich ersetzt das Hilfsverb *did* in Verbindung mit *nor* einen noch größeren Teil der vorhergehenden Sätze (nämlich: *think they would free them*).
Dieses Beispiel ist durchaus nicht untypisch für das informelle Gespräch mit seinen vielen Kurzsätzen, in denen Pronomen, Hilfsverben und Wörter wie *so, nor, neither* stellvertretend (als sog. Proformen) für andere Wörter und Wortgruppen erscheinen. Es unterstreicht die Bedeutung, die die grammatischen Mittel für die Herstellung des Wirklichkeitsbezugs haben, und zeigt zugleich, wie sehr ihre Wahl von der jeweiligen Gesprächssituation abhängig ist. Die Beschreibung solcher grammatischer Mittel nimmt daher einen großen Raum in der Grammatik ein.
(Einzelheiten zu den Kurzsätzen vgl. Kap. 1; zu Pronomen, zu Artikeln und anderen Begleitern des Nomens sowie zu Singular und Plural vgl. Kap. 3; zu Präpositionen in adverbialen Bestimmungen vgl. Kap. 5; zu den finiten Verbformen vgl. Kap. 6).

6–7 Sprache und Informationsvermittlung

6 Wenn jemand mehrmals dasselbe sagt, ohne daß ein besonderer Grund für eine verstärkende Wiederholung vorliegt, so verliert der Zuhörer schnell das Interesse. Denn von einer sprachlichen Äußerung erwarten wir, daß sie auch neue Informationen enthält. Umgekehrt wird der Hörer überfordert, wenn der Sprecher nur neue Informationen aneinanderreiht, wenn er also in einer Äußerungsfolge ständig neue Sachverhalte und Gesichtspunkte einführt.

Besser gelingt die Kommunikation, wenn ein Mittelweg eingehalten wird: Der Sprecher geht von etwas aus, das dem Hörer bereits bekannt ist (z. B. durch das vorher Gesagte) und verbindet damit ein neues Informationselement. Oder er stellt Bekanntes unter einem neuen Aspekt dar. Diesen Wechsel von Bekanntem und Neuem soll der folgende Auszug aus einer Rede zur Einweihung eines Kulturzentrums veranschaulichen:

This beautifully converted building is the result of ***long and careful planning.***
| bekannt | neu →

The first plans were in fact drawn up ten years ago ***by our Department of Works.***
| bekannt | neu →

The Department originally suggested retaining ***only the façade of the old building.***
| bekannt | neu →

This suggestion was rejected ***by the council.***
| bekannt | neu →

Bei der Lektüre dieses Textes stellt man fest, daß die Information wohldosiert und eingängig vermittelt wird. Dies geschieht durch Sätze, die eine fast identische **Informationsgliederung** aufweisen:

- Das **erste Element** des Satzes (hier immer das Subjekt) bezieht sich auf etwas **Bekanntes** (meist im vorhergehenden Satz Erwähntes).
- Die neue Information ist im restlichen Satz (dem Prädikat und seinen Ergänzungen) enthalten, wobei dem **letzten Element** (schräg fett gedruckt) besondere Bedeutung zukommt:
  - Es ist meist das umfangreichste und vermittelt deshalb die meiste Information.
  - Es enthält die **wichtigste Information** und deshalb die am stärksten betonte Silbe (jeweils unterstrichen).

Die Gliederung in bekannte und neue Information mit dem Schwergewicht am Satzende ist die unauffälligste Form der Informationsvermittlung. Sie paßt sich eng an die für den englischen Satz so typische Reihenfolge Subjekt – Prädikat – Ergänzung(en) an. Oft wird sie – wie unser Beispieltext zeigt – durch einen **Wechsel zwischen Aktiv- und Passivsätzen** erreicht. (Zu den Passivsätzen vgl. **58–65.**)
Im übrigen gilt dieses Prinzip des ‚Schwergewichts am Ende' *(end weight)* auch für einzelne Wortgruppen. Wie die folgenden Beispiele zeigen, bevorzugt man bei längeren Ausdrücken die nachgestellte *of*-Gruppe gegenüber dem *s*-Genitiv (vgl. **92**), ebenso erscheinen Adjektive mit Ergänzungen stets nach dem Nomen (vgl. **130**):

the mayor's speech	aber: the speech **of the newly-elected mayor of York**
pleasant colours	aber: colours **pleasant to the eye**

7 Trotz ihrer Vorzüge ergibt diese Art der Informationsgliederung, wenn sie starr durchgehalten wird, nicht unbedingt ideale Texte. Denn jede schematische Anwendung eines Prinzips wirkt auf die Dauer monoton. Das Interesse des Hörers bzw. Lesers wird am besten durch gelegentliche Abweichungen von der normalen, unauffälligen Informationsgliederung aufrechterhalten. Solche Abweichungen nennen wir **Emphase.** Emphase kann durch verschiedene sprachliche Mittel entstehen. Im mündlichen Sprachgebrauch wird sie häufig durch die **Betonung** erzeugt: Der Sprecher kennzeichnet das Wort mit dem größten Informationswert dadurch, daß er es am stärksten betont (Betonung auf der unterstrichenen Silbe). Auf diese Weise kann er den Informationsschwerpunkt vom Satzende auf das Satzinnere oder den Satzanfang verlagern, wenn dies durch den Textzusammenhang gerechtfertigt ist:

This suggestion was rejected ***by the council.***
This suggestion ***was rejected*** by the council. (It wasn't accepted as you seem to believe.)
This suggestion was rejected by the council. (The other suggestion was accepted.)

Darüber hinaus stehen – für den mündlichen wie den schriftlichen Gebrauch – eine Reihe von **grammatischen Mitteln** zur Variation der Informationsgliederung zur Verfügung. Einige dieser Möglichkeiten stellt die folgende Fassung der obigen Einweihungsrede vor:

May I remind my critics that *it was* ***our Department of Works*** *that* drew up the first plans for converting the old chocolate factory into an Arts Centre. *What* the Department originally suggested *was* ***that the interior of the building should be completely renewed.*** But, as you will remember, the estimated cost of such an extensive renovation caused the majority of the council to have some doubts about the project. So *back came* ***the old plans for demolishing and rebuilding.*** But *there was* considerable opposition to this among local residents. They were able to put forward numerous ideas on how the substance of this historic building could be retained and renovated at a relatively low cost. *I* ***do appreciate*** that *it was* mainly ***their initiative*** *that* convinced the council . . .

Dieser Text enthält mehrere Beispiele von Emphase: Durch die Konstruktion *it was . . . that . . .* (sog. *it*-Spaltsatz) wird im ersten und letzten Satz jeweils das Subjekt *(our Department of Works/their initiative)* hervorgehoben. Durch die Konstruktion *what . . . was . . .* (sog. *what*-Spaltsatz) im zweiten Satz wird das letzte Element (*that*-Satz als Objekt) zusätzlich hervorgehoben, obwohl es bereits die Endstellung innehat. Emphatische Wirkung haben auch die ungewöhnliche Wortstellung im Satz *So back came the old plans . . .* sowie die Form *do appreciate* (emphatische *do*-Form).
Von der Informationsgliederung **bekannt – neu** weicht auch der Satz *But there was . . .* ab, in dem eine *there*-Konstruktion zur Einführung eines neuen Elements verwendet wird (nämlich: *opposition among local residents*). Diese und andere grammatische Mittel, die zu Gestaltung, Zusammenhalt und Belebung eines Textes dienen, werden in Kapitel 11 erläutert.

8–9 Sprechabsicht und Sprecherperspektive

8 Sprachliche Kommunikation kann als Handeln mit sprachlichen Mitteln verstanden werden. Mit jeder Äußerung versucht der Sprecher, eine Sprechabsicht zu verwirklichen, d. h. beim Hörer oder Leser eine bestimmte Wirkung zu erzielen. Dabei besteht jedoch zwischen Sprechabsichten und sprachlichen Äußerungen praktisch nie ein eindeutiges Zuordnungsverhältnis, sondern stets eine recht komplexe Beziehung:

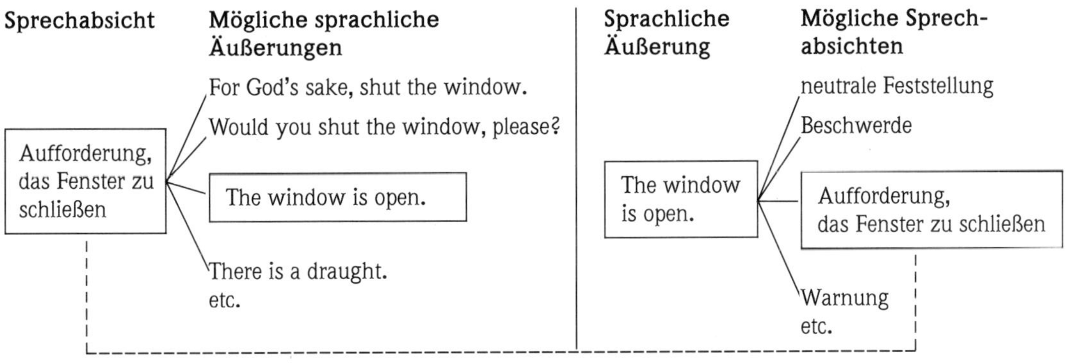

Wie die Gegenüberstellung zeigt, stehen für jede Sprechabsicht verschiedene sprachliche Mittel zur Verfügung; jeder sprachlichen Äußerung wiederum können verschiedene Sprechabsichten zugrunde liegen. Für den Sprecher (bzw. Autor) und Hörer (bzw. Leser) ergeben sich dabei unterschiedliche Aufgaben:

- Der Sprecher muß bei der Verwirklichung einer bestimmten Sprechabsicht eine Wahl unter einer Vielzahl von Wörtern und grammatischen Mitteln treffen.
- Der Hörer, der mit einer sprachlichen Äußerung konfrontiert wird, muß entscheiden, welche Sprechabsicht damit verbunden ist.

Beide Aufgaben müssen unter Berücksichtigung der jeweiligen Gesprächssituation und des Gesprächspartners gelöst werden. Eine Grammatik kann nur in jenen Bereichen systematische Hinweise geben, in denen eine Skala von Sprechabsichten durch gleichartige grammatische Mittel ausgedrückt werden kann, wie z. B.:

- bei der Darstellung der modalen Hilfsverben, die Sprechabsichten wie Erlaubnis, Wunsch, Tadel, etc. ausdrücken können (vgl. Kap. 7),
- bei der Beschreibung der Satzarten, die – jeweils mit einem bestimmten Intonationsverlauf – für Feststellungen, Fragen, Aufforderungen, etc. verwendet werden können (vgl. Kap. 1).

9 Bei einer Reihe weiterer grammatischer Erscheinungen läßt sich kein so direkter Bezug zu bestimmten Sprechabsichten herstellen, obwohl auch hier die persönlichen Erwartungen und Einstellungen des Sprechers entscheidend sind. Solche anders gelagerten Fälle illustrieren die folgenden Beispielpaare:

(a) The team **was** lined up for **its** group photo. The team **were** discussing tactics for **their** final match.	Alternative Singular/Plural bei Verb und Possessivbegleitern
(b) Jane **is playing** in the school orchestra (this year). Jane **plays** the oboe in the school orchestra.	Alternative *Progressive Form/ Simple Form*
(c) What else are we running out of? Is there **any** orange juice in the fridge? I'm thirsty – is there **some** orange juice in the fridge?	Alternative *some/any*

Die Sätze dieser Beispiele unterscheiden sich jeweils durch die **Perspektive**, unter der der Sprecher Personengruppen, Handlungen und Sachverhalte sieht:

- Beim Beispielpaar (a) betrachtet der Sprecher im ersten Satz die Mannschaft als Einheit, im zweiten Satz als eine Anzahl von Einzelpersonen.
  Die gleiche Alternative stellt sich auch bei vielen anderen Gruppenbezeichnungen, wie z. B. *family, class, government,* etc. (vgl. **74**). (Eine Reihe von Nomen, die ebenfalls mehrere Personen bezeichnen, kann dagegen nur mit Pluralformen von Verb, Begleitern und Pronomen verbunden werden, z. B. *police, people, clergy,* etc.: vgl. **73.4**.)
- Beim Beispielpaar (b) wird Janes Zugehörigkeit zum Schulorchester im ersten Satz als ein vorübergehender, z. B. für ein Schuljahr gültiger Sachverhalt dargestellt, im zweiten Satz als eine Tatsache von nicht begrenzter Dauer.
  Die gleiche Wahlmöglichkeit zwischen *Progressive Form* und *Simple Form* besteht auch bei anderen Verben, die eine Tätigkeit oder einen Vorgang beschreiben. (Bei einer Reihe von Verben ist dagegen nur die *Simple Form* möglich, z. B. bei Verben, die einen Zustand oder eine Beziehung ausdrücken, wie *seem, belong to, possess,* etc.: vgl. **181–185**.)
- Beim Beispielpaar (c) drückt der Sprecher im ersten Satz seine Unklarheit darüber aus, ob überhaupt Orangensaft da ist, im zweiten Satz hält er dies für wahrscheinlich.
  Ähnliche Unterschiede in der Sprecherperspektive drücken auch die Zusammensetzungen mit *some* und *any* (*someone, anything,* etc.) sowie einige Adverbpaare (*yet/already, ever/sometimes,* etc.) aus. (Wahlmöglichkeiten bestehen allerdings nur in Fragesätzen. In anderen Satzarten ist die Sprecherperspektive festgelegt: vgl. **20, 22, 113**.)

Solche Wahlmöglichkeiten unter verschiedenen grammatischen Mitteln zum Ausdruck unterschiedlicher Sprecherperspektiven sind im Englischen zahlreicher als im Deutschen. Ihre Darstellung (und Abgrenzung gegenüber Bereichen, in denen keine Wahlmöglichkeiten bestehen) nimmt daher in der vorliegenden Grammatik einen breiten Raum ein. Sie betrifft, wie die obigen Beispiele nur andeuten konnten, zentrale Gebiete der englischen Grammatik:

- die Verwendung von Nomen, Pronomen und Begleitern sowie die Abstimmung von Nomen und Verbform (Kapitel 3; vgl. auch Beispiele (a) und (c))
- den Gebrauch bestimmter Tempusformen, besonders von *Simple* und *Progressive Form* (vgl. Beispiel (b)), *Past Tense* und *Present Perfect* sowie der verschiedenen Ausdrucksformen für zukünftige Ereignisse (Kapitel 6)
- die Wahl zwischen Infinitiv, *Gerund* und Partizip als Ergänzung (Kapitel 8)
- die Wahl zwischen Aktiv- und Passivsätzen. Neben den bereits erwähnten Gesichtspunkten der Informationsgliederung (vgl. **6**) ist hier entscheidend, ob der Sprecher eine Handlung aus der Sicht des Urhebers oder der des Betroffenen darstellen will (vgl. **58**).

Sprecherperspektive und Sprechabsicht hängen manchmal eng miteinander zusammen, z. B. bei Fragesätzen mit *any* oder *some* (vgl. Beispielpaar (c)). Da *any* Unklarheit ausdrückt, ist der Satz mit *any* als echtes Ersuchen um Information aufzufassen. Beim Satz mit *some* könnte es sich z. B. um eine Bitte handeln *(Can I have some orange juice?):* Wenn man um etwas bittet, nimmt man an, daß es vorhanden ist und benützt daher *some.* Auch auf solche Zusammenhänge wird bei der Behandlung der betreffenden grammatischen Erscheinungen hingewiesen.

10–12 Sprachnorm und Stilebene

10 Welches Englisch soll eine grammatische Beschreibung zugrunde legen?
Der folgende Auszug aus einem Drama gibt eine unter vielen Varianten des Englischen wieder, die sich deutlich von der Sprache unserer bisherigen Beispiele unterscheiden:

Mama: Who that round here slamming doors at this hour?
Ruth: That was Walter Lee. He and Bennie was at it again.
Mama: My children and they tempers. Lord, if this little old plant don't get more sun than it's been getting it ain't never going to see spring again. What's the matter with you this morning, Ruth? You looks right peaked. You aiming to iron all them things?
(Lorraine Hansberry, *A Raisin in the Sun*)

Es handelt sich um eine Form des Englischen, die von vielen Schwarzen in den USA gesprochen wird *(Black English).* Sie weist eine Reihe von Unterschieden zu dem Englisch auf, das normalerweise in Grammatiken (auch in der vorliegenden) beschrieben wird. Einige dieser Abweichungen sind auch in verschiedenen britischen Dialekten anzutreffen (z. B. die Formen *it don't, it ain't, them things* und die doppelte Verneinung in *it ain't never going . . .*).
Solche regionalen Varianten des Englischen sind gleichzeitig kennzeichnend für eine bestimmte (eher niedrige) soziale Schicht. Obwohl sie den Zweck der Kommunikation an sich ebenso gut erfüllen wie die Sprache unserer bisherigen (und sonstigen) Beispiele, werden sie oft als inkorrekt und Zeichen mangelnder Bildung eingestuft, da sie nicht der **Sprachnorm** entsprechen.
Die allgemein anerkannte Sprachnorm orientiert sich an den Sprechgewohnheiten der oberen sozialen Schichten. Da diese Sprechgewohnheiten sich in den verschiedenen englischsprachigen Ländern aber etwas auseinanderentwickelt haben, haben sich verschiedene **nationale Standardformen** herausgebildet: britischer Standard (mit der sogenannten *Received Pronunciation*, der in Südengland üblichen Aussprachevariante), amerikanischer Standard *(General American)*, irischer, südafrikanischer, australischer Standard, etc. Darüber hinaus läßt sich auch in Indien und in einigen afrikanischen Ländern, in denen Englisch als Verkehrssprache benützt wird, die Entwicklung eigener Standardformen beobachten.
Die Unterschiede zwischen den verschiedenen nationalen Standardformen sind in der Aussprache am auffallendsten, im Wortschatz beträchtlich, in der Grammatik aber verhältnismäßig gering. Deshalb können wir uns auf eine dieser Standardformen konzentrieren, den britischen Standard. Wichtige grammatische Varianten des amerikanischen Englisch werden jedoch in Anmerkungen erläutert. (Im Anhang (**362–365**) werden außerdem die wesentlichen Unterschiede zwischen britischem und amerikanischem Englisch in verschiedenen Bereichen zusammengefaßt.)

11 Die Beschränkung auf die Standardsprache bedeutet aber keineswegs Einförmigkeit. Auch im Rahmen des jeweiligen Standards kann der Sprecher unter ganz verschiedenen **stilistischen Ebenen (Registern)** wählen. Er trifft diese Wahl unter Berücksichtigung des Gesprächsgegenstands, des Gesprächspartners, des Gesprächsanlasses und der Form der Kommunikation (mündlich oder schriftlich).
Um stilistische Varianten zu bezeichnen, unterscheiden wir zwischen **Umgangssprache** *(colloquial English)*, wie sie etwa für zwanglose Unterhaltungen und private Briefe typisch ist, **förmlichem Englisch** *(formal English)*, wie es etwa in offiziellen Reden, amtlichen Schriftstücken, Geschäftsbriefen, etc. anzutreffen ist, und **stilistisch neutraler Ausdrucksweise.**
Im Zusammenhang mit Sprechabsicht und Sprecherperspektive (vgl. **8–9**) ist eine weitere stilistische Differenzierung nach dem Grad der Höflichkeit und der persönlichen Anteilnahme zu sehen. Sie hat Auswirkungen auf die Wahl einzelner grammatischer Formen, z. B. der modalen Hilfsverben (Einzelheiten in Kap. 7) und der *Progressive Form* (vgl. **184.1** Anm. 1, **188, 206**) sowie auf Satzarten und Intonation (vgl. Kap. 1).
Zur stilistischen Wirkung einer Äußerung tragen verschiedene Faktoren bei, z. B. der Wortschatz. Es gibt Wörter und Redewendungen, die als umgangssprachlich oder gar als salopp zu bezeichnen sind. Einige von ihnen haben ihren Ursprung im **Slang** (gruppenspezifische, für nicht Eingeweihte oft unverständliche Ausdrucksweise) einer beruflichen oder sozialen Gruppe, so z. B. *guy* oder *bloke* für das stilistisch neutrale *man* oder das förmliche und höfliche *gentleman.*
Auch auf dem Gebiet der Grammatik gibt es, neben einer Vielzahl stilistisch neutraler Formen und Strukturen, einige Erscheinungen, die kennzeichnend für die Umgangssprache oder den förmlichen Stil sind. Hierzu folgende Kontrastbeispiele:

- How about doing our homework together this evening, Sue? You're so much better than me at maths.
- Sorry, Chris, but I can't help you today.
- Why not?
- Well, you see, those American friends I was telling you about have just arrived. I've got to show them around town.
- So you'll be gallivanting around town with the Yanks, while I struggle with the calculus all on my own.
- Too bad! Perhaps another time.

The director of our firm, to whom you had addressed your request, has instructed me to inform you that we shall unfortunately be unable to offer our assistance in making arrangements for the visit of the American Youth Orchestra to our town.
At the period in question, our facilities will be fully occupied by a business conference. However, international cultural exchange being of such vital importance, we wish to make a contribution to your expenses . . .

Der Dialog links ist typisch für die Umgangssprache. Er enthält folgende grammatische Merkmale dieser Stilebene: Kurzformen der Hilfsverben (*you're*, *can't*, etc.), Objektform des Personalpronomens statt Subjektform (*better than me)*, Wegfall des Relativpronomens im Relativsatz und Nachstellung der Präposition (*those American friends I was telling you about)*, verkürzte Sätze (*Why not? Too bad! Perhaps another time.)* einschließlich der Frage mit *how about*. Er enthält außerdem einige typisch umgangssprachliche Wörter: *maths* (Mathe), *gallivanting* (sich herumtreiben), *Yanks* (Amis).
Der Briefausschnitt rechts wirkt schon wegen des langen, verschachtelten ersten Satzes förmlich. Weitere grammatische Merkmale des förmlichen Stils sind: Vollformen der Hilfsverben (*we shall*, etc.); der nichtnotwendige Relativsatz mit vorangestellter Präposition *to* und *whom*; die unverbundene Partizipialkonstruktion im letzten Satz (*international cultural exchange being . . .)*. Auch viele Wörter und Wortkombinationen gehören eindeutig der förmlichen Stilebene an: *addressed your request* (asked for help), *we shall be unable to offer our assistance* (we can't help you), *at the period in question* (at the time you mentioned), etc.

12 Ein Sonderfall ist die sog. **literarische Stilebene.** Sie läßt sich in keine der bisher genannten Kategorien einordnen. Je nach Gattung und Epoche kann ein literarischer Text vorwiegend Merkmale der förmlichen Stilebene oder ausgesprochen viel Umgangssprache enthalten. Oft besteht die stilistische Wirkung eines Textes darin, daß er das grammatische System der Sprache zwar einerseits voraussetzt, andererseits aber überspielt, wie z. B. in der folgenden Eröffnungspassage einer Kurzgeschichte:

> It was raining **that** morning, and still very dark. When **the** boy reached **the** streetcar café he had almost finished his route . . . (Carson McCullers, *A Tree. A Rock. A Cloud*)

Normalerweise werden der bestimmte Artikel oder ein Demonstrativbegleiter nur in bezug auf ganz bestimmte, schon erwähnte oder bekannte Personen oder Dinge benutzt (vgl. **4** und **100**). Indem sie hier aber bewußt im ersten Satz des Textes eingesetzt werden, suggerieren sie dem Leser, daß er schon wissen sollte, um welchen Morgen, welchen Jungen, welches Café es sich handelt, und erwecken dadurch seine Neugier.
Um einen solchen stilistischen Einsatz grammatischer Erscheinungen zu erkennen, muß man sich ihrer normalen Verwendung bewußt sein. Hierzu will die vorliegende Grammatik einen Beitrag leisten.

13–15 Die englische und die deutsche Sprache

13 Unter den modernen Fremdsprachen, die an deutschsprachigen Schulen unterrichtet werden, erscheint das Englische dem Deutschen besonders ähnlich. Dies ist auf die enge Verwandtschaft der beiden Sprachen zurückzuführen, die sich beide aus westgermanischen Dialekten entwickelt haben. (Das Französische, Spanische und Italienische dagegen sind romanische Sprachen und gehen auf das Lateinische zurück.) Die Vorform des Englischen wurde von Angeln, Sachsen und Jüten gesprochen, die im heutigen holländischen und nordwestdeutschen Küstenraum sowie in Dänemark siedelten. Als diese germanischen Stämme im 5. Jahrhundert n. Chr. in England eindrangen, führten sie auch ihre Sprache dort ein, die man heute mit dem Sammelbegriff des Altenglischen (Angelsächsischen) bezeichnet. Die weitere Entwicklung dieser Sprache über das Mittelenglische zum heutigen (Neu)englisch war stark vom Einfluß fremder Sprachen geprägt. So gelangten mit den Einfällen der Wikinger und Dänen im 8. bis 11. Jahrhundert nordgermanische (skandinavische) Elemente in die englische Sprache. Den nachhaltigsten Einfluß hatte jedoch die Eroberung Englands durch die französisch sprechenden Normannen im Jahr 1066; ihr Einfluß bewirkte, daß das Englische wortschatzmäßig zu einer Mischsprache wurde und zahlenmäßig heute über mehr Wörter romanischen Ursprungs verfügt als über germanische Wörter. (Allerdings werden die germanischen Wörter im Durchschnitt weit häufiger verwendet.) Diese Entwicklung schuf die für spätere Jahrhunderte typische Bereitschaft, Lehnwörter aus den klassischen Sprachen Latein und Griechisch, aus anderen modernen europäischen Sprachen und aus den Sprachen der Kolonialgebiete (z. B. aus indischen Sprachen) zu übernehmen und in den englischen Wortschatz zu integrieren:

aus dem Skandinavischen	aus dem Französischen	aus dem Lateinischen (z. T. griech. Ursprung)	aus anderen Sprachen
egg, skirt, wrong, get, take, die, they, them, their, etc.	beauty, colour, country, peace, courage, justice, catch, pay, receive, etc.	stimulus, album, population, crisis, physics, paternal, attract, etc.	yacht [jɒt] (holl.); bankrupt (ital.); canyon (span.); bungalow (ind.), etc.

14 In seinen grammatischen Strukturen blieb das Englische allerdings im wesentlichen eine germanische Sprache; es kam kaum zu eindeutigen Übernahmen von Strukturen aus anderen Sprachen. Relativ sicher ist der fremde Einfluß – hier des Lateinischen – nur bei der Entwicklung der unverbundenen (absoluten) Partizipialkonstruktion (*The people working hard, the damage was quickly repaired* – vgl. **292.**1) und der Objekt + Infinitiv-Konstruktion nach Verben, die eine Meinung ausdrücken (*We thought him to be very cruel.* – vgl. **266**). Bei einigen anderen grammatischen Erscheinungen, z. B. bei der Steigerung der Adjektive und Adverbien auf *more/most* und bei der Verwendung der ursprünglichen Fragepronomen *who, whom which,* etc. als Relativpronomen, wurde die Entwicklung zwar durch französische bzw. lateinische Parallelen begünstigt, aber nicht nachweislich herbeigeführt.

Die entscheidenden grammatischen Unterschiede gegenüber dem Deutschen beruhen jedoch auf innersprachlichen Entwicklungen des Englischen; ihre Ansätze sind schon im Altenglischen zu finden. Am bedeutendsten sind:

- der Wegfall der meisten Flektionsendungen beim Nomen, Verb und Adjektiv, der dazu führte, daß die Funktionen des Nomens im Satz (Subjekts-, Objektsfunktion, etc.) im heutigen Englisch vorwiegend durch die Wortstellung und durch Präpositionen ausgedrückt werden („analytischer“ Charakter der englischen Sprache)
- der Übergang vom grammatischen Geschlecht des Nomens zum biologischen Geschlecht (vgl. dt. *der Hut – er:* engl. *the hat – it*), der die Neuzuordnung der Pronomen und Begleiter nach sich zog (z. B. als Relativpronomen: *who* für Personen, *which* für Sachen, etc.)
- die sogenannte *do*-Umschreibung (*do* als Hilfsverb in verneinten Sätzen, Fragesätzen, etc.) sowie die Systematisierung und Differenzierung des Gebrauchs von *Past Tense* und *Present Perfect, Progressive Form* und *Simple Form,* Gerundial- und Infinitivkonstruktionen.

15 Daß die grammatischen Erscheinungen, in denen sich das Englische vom Deutschen unterscheidet, in einer Grammatik für Deutschsprachige eine zentrale Rolle spielen, ist einleuchtend; doch auch die grammatischen Parallelen zwischen den beiden Sprachen dürfen nicht vernachlässigt werden. Gerade Fortgeschrittene, für die die vorliegende Grammatik gedacht ist, sind auf die Erläuterung dieser Parallelen angewiesen. Denn je länger sich ein Deutscher mit einer verwandten Sprache wie dem Englischen befaßt, um so weniger wird er es wagen, grammatische Mittel, die ihn an die Muttersprache erinnern, bedenkenlos in der Fremdsprache anzuwenden. Dies gilt nicht nur für einzelne, oft als ‚idiomatisch‘ bezeichnete Bereiche wie den Gebrauch der Präpositionen; Unsicherheit entwickelt sich auch gegenüber den satzübergreifenden Erscheinungen der Grammatik, durch die einzelne Sätze erst zu sinnvollen Gesprächs- und Texteinheiten verknüpft werden. Deshalb ist es nötig, die Grundlagen der Textverknüpfung, Emphase und Berichterstattung (etwa durch Umsetzung von direkter in indirekte Rede) zu erläutern, obwohl sie auch für das Deutsche gelten und im Englischen nur zum Teil andere sprachliche Ausformungen haben (vgl. Kap. 10 und 11). Die damit verbundene Einsicht in das System und das Funktionieren der englischen Sprache trägt dazu bei, dem Sprecher wie dem Hörer auch in der Fremdsprache jene Sicherheit zu geben, über die er in der Muttersprache verfügt.

Kapitel 1: Satzarten (Types of sentences)

16–18 Satzarten und Sprechabsichten, vollständige und verkürzte Sätze (Übersicht)

(Types of sentences and speech intentions; complete and shortened sentences)

16 Die Satzarten (Types of sentences)

Im Englischen lassen sich wie im Deutschen unter dem Gesichtspunkt der Struktur folgende Satzarten unterscheiden. Sie treten mit Ausnahme des Ausrufesatzes in bejahter und verneinter Form auf.

Public transport is gaining ground in big cities. In the country, however, you can't do without a private car.	● Aussagesatz (vgl. **19**)
Do you enjoy driving on motorways? Didn't you read the latest statistics on accidents?	● Fragesatz: – Entscheidungsfragesatz (vgl. **21**)
When did you pass your driving test? Why don't the police enforce speed limits more rigorously?	– Fragesatz mit Fragewort (Fragewortfrage) (vgl. **24**)
Drive carefully on wet roads. Don't try to overtake on bends.	● Aufforderungssatz (Befehlssatz) (vgl. **35**)
What a bottleneck this stretch of road is!	● Ausrufesatz (vgl. **37**)

17 Satzarten, Intonation, Sprechabsichten (Types of sentences, intonation and speech intentions)

Jede Satzart hat eine für sie typische Gesprächsfunktion, nach der sie benannt ist: So verfolgt der Sprecher mit einem Aussagesatz normalerweise die Absicht, eine Aussage zu machen. Dies erreicht er jedoch nur, wenn er den Aussagesatz mit fallender Intonation (Satzmelodie) spricht. Spricht er ihn mit einer bestimmten steigenden Intonation, so entsteht eine Frage, die sogenannte Intonationsfrage.
Bei der Intonation spielen folgende Tendenzen eine Rolle: Der Sprecher wählt

- die fallende Intonation, wenn er etwas als abgeschlossen, entschieden ansieht,
- die steigende Intonation, wenn er etwas als offen, unentschieden oder überraschend ansieht.

Die folgenden Beispiele zeigen, wie durch die Verbindung von Satzart und Intonation ganz unterschiedliche Sprechabsichten ausgedrückt werden können:

	Satzart	Intonation	mögl. Sprechabsicht
Bread is a staple food in Europe.	Aussagesatz	fallend	Behauptung
You're throwing away that loaf? (– Yes, it's gone mouldy.)		steigend	überraschte Frage (Intonationsfrage)
Does this windmill still grind corn?	Entscheidungs-fragesatz	steigend	sachliche Frage
Doesn't that mill look picturesque?		fallend	(begeisterter) Ausruf
How many pounds of flour do you need?	Fragesatz mit Fragewort	fallend	sachliche Frage
(Ten pounds please.) – How many did you say?		steigend	ungläubige Nachfrage
Go to the baker's and don't take all day.	Aufforderungs-satz	fallend	Befehl + Ermahnung
Try some of my sponge cake. (It's really good.)		steigend	unverbindl. Vorschlag

18 Kurzsätze, Satzformeln und Plakativsprache

(Shortened sentences, set phrases and block language)

Nach ihrer Form und ihrer Funktion im Gespräch lassen sich außer den in **16** genannten Satzarten eine ganze Reihe von anderen Kategorien unterscheiden. Dazu gehören:

I forgot to wish you a happy birthday, **didn't I?**

Have you opened your presents yet? – **No, I haven't.**

Can you guess what's in this parcel?
– **I think *so.*/I'm afraid *not.*/I don't know.**

I enjoyed the party. – **So did I.**
We weren't home till late. – **Nor/neither was I.**

Kurzsätze
In Kurzsätzen werden Satzteile durch Hilfsverben und andere Proformen vertreten oder entfallen ganz. Hierher gehören:

- Bestätigungsfragen *(question tags)* (vgl. **27–28**)
- Kurzantworten mit *yes* und *no* (vgl. **29–30**)
- Kurzsätze der Stellungnahme mit *so, not* oder ohne Proformen (vgl. **31–33**)
- Kurzsätze des Vergleichs mit *so, nor, neither* (vgl. **34**).

Good morning. Hello. Welcome home.
Goodbye. See you (later/tomorrow).
Excuse me. Sorry.
Happy birthday (to you). Good luck.

Satzformeln
Darunter verstehen wir feste Formeln für bestimmte Kommunikationssituationen, z. B. zur Begrüßung, Verabschiedung, Entschuldigung, etc. (vgl. **38–39.**)

A History of the English Language
Conservatives re-elected
Down with racism No entry

Plakativsprache
Damit sind Satzfragmente gemeint, wie sie in Titeln, Schlagzeilen, Slogans, Aufschriften, etc. verwendet werden. (Vgl. **40.**)

Anmerkung:
Auch die in **16** genannten Satzarten können in verkürzter Form auftreten, wenn sich die weggelassenen Satzteile von selbst verstehen:

(I) Think he's at home now. – (I) Wish he were.	(Aussagesatz)
(Do you) Want some more tea?	(Entscheidungsfragesatz)
I'm going to Paris. – When (are you going)?	(Fragesatz mit Fragewort)
(Get) Out!	(Aufforderungssatz)
What a wonderful idea (that is)!	(Ausrufesatz)

19–20 Bejahte und verneinte Aussagesätze (Affirmative and negative statements)

19 Strukturen (Structures)

	Subjekt	Prädikat	notwendige Ergänzungen
	Bob	has passed	his exam.
Today	he	got	the results.
Of course	he	is	very pleased.

Die normale Wortstellung im englischen Aussagesatz ist: Subjekt – Prädikat – notwendige Ergänzungen (vgl. **41**).

Sie wird – im Gegensatz zum Deutschen – meist auch beibehalten, wenn eine adverbiale Bestimmung am Satzanfang steht. (Ausnahmen vgl. **337–338.**)

Die Wortstellung Subjekt – Prädikat – Ergänzungen gilt auch in verneinten Aussagesätzen. Wir unterscheiden zwei Arten der Verneinung:

Verneinungselement *not* beim Prädikat

Subjekt	Prädikat		Ergänzungen	
(Vgl.: Ann	has	finished	her essay.)	
Tom	**hasn't**	finished	his essay	yet.
I	**can't**	have lost	that page.	
Candidates	**may not**	leave	the room.	
(No,) I	**was not**	trying	to copy.	

Bei Prädikaten aus Hilfsverb(en) + Vollverb wird an das erste Hilfsverb *-n't* angehängt, oder es wird die Vollform *not* dahinter eingefügt (förmlich oder – bei betontem *not* – emphatisch).

(Vgl.: Joe		likes	poems.)
Jim	**doesn't**	like	poems.
I	**didn't**	understand	that verse.
Poetry	**does not**	appeal	to everyone.

Bei den einfachen Tempusformen der Vollverben (*Simple Present* und *Simple Past* Aktiv) tritt eine verneinte Form des Hilfsverbs *do* ein (*do*-Umschreibung, vgl. **243**; zu *be* vgl. jedoch Anm. 1).

Verneinungselement in anderem Satzteil

Nobody	could explain	that passage.
The notes	offered	**no** real help.
He **never**	uses	a dictionary

In Sätzen mit *no, nobody, never,* etc. tritt keine *do*-Umschreibung ein (vgl. aber **337.3**).

Anmerkungen:

1. Das Vollverb *be* wird nie mit *do* umschrieben (außer beim verneinten Imperativ; vgl. **255.2**). Beim Vollverb *have* ist dagegen in den einfachen Tempusformen eine *do*-Umschreibung immer möglich und meist auch nötig (vgl. **246–251**):
   The book shop **isn't** open now. They **don't have** any foreign language books anyway.

2. Neben den verneinten Kurzformen auf *-n't* gibt es in einigen Fällen auch Kurzformen der Hilfsverbs mit anschließendem *not* (vgl. **219, 246, 252**). Sie werden besonders im Norden der britischen Inseln benützt. Sonst heben sie meist die Verneinung stärker hervor (Emphase):
   John's **not** done it. (Vgl.: John **hasn't** done it.) – He's **not** working at the moment.

3. Das Verneinungselement *not* tritt zwar meist hinter ein Hilfsverb, kann aber auch bei einem anderen Wort stehen, z. B.
   - in verkürzten Sätzen ohne Prädikat: Who wants to start? – **Not** me.
   - bei einzelnen Gliedern einer Gegenüberstellung: I need a pencil, **not** a pen.
   - bei infiniten Konstruktionen (vgl. **256** Anm.): She pretended **not** to hear me.
   - bei Aneinanderreihungen mit *not only . . . but also:* She plays **not** only the piano, but also the flute.
   - zur betonten Verneinung des Subjekts (nur in bestimmten Wortverbindungen: *not a, not even, not all,* u. a.): **Not** a sound could be heard.

20 Die Wahl negativer, nichtpositiver und positiver Wörter in Aussagesätzen

(The choice of negative, non-assertive and assertive words in statements)

Neben **negativen** Wörtern wie *not, no, nobody, nowhere, never,* etc., die verneinende Wirkung haben, gibt es eine Reihe **positiver** Wörter mit bejahender Wirkung (z. B. *some, somebody, somewhere, sometimes, some time, already, too, as well*). Eine dritte Kategorie bilden **nichtpositive** Wörter, die weder bejahend noch verneinend sind (z. B. *any, anybody, anywhere, ever, yet, either).* In diese drei Kategorien lassen sich bestimmte Adverbien, Pronomen und Begleiter einordnen. (Zu den Pronomen und Begleitern vgl. auch **113**.)

Sorry, there are **no** eggs for breakfast this morning. Oder: There **aren't any** eggs . . .
Don't take my cup away. I **haven't** finished my breakfast **yet.** (Vgl.: You can take his cup first, he has **already** finished his breakfast.)
I'm not a coffee drinker. – I **don't** drink coffee in the morning, **either,** but I do in the afternoon. (Vgl.: Sue always has tea for breakfast. – My wife prefers tea, **too.**)

Um einen Satz zu verneinen, genügt ein einziges negatives Wort. Daher erscheinen im restlichen Satz (bei Bedarf) nichtpositive Wörter. Die positiven Entsprechungen lassen sich normalerweise nicht mit einem Verneinungselement vereinbaren.
So kommen in verneinten Sätzen z. B. nur die Adverbien *yet* und *either* (= auch), nicht jedoch *already, too/as well/also* in Frage.

I **don't** like **some** spices *(Gewürze)*. (= There are some spices which I don't like.)
I **don't** like **any** spices. (= I like no spices at all.)

They **didn't** offer us **any** alcoholic drinks.
I **haven't** tried **any** of your pastries yet.
No, thanks, I **don't** want **anything** to drink.

No drinks will be served during the performance.
As she is a vegetarian, she could eat **none** of the sandwiches.
There's **nothing** more refreshing than a cool beer.

Die positive Form *some* und ihre Zusammensetzungen können jedoch auch in verneinten Sätzen auftreten, geben aber dem Satz einen ganz anderen Sinn als *any* und seine Zusammensetzungen (vgl. **115**).

Normalerweise wird ein Satz mit verneintem Hilfsverb und nichtpositivem Begleiter oder Pronomen vorgezogen (*not . . . any/anybody*, etc.).

Sätze, in denen die Verneinung durch negative Begleiter oder Pronomen ausgedrückt wird, wirken förmlich oder besonders emphatisch (vgl. **121, 123**).

21–23 Entscheidungsfragen (Yes/no questions)

21 Strukturen (Structures)

Entscheidungsfragen sind Fragesätze, die mit ja oder nein beantwortet werden können. Sie enthalten kein Fragewort und haben stets **Teilinversion,** d. h. Umstellung von Subjekt und (erstem) Hilfsverb, wobei manchmal *do*-Umschreibung nötig ist.

	(Aussagesatz: He is	working.)		**Bejahte Entscheidungsfragen:**
Is	he	working	on a new symphony?	Bei Prädikaten aus Hilfsverb(en) und Vollverb steht das (erste) Hilfsverb am Satzanfang.
Would	you	have bought	the new album?	
	(Aussagesatz: Sue	likes	opera.)	
Does	she	like	ballet, too?	Bei den einfachen Tempusformen tritt eine Form des Hilfsverbs *do* an den Satzanfang. Darauf folgen Subjekt und Infinitiv des Vollverbs (außer bei *be*, vgl. **19** Anm. 1).
Do	you	recognize	this music?	
Did	you	enjoy	the performance?	
				Verneinte Entscheidungsfragen:
Isn't	he	conducting	tonight?	Normalerweise wird *-n't* an das vorangestellte Hilfsverb angehängt.
Doesn't	Ann	like	going to concerts?	
Are	they	**not** playing	the Brahms after all?	Im förmlichen Stil oder zur Emphase wird dagegen *not* nach dem Subjekt eingefügt.
Did	Tim	**not** want	to come?	

22 Sprechabsichten und positive oder nichtpositive Wörter

(Speech intentions and assertive and non-assertive words)

Entscheidungsfragen werden wie im Deutschen gewöhnlich mit steigender Intonation gesprochen. Ihnen können verschiedene Sprechabsichten zugrunde liegen. Diese haben u. a. Auswirkungen auf den Gebrauch von positiven Wörtern wie *already, some,* etc. oder nichtpositiven Wörtern wie *yet, any,* etc. (vgl. **20**).

Do you sell stamps?
Have the girls paid for their postcards?
Is there **anything** else you want?
Did you **ever** write to Fred?
Has the post gone **yet**? (I'm hoping this letter will catch it.)
Has **either** of you 5 p for a phone call?
(**Aber:** Was that telephone out of order, **too**?)

Bejahte Entscheidungsfragen werden normalerweise gestellt, wenn der Sprecher sich informieren will, d. h. wenn er nicht weiß, ob die Antwort ja oder nein lauten wird. In solchen Fällen werden (bei Bedarf) **nichtpositive Wörter** verwendet, z. B. *any* und seine Zusammensetzungen, *ever, yet* sowie *either = einer von beiden.* (In der Bedeutung *auch* erscheint jedoch nicht *either,* sondern *too, as well* oder *also.*)

Will you be writing to Fred **some time?** *(... irgendwann?)*
Has the post gone **already?** (It looks as if it has.)
Has **one** of you got 5 p for a phone call?
Can I borrow **some** money from you?
Is that enough or would you like **some** more?

Will sich der Fragende dagegen eine Annahme bestätigen lassen, d. h. erwartet er eine bejahende Antwort, so verwendet er **positive Wörter** wie *some, some time, sometimes, already, one (of the two)*. Positive Wörter werden auch verwendet, wenn die Frage als Bitte oder Angebot gemeint ist (vgl. **115**).

Didn't Jim write down the address of that American boy we met? *(Hat Jim denn nicht ... aufgeschrieben?)*
Hasn't **anyone** written to the Youth Hostel **yet?** *(Hat denn noch niemand ... geschrieben?)*
Haven't you got **any** more film left **either?**
Weren't those pictures **ever** developed?

Durch **verneinte Entscheidungsfragen** kann der Sprecher Überraschung (gleichzeitig oft Enttäuschung oder Ärger) darüber ausdrücken, daß etwas – entgegen seiner ursprünglichen Erwartung – **nicht** der Fall ist. Er erwartet also im Grunde eine negative Antwort und verwendet daher (bei Bedarf) **nichtpositive Wörter.**

Nobody seems to have thought of a thermos flask. – Hasn't Gwen brought one?
We need some bread. – Hasn't Jane bought **some already?** *(Hat Jane nicht schon welches gekauft?)*
Don't we need **some** tea, **too?**
Isn't there a shop **somewhere** down the road?

Verneinte Entscheidungsfragen können aber auch die Annahme ausdrücken, daß etwas der Fall ist. Diese Annahme will der Sprecher sich bestätigen lassen. In solchen Fragen treten (bei Bedarf) **positive Wörter** ein.

Anmerkung:
Mit fallender Intonation werden Entscheidungsfragesätze gesprochen, wenn sie als Ausruf der Begeisterung, des Erstaunens, des Entsetzens, etc. gemeint sind (schriftliche Wiedergabe oft mit Ausrufezeichen) oder wenn sie als ungeduldige Wiederholung einer schon einmal gestellten Frage dienen:
Wouldn't that be marvellous! Isn't that shocking!
... Yes, but what I still don't know is: Have you fixed the date?

23 Intonationsfragen (Questions through intonation)

Intonationsfragen, d. h. Fragen mit der Wortstellung von Aussagesätzen aber mit steigender Intonation, werden wie im Deutschen verwendet, wenn der Sprecher sich eine Schlußfolgerung oder Erkenntnis bestätigen lassen will (oft mit einem erstaunten Unterton). Manchmal erwartet der Sprecher auch gar keine Antwort. Intonationsfragen treten vor allem umgangssprachlich auf. Bei der schriftlichen Wiedergabe werden sie mit einem Fragezeichen versehen.

It took me over half an hour from the station. – You mean you walked all the way?
(Taxi-driver to a customer with a load of parcels:) You've been doing **some** shopping? – Yes, I'm almost broke.
Your taxi has arrived. – It's here **already?**

Bejahte Intonationsfragen setzen eine bejahende Antwort voraus. Daher werden (bei Bedarf) **positive Wörter** verwendet.

You have to change planes at Frankfurt. – There's no direct flight to Stuttgart in the evening?
(At the airport check-in desk:) You haven't got **any** luggage? – No, just this small briefcase.
I've got to get my ticket. – What, you haven't got it **yet?**

Verneinte Intonationsfragen setzen eine verneinende Antwort voraus. Daher treten (bei Bedarf) **nichtpositive Wörter** ein.

Anmerkung:
Die Funktion von Entscheidungsfragen können wie im Deutschen auch Aussagesätze mit Verben oder Adverbien haben, die eine Vermutung bzw. einen Grad der Wahrscheinlichkeit ausdrücken:
You don't happen to know her telephone number, I **suppose?**
But **surely** she gave you a forwarding address?

24–26 Fragesätze mit Fragewort (Questions with interrogatives)

24 Strukturen (Structures)

Fragewortfragen werden stets mit einem Frageelement eingeleitet. Dieses kann ein Fragewort allein (*who, why,* etc.) oder ein Fragewort + Nomen oder *of*-Gruppe sein (*what colour, which of you,* etc.).
Wie im Deutschen haben Fragewortfragen normalerweise fallende Intonation.
Für die Wortstellung ist ausschlaggebend, ob das Frageelement Subjekt oder ein anderer Satzteil ist:

Das Frageelement ist Subjekt

Who	wrote	'Treasure Island'?	Diese sogenannten Subjektfragen haben stets die Wortstellung eines Aussagesatzes: Subjekt – Prädikat – Ergänzungen.
What characters	appear	in the book?	
Which one	tells	the story?	
(Vgl.: Jim	tells	the story.)	Bejahte Subjektfragen werden nie mit *do* umschrieben.
Which of you	**hasn't** read	to the end?	Verneinte Subjektfragen werden wie verneinte Aussagesätze gebildet (vgl. **19**).
Who	**did not** like	it?	

Das Frageelement ist ein anderer Satzteil

Where	**can**	we	go for the week-end?	Hier tritt wie in Entscheidungsfragesätzen Teilinversion ein: Umstellung von Subjekt und (erstem) Hilfsverb, *do*-Umschreibung bei den einfachen Tempusformen.
Who	**will**	we	be meeting there?	
What	**did**	you	do on Sunday?	
(Vgl.	**Did**	you	go to the match?)	
Why	**won't**	Pat	join us?	Die Verneinung erfolgt wie bei verneinten Entscheidungsfragesätzen (vgl. **21**).
Who	**did**	you	**not** invite?	
Who	**were**	you	talking **to?**	Präpositionen stehen in Fragewortfragen meistens wie in den entsprechenden Aussagesätzen hinter dem Prädikat (+ direktem Objekt).
What remarks	**did**	he	get upset **about?**	
	(Vgl.:	He	got upset about something.)	
To whom	**did**	you	turn for assistance?	Im förmlichen Englisch steht die Präposition dagegen vor dem Frageelement.
With whom	**did**	you	discuss the problem?	

Anmerkungen:

1. Fragen mit Fragewort haben wie im Deutschen steigende Intonation, wenn der Sprecher nachfragt, weil er etwas nicht verstanden hat oder weil er erstaunt ist:
   She lives in Doddiscombeleigh. – (Sorry, I didn't get that.) Where does she live?
   I lent my pocket-knife to John. – Who did you lend it to? You will never get it back.

2. Im ungezwungenen Gespräch werden Fragewortfragen – wie im Deutschen – nicht selten auf das Frageelement allein oder auf Fragewort und Präposition verkürzt. Dabei verwendet der Fragende
a) fallende Intonation, wenn er zusätzliche Information erhalten möchte:
   Tom called. – When?/Where from?
b) steigende Intonation, wenn er seine Verwunderung ausdrücken oder nachfragen will. (Dabei kann der Aussagesatz auch ganz oder teilweise mit seiner ursprünglichen Wortstellung wieder aufgenommen werden.)
   I opened the tin with a ballpoint pen. – With what?/You opened it with what?
   I was talking to Jimmy Peterson the other day. – Jimmy who?

3. In Fragen nach adverbialen Bestimmungen ist in manchen Fällen nur Nachstellung (bzw. Wegfall) der Präposition möglich, in anderen Fällen nur Voranstellung:
   Where will he be going **(to)**? *(Wohin . . .?)*
   Where have they come **from?** *(Woher . . .?)*
   Since when have you known her? *(Seit wann . . .?)*
   What do you need that **for?** *(Wozu . . .?)*
   For what purpose do you need this certificate? (förmlich) *(Zu welchem Zweck . . .?)*

25 Die Wahl der Fragewörter *who, whom, whose, what, which*

(The choice between the interrogatives *who, whom, whose, what, which*)

Für die Wahl dieser Fragewörter sind u. a. folgende Gesichtspunkte wichtig:

a) ob sie nach Personen oder nach Sachen fragen (vgl.: **Who**'s this? – **What's** this?),

b) ob sie nach Personen bzw. Sachen aus einer uneingeschränkten oder aus einer eingeschränkten Zahl fragen (vgl.: **What** countries have you visited? – **Which** of them did you like best?),

c) ob sie Pronomen oder Begleiter zu Nomen sind (vgl.: **Who** did this? – **What** fool did this?).

(Es ist jedoch, wie beim deutschen *wer?* und *was?* unerheblich, ob nach nur einer oder nach mehreren Personen oder Sachen gefragt wird.)

Who phoned you just now? *(Wer . . .?)* **Who** did Susan phone this morning? *(Wen . . .?)* **Who** is this message intended for? *(Für wen . . .?)*	***Who*** fragt nach Personen aus einer uneingeschränkten Zahl. Es wird im Subjektfall *(wer?)* und umgangssprachlich auch im Objektfall *(wen?/wem?)* verwendet.
Whom shall I ring about the repair? *(Wen . . .?)* **To whom** did you want to speak? *(Mit wem . . .?)* **Who(m)** did she put you through **to**? *(Mit wem hat sie dich verbunden?)*	Im förmlichen Stil tritt im Objektfall ***whom*** ein. Auf eine vorangestellte Präposition (förmlich) kann nur *whom* folgen. (Bei Präpositionen in Endstellung ist *whom* zwar möglich, das umgangssprachliche *who* aber üblicher.)
Whose telephone number is this? **Whose** call will you deal with first? What awful handwriting. **Whose** is it?	***Whose*** + Nomen (gelegentlich auch *whose* allein) fragen nach Personen als Besitzer, Urheber etc. (dt. *wessen?*).
What's got teeth but can't bite? (A comb.) **What** does a winner lose in a race? (His breath.) **What** does the sea say to the sand? (Nothing, it just waves.)	***What* als Pronomen** fragt nach Sachen (bzw. Vorgängen oder Sachverhalten) aus einer uneingeschränkten Zahl (dt. *was?*).
What drivers always go in circles? (Screw drivers.) **What ring** is a square? (A boxing ring.) **What (kind of) bed** can't you sleep in? (A river bed.)	***What* als Begleiter** fragt nach Personen oder Sachen aus einer uneingeschränkten Zahl (dt. *was für?/welcher?*). Statt dessen kann oft auch *what kind(s) of/what sort(s) of* verwendet werden.
Which was discovered first, Australia or New Zealand? **Which navigator** was America named after? **Which country** is the larger, Canada or the USA? **Which of the Channel Islands** is nearest France? **Which of you** scored most points in the quiz?	***Which*** fragt nach Personen oder Sachen aus einer eingeschränkten Zahl (dt. meist *welcher?*). Es steht gelegentlich allein, meist aber vor einem Nomen oder vor einer *of*-Gruppe. Da die *of*-Gruppe immer dazu dient, die Einschränkung ausdrücklich zu nennen, kann sie nicht mit *who* oder *what* verbunden werden. (Vgl. ***Wer*** *von uns/euch/ihnen* = ***Which*** *of us/you/them.*)

Anmerkungen:

1. *What* als Fragepronomen kann auch in bezug auf Personen verwendet werden, wenn nach deren Beruf, Religion, Nationalität, etc. gefragt wird:

   My elder sister is a librarian. – And **what**'s your younger sister?

2. In einer Reihe von Fällen entspricht dem englischen *what* ein deutsches *wie,* z. B. in Fragen nach Uhrzeit, Name oder Alter. Nach Eigenschaften wird mit *What . . . like?* und einem Kopulaverb *(be, look, sound, taste, smell)* gefragt:

   What time is it? **What**'s the exact time? *(Wie spät/wieviel Uhr . . .?)*
   What is your name? **What** is *Verdacht* in English? **What** do you call this? *(Wie heißt/Wie nennt man . . .?)*
   What are the ages of your sisters?/**What** age are your sisters?/How old are your sisters?
   What is your new teacher like? *(Wie ist . . .?)* **What** does a mango look/taste **like?**
   (Aber: How is she? = *Wie geht es ihr?*)

26 Komplexe Fragesätze mit eingeschlossenem Hauptsatz

(Complex questions: questions within questions)

	Hauptsatz	that-Satz		
	They said	the boys had gone	to the zoo.	
Who	did they say	[ ]	had gone	to the zoo?
Where	did they say	the boys had gone?	[ ]	

Where do you think the main entrance is?
When do you suppose they shut?
Why do you imagine they don't allow dogs?
What time did she suggest we should meet?
How much did you say they charge for admission?

Mit Fragewortfragen kann man auch Satzteile eines *that*-Satzes erfragen. Dabei wird der Hauptsatz ohne Sprechpause oder Komma zwischen Frageelement und restlichem *that*-Satz eingeschlossen. Der eingeschlossene Hauptsatz hat Teilinversion (Hilfsverb – Subjekt), der restliche *that*-Satz behält dagegen seine normale Wortstellung.

Solche Fragesätze werden mit Verben des Mitteilens, Meinens und Vermutens (im Hauptsatz) gebildet. Sie dienen vor allem dazu, Informationen weniger abrupt zu erfragen, indem man nach der Meinung des Gesprächspartners fragt oder an schon Erwähntes anknüpft.

	Greg was thinking of buying a cashmere scarf.	
What	was Greg thinking of buying?	[ ]

What shop did you see them going into?
How much are you prepared to pay?
What kind of gloves would you like me to show you?

Entsprechend können durch Fragewortfragen auch Satzteile einer infiniten Konstruktion (*Gerund,* Partizip, Infinitiv) erfragt werden.
Solche Konstruktionen sind grundsätzlich bei allen Verben und Verbverbänden möglich, die als Ergänzung eine infinite Konstruktion haben können.

Anmerkungen:

1. Fragesätze mit *why, when, where, how often* sind zweideutig, wenn sich das Fragewort sowohl auf den Hauptsatz als auch auf den Nebensatz bzw. die infinite Konstruktion beziehen kann:
   Why did they tell you John bought the car in Germany?
   a) Why did they tell you this? b) Why did John buy the car in Germany?
   When did you ask him to pay back the money?
   a) When did you ask him? b) When was he to pay back the money?

2. Statt einen Hauptsatz mit einem Verb des Mitteilens oder Vermutens wie oben beschrieben in den Fragesatz einzuschließen, kann man im mündlichen Gebrauch eine normale Frage bilden und den „Hauptsatz" anhängen.
   Where have the boys gone, did they say?

27–28 Bestätigungsfragen (Question tags)

27 Strukturen (Structures)

Bestätigungsfragen werden an einen Aussagesatz angehängt und nehmen diesen in der verkürzten Form Hilfsverb + Subjekt (letzteres in Form eines Personalpronomens) wieder auf.

Joe Miller	**has**	changed,	**hasn't**	he?	Vom Prädikat des Aussagesatzes wird, falls vorhanden, das (erste) Hilfsverb wiederaufgenommen. Sonst tritt eine Form des Hilfsverbs *do* ein (außer beim Vollverb *be,* vgl. **19** Anm. 1).
You	**wouldn't**	have believed it,	**would**	you?	
We	**don't**	envy him,	**do**	we?	
That		helps a lot,	**doesn't**	it?	
Even Mum		liked the idea,	**didn't**	she?	
The Lees	**are**	rather snobbish,	**aren't**	they?	In der Regel folgt auf einen bejahten Aussagesatz eine verneinte Bestätigungsfrage und umgekehrt.
They	**aren't**	very friendly either,	**are**	they?	
Grandpa	**has rarely**	let us down,	**has**	he?	Wegen ihrer fast negativen Bedeutung haben auch einschränkende Adverbien wie *hardly, scarcely, seldom, rarely* bejahte Bestätigungsfragen nach sich.
(He has not often let us down.)					
Your cousin	**hardly**	opens her mouth,	**does**	she?	

Anmerkungen:

1. Tritt als formales Subjekt *there* auf, so wird es in der Bestätigungsfrage wiederaufgenommen:
   There aren't many places to go in this town, are **there?**

2. Bestätigungsfragen treten auch nach verkürzten Sätzen auf, in denen das Subjekt und das Verb *be* fehlen (sie werden in der Bestätigungsfrage ergänzt):
   Terribly boring, isn't it, Fred?

28 Sprechabsichten (Speech intentions)

Bestätigungsfragen kommen fast nur im Gespräch vor. Im Deutschen entspricht ihnen oft ein *nicht (wahr)?/ oder (nicht)?*.

1. Bejahter Aussagesatz – verneinte Bestätigungsfrage und umgekehrt (Regelfall)

Mary Alice **can** come to the beach with us tomorrow, **can't** she? *(. . ., nicht?)*
You **didn't** bring an insect repellent *(Abwehrmittel)*, **did** you? *(. . ., oder?)*

Three miles. That's rather a long walk, **isn't** it? *(. . ., nicht wahr?)*
Well, we **have no** other choice, **have** we? *(. . ., nicht wahr?)*

We could take a taxi to the station. – Yes, we **could, couldn't** we? *(Ja, nicht wahr?)*
You **mustn't** miss the bus. – No, I **mustn't, must** I? *(Nein, da hast du recht.)*

Bei **steigender Intonation** in der Bestätigungsfrage will der Sprecher sich eine Annahme vom Gesprächspartner bestätigen (oder gegebenenfalls berichtigen) lassen. Er erwartet also eine Antwort.

Bei **fallender Intonation** setzt er dessen Zustimmung bereits voraus, erwartet also nicht unbedingt eine Antwort. Aussagesatz und Bestätigungsfrage kommen hier einer Behauptung nahe.

Bestätigungsfragen können auch an zustimmende Kurzantworten angehängt werden. Sie haben dann ebenfalls fallende Intonation und verlangen selbstverständlich keine Antwort.

Anmerkung:
Will man sich etwas bestätigen lassen, so kann man auch andere Satzmuster verwenden, z. B.:
Rather strange, **don't you think?**
That's his idea of a joke, **I suppose?**
Don't you think that's going a bit too far?

2. Aussagesatz und Bestätigungsfrage: beide bejaht oder beide verneint

I've got to pick up my little brother from the kindergarten. – Oh, you**'ve** got a little brother, **have** you? *(Ach, du hast einen kleinen Bruder?)*
So that**'s** what you call a tidy room, **is** it? *(Das nennst du also ein aufgeräumtes Zimmer?)*

There's a lion in the garden, Mummy. – Oh, there **is, is** there? *(Ach, was du nicht sagst.)*
I **won't** eat my porridge. – Oh you **won't, won't** you? *(So, du willst nicht? Das wollen wir doch mal sehen.)*

Ein bejahter Satz mit bejahter Bestätigungsfrage (steigende Intonation) bringt eine Schlußfolgerung zum Ausdruck, die sich aus der Situation oder dem Gespräch ergibt. Der Ton ist oft ironisch oder sarkastisch.

Eindeutig ironisch oder gelegentlich drohend ist der Ton, wenn jemand auf eine Bemerkung mit Kurzantwort + Bestätigungsfrage reagiert, die beide bejaht bzw. beide verneint sind.

Anmerkung:
Zu Bestätigungsfragen nach Aufforderungssätzen (*will you, shall we,* etc.) vgl. **36.2**.

29–30 Kurzantworten mit *yes* und *no* (Short answers with *yes* and *no*)

29 Strukturen (Structures)

Diese Kurzsätze erhalten ihren Namen daher, daß ihnen meistens *yes* oder *no* vorangeht und daß sie meist eine Frage beantworten. Sie bestehen aus Personalpronomen und (bejahtem oder verneintem) Hilfsverb:

Are you ready now?	– Yes,	**I am.**	Das Pronomen nimmt dabei das Subjekt des vorangehenden Satzes wieder auf, das Hilfsverb das vorangehende (erste) Hilfsverb.
Won't Ed be coming?	– No,	**he won't.**	
Would you rather go home?	– Yes,	**we would.**	
Did Jane want to stay?	– Yes,	**she did.**	Bei den einfachen Tempusformen tritt eine Form des Hilfsverbs *do* ein (außer beim Vollverb *be*, vgl. **19** Anm. 1).
You always **arrive** late.	– No,	**I don't.**	
Have you finished?	– Yes,	**I have.**	In bejahten Kurzantworten erscheint immer die betonte Vollform der Hilfsverben.
Are the Wells leaving now?	– Yes,	**they are.**	
Didn't you want to come, too?	– No,	**I didn't.**	Verneinte Kurzantworten werden meist mit betonten Kurzformen auf *-n't* gebildet.
Has Dad actually said so?	– No,	**he hasn't.**	
Isn't Shirley driving there?	– No,	**she's not.**	Zur nachdrücklichen Verneinung wird unbetontes Hilfsverb + betontes *not* verwendet.
Did the others help you?	– No,	**they did not.**	

Anmerkungen:

1. In Kurzantworten wird ein vorangehendes formales Subjekt *there* wiederaufgenommen (vgl. auch **27** Anm. 1):
   Is **there** a bus stop near here? – Yes, **there** is./No, **there** isn't.

2. In bezug auf *must* steht in bejahten Kurzantworten *must,* in verneinten dagegen *needn't:*
   Must we wait for the others? – Yes, we **must.**/No, we **needn't.**

30 Sprechabsichten (Speech intentions)

Did you get what you wanted? – Yes, **I did.**/No, **I didn't,** but Pat did.
Size 12 is not in stock? – I'm afraid **it's not,** but it's on order./Yes, **it is.** You'll find it over there on the other rail.
We're being a bit extravagant, aren't we? – Yes, I think **we are.**/Oh, I don't think **we are.** We can afford it.

The staff will never agree to working overtime. – No, **they** certainly **won't.**/Oh, I'm sure **they will,** if the pay is attractive.
There isn't much sense in arguing over details right now, is there? – Of course **there isn't.**
What a difficult decision! – Yes, **it was,** wasn't it?
Wasn't the old man hard to convince! – I should think **he was.**

Mit Kurzantworten kann ein Sprecher auf eine Frage reagieren, z. B. eine Entscheidungsfrage, eine Intonationsfrage, eine Bestätigungsfrage mit steigender Intonation.
Neben Bejahung/Verneinung kann die Kurzantwort hier auch Bestätigung/Berichtigung einer Annahme oder Zustimmung/Widerspruch zu einer Meinung ausdrücken.

Mit Kurzantworten kann man aber auch auf Äußerungen reagieren, die nicht zu einer Antwort auffordern, z. B. auf Aussagesätze und Bestätigungsfragen mit fallender Intonation sowie auf Ausrufesätze und auf Entscheidungsfragesätze, die Ausrufcharakter haben.
Dabei drückt die Kurzantwort meist Zustimmung oder Widerspruch aus.

Wie die Beispiele zeigen, werden Kurzantworten häufig bekräftigt oder abgeschwächt durch Adverbien (*certainly, of course,* etc.), durch Verben und Verbverbände (*I think, I'm afraid,* etc.), durch angehängte Bestätigungsfragen (vgl. **28.**1), etc. Besonders wenn sie auf diese Weise erweitert sind oder wenn sich ein weiterer Satz anschließt, werden *yes* oder *no* oft weggelassen.

Anmerkungen:

1. *Yes* und *no* treten meist ohne anschließenden Kurzsatz auf, wenn weitere Sätze als Antwort folgen:
   You'll have some more salad? – **Yes,** it's delicious. You don't like cucumber? – **No,** I hate it.
2. Durch verkürzte Aufforderungssätze kann man auf Bitten, Angebote oder auf Aufforderungen an einen Dritten reagieren:
   Can I open the window?/Shall I turn the heating up?/Shut the door, Angie. – **Yes, do./No, don't.**

31–33 Kurzsätze der Stellungnahme mit *so/not* und ohne Proform

(Shortened sentences of comment or opinion with *so/not* or without pro-forms)

31 Strukturen (Structures)

Kurzsätze der Stellungnahme beziehen sich immer auf einen vorangehenden Satz, dessen Inhalt nicht in Form eines Nebensatzes wiederholt wird. Meist enthalten sie Proformen.
So vertritt einen bejahten, *not* einen verneinten Nebensatz:

Is he badly hurt? – I wouldn't say **so.** (that he is badly hurt.) – I hope **not.** (that he is not badly hurt.)

Es lassen sich drei Grundstrukturen solcher Kurzsätze unterscheiden:

					1. Proform *so/not* am Ende
Will the champion keep the title?	–		It seems	**so.**	bejaht
Mike's sure to lose the match.	–		He **doesn't** think	**so.**	verneint
Have our team a chance of winning?	–		I'm afraid	**not.**	verneint
					2. Keine Proform
Sheila's training hard at present.	–		I see.		bejaht
Has Philip got over his injury?	–		I **don't** know.		verneint
					3. Proform *so* am Anfang
Molly will be fit by then, won't she?	–	**So**	she says.		bejaht

Kurzsätze dieser Art werden hauptsächlich mit Verben des Mitteilens, Meinens, Vermutens und des Anscheins gebildet. Bei den entsprechenden deutschen Verben wird der vorangehende Satz oft durch *es, das, so* o. ä. vertreten: Ich weiß **(es)** nicht/**Das** glaube ich nicht /Es scheint **so,** etc.

Anmerkung:
Kurzsätze mit diesen Verben können den vorangehenden Satz auch in verkürzter Form wiederaufnehmen, nämlich mit Personalpronomen + Hilfsverb (vgl. **29**). Bei einigen von ihnen kann der Satz auch durch *that/this* vertreten werden:

Was Roger among the first ten? – I don't think **he was.**
Colin's sister won the competition. – I know **she did.**/I know **that.**

32 Verwendung mit bestimmten Verben (Use with certain verbs)

At the races:

Are all the horses lined up?	– I *think* **so.**
	– I **don't** *think* **so.**
	– I *think* **not.**
Beach Boy's going to lose.	– I *hope* **so.**
	– I *hope* **not.**
Is Black Prince second?	– It *appears* **so.**
	– It **doesn't** *appear* **so.**
	– It *appears* **not.**

Nachgestelltes *so* oder *not* tritt auf nach:

- Verben des Meinens, Vermutens, Erwartens, etc.: *think, believe, assume, suppose, imagine, expect; I should say* (ich bin der Meinung);

  (Verneinung nur durch die Proform *not:*) *hope, guess, be afraid*
- Verben des Anscheins: *appear, seem*

The road is so icy I slipped and fell. – I *told* you **so.** *(Ich hab dich doch gewarnt.)*
Will it snow? – The weather forecast didn't *say* **so,** but it certainly looks like it.

Mit nachgestelltem *so* (aber nicht mit *not*) können einige Verben des Mitteilens verbunden werden: *say, tell s.o.;* seltener: *claim, state, hint, indicate.*

Most economists believe that business will improve in the coming year. – **So** I *hope.*
Watson & Day's is to close. – **So** I *have heard.*
The firm's gone bankrupt, or **so** I *understand.*
He owes at least £ 50,000. – **So** I *gather.*
They got into debt, **so** John *was told.*

Kurzsätze mit vorangestelltem *so* können mit den meisten der bisher genannten Verben gebildet werden, zusätzlich aber auch mit einigen Verben der Wahrnehmung und des Informiertwerdens (meist Passivform): *hear, notice, see; understand/ gather* (erfahren haben), *be told, be informed,* etc.

There's going to be a public inquiry into the Patterson tax scandal. – We *know.*
When will the hearing be? – I *forget.*
I shan't be here then. – I *see.*

Keine Proform steht nach den folgenden Verben des Wissens, Verstehens, etc.: *know, remember, forget, understand* (verstehen), *I see* (ich verstehe).

Anmerkung:
Nach Kopulaverben wie *be, remain, seem,* etc. kann die Proform *so* auch ein Subjektkomplement vertreten:
I thought he was rather *arrogant,* but perhaps he really only seems **so.**

33 Sprechabsichten (Speech intentions)

Durch Kurzsätze dieser Art kann man eine Frage beantworten oder zu einer vorangehenden Aussage (auch einer eigenen) Stellung nehmen, indem man die eigene Meinung oder die eines Dritten vorbringt.

The story about the Prime Minister's son must be true. 'The Times' and 'The Guardian' both *say* **so.** – Yes, I *know.*

Dabei wird eine neutrale Bestätigung in der Regel durch Kurzsätze mit nachgestelltem *so* oder (bei bestimmten Verben) ohne Proform ausgedrückt.

Is there anything in these rumours? – I **wouldn't** *say* **so.**/Oh, I **don't** *think* **so.**/I **don't** *know.*

Die Verneinung erfolgt in der Regel durch ein verneintes Verb (+ *so*).

Will the editor accept responsibility for the blunder? – I *should imagine* **not.**
Are they going to apologize for the false accusation? – I'*m afraid* **not.**

Die Verneinung durch die Proform *not* wirkt förmlich oder stark betont, außer bei einigen Verben, bei denen dies die einzig mögliche Form der Verneinung ist *(hope, guess, be afraid).*

Kurzsätze mit vorangestelltem *so* dienen meist als Reaktion auf eine Behauptung oder Vermutung. Sie können eine Skala von Sprechabsichten ausdrücken:

The wrong figures are probably due to computer error. – **So** we *assume.* Everything points to it.

- Vorsichtige, zurückhaltende Bestätigung (oft förmlich)

They are planning to reduce income tax, aren't they? – **So** I'*ve heard.* But I'll believe it when I see it.

- Skepsis (Man betont z. B., daß man etwas nur vom Hörensagen weiß.)

Marion is seriously thinking of changing her job. Or **so** she *tells me.*

- Abschwächung einer eigenen Behauptung (Hier wird der Kurzsatz durch *or* eingeleitet.)

We've been having a little celebration here. – **So** I *see.* Now would you please get back to work.

- Sarkastischer Kommentar

Anmerkung:
Es gibt auch Kurzsätze mit *so* in Anfangsstellung, die Subjekt und Hilfsverb eines vorangehenden Aussagesatzes wieder aufnehmen (*do*-Umschreibung bei den einfachen Tempusformen). Sie drücken meist überraschte Zustimmung aus:
Have you noticed? John always reads the newspaper backwards. – **So** he does! *(Ja, tatsächlich!)*

34 Kurzsätze des Vergleichs mit *so, nor, neither*

(Shortened sentences of comparison with *so, nor, neither*)

Kurzsätze aus *so/nor/neither* + Hilfsverb + Subjekt (im Deutschen: Subjekt + *auch/auch nicht*) stellen einen Vergleich zu einem vorangehenden Aussagesatz her.
So, nor oder *neither* vertreten zusammen mit dem Hilfsverb das Prädikat und seine Ergänzungen. Das nachgestellte Subjekt trägt die Hauptbetonung im Kurzsatz, da es durch den Vergleich hervorgehoben wird.

We	**'ve** often been to France.	–	So	**have**	I.	(I've often been to France, too.)
I	**don't** speak French.	–	Nor	**do**	we.	(We don't speak French, either.)
Ted	speaks it fluently.	–	So	**does**	Sally.	(Sally speaks it fluently, too.)
He	learnt it in France.	–	So	**did**	she.	(She learnt it there, too.)

Falls vorhanden, wird das (erste) Hilfsverb des vorangehenden Satzes in unbetonter Vollform wieder aufgenommen. Sonst tritt eine Form des Hilfsverbs *do* ein (außer beim Vollverb *be*, vgl. **19** Anm. 1).

Bejahter Satz:	French fashions are most imaginative.	– **So** is French food.
	I usually bring back some wine.	– **So** do we.
Verneinter oder eingeschränkter Satz:	My Paris hotel **wasn't** cheap at all.	– **Neither** was mine.
	I'll **never** go to Paris over Easter again.	– **Nor** will I.
	We **rarely** book in advance.	– **Neither** do we.
	I've **hardly** seen anything of the countryside.	– **Nor** have I.

An einen bejahten Aussagesatz kann ein Kurzsatz mit *so*, an einen verneinten ein Kurzsatz mit *nor* oder *neither* angeschlossen werden. Wegen ihrer fast negativen Bedeutung ziehen auch einschränkende Adverbien wie *seldom, rarely, scarcely, hardly* (= not often, not much) Kurzsätze mit *nor* oder *neither* nach sich.

I've never been to Nice, (and) **nor** has Mary.

Kurzsätze mit *so/nor/neither* werden zwar meist als Reaktion auf eine Äußerung des Gesprächspartners verwendet. Sie können grundsätzlich jedoch bei jeder Aufeinanderfolge zweier Sätze auftreten.

Anmerkungen:

1. Statt Kurzsätzen mit *nor* oder *neither* werden umgangssprachlich häufig auch Kurzsätze mit Subjekt + verneintem Hilfsverb + *either* verwendet (normale Wortstellung). Statt Kurzsätzen mit *so* kommen auch Kurzsätze mit *too* vor.

   I'm not hungry. – I'm not either.
   I'm thirsty. – I am, too.

2. Will man einen Zeitunterschied zwischen dem Geschehen des vorangehenden Satzes und dem des Kurzsatzes ausdrücken, so verwendet man entsprechend verschiedene Tempora:

   We enjoy travelling, and **so did** my parents till recently.

35–36 Aufforderungssätze (Imperative sentences)

35 Strukturen (Structures)

Get up straight away. **Be** quick and **get** dressed.	**Bejahte** Aufforderungssätze, die an eine oder mehrere andere Personen gerichtet sind, werden mit der Imperativform des Vollverbs gebildet. Diese ist gleichlautend mit dem Infinitiv.
Don't wake anybody. **Don't be** so noisy. **Do not neglect** dental hygiene. ['haɪdʒiːn]	**Verneinte** Aufforderungssätze werden mit der verneinten Imperativform *don't* (umgangssprachlich) bzw. *do not* (förmlich) + Infinitiv gebildet.
Let's go to the evening service. **Let us pray.**	Aufforderungssätze, in die der Sprecher sich mit einschließt, werden mit *let's* oder (sehr förmlich, feierlich) *let us* + Infinitiv gebildet.
Let's not set off too late. **Let us not forget** the dear departed. **Don't let's lose** hope.	Verneinte Aufforderungssätze dieser Art werden mit *let's not, let us not* oder – vor allem im britischen Englisch – mit *don't let's* + Infinitiv gebildet.

Anmerkungen:

1. Gelegentlich werden auch Aufforderungssätze mit einem unbestimmten Subjekt der 3. Person gebildet:
   Somebody help me carry these heavy books. *(Hilf mir mal einer, ...)*
   Don't any of the boys touch these documents. *(Keiner der Jungen rühre mir ... an.)*

2. Nach Aufforderungssätzen steht im Englischen normalerweise ein Punkt. Ein Ausrufezeichen wird nur bei besonders strikten Befehlen und bei erregten Ausrufen (mit erhobener Stimme) gesetzt:
   Sit down, you fool! You stay out!
   Mind! Don't move. "Get out of my house!" she screamed.

36 Abschwächung und Verstärkung (Downtoning and intensifying)

1. Sprechabsichten und Intonation

Get off that trolley! It's meant for carrying luggage, not for playing with. Don't lean out of the window. It's dangerous. Be careful! Don't drop this bag. It's got the thermos flask in it.	Aufforderungssätze mit fallender Intonation wirken bestimmt, verbindlich oder eindringlich. Fallende Intonation benutzt man z. B. bei Befehlen, Verboten, Anweisungen, Warnungen, etc.
Just give me a ring, and I'll pick you up from the airport. Don't be angry with me. It wasn't my fault that I'm late. Try and be a bit more punctual in future. You could always take a taxi.	Aufforderungssätze mit steigender Intonation wirken unverbindlich, weniger bestimmt. Manchmal haben sie auch einen flehenden oder leicht vorwurfsvollen Unterton.

2. Besondere Formen der Abschwächung und Verstärkung

Fetch the sugar, **will you.** *(Hol doch bitte mal den Zucker.)* Let's have some coffee, **shall we.** Don't let the cat get on the table, **will you.**	Will man eine Aufforderung gefälliger ausdrücken, so kann man unbetontes *will you* (bei *let's: shall we*) – ohne Sprechpause – an einen bejahten oder verneinten Aufforderungssatz anhängen.

Try a bit of this cake, **won't you.** *(Versuchen Sie doch mal...)* Take a taxi, **won't you.** It's snowing. **Please** take your coat off and sit down. Don't go just yet, **please.**	Will man etwas anbieten oder jemand vorschlagen, etwas zu tun, so kann man *won't you* an einen bejahten Aufforderungssatz anhängen. Durch *please* – ohne Sprechpause am Anfang oder Ende eines Aufforderungssatzes – wird grundsätzlich größere Höflichkeit erzielt.
Do give me a ring next week. **Do** let's arrange another meeting. **Do** be ready on time. *(Sei bitte unbedingt...)* Oh, there you are Bridget. **Do** come in.	Bejahte Aufforderungssätze mit betontem (emphatischem) *do* sind besonders nachdrückliche Bitten oder besonders höfliche Einladungen. (Weiteres zur *do*-Emphase, vgl. **335–336.**)
You keep out of this. *(Du hältst dich gefälligst da raus.)* **You** be quiet. **Don't you** be so cheeky. *(Sei mir ja nicht so frech.)* **Don't you** shout at me like this.	Besonders barsche Befehle werden durch betontes *you* + Imperativ ausgedrückt. Vergleichbar strikte, unhöfliche Verbote werden durch *don't* + *you* zum Ausdruck gebracht. (Hier ist *don't* stärker betont als *you.*)

Anmerkungen:

1. Höfliche Aufforderungen können auch in die Form einer Frage gekleidet sein, und zwar mit *will/would* oder *can/could. Would* und *could* wirken besonders höflich:
   (Let's read the story first.) **Will** you start, Peter?/**Would** you (like to) start Peter?
   Can/Could you tell me where the headmaster's office is? *(Können/Könnten Sie...)*

2. Mit einleitendem *will* kann man bei fallender Intonation auch einen Befehl formulieren, der Verärgerung oder Ungeduld zum Ausdruck bringt:
   Will you be quiet. *(Wirst/Willst du wohl endlich ruhig sein!)*

37 Ausrufesätze (Exclamations)

What lies he told! **What** a tedious speaker he is. **How** fast she talks! **How** I hate long speeches!	Ausrufesätze (meist mit Ausrufezeichen) bringen eine gefühlsmäßige Reaktion zum Ausdruck: Begeisterung, Mitleid, Schadenfreude, etc. Sie werden mit fallender Intonation gesprochen und durch *what* oder *how* eingeleitet.
What a terrible bore he is! **What a fool** I was to believe them. **How easy** she made it all sound! **How slowly** he grasped the situation. **How** he raged!	Dabei steht *what* vor Nominalgruppen (mit oder ohne Adjektiv). *How* steht vor Adjektiven ohne nachfolgendes Nomen oder vor Adverbien, manchmal auch allein.
What a knowledgeable man **your father is.**	Im restlichen Ausrufesatz wird die normale Wortstellung Subjekt – Prädikat eingehalten.
What a silly argument (that is)! *(Was für ein dummes Argument!)*	Oft werden Ausrufesätze wie im Deutschen auf den einleitenden Satzteil verkürzt.

Anmerkung:
Zu Ausrufen in Form eines Entscheidungsfragesatzes vgl. **22** Anm.

38–39 Satzformeln (Set phrases)

Satzformeln sind erstarrte Redewendungen für bestimmte Situationen.

38 Strukturen (Structures)

Excuse me.	(I beg your) pardon.		Satzformeln sind selten ganze Sätze. Meistens haben sie unvollständige Satzmuster. Manchmal bestehen sie sogar nur aus einem einzigen Wort.
Happy New Year.	Merry/Happy Christmas.		
Same to you.	Thank you.	Thanks.	
Hello.	Hi.	Bye.	
May I introduce you to Mr Williams? – How do you do? – How do you do?			Die meisten von ihnen lassen sich grammatisch nicht verändern, so z. B. die Begrüßungsformel *How do you do?*

39 Sprechabsichten (Speech intentions)

Satzformeln dienen der Kontaktpflege in festgelegten Situationen. Darüber hinaus gibt es auch Satzformeln für Gefühlsäußerungen. Die folgende Übersicht gibt eine Auswahl (u = umgangssprachlich; f = förmlich; ohne Bezeichnung: stilistisch neutral).

Good morning/evening/... Hello. Hi. (u) How are you? (– Fine, thanks, and how are you?) *Nur bei erster Begegnung:* How do you do? (f) *(Antwort:* How do you do?) Pleased to meet you.	Begrüßung und Kontaktaufnahme
Goodbye. Cheerio. (u) So long. (u) See you (later). (u)	Verabschiedung
Good luck. (– Same to you.) Merry/Happy Christmas. Happy New Year. Happy birthday (to you). Many happy returns. *Beim Trinken:* Cheers! Your health. Here's to you/your health/...	Wünsche und Gratulationen
Regards to Kate. Give my love to ... Please remember me to ... Please give my best wishes to ... (f)	Grüße und Empfehlungen
Thank you. Many thanks. Thanks (very much). (u) *(Keine Antwort nötig, möglich aber:* Not at all./Don't mention it./ You're welcome.)	Dank
(I'm) sorry. Excuse me. (I beg your) pardon. (– That's all right./ – Please don't worry. / – No harm done.)	Entschuldigung
Pardon? Sorry? What?	Nachfrage
Beginn: Dear Alan, Dear Mrs Brown, Dear Sir/Madam, (f) *Schluß:* Love, (u) Yours, (u) Yours sincerely, Yours faithfully, (f)	Briefformeln
(Good) Heavens! (Good) God! Gosh! Good gracious! Oh, my. Ouch! Damn! Blast (you/it)! Shame on ... Go to hell!	Gefühlsäußerungen (meist umgangsspr.)

40 Plakativsprache (Block language)

Plakativsprache besteht aus Einzelwörtern, Wortgruppen oder „Sätzen“, die auf die für die Bedeutung wesentlichen Elemente reduziert sind.
Sie hat die Funktion, in knapper Form zu informieren. Manchmal hat sie auch Aufforderungscharakter. Daher tritt sie vor allem in folgenden Bereichen auf:

Entrance Push Way out Private Pull One Way Danger: Falling Rock No smoking Press	• Hinweisschilder, Gebotsschilder, etc.
SMITH'S INSTANT COFFEE PURE WOOL Ingredients: flour, sugar,... Produce of Spain Stainless steel	• Warenaufschriften
UP THE REPUBLIC Down with war SMITH FOR PRESIDENT LUCINI - that certain style FOR REAL MEN: ARCTIC AFTER SHAVE	• Slogans
The Old Man and the Sea A Grammar of Present-Day English Introduction Contents Chapter 3: Nouns and Noun Phrases	• Titel, Überschriften
Millionaire's Son Free 39 killed in plane crash Queen to meet Pope McNeill resigns	• Schlagzeilen
ARRIVING HEATHROW TUESDAY 5 P.M. – BRENDA	• Telegramme

Kapitel 2: Die Muster des einfachen Satzes

(The Patterns of the Simple Sentence)

41–43 Das Verb und seine Ergänzungen: Übersicht

(The verb and its complementation)

41 Das Verb als Grundlage verschiedener Satzmuster

(The verb as the basis of different sentence patterns)

Der einfache Satz hat verschiedene Satzmuster, in deren Zentrum das Prädikat steht. Das Prädikat ist entweder ein finites Vollverb (z. B. *listened*) oder eine Verbgruppe aus Hilfsverb(en) + Vollverb (z. B. *had listened, may be listening*). Je nach Art und Bindungsfähigkeit des Verbs können oder müssen außer dem Subjekt noch weitere Ergänzungen zum Prädikat treten. Sie werden z. T. durch eine Präposition angeschlossen. Die folgende Übersicht führt die Muster des Aktivsatzes auf.

Subjekt	Prädikat		Notwendige Ergänzungen		
The concert	**has started.**				
The orchestra	**were playing**		Beethoven's Fifth. direktes Objekt		
We	**listened**	**to**	the old songs. Präpositionalobjekt		
He	**has promised**		his guitar direktes Objekt	to	his daughter. indir. Präpositionalobjekt
My friend	**can give**		you indir. Stellungsobjekt		the new LP. direktes Objekt
The melody	**reminded**		the old man direktes Objekt	of	his youth Präpositionalobjekt
Music	**is**		the language of feeling. Subjektkomplement		
Some critics	**consider**		Louis Armstrong direktes Objekt		the king of jazz. Objektkomplement
I	**think**	**of**	modern music Präpositionalobjekt	as	very difficult. Objektkomplement
The origins of jazz	**lie**		in New Orleans. adverbiale Bestimmung		
The player	**put**		his violin direktes Objekt		in the case. adverbiale Bestimmung

They	**awarded**	the Dutch pianist indirektes Objekt		the first prize. direktes Objekt
The Dutch pianist Subjekt	**was awarded**			the first prize. direktes Objekt
The first prize Subjekt	**was awarded**		to	the Dutch pianist. indirektes Objekt

Die Objekte des Aktivsatzes können in vielen Fällen als Subjekt eines Passivsatzes auftreten: Auch die Satzmuster des Passivsatzes sind vom gewählten Verb abhängig. (Weiteres zu Passivsätzen **58–65.**)

Anmerkungen:

1. Manche Grammatiken verstehen unter „Prädikat" das Verb bzw. die Verbgruppe **einschließlich** der notwendigen Ergänzungen und bezeichnen die Verbgruppe selbst als „Prädikats**kern**" *(predicator).*

2. Sämtliche Satzmuster können durch (nicht-notwendige) adverbiale Bestimmungen erweitert werden:
My friend gave me the Stones' new LP **last week.** He **slowly** put his violin in the case.

3. Als Ergänzungen des Verbs treten nicht nur Nominal- und Adjektivgruppen auf, sondern auch Nebensätze und infinite Konstruktionen (vgl. **302, 257**). In diesem Fall sprechen wir von einem „komplexen Satz":

Everyone would agree **that the Beatles produced some wonderful songs.**	(Nebensatz)
The dream of many youngsters is **to become famous as a pop star.**	(Infinitivkonstruktion)
Many singers dislike **performing live on TV.**	(Gerundialkonstruktion)

42 Verben mit verschiedenen Satzmustern (Verbs with several sentence patterns)

Einige besonders häufig auftretende Verben können in verschiedenen Satzmustern verwendet werden und haben dabei unterschiedliche Bedeutungen. Diese Erscheinung, über die die Wörterbücher bei den einzelnen Verben Aufschluß geben, soll hier durch zwei Beispiele veranschaulicht werden (Vgl. auch **45**).

	grow	
Look how the sunflowers **have grown!**	–	*wachsen*
My friend Mike **is growing** ***a beard.***	+ direktes Objekt	*(sich) wachsen lassen*
My grandparents **have grown** ***old.***	+ Subjektkomplement	*werden*
	get	
Jane's **getting** ***a new carpet*** for her room.	+ direktes Objekt	*bekommen, erhalten*
Who **got** ***her that nice picture?***	+ indir. Obj. + dir. Obj.	*besorgen, beschaffen*
The old chairs **had got** ***very shabby.***	+ Subjektkomplement	*werden*
We're **getting** ***the room ready*** for the painters.	+ dir. Obj. + Objektkompl.	*(fertig) machen*
How **did** the needles **get** ***into these cushions?***	+ adverbiale Bestimmung	*gelangen*
However **will** you **get** ***that piano through the door?***	+ dir. Obj. + adv. Best.	*bringen, schaffen*

43 Verben und Verbverbände (Verbs and verbal complexes)

Häufig geht ein Verb mit einem Adjektiv oder Nomen eine so enge Bindung ein, daß beide zusammen eine Bedeutungseinheit bilden, obwohl sich ihre Bestandteile formal als Prädikat + Subjektkomplement bzw. als Prädikat + Objekt analysieren lassen. Wir nennen solche Einheiten **Verbverbände.** Sie werden vor allem mit den Verben *be, have, do, make, take* und *give* gebildet. Oft gibt es bedeutungsähnliche Einzelverben.
Ähnlich wie Einzelverben haben auch viele Verbverbände eine Ergänzung bei sich, die teils direkt, teils durch eine Präposition angeschlossen wird.

My father	**is fond**	**of**	painting.	Verb + Adjektiv (Subjektkomplement)
(My father	likes		painting.)	
It	**is a pity**		you missed the exhibition.	Verb + Nomen (Subjektkomplement)
My sister	**had thoughts**	**of**	studying art once.	Verb + Nomen (direktes Objekt)
(My sister	thought	of	studying art once.)	
No portrait	**does justice**	**to**	her beauty.	Verb + Nomen (direktes Objekt)

44–46 Verben ohne Objekt und Verben mit direktem Objekt

(Verbs without object and verbs with direct object)

44 Die Satzmuster (Sentence patterns)

They were **dancing.** (intransitiv: ohne Objekt)
They were **dancing** ***a tango.*** (transitiv: mit direktem Objekt)
Viele englische Verben können ohne Objekt (intransitiv) oder mit direktem Objekt (transitiv) gebraucht werden, ohne daß sich die Bedeutung grundsätzlich ändert.

The band turned up and the music	**started.**	
Tom and Mavis	**arrived**	***at ten o'clock.***
Some of the guests	**were dancing**	***in the hall.***
Excitement	**mounted**	***rapidly.***

Ein intransitiv gebrauchtes Verb – vor allem in der *Simple Form* – steht jedoch selten am Satzende, wo es oft dramatisch wirkt. Meist besteht Veranlassung, die Begleitumstände der Handlung zu nennen. Dann treten adverbiale Bestimmungen (der Zeit, des Orts, der Art und Weise, etc.) hinter das intransitive Verb.

After his long solo the clarinettist **had a drink.**
Shortly before midnight, the musicians **took a rest.**
Häufiger als intransitive Verben kommen am Satzende Verbverbände aus Verb und Nomen vor (vgl. **46**). Sie wirken beiläufiger, weniger dramatisch als Einzelverben.

Anmerkungen:

1. Dem direkten Objekt im Englischen kann im Deutschen u. a. ein Akkusativ- oder ein Dativobjekt entsprechen (vgl. **59**):

I greeted	**her**	direktes Objekt	Ich begrüßte **sie**	Akkusativobjekt
and thanked	**her**		und dankte **ihr**	Dativobjekt
for the invitation.			für die Einladung.	

2. Einige intransitiv gebrauchte Verben, die sogenannten Mediopassiva, haben im Englischen – trotz Aktivform – passivische Bedeutung (vgl. **65**):
   These dresses **wash** easily. *(... lassen sich ... waschen.)* His new story **reads** well. *(... liest sich ...)*

45 Intransitiv und kausativ-transitiv gebrauchte Verben

(Intransitive verbs with corresponding causative-transitive verbs)

Eine Reihe englischer Verben kann intransitiv oder transitiv gebraucht werden, wobei sie beim transitiven Gebrauch ein Veranlassen ausdrücken (kausative Bedeutung).

The plane **flew** and **landed** safely. The pilot **flew** and **landed** the plane safely.	*fliegen, landen* (intransitiv) *fliegen, landen* (kausativ-transitiv)	Im Deutschen gibt es nur wenige entsprechend gebrauchte Verben.
Some candidates **failed.** The examiners **failed** no candidate. a horse races/to race a horse s.o. starves/to starve s.o. to death a man works/to work a man hard	*durchfallen* *durchfallen lassen* *rennen/rennen lassen* *verhungern/verh. lassen* *arbeiten/arbeiten lassen*	Häufig wird die kausative Bedeutung im Deutschen durch den Zusatz *lassen* ausgedrückt.
cabbages grow/to grow cabbages the athlete runs/to run a firm the ship sinks/to sink a ship a chair stands s.wh./to stand a chair s.wh. s.o. walks/to walk one's dog	*wachsen/anbauen* *laufen/leiten* *sinken/versenken* *stehen/stellen* *spazierengehen/ausführen*	Manchmal wird sie durch ein anderes Verb wiedergegeben, das mit dem intransitiven Verb verwandt sein kann (vgl. *sinken – versenken*).

The leaves **had fallen** from the trees.			*(waren gefallen)*		
The old oak tree **has been felled.**			*(ist gefällt worden)*		
Beispiele:	lie	lay	lain	*liegen*	(intransitiv)
	lay	laid	laid s.th. s.wh.	*legen*	(transitiv)
	fall	fell	fallen	*fallen*	(intransitiv)
	fell	felled	felled s.th.	*fällen*	(transitiv)
	rise	rose	risen	*aufstehen*	(intransitiv)
	raise	raised	raised s.th.	*heben*	(transitiv)

In einigen Fällen stehen auch im Englischen intransitiven Verben andere, aber verwandte kausativtransitive Verben gegenüber. (Da sich ihre Formen z.T. überschneiden oder sehr ähnlich sind, sind diese Verben häufig die Quelle von Verwechslungen.)

Anmerkung:
Sit, sat, sat ist meistens intransitiv (dt. *sitzen*), kann aber auch kausativ-transitiv in der Bedeutung *jemanden setzen* verwendet werden:

The children **sat** on the sofa.
The mother **sat** her baby in an armchair.

Set, set, set ist dagegen meistens kausativ-transitiv (dt. *etwas setzen, stellen*), wird aber bei Gestirnen intransitiv in der Bedeutung *untergehen* verwendet:

The cook **set** the casserole on the table.
By the time they had finished supper, the sun **was setting.**

46 Verbverbände und intransitive Verben (Verbal complexes and intransitive verbs)

When did you **have breakfast**?
My grandparents have **made arrangements** to have 'meals on wheels' in future.

Grandfather always **has a rest / rests** before tea, then he **takes a stroll / strolls** round the garden.

Grandfather always **has a long rest** before tea, then he **strolls slowly** round the garden.

Let's **take a walk** after lunch. *(spazierengehen)*
Shall we **walk** or take the bus? *(zu Fuß gehen)*

Verben wie *do, give, have, make, take* gehen oft mit Nomen eine enge Beziehung in Form eines Verbverbandes ein. Dabei ist das Nomen formal direktes Objekt. (Vgl. **43**)
Manchmal kann die gleiche Handlung entweder durch einen Verbverband oder durch ein entsprechendes intransitives Verb wiedergegeben werden.
Zum Teil läßt sich eine Handlung eher durch Adjektive in Verbverbänden näher bestimmen, zum Teil eher durch Adverbien bei intransitiven Verben.
Oft bestehen Bedeutungsunterschiede zwischen Verbverbänden und entsprechenden Einzelverben.

Anmerkung:
Einige Verben können ein Objekt bei gleicher Bedeutung entweder direkt oder mit Hilfe einer Präposition anschließen. (Dieses Präpositionalobjekt kann auch als adverbiale Bestimmung ausgelegt werden.)

Every year there are several attempts to **swim** **the Channel.** (direktes Objekt)
Every year there are several attempts to **swim across** **the Channel.** (Präpositionalobjekt bzw. adverbiale Bestimmung)
Ebenso: fly (across) the ocean/...; jump (across) a ditch/...; fight (against) poverty/...; play (against) a team/... .

47–48 Präpositionalverben und Partikelverben (Prepositional und phrasal verbs)

47 Vergleich der Satzmuster (Comparison of the sentence patterns)

Viele englische Verben können mit Präpositionen (*for, at,* etc.) oder Adverbialpartikeln (*out, up,* etc.) feste Verbindungen eingehen, die man Präpositionalverben bzw. Partikelverben nennt:

1. Präpositionalverben *(prepositional verbs)*

The passengers **were hoping for** ***a good crossing.***
(were hoping for = Präpositionalverb; a good crossing = Präpositionalobjekt)

Präpositionalverben haben im Aktivsatz immer ein Objekt bei sich, das wir Präpositionalobjekt nennen.

A steward **looked after** ***the old lady.***
A steward **looked after** ***her.***
The captain **listened** attentively **to** ***the weather forecast.***

Das Präpositionalobjekt kann nicht zwischen Verb und Präposition stehen. Gelegentlich treten jedoch Adverbien zwischen Verb und Präposition. (Zur Stellung der Präposition in Passivsätzen vgl. **60**, in Relativsätzen vgl. **311**, in Fragesätzen vgl. **24.**)

2. Partikelverben *(phrasal verbs)*

At last the ferry **moved off.**
(moved off = Partikelverb)

All the tourists **took out** ***their cameras.***
(took out = Partikelverb; their cameras = direktes Objekt)

Einige Partikelverben treten ohne Objekt auf (intransitiver Gebrauch), andere haben ein direktes Objekt bei sich (transitiver Gebrauch).

Someone **pointed out** ***the Roman lighthouse.***
Someone **pointed** ***the Roman lighthouse*** **out.**
Someone **pointed out** ***the ruins of the famous Roman lighthouse.***
Someone **pointed** ***it*** **out.**

Das direkte Objekt kann vor oder hinter der Partikel stehen, wenn es ein Nomen oder eine kurze Nominalgruppe ist. Ist das Objekt eine längere Nominalgruppe, so steht es hinter der Partikel. Ist es ein Personalpronomen, so steht es immer vor der Partikel.

Anmerkungen:

1. Viele Verben, die als Präpositionalverben auftreten, können auch intransitiv, d. h. ohne Präposition und ohne Präpositionalobjekt gebraucht werden:

A nightingale was singing in the wood, and they stopped to **listen** (**to** it).
We tried to rescue a bird from the cat, but we didn't **succeed** (**in** doing so).
Ebenso: advertise (for), agree (with), aim (at), apply (for), complain (of), consent (to), gaze (at), grumble (at), object (to), etc.

2. Auch manche Partikelverben nehmen mit Hilfe einer Präposition ein Präpositionalobjekt zu sich. Man nennt diese Verben *phrasal-prepositional verbs.* Bei ihnen sind Verb und Partikel nie trennbar.

People should **stay away** **from** **birds' nests** when there are eggs in them.
(stay away = Partikelverb; from = Präposition; stay away from = *Phrasal-prepositional verb*; birds' nests = Präpositionalobjekt)

Ebenso: do away with s.th. *(abschaffen),* put up with s.th./s.o. *(ertragen),* look forward to s.th. *(sich freuen auf),* look down on s.o./s.th. *(herabsehen auf),* etc.

48 Die Bedeutungen der Präpositional- und Partikelverben

(The meanings of prepositional and phrasal verbs)

Farmers **are** always **talking about** the weather.
(... sprechen ... über/reden ... vom ...)
The harvest **was brought in** just in time.
(... wurde ... eingebracht.)

Large fields **make for** a more economic use of machinery. *(... führen zu ...)*
Two years ago he **set up** as a sheep farmer in Yorkshire. *(... ließ ... sich ... nieder.)*

Nur bei einigen Präpositional- und Partikelverben läßt sich die Gesamtbedeutung aus der Bedeutung von Verb und Präposition bzw. Partikel erschließen.

Häufig ist dies jedoch nicht möglich, da Verb und Präposition bzw. Partikel eine völlig neue Bedeutungseinheit bilden können. In solchen Fällen geben Wörterbücher Auskunft.

The passengers **took to** the lifeboats when the ship started to sink. *(... flüchteten sich ...)*
We've **taken to** windsurfing since living by the sea. *(Wir haben uns aufs ... verlegt ...)*
Mark didn't **take to** his sailing instructor at all. *(... konnte sich ... nicht ... anfreunden.)*

The treasurer has **gone off** with all our money. *(... ist ... abgehauen.)*
How did your interview **go off**? *(Wie lief ... ab?)*
The electricity **went off** during the storm. *(... fiel ... aus.)*
The bomb **went off** without any warning. *(... ging ... los.)*
It's so hot today the milk's **gone off**. *(... daß die Milch sauer geworden ist.)*
How's your headache? – It's **gone off** now, thank you. *(Es ist jetzt weg ...)*

Gelegentlich hat ein Präpositionalverb mehrere, zum Teil sehr unterschiedliche Bedeutungen, wie z. B. *take to.*
Weiteres Beispiel:
go for a walk *(spazierengehen)*
go for a doctor *(holen)*
go for s.o. (with a knife) *(auf jdn. losgehen)*

Recht häufig hat ein Partikelverb mehrere Bedeutungen, wie z.B. *go off.* Sowohl die Zahl der Partikelverben als auch die Zahl ihrer Bedeutungen nimmt ständig zu.
Weiteres Beispiel:
turn out the light *(ausschalten)*
turn out 50 washing machines a day *(ausstoßen, produzieren)*
turn out an unwelcome guest *(hinauswerfen)*
turn out one's pockets *(umdrehen)*
turn out to watch the race *(sich einfinden)*
turn out (to be) a success *(sich als ... erweisen)*

49–51 Verben mit zwei Objekten (Verbs with two objects)

49 Satzmuster mit direktem und indirektem Objekt

(Sentence patterns with direct and indirect object)

Viele Verben können oder müssen neben dem direkten Objekt (meist eine Sache) ein indirektes Objekt haben. Das indirekte Objekt bezeichnet in der Regel den Empfänger oder Nutznießer einer Handlung, also meistens eine Person. Diese Verben lassen sich in zwei Gruppen einteilen. (Zur Passivbildung vgl. **61**)

	indirektes Objekt als Stellungsobjekt	direktes Objekt		indirektes Objekt als Präpositionalobjekt
1. The guide showed	the tourists	the sights of London.		
The guide showed		the sights of London	**to**	the tourists.
2. The guide described		the sights of London	**to**	the tourists.

1. Verben, die ein indirektes Stellungs- oder Präpositionalobjekt zulassen:
Bei diesen Verben kann das **indirekte Objekt ohne Präposition** angeschlossen werden und geht dann dem direkten Objekt voraus. Wir nennen es indirektes Stellungsobjekt.
Es kann aber auch **mit einer Präposition** (meistens *to*) angeschlossen werden und folgt dann dem direkten Objekt. Wir nennen es indirektes Präpositionalobjekt.
Hierher gehören vor allem:

bring	lend	promise	show	someone something/ something to someone
give	offer	read *(vorlesen)*	throw	
grant	owe *(schulden)*	sell	tell	
hand	pass *(reichen)*	send	write	

2. Verben, die nur ein indirektes *Präpositional*objekt zulassen:
Bei diesen Verben wird das **indirekte Objekt** stets **mit einer Präposition** (meistens *to*) angeschlossen und folgt gewöhnlich dem direkten Objekt. (Zur Stellung vgl. **50.2.**)
Hierher gehören vor allem:

announce	admit	dictate	explain	propose	something to someone
address	describe	distribute	mention	say	

Anmerkungen:

1. Einige Verben, die beide Arten des indirekten Objekts zulassen, schließen das indirekte Präpositionalobjekt nicht mit *to*, sondern mit einer anderen Präposition an:

The tourist information office **found** the visitors an excellent hotel.
The tourist information office **found** an excellent hotel **for** the visitors.
Ebenso: cook s.o. s.th./cook s.th. for s.o. · get s.o. s.th./get s.th. for s.o. · ask s.o. s.th/ask s.th. of s.o.
buy s.o. s.th./buy s.th. for s.o. · make s.o. s.th./make s.th. for s.o.

2. Einige Verben, die nur ein indirektes *Präpositional*objekt zulassen, schließen dieses stets mit der Präposition *from* an:
At the border some people tried to **conceal** their purchases **from** the customs officer.
Ebenso: hide, steal, take, . . . s.th. from s.o.

50 Die Stellung des direkten und des indirekten Objekts

(The position of the direct and indirect object)

1. Verben, die ein indirektes Stellungs- oder Präpositionalobjekt zulassen

a) The waiter brought	**us each** indirektes Objekt	**a huge plate of salad.** direktes Objekt	
Mrs Brown bought	**choc-ices** direktes Objekt	for **all seven of the children.** indirektes Objekt	
b) Mother promised	**my little brother** indirektes Objekt	**a coke** direktes Objekt	if he would eat up his vegetables.
Would you mind passing	**the salt and pepper** direktes Objekt	to **Anne?** indir. Obj.	She's been waiting for it.

Bei diesen Verben steht gewöhnlich dasjenige Objekt an zweiter Stelle, das die meiste oder die wichtigste Information enthält. (Vgl. auch **6, 332.**)

a) Meist ist dies gleichzeitig das längere der beiden Objekte.

b) Doch auch das kürzere Objekt kann in die Endstellung treten, wenn es die wichtigere neue Information enthält oder, z.B. zum Ausdruck eines Gegensatzes, besonders hervorgehoben werden soll.

Anmerkungen:

Ist das direkte Objekt *it* oder *them*, so gelten folgende Regeln:

1. Ist das indirekte Objekt eine Nominalgruppe, so steht diese an zweiter Stelle und wird gewöhnlich mit Präposition angeschlossen:
If you don't want your book, why don't you give **it *to your sister?***
And what about your tapes? – I've lent **them *to a friend of mine.***

2. a) Ist das indirekte Objekt ein Pronomen, so steht es meist ebenfalls mit Präposition nach *it* bzw. *them:*
Please lend me your notes. – I'm sorry, I can't lend **them *to you,*** I've already lent them to John.
Just fetch the newspaper and give **it *to me,*** will you please?
b) Es kann aber auch – je nach regionaler Herkunft des Sprechers – ohne Präposition vor oder hinter *it* bzw. *them* stehen:
Please lend me your notes. – I'm sorry, I can't lend ***you* them (them *you*),** I've already lent them to John.
Just fetch the newspaper and give **it *me* (*me* it),** will you please?

2. Verben, die nur ein indirektes Präpositionalobjekt zulassen:

In the first act a messenger on horseback announces **the hero's arrival** to **King Arthur and his knights.**
direktes Objekt — indirektes Objekt

The young warrior relates to **the King** **all the adventures he has had during his travels.**
indir. Obj. — direktes Objekt

The stranger is made welcome and explains to **the Court** **his reasons for coming there to seek help.**
indir. Obj. — direktes Objekt

Bei diesen Verben steht normalerweise das indirekte Präpositionalobjekt an zweiter Stelle. Das direkte Objekt tritt nur dann an die zweite Stelle, wenn es sehr viel länger ist.
Die Präposition bleibt hier immer erhalten, also auch dann, wenn das indirekte Objekt vorangestellt wird.

51 Andere Satzmuster mit zwei Objekten (Other sentence patterns with two objects)

The excavations may provide **archaeologists** with **further information about the Celts' way of life.**
direktes Objekt (Person) — Präpositionalobjekt (Sache)

The mayor thanked for **their hard work** **all the young volunteers who had taken part in the dig.**
Präpositionalobjekt — direktes Objekt

Hierher gehören z.B.:

accuse s.o. of s.th.	*beschuldigen*	inform s.o. of s.th.	*informieren*
assure s.o. of s.th.	*versichern*	provide s.o. with s.th.	*versorgen*
blame s.o. for s.th.	*tadeln*	remind s.o. of s.th.	*erinnern*
charge s.o. with s.th.	*beschuldigen*	reward s.o. with s.th.	*belohnen*
compare s.o. with s.o.	*vergleichen*	rob s.o. of s.th.	*berauben*
congratulate s.o. on s.th.	*beglückwünschen*	suspect s.o. of s.th.	*verdächtigen*
convince s.o. of s.th.	*überzeugen*	thank s.o. for s.th.	*danken*

Bei einer dritten Gruppe von Verben mit zwei Objekten ist – im Gegensatz zu den in **49** und **50** besprochenen – meistens das direkte Objekt eine Person und das Präpositionalobjekt eine Sache. Bei diesen Verben geht das direkte Objekt normalerweise dem Präpositionalobjekt voraus. Es tritt nur dann hinter das Präpositionalobjekt, wenn es sehr viel länger ist.

Anmerkungen:

1. a) Gewisse Verbverbände aus Verb und Nomen (formal: direktes Objekt) nehmen eine Ergänzung in Form eines indirekten Stellungs- oder Präpositionalobjekts zu sich:
   Could you **do** my friend **a favour/a favour** for my friend? *(... einen Gefallen erweisen)*
   Ebenso: make s.o. an offer/make an offer to s.o., pay s.o. a visit/pay a visit to s.o., etc.
   b) Einige Verbverbände mit *give* lassen nur ein indirektes Stellungsobjekt zu:
   Please **give** me **a ring** tomorrow when the meeting is over. *(Ruf mich ... an, ...)*
   Ebenso: give s.o. a kiss/a kick/a push/a shove/a shock, etc.

2. Eine weitere Gruppe solcher Verbverbände läßt nur ein Präpositionalobjekt zu. Dieses steht immer hinter dem direkten Objekt:
   The drastic social welfare cuts **gave rise to** a wave of protests. *(... riefen ... hervor.)*

Hierher gehören u. a. auch:

catch sight of	*erblicken*	make fun of	*sich lustig machen über*	take care of	*sorgen für*
give way to	*weichen*	make use of	*gebrauchen*	take no notice of	*nicht beachten*
lose sight of	*aus den Augen verlieren*	pay attention to	*achtgeben auf*	set foot on	*betreten*

52–53 Verben mit reflexivem Objekt (Verbs with reflexive object)

52 Die Satzmuster (Sentence patterns)

1. a) **Betty** hurt **herself** while skating. (direktes Objekt)
   b) Betty hurt her (a friend) with a skate.
2. a) **Roger** made **himself** a new sledge. (indirektes Objekt)
   b) Roger made him (his son) a new sledge.
3. a) On the ice rink **the older children** looked after **themselves.** (Präpositionalobjekt)
   b) On the ice rink the older children looked after them (the younger children).

Viele Verben können als direktes, indirektes oder Präpositionalobjekt ein Reflexivpronomen (Sg. *-self,* Pl. *-selves*) zu sich nehmen. Dieses bezieht sich auf dieselbe Person oder Sache wie das Subjekt (Sätze 1a, 2a, 3a) und darf nicht mit dem entsprechenden Personalpronomen verwechselt werden, das sich gewöhnlich auf ein anderes Nomen bezieht (Sätze 1b, 2b, 3b).
Das Reflexivpronomen wird – wie im Deutschen – normalerweise unbetont gesprochen (vgl. **87.2**).

Anmerkung:
In adverbialen Bestimmungen des Ortes, die mit einer Präposition eingeleitet werden, steht an Stelle des Reflexivpronomens das Personalpronomen:

He put his bag **beside him** on the seat. *(... neben sich ...)*
I hadn't enough money **on me** to pay for a taxi. *(... bei mir ...)*

53 Verben mit und ohne Reflexivpronomen (Verbs with and without the reflexive pronoun)

Why shouldn't the surgeon **pride himself** on his skill?
Ebenso: absent oneself from (a meeting/ ...), avail oneself of (an opportunity/ ...) *(etw. nutzen)*

Verben, die immer ein Reflexivpronomen bei sich haben müssen, sind im Englischen selten.

The doctor **prepared (herself)** to break the bad news to the girl's parents.
Ebenso: dress (oneself), wash (o.s.), shave (o.s.), hide (o.s.), prove (o.s.) (to be), surrender (o.s.) to/yield (o.s.) to *(sich ergeben)*

Eine Reihe von englischen Verben kann sowohl mit als auch ohne Reflexivpronomen verwendet werden.

On the third day after the operation, the patient got up for the first time. He **washed himself** carefully with a soft cloth and tried **to dress himself.**
Go and **dress yourself** before you come down for breakfast.
Shaving every morning is rather a bore.
The young nurse **proved** to be very capable.
(... erwies sich als ...)

Das Reflexivpronomen wird bevorzugt, wenn die Handlung plastisch dargestellt werden soll oder wenn sie absichtlich oder bewußt geschieht.
Deshalb findet es sich häufig beim Imperativ dieser Verben.
Dagegen fehlt das Reflexivpronomen eher, wenn etwas gewohnheitsmäßig oder ohne besondere Absicht geschieht.

Just **fancy,** the old lady could not **remember** her husband's name! *(Stell **dir** nur vor ... **sich** nicht an ... erinnern.)*

Ebenso:

approach	*s. nähern*	move	*s. bewegen*
change	*s. verändern*	recover	*s. erholen*
complain	*s. beklagen*	rely on	*s. verlassen auf*
imagine	*s. einbilden*	sit down	*s. setzen*
lie down	*s. hinlegen*	turn to	*s. wenden an*

Viele Verben, die im Deutschen reflexive Entsprechungen haben, werden im Englischen nicht reflexiv gebraucht.

54–57 Verben mit Subjektkomplement und Verben mit Objektkomplement

(Verbs with subject complement and verbs with object complement)

54 Vergleich der Satzmuster (Comparison of the sentence patterns)

London is **the capital of the U. K.**
Subjekt — Subjektkomplement

The traffic problem seems **insurmountable.**
Subjekt — Subjektkomplement

The Tower remains **a tourist magnet.**
Subjekt — Subjektkomplement

Das Verb *be* und eine Reihe von weiteren Verben haben eine Ergänzung bei sich, die eine Eigenschaft oder einen Zustand des Subjekts bezeichnet. Diese Ergänzung nennt man das Subjektkomplement (prädikative Ergänzung zum Subjekt).
Das Subjektkomplement ist entweder ein Nomen (bzw. eine Nominalgruppe) oder ein Adjektiv (bzw. eine Adjektivgruppe).

The Romans called **the city Londinium.**
Objekt — Objektkomplement

Newspapers have made **Fleet Street famous.**
Objekt — Objektkompl.

Most tourists think of **the Tower** as **a must.**
Objekt — Objektkompl.

Eine andere Gruppe von Verben nimmt neben dem direkten oder dem präpositionalen Objekt eine Ergänzung zu sich, die einen Namen, eine Eigenschaft oder einen Zustand dieses Objekts angibt. Diese Ergänzung nennt man das Objektkomplement (prädikative Ergänzung zum Objekt).
Das Objektkomplement ist entweder ein Nomen (bzw. eine Nominalgruppe) oder ein Adjektiv (bzw. eine Adjektivgruppe). Es wird bei einigen Verben mit *as* angefügt. Im Deutschen wird es oft mit *als, zu* oder *für* angeschlossen.

Anmerkung:
Gewisse Verben können an Stelle eines Subjekt- oder eines Objektkomplements eine notwendige adverbiale Bestimmung bei sich haben:

Their son **was** ***a gifted mathematician.***	(Subjektkomplement)
Both their daughters **were** ***at college.***	(adverbiale Bestimmung)
The teacher **kept** the pupils ***quiet.***	(Objektkomplement)
The games master **kept** the boys ***in school.***	(adverbiale Bestimmung)

55 Verben mit Subjektkomplement (Kopulaverben) (Verbs with subject complement: linking verbs)

Diese Verben werden als Kopulaverben bezeichnet, weil sie die Verbindung zwischen dem Subjekt und seinem Komplement herstellen. Sie lassen sich im wesentlichen in folgende Klassen unterteilen:

1. Verben, die ein Sein (einen Zustand oder eine Position) ausdrücken

be young/tall/a student/an engineer/...
come first/second/last/... (on a list)
lie asleep/helpless/hidden/open/exposed/...
stand alone/upright/still/firm/bewildered/...

The man **stood** upright before the judge.
The crime **lay** heavy on his conscience.

2. Verben, die einen Anschein ausdrücken. Diese Verben erlauben *to be* vor dem Komplement.

seem/appear (to be) sad/good/correct/absurd/friendly/disappointed/extravagant/...

After their return from the moon the astronauts **seemed (to be)** exhausted.
From the moon the earth **appears (to be)** very small.

3. Verben, die die Fortdauer eines Zustandes ausdrücken

keep quiet/cool/fit/fresh/warm/...	**stay** sober/single/hot/cold/cloudy/fine/...
remain silent/uncertain/a problem/...	

Even in the middle of the hurricane the seamen **kept** calm.
The weather will **remain** fine this week.

4. Verben, die einen Vorgang der Veränderung ausdrücken

become	famous/angry(-ier)/worn/a habit/...	**go**	blind/mad with rage/white with horror/ bankrupt/dry/bad/...
come	true/loose/open/apart/untied/undone/...		
fall	asleep/ill/silent/a victim to/...	**grow**	tired/old(er)/fat(ter)/loud(er)/desperate/...
get	wet/tired/drunk/worse/cold(er)/...	**turn**	nasty/pale/grey/Catholic/traitor/sour/...

After an hour in the car the baby **fell** asleep.
The weather **turned** very nasty after we had passed Leicester.

5. Verben, die eine sinnlich wahrnehmbare Eigenschaft ausdrücken (vgl. auch **56**)

look	good/sad/ill/a fool/one's age/...	**sound**	idiomatic/right/strange/a good idea/...
smell	awful/bad/sweet/aromatic/nice/...	**taste**	sour/sweet/bitter/strong/nice/delicious/ horrible/...
feel	soft/smooth/hard/rough/dry/sticky/...		

The hitchhikers **looked** very cold and miserable.
How fresh and clean the countryside **smells** after a shower.

Anmerkung:
Auch bestimmte intransitive Verben können ein Subjektkomplement zu sich nehmen. Es handelt sich um Verben, die den Übergang in einen anderen Zustand ausdrücken (z. B. *wake up:* vom Schlaf- zum Wachzustand).

He **woke up** happy. (He was happy when he woke up.)

Hierher gehören u.a. auch: **arrive** exhausted/...; **be born** rich/English/a princess/...; **marry** young; **return/come back/go away** a changed man/... .

56 Kopulaverben und gleichlautende Verben mit Objekt

(Linking verbs and formally identical verbs with object)

Die Verben *smell, taste, look, sound* und *feel* können zwei unterschiedlichen Klassen angehören und dabei entweder ein Adjektiv als Subjektkomplement oder ein Adverb nach sich haben:

Kopulaverben mit Adjektiv	Gleichlautende Verben (mit Adverb)
Everything the competitors had cooked **smelt** and **tasted good.** *(... roch und schmeckte ...)*	The judges first **smelt** the sauce before **tasting** it **carefully.** *(... rochen ... an ... kosteten.)*
Mr Brown's meat pie **looked** very **appetizing.** *(... sah ... aus.)*	The little girl **looked longingly** at the cakes. *(... schaute ... an.)*
This recipe **sounds** more **difficult** than it is. *(... hört sich ... an ...)*	The supervisor **sounded** the bell **impatiently** when the time was up. *(... läutete/ließ ... ertönen ...)*
Miss McNeill's rolls **feel** much **crisper** than anybody else's. *(... fühlen sich ... an ...)*	She **felt** the handle **cautiously** to see if it was hot. *(... betastete ...)*

Als Kopulaverben beschreiben sie eine Eigenschaft des Subjekts und haben dann ein Adjektiv als Subjektkomplement bei sich.

In Satzmustern mit Objekt beschreiben sie eine Tätigkeit und können daher durch ein Adverb der Art und Weise näher bestimmt werden.

Anmerkung:
Auch intransitive Verben, die den Übergang in einen anderen Zustand ausdrücken, bilden verschiedene Satzmuster und stehen entsprechend mit Adjektiv bzw. Adverb:

Though very famous, the poet **died poor.**
(**he** was poor when he died)

The old man **died suddenly** of a heart attack.
(**his death** was sudden)

57 Verben mit Objektkomplement (Verbs with object complement)

Diese Verben lassen sich im wesentlichen in zwei Klassen unterteilen:

1. Tätigkeitsverben, die ein Ergebnis miteinbeziehen

appoint	s.o. (as/to be) chairman/...	**get**	s.th./s.o. ready/...
choose	s.o. as/to be representative/...	**keep**	s.o./s.th. quiet/...
christen	s.o. Peter/...	**make**	s.o./s.th. famous/...
crown	s.o. king/queen/emperor/...	**name**	s.o. Katherine/...
declare	s.o./s.th. a failure/...	**proclaim**	s.o. (to be) a traitor/...
elect	s.o. M.P./mayor/...	**render**	s.o./s.th. desperate/...

They **appointed** Mrs Smith chairman of the committee.
His behaviour **rendered** me speechless.

2. Verben, die eine Meinung oder Vermutung ausdrücken

Mit oder ohne *to be*:

assume	s.o./s.th. (to be) wrong/a fraud/...	**presume**	s.o. (to be) innocent/...
believe	s.o./s.th. (to be) responsible for s.th./...	**suppose**	s.o./s.th. (to be) correct/...
consider	s.o./s.th. (to be) very important/...	**think**	s.o./s.th. very unfair/...
find	s.o./s.th. (to be) dull/amusing/a nuisance/...		

I **consider** Mr Miller **(to be)** a very efficient organizer.
Everybody **found** the meeting boring.

Mit *as* bzw. *for*:

characterize	s.o./s.th. **as** amusing/...	**regard**	s.o./s.th. **as** reliable/promising/...
look upon	s.o./s.th. **as** a good choice/...	**take**	s.o./s.th. **for** granted/...
mistake	s.o./s.th. **for** s.o./s.th. else/...	**think of**	s.o./s.th. **as** the equivalent of .../...

The opinion poll showed that the older generation on the whole **look upon** the young **as** responsible members of society.
Nowadays we **take** the welfare state **for** granted.

Anmerkungen:
1. Während die Konstruktion Objekt + Objektkomplement (ohne *as* oder *for*) nach *consider* und *find* auch umgangssprachlich verwendet wird, gehört sie bei den anderen Verben dieser Gruppe dem förmlichen Stil an.
In der Umgangssprache werden nach diesen Verben *that*-Sätze bevorzugt:
We all **supposed that** our neighbour was a Conservative.

2. Ein direktes Objekt mit einem Adjektiv als Objektkomplement kann auch nach Verben der Vorliebe und Abneigung und des Wünschens stehen:
I **prefer** coffee weak. Some **like** it medium. Others **want** it very strong.

3. Objektkomplemente in Aktivsätzen werden zu Subjektkomplementen in Passivsätzen:

They considered **Mr Smith an excellent speaker.** (Mr Smith: dir. Obj.; an excellent speaker: Objektkomplement)

Mr Smith was considered **an excellent speaker.** (Mr Smith: Subjekt; an excellent speaker: Subjektkomplement)

58 Passiv und Aktiv als Ausdruck unterschiedlicher Sichtweisen

(Passive and active voice to express different perspectives)

Passivsätze:	**The racing driver** Subjekt: Betroffener	was pulled out of his wrecked car and rushed to hospital.
	One of the bystanders Subjekt: Empfänger	was given first aid.
Vergleichbare	**A fellow competitor**	pulled the racing driver out of his wrecked car.
Aktivsätze:	**An ambulance**	rushed him to hospital.
	Somebody Subjekt: Verursacher	gave one of the bystanders first aid.

Wie die Beispiele zeigen, unterscheiden sich Passivsätze nicht nur in der Form, sondern auch inhaltlich von vergleichbaren Aktivsätzen; sie stellen eine Handlung aus ganz anderer Sicht dar: Im Passivsatz wählt der Sprecher als Subjekt und Ausgangspunkt des Satzes die von der Handlung betroffene Person (bzw. Sache) oder den Empfänger (bzw. Nutznießer) der Handlung. Der Verursacher braucht nicht genannt zu werden.
Im vergleichbaren Aktivsatz dagegen muß als Subjekt der Verursacher (bzw. die Ursache) der Handlung eingeführt werden.

The office was broken into and vandalized last week.	(Verursacher unbekannt)
The new hospital was opened in 1980.	(Verursacher unwesentlich)

Passivsätze werden daher vor allem dann verwendet, wenn der Verursacher einer Handlung unbekannt oder unwesentlich ist.

The racing driver was pulled out of his car **by a fellow competitor.**
One of the bystanders was given first aid **by an ambulance man.**
by-agent: Verursacher

Der Verursacher der Handlung kann allerdings auch im Passivsatz **zusätzlich** genannt werden, und zwar als sog. *by-agent*. Der *by-agent* tritt jedoch nur auf, wenn der Verursacher der Handlung als die wesentliche neue Information des Satzes erscheinen soll.
(Zur Rolle von Passiv- und Aktivsätzen bei der Informationsgliederung von Texten vgl. **6**.)

Anmerkungen:

1. Zu den Verbformen des Passivs vgl. **178**

2. In der *Simple Form* kann das Passiv nicht nur einen Vorgang beschreiben, sondern auch den Zustand, der sich daraus ergibt:

The racing driver **was** very badly **injured** in the crash.	(Vorgangspassiv: *Er **wurde** verletzt*)
The X-rays showed that he **was** very badly **injured.**	(Zustandspassiv: *Er **war** verletzt*)

In der *Progressive Form* kann es nur als Vorgangspassiv verstanden werden:
Would you wait for a moment. The X-rays **are being developed.** *(. . . **werden** gerade entwickelt.)*

59–62 Verbklassen und die Muster des Passivsatzes

(Classes of verbs and the patterns of the passive sentence)

Wie die Muster des Aktivsatzes sind auch die Muster des Passivsatzes abhängig vom gewählten Verb: Entscheidend für die Zahl und Art der Passivsatzmuster ist vor allem, wie viele und welche Objekte ein Verb im Aktivsatz bei sich haben kann.

59 Passivsätze bei Verben mit direktem Objekt (Passive sentences with verbs with direct object)

The circus was founded by the owner's father.
Subjekt

The owner's father founded **the circus** in 1950.
dir. Objekt

Hier entspricht das Subjekt des Passivsatzes dem direkten Objekt des Aktivsatzes (vgl. **44**).

The elephants **were followed** into the ring by their trainer. *(Hinter den Elefanten kam .../Den Elefanten folgte ...)*
The conjurer **is being assisted** by a member of the audience. *(Dem Zauberer assistiert ...)*
The clowns especially **will be** vividly **remembered** by the children. *(Besonders an die Clowns werden sich ... erinnern.)*

Diese Form der Passivbildung ist zwar auch im Deutschen üblich, sie ist jedoch im Englischen viel häufiger: Im Englischen werden nämlich viele Verben mit einem direkten Objekt verbunden, die im Deutschen eine andere Ergänzung (z. B. ein Dativobjekt, etc.) bei sich haben.

Anmerkung:
Bei Beziehungsverben wie *have, cost, weigh* etc. ist keine Passivbildung möglich, mit Ausnahme von *own (besitzen):*
The renovation of the church **cost** over £20,000. – Kein Passivsatz möglich.
The local council **owns** most of these old houses. – The house **is owned** by the local council.

60 Passivsätze bei Verben mit präpositionalem Objekt

(Passive sentences with verbs with prepositional object)

Economy measures are being talked about.
Subjekt

They are talking about **economy measures.**
Präpos.verb Präpositionalobjekt

The problem of public spending must **be looked into.** *(... muß untersucht werden.)*
New solutions **are being looked for.** *(Nach ... wird gesucht./Man sucht nach ...)*

Dieses Satzmuster ist bei vielen Präpositionalverben üblich. Dabei entspricht das Subjekt des Passivsatzes dem Präpositionalobjekt eines vergleichbaren Aktivsatzes (vgl. **47**). Die Präposition steht auch im Passivsatz hinter dem Verb.

Falls das entsprechende deutsche Verb nicht transitiv ist, verwendet man im Deutschen eine unpersönliche Passivkonstruktion oder Aktivsätze mit *man.*

Anmerkungen:
1. Auch Partikelverben mit Präpositionalobjekt *(phrasal-prepositional verbs,* vgl. **47** Anm. 2) können in diesem Satzmuster auftreten. Dabei bleiben Partikel und Präposition hinter dem Verb:
Such extravagance cannot **be put up with** any longer. Expenses must **be cut down on.**

2. Nomen, die zu adverbialen Bestimmungen des Aktivsatzes gehören, auch Ortsangaben, können normalerweise nicht als Subjekt eines Passivsatzes auftreten. Bezieht sich die Ortsangabe jedoch auf eine Sache, die durch die Handlung direkt betroffen ist oder verändert wird, so ist die Passivbildung möglich:

We live **in Munich.**	Several generations have lived **in this old house.**
Kein Passivsatz möglich (Normalfall).	**This old house** has obviously been lived **in** by many generations.

61 Passivsätze bei Verben mit direktem und indirektem Objekt

(Passive sentences with verbs with direct and indirect object)

Bei Verben mit direktem Objekt und indirektem Stellungs- und Präpositionalobjekt wie *give, hand, show s.o. s.th./s.th. to s.o.* (vgl. **49**) sind zwei Passivsatzmuster möglich:

Satzmuster 1 (bevorzugte Form)
The foreign visitors were given a rousing welcome.
Subjekt

Satzmuster 2 (seltenere Form)
A rousing welcome was given ***to*** the foreign visitors.
Subjekt

We gave **the foreign visitors a rousing welcome.**
indirektes Objekt direktes Objekt

Satzmuster 1:
Das Subjekt des Passivsatzes entspricht dem indirekten Objekt des Aktivsatzes; es bezeichnet den Empfänger oder Nutznießer einer Handlung. Da es sich dabei meist um eine Person handelt, spricht man auch vom „persönlichen Passiv".

Satzmuster 2:
Das Subjekt des Passivsatzes entspricht dem direkten Objekt des Aktivsatzes; es bezieht sich meist auf eine Sache. Das verbleibende, indirekte Objekt wird im Passivsatz in der Regel mit *to* angeschlossen.

The exchange students **were shown** the sights of the town. *(Man zeigte den Austauschstudenten .../ Den Austauschstudenten wurden ... gezeigt.)* Their hosts **have been promised** a return visit. *(Man hat ihren Gastgebern ... versprochen.)*	The importance of such contacts **was explained *to*** everyone present. (One speaker explained ***to*** everyone present the importance of such contacts.) The many advantages of youth exchanges **had been described *to*** the delegates.

Das Passivsatzmuster 1 hat, wie die Übersetzungen zeigen, im Deutschen keine direkte Entsprechung. Man verwendet Aktivsätze mit *man* oder unpersönliche Passivkonstruktionen.

Bei Verben, die nur ein indirektes Präpositionalobjekt zulassen, die also das indirekte Objekt stets mit *to* anschließen (*explain, describe s.th. to s.o.,* etc.), ist **nur Passivsatzmuster 2** möglich.

Anmerkungen:

1. Bei Verben, die das indirekte Präpositionalobjekt mit einer anderen Präposition als *to* anschließen (vgl. **49** Anm. 1 und 2), ist meist nur Passivsatzmuster 2 möglich:

   An excellent meal was cooked **for** us when we arrived.

   The whisky was well hidden **from** the customs.

2. Bei Verbverbänden wie *do s.o. a favour, make fun of s.o.* wird meist das indirekte Objekt zum Subjekt des Passivsatzes, weil das direkte Objekt bedeutungsmäßig als Teil des Verbs empfunden wird. Im förmlichen Stil tritt jedoch auch das direkte Objekt gelegentlich als Subjekt des Passivsatzes auf, besonders wenn der Verbverband – etwa durch ein Adjektiv – erweitert ist. Vgl.:

give s.o. a ring:	He was given a ring. *(Er wurde angerufen.)*	In dieser Bedeutung keine Alternative
make s.o. an offer:	He was made an offer for his house.	An interesting offer was made to him.
take notice of s.th.:	Her new novel was taken notice of by the critics.	No particular notice was taken of his suggestion.

62 Passivsätze bei Verben des Mitteilens, Meinens und Vermutens

(Passive sentences with verbs of reporting, thinking and supposing)

Stonehenge is said to be of pre-Celtic origin. Subjekt Experts say that **Stonehenge** is of pre-Celtic origin.
Its construction **is thought to have spanned** a period of over 1,000 years. *(Man glaubt, daß ...)* The stones **are believed to have been set up** for sun worship. *(Die Steine wurden vermutlich ...)* The Celts **are** popularly **supposed to have carried out** human sacrifices there. *(Es wird allgemein angenommen, daß ...)* 750,000 tourists **were reported to have visited** Stonehenge last year. *(... sollen Stonehenge ... besucht haben.)*

Dieses Passivsatzmuster läßt sich aus einem Aktivsatzgefüge ableiten, das durch Wendungen wie *People say that .../Experts believe that ...* eingeleitet wird. Dabei wird das Subjekt des Passivsatzes aus dem *that*-Satz übernommen.

Das Satzmuster ist vor allem in journalistischen Berichten verbreitet; es vermittelt den Eindruck, daß eine Quelle zitiert wird, ohne daß diese namentlich genannt wird.
Im Deutschen benutzt man hier z. B. *daß*-Sätze, Sätze mit dem Hilfsverb *sollen* (vgl. **233** Anm. 2) oder Adverbien wie *angeblich, bekanntlich, vermutlich.*

Anmerkung:
Aus Wendungen wie *People say that ...* und *Experts believe that ...* lassen sich auch Passivsätze ableiten, die durch das Strukturwort *it* eingeleitet werden. (Sie sind jedoch wesentlich seltener als das oben beschriebene Satzmuster.)

It has been said that Stonehenge is the finest Bronze Age monument in Europe.

It is thought that its construction spanned a period of over 1,000 years.

63–65 Weitere Satzmuster mit passivischer Bedeutung

(Further sentence patterns with passive meaning)

63 1. Das *get*-Passiv (The *get*-passive)

Samantha **got stung** by a bee while picking plums last weekend.
A wasp **has got caught** in the jam.
Don't go near the farmhouse, you might **get bitten** by the dog. *(... gebissen **werden.**)*
After their first night camping out they **were** both badly **bitten** by mosquitoes. *(... **waren** ... zerstochen.)*

Das Satzmuster *get* + *Past Participle* wird wegen seiner passivischen Bedeutung als *get*-Passiv bezeichnet. Es wird vorwiegend in der Umgangssprache verwendet, vor allem dann, wenn ausgedrückt werden soll, daß ein Ereignis ungewollt oder unerwartet eintritt. Im Gegensatz zum *be*-Passiv kann das *get*-Passiv nur einen Vorgang und keinen Zustand ausdrücken (vgl. **58** Anm. 2).

Anmerkung:
Gelegentlich hat das *get*-Passiv neben der passivischen zugleich eine kausative, d. h. veranlassende Bedeutung:
He **got transferred** to a job nearer home so that he could spend more time with the children.
(Er ließ sich ... versetzen ...)

64 Das *have*-Passiv (The *have*-passive)

The passengers **had** their tickets **examined** at the barrier. (The passengers' tickets were examined at the barrier.)
She **had** her handbag **stolen** on the train. (Her handbag was stolen on the train.)
The suitcase **had** its locks **forced open.** (The locks of the suitcase were forced open.)

Das Satzmuster *have* + Objekt + *Past Participle* kann zweierlei Bedeutungen haben:
Bei der **rein passivischen** Bedeutung ist das Subjekt die von der Handlung ohne eigene Absicht betroffene Person (seltener: die betroffene Sache). Diese Bedeutung kann auch durch einen Satz mit dem *be*-Passiv wiedergegeben werden.

They **had** their luggage **sent on** in advance. *(Sie ließen ihr Gepäck vorausschicken.)*
He **had** his hair **cut** before setting off. *(Er ließ sich vor der Abreise die Haare schneiden.)*

Das Satzmuster kann auch eine **kausative** Bedeutung enthalten: Das Subjekt bezeichnet die Person, die eine Handlung **veranlaßt.** Statt *have* kann hier auch *get* benützt werden: *He got his hair cut.*

Anmerkung:
Weitere infinite Strukturen mit passivischer Bedeutung sind:

become + *Past Participle*	His ideas eventually **became accepted.**
need + aktives *Gerund/need* + passiver Infinitiv	The law **needs changing/needs to be changed.**
Bestimmte Verbverbände aus *be* + Adjektiv + Infinitiv (vgl. **268** Anm. 1)	The regulations **are** not **easy to understand.**

65 Das Mediopassiv (Verbs active in form but passive in meaning)

The new Triumph **drives** very smoothly.
(... fährt sich sehr angenehm.)
These dresses **wash** easily and don't need to be ironed. *(... lassen sich leicht waschen ...)*
The window **won't open,** it must be jammed.
(... läßt sich nicht öffnen, ...)
Tickets for the play **are selling** well.
I don't want my picture taken, I don't **photograph** well. *(... ich bin nicht fotogen.)*

Das Mediopassiv ist der Form nach ein Aktivsatzmuster mit einem intransitiv gebrauchten Tätigkeitsverb, das häufig durch ein Adverb (*easily, well,* etc.) näher bestimmt wird. Der Bedeutung nach ist diese Konstruktion jedoch passivisch, weil als Subjekt des Satzes nicht – wie vom Verb her zu erwarten – der Verursacher der Handlung (z. B. der Fahrer) gewählt wird, sondern die betroffene Sache (z. B. das Auto). Im Deutschen verwendet man häufig Aktivsätze mit dem Reflexivpronomen *sich* oder mit *sich ... lassen.*

Kapitel 3: Nomen und Nominalgruppe

(Nouns and Noun Phrases)

66–68 Bestandteile und Funktionen von Nominalgruppen; Klassen von Nomen (Übersicht)

(Elements and functions of noun phrases; classes of nouns)

66 Bestandteile der Nominalgruppe

(Elements of the noun phrase)

Beispiele	Erläuterung
a very tasty **meal**	Kern einer Nominalgruppe ist das **Nomen** (Substantiv). Wir unterscheiden:
Alice likes **meat** but hates **vegetables.** **a** meal, **the** cook, **that** dinner **my** breakfast, **your** pudding **some** pancakes, **several** eggs, **every** dish	**Einfache (nicht erweiterte) Nominalgruppen** Ein Nomen kann in bestimmten Fällen allein stehen. Meist treten jedoch Begleiter vor das Nomen, z. B. Artikel oder Demonstrativbegleiter (vgl. **100–109**), Possessivbegleiter (vgl. **96, 97**), indefinite Begleiter (vgl. **110–126**).
some **good** cups, a **very old** glass the plates **in the cupboard** the person **who broke the teapot** the girl **laying the table**	**Durch Attribute erweiterte Nominalgruppen** Eine Nominalgruppe kann durch ein **Attribut** erweitert werden, z. B. durch ein Adjektiv oder eine Adjektivgruppe (vgl. **129–130**), eine Präpositionalgruppe (vgl. **140**), einen Relativsatz (vgl. **308–312**), eine infinite Konstruktion (vgl. **257**).
Sarah has bought herself a mixer. **She** (= Sarah) doesn't need to borrow **ours** (= our mixer) any longer. Is **this** (= this substance) salt or sugar? **Some** (= some people) put ketchup on **everything** (= every dish).	**Pronomen statt Nominalgruppen** Nominalgruppen können durch **Pronomen** vertreten werden, z. B. Personalpronomen (vgl. **82–85**), Possessivpronomen (vgl. **96, 99**), Demonstrativpronomen (vgl. **108–109**), indefinite Pronomen (vgl. **110–126**).

67 Funktionen und Kasus (Functions and case)

Nominalgruppen können – teils allein, teils zusammen mit Präpositionen – alle Funktionen im Satz übernehmen außer der des Prädikats (vgl. **41**). Ferner können sie Attribut zu einer übergeordneten Nominalgruppe oder Teil eines Verbverbandes sein (vgl. **140**.2 und **43**).
Während stark flektierende Sprachen wie Deutsch und Latein diese Funktionen meistens durch spezielle Kasusformen verdeutlichen (Nominativ, Dativ, etc.), geschieht dies im Englischen vorwiegend durch die Wortstellung. Die Zahl der Kasusformen ist eingeschränkt:

Beispiele	Erläuterung
The **policeman** stopped the **lorry driver.** The **lorry driver** swore at the **policeman.**	Beim **Nomen** gibt es nur ● den **Einheitskasus** *(common case)* für Subjekt- und Objektfall (und generell nach Präpositionen),

At the **policeman's** signal the traffic started to move forward. (At **his** signal ...)

He swore at **him.**
Who swore at **whom?**
Whose car is this?
I apologized to the driver **whose** car I had damaged.

- den *s*-**Genitiv** *(possessive case/s-genitive)*, der in seiner Funktion dem Possessivbegleiter entspricht und durch ihn vertreten werden kann (vgl. **89**).

Bei den **Pronomen** sind jedoch zum Teil separate **Subjekt- und Objektformen** vorhanden (vgl. **82**). In Fragesätzen und Relativsätzen tritt außerdem die Possessiv- oder Genitivform *whose* auf.

68 Klassen von Nomen (Classes of nouns)

Nomen können in verschiedene, sich überschneidende Bedeutungsklassen eingeteilt werden. Grammatisch wichtig sind vor allem folgende Unterscheidungen:

Allgemeine Nomen: *(common nouns)*	**This athlete** has **the ability** and **stamina** necessary to win **the race.** **Athletes** with **ability** and **stamina** have what it takes to win **races.**
Eigennamen: *(proper nouns)*	**Larry Miller** wants to climb **Mt. Ida** in **the Rocky Mountains** this summer.

Diese Unterscheidung ist wichtig für die Kombinierbarkeit der Nomen mit Begleitern (Artikel, Demonstrativbegleiter, etc.):
Bei **allgemeinen Nomen** wird durch den Begleiter klar, wer oder was im Einzelfall gemeint ist. So bezeichnet *this* z. B. eine ganz bestimmte Person oder Sache. Stehen allgemeine Nomen ohne Begleiter, so ist eine Gattung im allgemeinen gemeint. (Vgl. **100.**)
Eigennamen sind spezielle Bezeichnungen für eine ganz bestimmte Person oder Sache. Die meisten Eigennamen stehen daher ohne Begleiter; nur wenige sind fest mit dem bestimmten Artikel *the* verbunden. (Vgl. **107**).

Zählbare Nomen: *(countables)*	**One house** *is* already finished. *It is* on show to the public.	**Two houses** *are* already finished. *They are* on show to the public.
Nichtzählbare Nomen: *(uncountables)*	**This furniture** *looks* very modern. *Was it* very expensive?	**The surroundings** *are* beautiful. *They add* to the value of the house.

Diese Unterscheidung ist wichtig für die Numeruskongruenz (Übereinstimmung im Numerus) zwischen Subjekt und Prädikat sowie zwischen Nomen, Pronomen und Begleitern.
Als **zählbar** bezeichnet man allgemeine Nomen, die mit ihrer Singularform einen einzigen und mit ihrer Pluralform mehrere Vertreter einer Gattung nennen können. (Zu den Pluralformen vgl. **69–71.**)
Als **nichtzählbar** bezeichnet man Nomen, die eine solche Numerusunterscheidung nicht zulassen und die daher auch nur **eine** Numerusform haben. Sie haben entweder Singularbedeutung (Vorstellung einer nicht weiter gegliederten Einheit) oder Pluralbedeutung (Vorstellung einer „Vielheit").
(Näheres vgl. **72–76.**)

Personenbezeichnungen:	**He** is my **uncle**/a **bachelor**/an **actor**/...	(männlich)
	She is my **aunt**/a **spinster**/an **actress**/...	(weiblich)
	He/She is a **teacher**/a **doctor**/...	(männlich **oder** weiblich)
Sachbezeichnungen:	Do you recognize this **melody/music?** – No, **it's** new to me.	

Personenbezeichnungen und Sachbezeichnungen sind die zwei wichtigsten Genusklassen im Englischen. Diese Unterscheidung wirkt sich bei der Wahl der Pronomen und Begleiter aus, die für eine Nominalgruppe eintreten (Personalpronomen, Possessivbegleiter, etc). (Zu den Einzelheiten vgl. **77–81.**)

Die Bildung der Pluralformen (Formation of plurals)

69 Pluralbildung auf *-s* (Plurals with -s)

Die meisten englischen Nomen bilden den Plural durch Anfügen von *-(e)s* an die Singularform.

idea	– ideas	[z]	ideal	– ideals	[z]
book	– books	[s]	root	– roots	[s]
class	– classes	[ɪz]	cause	– causes	[ɪz]
wish	– wishes	[ɪz]	garage	– garages	[ɪz]
switch	– switches	[ɪz]	bridge	– bridges	[ɪz]

Aussprache:
[z] nach Vokal oder stimmhaftem Konsonant
[s] nach stimmlosem Konsonant
[ɪz] nach Zischlaut [s, z, ʃ, ʒ, tʃ, dʒ] (Schreibung immer *-es*. Es muß also z. T. ein *e* eingefügt werden.)
Beachte: house [haʊs] – houses [haʊzɪz]

city – cities [z] the Twenties
(**Aber:** the Kennedys, some lay-bys)

Dagegen: boy – boys, chimney – chimneys

Besonderheiten:
Nomen auf Konsonant + *y* bilden den Plural auf *-ies*. (Ausnahmen: Eigennamen und Zusammensetzungen mit der Adverbialpartikel *by*).
Nach Vokal bleibt *-y* dagegen im Plural erhalten.

echo – echoes [z] hero – heroes
Ebenso: embargoes, Negroes, potatoes, tomatoes, torpedoes, vetoes u. a.
Dagegen: kilos, radios, studios, discos, etc.
Doppelformen: buffalo(e)s, cargo(e)s, ghetto(e)s, Eskimo(e)s, flamingo(e)s, memento(e)s, motto(e)s, tornado(e)s, volcano(e)s u. a.

Einige Nomen auf *-o* bilden den Plural auf *-oes*.

Die meisten haben regelmäßige Pluralbildung auf *-os*. Manchmal sind auch beide Schreibweisen möglich: *-os* oder *-oes*.
(Im Einzelfall geben die Wörterbücher Auskunft.)

thief [f] – thieves [vz], life – lives
(**Dagegen:** cliffs, hand-cuffs, etc.)
Aber: beliefs [fs], briefs, chiefs, handkerchiefs, proofs, reefs, roofs, safes
Doppelformen: dwarfs [fs]/dwarves [vs], hoofs/hooves, scarfs/scarves, wharfs/wharves

Nomen auf *-f(e)* (nicht aber solche auf *-ff*) bilden in der Regel den Plural auf *-ves* [vz].
Bei einigen bleibt jedoch *f* [f] im Plural erhalten.

Dwarf, hoof, scarf und *wharf* (Werft) bilden den Plural auf *-fs* oder *-ves*.

path [θ] – paths [ðz], mouth [θ] – mouths [ðz]
Dagegen: deaths [θs], months [θs]
Doppelformen auf [ðz] oder [θs]: baths, oaths, sheaths, truths, wreaths *(Kränze)*, youths
Beachte: clothes [kləʊ(ð)z] *(Kleider)*
cloths [klɒθs] *(Tücher)*

Nomen auf [θ] nach langem Vokal oder Diphthong haben im Plural meist die Aussprache [ðz].
Bei einigen ist jedoch daneben auch die Aussprache [θs] möglich.

Anmerkung:
Bei Zahlen und Abkürzungen wird das Plural-*s* um der Verständlichkeit willen manchmal durch Apostroph abgetrennt, bei Einzelbuchstaben immer:
Britain in the 80's (üblicher: in the 80s), three Liberal MP's (üblicher: MPs)
Dot your i's and cross your t's.

70 Andere Arten der Pluralbildung (Other plural forms)

Eine Reihe von Nomen bildet den Plural nicht durch Anfügen von *-(e)s*, sondern auf andere Weise:

foot – feet, goose – geese, tooth – teeth,
mouse – mice, louse – lice,
man – men, woman – women ['wɪmɪn]
Ebenso: chairmen, Frenchwomen, etc.

- durch Veränderung des Stammvokals
  Dies gilt auch für die Zusammensetzungen mit den betreffenden Nomen (vgl. **71**).

child – children, ox – oxen brother – brethren (*Mitbrüder;* sonst: brothers)	● durch Anfügen von *-(r)en* Bei *children* und *brethren* wird außerdem der Stammvokal verändert.
crisis [ɪs] – crises [i:z], larva – larvae [i:] stimulus – stimuli [aɪ], bacterium – bacteria [ɪə] series – series (Singular und Plural [i:z]) **Aber:** apparatus – apparatuses; albums, museums, kindergartens u. v. a. **Doppelformen:** indexes/indices [ˈɪndɪsi:z] antennas [əz] *(Antennen)*/antennae [i:] *(Fühler)*	● durch Übernahme der fremdsprachlichen Pluralform bei Lehnwörtern (vor allem aus dem Lateinischen und Griechischen) Viele Lehnwörter bilden den Plural jedoch auf *-(e)s*, vor allem häufig gebrauchte. Daneben gibt es zahlreiche Doppelformen, manchmal mit Bedeutungsdifferenzierung.
a Portuguese – five Portuguese **Ebenso:** Swiss, Chinese, Japanese, etc. two aircraft/spacecraft/hovercraft a sheep – two sheep, a deer – some deer **Ebenso:** grouse, fish, salmon, trout u. a. (**Aber:** the fishes of the Mediterranean)	● ohne Veränderung gegenüber der Singularform („endungsloser Plural") bei – Nationalitäten auf *-ese* sowie bei *Swiss,* – technischen Geräten auf *-craft,* – einigen (meist jagdbaren) Tieren, einschließlich Fischen. (*Fish* hat auch eine Pluralform *fishes*; sie steht meist für „Fischarten".)

Anmerkungen:

1. Als endungslose Plurale treten (ähnlich wie im Deutschen) auch eine Reihe von Mengen- und Maßbezeichnungen auf:
   two **dozen** eggs; fifty **head** of cattle, twelve **foot** ten, ten **pound** fifty, etc.
2. Zu *penny* gibt es eine regelmäßig und eine unregelmäßig gebildete Pluralform:
   ten **pennies** (= einzelne Penny-Stücke) – ten **pence** (= Geldbetrag).

71 Pluralbildung bei zusammengesetzten Nomen (Plurals of compound nouns)

mouse-traps (= **traps** for mice) horse**men** (= **men** on horseback) fathers-in-law, passers-by, lords spiritual **men**servants (= **male** servants) **women** teachers (= **female** teachers) (**Dagegen:** woman-haters = haters of women)	Bei solchen Zusammensetzungen tritt grundsätzlich das übergeordnete Nomen in den Plural. **Aber:** Bei Zusammensetzungen aus *man/woman* + Nomen treten beide Bestandteile in den Plural, wenn *man/woman* Geschlechtszugehörigkeit angeben.
breakdowns, grown-ups, sit-ins, forget-me-nots, good-for-nothings, five-year-olds	Enthält die Zusammensetzung kein übergeordnetes Nomen, so tritt das Plural-*s* ans Ende.

Anmerkung:

Bei einigen Zusammensetzungen geht das Bewußtsein für Art und Bedeutung der Bestandteile verloren. Daher gibt es Plurale wie *spoonfuls, mouthfuls, handfuls* (neben eigentlich logischerem *spoonsful*, etc.). Genauso werden *general* und *martial* in Zusammensetzungen kaum noch als Adjektive empfunden, daher z. B.:

attorney generals (Generalstaatsanwälte), *governor-generals* (Generalgouverneure), *court-martials* (Kriegsgerichte) neben: *attorneys general,* etc.

Umgangssprachlich findet man aus ähnlichem Grund auch *father-in-laws, sister-in-laws,* etc. (neben üblicherem *fathers-in-law,* etc.).

72–76 Numeruskongruenz zwischen Nomen, Begleitern, Pronomen und Verbformen

(Concord of number between nouns, determiners, pronouns and verb forms)

72 Formale Kongruenz und Sinnkongruenz (Formal concord and notional concord)

Die Numeruskongruenz (Übereinstimmung im Numerus) betrifft folgende Beziehungen:

- die Übereinstimmung zwischen Nomen, Begleitern und Pronomen
- die Übereinstimmung zwischen Subjekt und Prädikat (finiter Verbform).

Formale Kongruenz

This **actor** *is* hopeless. *He keeps* forgetting *his* lines. (*actor* → *this, is, he, keeps, his:* Singularformen)
These **actors** *play their parts* extremely well. (*actors* → *these, play, their, parts:* Pluralformen)

Von **formaler Kongruenz** spricht man, wenn Form und Kongruenzverhalten des Nomens übereinstimmen. Die formale Kongruenz gilt im Englischen für die überwiegende Zahl der Nomen. Im Deutschen gilt sie praktisch ausnahmslos.

Sinnkongruenz

Amateur **dramatics** *is* her great passion. *It takes* up all her time. (*dramatics:* „Pluralform" auf *-s* **aber:** Singularbedeutung → *is, it, takes.*)
The **cast** *were* roundly applauded for *their* marvellous performance. (*cast:* endungslose Form **aber:** Pluralbedeutung → *were, their*)

Von **Sinnkongruenz** spricht man, wenn das Kongruenzverhalten des Nomens nicht mit seiner Form übereinstimmt, sondern **nur** mit dem Sinn: Die Kongruenz richtet sich nämlich danach, ob das Nomen die Vorstellung einer Einheit (Singularbedeutung) oder die Vorstellung einer „Vielheit" (Pluralbedeutung) enthält.
Während Sinnkongruenz dem deutschen Sprachgefühl widerspricht, wird sie im Englischen bei einer wachsenden Zahl von Nomen verwendet.

73 Formale Kongruenz und Sinnkongruenz bei nichtzählbaren Nomen

(Formal concord and notional concord with uncountables)

Bei den meisten nichtzählbaren Nomen (Nomen mit nur einer Numerusform) liegt formale Kongruenz vor. Eine beträchtliche Anzahl von ihnen hat jedoch Sinnkongruenz.

1. Endungslose Form und Singularbedeutung (formale Kongruenz)

Coal *is* formed from fossilized **wood.**
Ebenso: iron, oil, salt, butter, water, etc.

Machinery *has* largely replaced human labour in the mines. *(Maschinen . . .)*
Ebenso: garbage, luggage, hair, furniture, jewelry, cutlery *(Besteck),* crockery *(Geschirr),* etc.

This **information** *was* given to me by the National Coal Board.
Ebenso: advice, damage *(Schaden),* progress, strength, confusion, knowledge, etc.

Hierher gehören:

- Stoffnamen
- eine Reihe von Sammelbegriffen, darunter viele Nomen auf *-ry*
  (Die deutschen Entsprechungen sind z.T. zählbar.)
- viele abstrakte Nomen.
  (Die deutschen Entsprechungen sind z.T. zählbar, vgl.: *Informationen.*)

Anmerkung:
Wie im Deutschen können viele Nomen sowohl zählbar als auch nichtzählbar (im Sinn einer Stoffbezeichnung) verwendet werden:

A hot **coal** fell from the fire. *(= ein Kohlenstück)* **Coal** *is* Newcastle's main industry.
So many **lambs** died in the cold spell that **lamb** *has* become very expensive.

Besonders Nahrungsmittel und Getränke werden häufig zählbar im Sinn von einzelnen Sorten oder Portionen verwendet:

The French are famous for their **cheeses** and their **wines.**
Two teas and **three coffees,** please.

In anderen Fällen werden bei nichtzählbaren Nomen Umschreibungen benützt, wenn von Sorten, Einzelstücken oder einer bestimmten Menge die Rede ist:

a cheap **sort of** paper, a strange **kind of** love, a new **type of** plastic (material), an **article of** furniture, a useful **piece of** advice, two separate **items of** information, three **loaves of** bread, etc.

2. Pluralform und Pluralbedeutung (formale Kongruenz)

Be careful, *these* **stairs** *are* slippery. *(Diese Treppe ist glatt.)*
Ebenso: surroundings, outskirts *(Stadtrandzone),* contents *(Inhalt),* wages *(Lohn),* thanks, etc.

clothes *(Kleider)* – a garment *(ein Kleidungsstück);* goods *(Waren)* – an article *(eine Ware, ein Artikel);* particulars *(Einzelheiten)* – a detail, etc.

These **glasses** I'm wearing *darken* automatically. *(Diese Brille . . .)*
All my **jeans** are dirty.
Ebenso: binoculars *(Fernglas),* scales *(Waage),* tights *(Strumpfhose),* etc.
I don't think he owns more than **one pair of** trousers.
How many pairs of pyjamas have you packed?

Pluralform und formale Kongruenz haben:

- eine Reihe von konkreten und abstrakten Sammelbegriffen (deutsche Entsprechungen z.T. Singular)

  Zu einigen dieser pluralischen Sammelbegriffe gibt es bedeutungsähnliche zählbare Nomen.

- „Paarwörter", d. h. Bezeichnungen für Gegenstände, die aus zwei gleichartigen Hälften bestehen. Dabei kann nur aus dem Zusammenhang erschlossen werden, ob es sich um einen oder mehrere solcher Gegenstände handelt.
  Soll die Anzahl genannt werden, so muß mit *pair(s) of* umschrieben werden.

Anmerkungen:

1. *Barracks* (Kaserne) und *headquarters* können sowohl mit formaler als auch mit Sinnkongruenz auftreten:
   New **barracks** *are/A* new **barracks** *is* being built at the airport.
2. Zu einer Reihe von pluralischen Sammelbegriffen und Paarwörtern gibt es gleichlautende, aber bedeutungsverschiedene Plurale von zählbaren Nomen:
   Let's go to **the pictures.** *(. . . ins Kino . . .)* – Look at **these pictures.** *(. . . Bilder . . .)*

Ebenso:	arms:	*Waffen – Arme*	looks:	*Aussehen – Blicke*	glasses:	*Brille – Gläser*
	minutes:	*Protokoll – Minuten*	spirits:	*Spirituosen,*	scales:	*Waage – Skalen*
	pains:	*Sorgfalt – Schmerzen*		*Laune – Geister*	und andere	

3. Pluralform, aber Singularbedeutung (Sinnkongruenz)

Physics *is* the subject I like best.
Ebenso: mathematics, politics, economics, genetics, linguistics, dramatics, etc.

Darts *is* often played in British pubs. *(Pfeilwerfen . . .)*
Ebenso: marbles *(Murmelspiel),* billiards, dominoes, checkers/draughts [drɑːfts] *(Dame),* etc.

Shingles *is* a very painful disease of the nerves. *(Die Gürtelrose . . .)*
Ebenso: mumps, measles *(Masern),* German measles *(Röteln)*

Here *is* the **news.** *(Und nun die Nachrichten.)*
Beachte: an interesting piece of news/news item *(eine interessante Nachricht)*

Singularbedeutung trotz *s*-Endung haben:

- Bezeichnungen für Fachgebiete auf *-ics*
- eine Reihe von Spielen
- einige Krankheiten
- *news* (die deutsche Entsprechung ist zählbar!)

Anmerkung:
Nomen auf *-ics* können in anderen Bedeutungen auch mit formaler Kongruenz auftreten:

His **mathematics** *are* almost non-existent. *(Seine Mathematikkenntnisse ...)*
The **acoustics** of this hall *are* excellent. *(Die akustischen Verhältnisse ...)*

4. Endungslose Form, aber Pluralbedeutung (Sinnkongruenz)

The **police** *were* sent for immediately.
Ebenso: clergy *(Geistlichkeit)*, gentry *(Landadel)*, people *(Leute;* **aber:** *peoples = Völker)*, cattle *(Vieh)*, vermin *(Ungeziefer)* u. a.

The party consisted of *twenty* **people.**
The farmer owned *60* **cattle,** *several/many* of which had won prizes at the agricultural show.

Pluralbedeutung trotz endungsloser Form haben einige Bezeichnungen für Gruppen aus mehreren Einzelwesen.

People und *cattle* sind im Grunde zählbare Nomen, zu denen es keine entsprechende Singularform gibt. Sie können auch mit Zahlwörtern und Mengenangaben wie *many, several,* etc. verbunden werden.

74 Formale Kongruenz und Sinnkongruenz bei zählbaren Gruppenbezeichnungen

(Formal concord and notional concord with countable collective nouns)

Die meisten Bezeichnungen für Personengruppen können – im Gegensatz zu *police, clergy* u. a. (vgl. **73**.4) – ganz normal Singular und Plural bilden *(one team – two teams)*.
Während sie im Plural stets formale Kongruenz haben, ist im Singular auch Sinnkongruenz möglich:

The **government** *have* a major crisis on *their hands* but *they are* gradually getting things under control.
Brian's **family,** *who haven't* had a holiday for years, *are* enjoying *themselves* at *their* holiday camp. *They* love the company there.

The Kennedy **family,** *which has* played a prominent part in American politics for many years, *seems* to be dogged by ill luck. *It has* lost two of *its* members by assassination.

Each **government** *has* tried *its* hand at solving this problem.

That **family** over there *is* having trouble putting up *their* tent. *They seem* to have picked the windiest spot on the camping site.

Ebenso mit Sinnkongruenz oder formaler Kongruenz:

cabinet, opposition, administration, jury,
company, firm, staff, class, school,
crew, club, band, choir, audience, crowd,
group, party, couple, tribe, clan, etc.

Sinnkongruenz wird gebraucht, wenn der Sprecher eher an die einzelnen Mitglieder einer Gruppe denkt und weniger an die Einheit, die sie bilden. Da es sich um Personen handelt, werden Relativsätze mit *who* angeschlossen (vgl. **78**).
(Dem Nomen selbst können jedoch keine Pluralbegleiter wie *these* oder Zahlwörter vorangehen.)

Formale Kongruenz wird gebraucht, wenn die Gruppe als Einheit betrachtet wird. Das Nomen dient hier als Sachbezeichnung; daher werden Relativsätze mit *which* angeschlossen.

Wenn das Nomen Subjekt ist und ihm ein Singularbegleiter wie *a, each, every, this, that* vorangeht, muß das Verb im Singular stehen.
Weiter entfernt stehende Pronomen und Begleiter können aber durchaus Pluralform haben. Es ist also mitten im Satz oder Text ein Wechsel der Betrachtungsweise und damit der Kongruenz möglich.

Die Sinnkongruenz wird immer üblicher, und zwar bei Gruppierungen in allen Bereichen des öffentlichen und privaten Lebens, z. B. in
Politik, Verwaltung, Recht,
Wirtschaft, Beruf, Erziehung,
Sport, Musik und anderen kulturellen und gesellschaftlichen Bereichen.

Anmerkung:
Sinnkongruenz wird auch bevorzugt bei nichtzählbaren Nomen wie *the public, the press* (die Presse = Presseleute), wenn an die Vielzahl von Einzelpersonen gedacht wird:

The press *were (was)* there in full force.

75 Sinnkongruenz bei Mengen- und Maßangaben

(Notional concord with expressions of quantity and measure)

A lot of/Lots of *houses have* been destroyed by the erupting volcano. (= many houses) There *was* **a lot/lots of** *talk* about diverting the path of the lava. (= much talk) **Half of** *the villages have* been evacuated; **the rest** *are* hoping to be spared. **A number of** *experts were* watching the scene from a safe distance. **Ebenso:** plenty of, two thirds of, a good deal of, heaps of, the majority of u. a.	**Mengenangaben** wie *a lot of, lots of* werden als einheitlicher Ausdruck wie etwa *much, many* empfunden. Daher richtet sich die Kongruenz des Verbs nach dem Numerus des Nomens, das sie näher bestimmen, und nicht nach der Form *lot* oder *lots*. Entsprechendes gilt für viele andere Mengenangaben. (*A number of* und *the majority of* können nur mit Nomen mit Pluralbedeutung verbunden werden, erfordern also immer eine Pluralform des Verbs.)
Ten dollars *is* all I've got. *Another* **three miles** *brings* you to the main road. The last **two years** *has* been the best time of my life. I have put on *another* **two pounds** in weight.	**Maßangaben** für Geldbeträge, Entfernungen, Zeiträume, etc. werden oft trotz Zahlwort und Pluralform als Einheit empfunden und daher mit Singularformen von Verben oder sogar mit Singularbegleitern wie *another* kombiniert.

76 Formale Kongruenz und Sinnkongruenz bei Eigennamen

(Formal concord and notional concord with proper names)

Pat Walker *is* a taxi driver. **Detroit** *is* the automobile capital of America. **BP** *have/has* raised the price of petrol again.	Die meisten Eigennamen haben Singularform und Singularbedeutung (formale Kongruenz). Firmennamen können jedoch wie Gruppenbezeichnungen Sinnkongruenz haben.
The Alps *form* a dividing line across Europe. In winter *they* often used to be impassable. **The Hebrides** ['hebrɪdi:z] *are* situated off the west coast of Scotland. **The Smiths** *have* moved to Cornwall.	Auch die meisten Eigennamen mit Pluralform haben formale Kongruenz, so Namen von Gebirgen, Inselgruppen und Familien.
The United Nations *was* founded in 1945. (= The United Nations Organization) **The United States** *is* the world's richest country.	Ausnahmen bilden *the United Nations, the United States* und *the Netherlands,* die als politische Einheiten Singularbedeutung haben (Sinnkongruenz).

77–81 Genus und Genus-Kongruenz zwischen Nomen, Pronomen und Begleitern

(Gender and gender concord between nouns, pronouns and determiners)

77 Genus und biologisches Geschlecht

(Grammatical gender and biological sex)

Das Genus (grammatisches Geschlecht) eines Nomens ist im Englischen hauptsächlich durch das biologische Geschlecht bestimmt: Man unterscheidet zwischen

- (männlichen und weiblichen) Personen einerseits und
- (geschlechtslosen) Sachen andererseits.

In Abweichung von diesem Prinzip bleibt das biologische Geschlecht bei Tieren oft unberücksichtigt. Sie werden dann grammatisch wie Sachen behandelt. Umgekehrt können manche unbelebte Dinge und Institutionen gelegentlich personifiziert, also grammatisch wie Personen behandelt werden.

78 Pronomen und Begleiter, die das Genus anzeigen (Übersicht)

(Pronouns and determiners indicating gender)

Im Unterschied zum Deutschen wird das Genus eines Nomens im Englischen nicht durch den Artikel angezeigt, sondern nur durch bestimmte Pronomen und Begleiter, die für das Nomen eintreten (Genus-Kongruenz). Einige von ihnen haben unterschiedliche Formen für männliche und weibliche Personen. Andere unterscheiden nur zwischen Personen und Sachen:

		Für Personen		Für Sachen
		männlich	weiblich	
Personalpronomen *self*-Pronomen Possessivbegleiter und -pronomen	Singular	he, him himself his	she, her herself her, hers	it itself its
		männlich **und** weiblich		
Relativpronomen Fragepronomen Genitiv indefinite Pronomen	Singular und Plural	who who meist *s*-Genitiv someone/somebody, no one/ nobody, etc.		which what meist *of*-Gruppe (vgl. **92–94**) something, nothing, etc.

79 Genus und Genus-Kongruenz bei Personenbezeichnungen

(Gender and gender concord when referring to persons)

Bei Personenbezeichnungen sind (ähnlich wie bei genusanzeigenden Pronomen und Begleitern) zwei Typen zu unterscheiden:

- Personenbezeichnungen, die zwischen männlichen und weiblichen Vertretern der Gattung unterscheiden. Dies geschieht meist durch Wortpaare mit ganz unterschiedlichen Formen (*boy – girl, husband – wife*, etc.), bei einigen Berufs- und Nationalitätsbezeichnungen auch durch Wortpaare auf *-man/-woman* (*salesman – saleswoman, Frenchman – Frenchwoman*, etc.),
  seltener durch spezielle Nachsilben *(host – hostess, actor – actress, hero – heroine, widow – widower*, etc.).
- Personenbezeichnungen, die sowohl für männliche als auch für weibliche Vertreter gelten.
  Diese sehr umfangreiche Gruppe umfaßt vor allem Berufs- und Funktionsbezeichnungen (z. B. *doctor, servant, painter, manager, President*), aber auch zahlreiche allgemeine Personenbezeichnungen (z. B. *child, person, friend, stranger, neighbour*). Als allgemeine Personenbezeichnungen können auch die indefiniten Pronomen auf *-body* und *-one* aufgefaßt werden (*somebody, everyone*, etc.).

Probleme der Genus-Kongruenz ergeben sich nur beim letzteren Typ von Personenbezeichnungen:

The Prime Minister (= Mrs Thatcher) was cheered by **her** supporters. The **press secretary** shook **his** head.	Ist eine bestimmte männliche oder weibliche Person gemeint, so treten die jeweils zutreffenden Pronomen und Begleiter ein.
Is there **a doctor** in the house? If so, would **he or she** please come forward. If a thief stole this brooch **he** would be disappointed, it's not real gold. No **person** in **her** senses would have such valuable jewellery in a hotel bedroom.	Bezieht sich die Personenbezeichnung auf keine bestimmte oder auf eine unbekannte Person, so werden manchmal Doppelformen wie *he or she* eingesetzt. Häufig werden auch die maskulinen Formen im allgemeinen Sinn verwendet. Vermutet der Sprecher jedoch, daß es sich um eine weibliche Person handelt, so setzt er die femininen Formen ein.

Speak to any **employee** here and **they** will tell you the same sad story. **Nobody'd** want to work in a place like that, would **they**? It's time **somebody** put **their** foot down about the intolerable noise.	Um dem Konflikt zwischen umständlichen Doppelformen und mißverständlichen maskulinen Formen zu umgehen, werden immer häufiger die genusneutralen Pluralformen *they, their* etc. verwendet, insbesondere auch bei den indefiniten Pronomen.
Most Oxbridge colleges are now open to **male** and **female students** alike. There was a time when **women teachers** had to give up their jobs when they got married. A **woman professor** is still something of a rarity. **Female politicians** are few and far between. *(Politikerinnen sind dünn gesät.)* The number of **male nurses** is on the increase.	Spielt das biologische Geschlecht eine besondere Rolle, so kann es durch Zusätze zum Nomen wie *man/woman, male/female* angegeben werden, falls es nicht aus Begleitern und Pronomen ersichtlich ist. Solche Zusätze werden u. a. dann gemacht, wenn Frauen in Berufen auftreten, die als typisch männlich gelten und umgekehrt.

Anmerkungen:

1. Die Ausdrücke *boy-friend* und *girl-friend* werden im britischen Englisch nur im Sinn von „fester Freund/feste Freundin" verwendet. Für *Freund/Freundin* im allgemeinen Sinn verwendet man nur *friend*. Will man das Geschlecht angeben, so tut man dies indirekt z. B. durch Nachsätze mit Personalpronomen oder durch Nennung des Namens:
   I was out with **a friend.** I don't think you know **her.**
   I was out with **my friend Christine.**
2. Für *baby* und *child* kann gelegentlich *it* eintreten, wenn sie im allgemeinen Sinn verwendet werden:
   A **baby** can only express **its** anger by crying.
3. Im Zuge der Emanzipation der Geschlechter werden bestimmte geschlechtsunterscheidende Personenbezeichnungen zunehmend durch geschlechtsneutrale ersetzt, besonders in bezug auf unbestimmte Personen:
   z. B. *cleaner* statt *charwoman, chairperson* statt *chairman.*

80 Genus und Genus-Kongruenz bei Tierbezeichnungen

(Gender and gender concord when referring to animals)

Wie bei den Personenbezeichnungen gibt es auch bei den Tierbezeichnungen eine kleinere Gruppe von geschlechtsunterscheidenden Nomen (z. B. *cock – hen, bull – cow*) und eine große Zahl von Nomen, die für beide Geschlechter gelten (z. B. *cat, dog, horse, fish, frog*). Diese Unterscheidung hat jedoch wenig Auswirkungen auf den Gebrauch von Personalpronomen, Possessivbegleitern, etc. Dieser wird vielmehr von der Einstellung des Sprechers zum genannten Tier bestimmt:

Have you ever watched a **snake** swallowing **its** prey? This **wasp** is getting on my nerves. **It** keeps flying round my head. A **cat** will often find **its** way back home, however many miles **it** has to travel. The **cow** had injured **its** leg.	Hat der Sprecher keine persönliche Beziehung zu einem Tier, so verwendet er *it, its,* etc. Diese Haltung ist die Regel bei dem Menschen weniger nahestehenden („niederen") Tierarten. Sie ist jedoch auch bei höher entwickelten Säugetieren verbreitet und unabhängig davon, ob das Geschlecht bekannt ist oder nicht.
Bess is our best **cow. She** gives three gallons of milk a day. Why don't you take the **dog** for a walk? **He's** dying to go. Look at that **elephant** – isn't **he** magnificent? A **lioness** fighting for **her** cub couldn't have been fiercer.	Hat der Sprecher eine besondere Beziehung zu einem Tier und spricht er ihm gewissermaßen eine Persönlichkeit zu, so verwendet er je nach Geschlecht *he* oder *she*. Ist das Geschlecht nicht bekannt, so wird bei größeren Tieren *he* bevorzugt. Besonders Haustiere, aber auch wild lebende Tierarten, werden häufig mit *he* oder *she* bezeichnet.

Anmerkungen:

1. Als Relativpronomen wird für Tiere in allen Fällen *which* bevorzugt, selbst wenn *he/she*, etc. eintreten würden:
   The white **rabbit, which** is Paul's favourite, added three more members to **her** family last week.
2. Bei Tierbezeichnungen, die für beide Geschlechter gelten, kann das biologische Geschlecht durch spezielle Zusätze oder Wortbildungen gekennzeichnet werden:
   a bull elephant, a she-bear, a tomcat (= a male cat), a billy-goat (a he-goat) – a nanny-goat (a she-goat)

81 Genus und Genus-Kongruenz bei Sachbezeichnungen

(Gender and gender concord when referring to things)

Für die meisten Sachbezeichnungen tritt grundsätzlich *it* (*its*, etc.) ein. Bestimmte Sachen und Institutionen können jedoch personifiziert und dann durch *she* statt ebenfalls möglichem *it* vertreten werden. Dazu gehören:

She's really lovely, that **car** of yours.
The **flagship** Mary Rose, of **which** King Henry VIII was very proud, sank with all **her** crew before **she** ever set sail.

- Schiffe und andere Fahrzeuge und Maschinen, zu denen der Sprecher eine persönliche Beziehung hat, z. B. das eigene Auto
  Als Relativpronomen tritt hier jedoch *which* und nicht *who* ein.

Britain has divested **herself/itself** of most of **her/its** colonies.
With **her/its** teeming millions, **Asia** is faced with enormous problems.
Approaching **New York** by sea gives you the best impression of **her/its** unique skyline.

- im literarischen Stil auch Länder, vor allem, wenn sie als politische und wirtschaftliche Mächte betrachtet werden; ebenso Kontinente und Städte.

Anmerkungen:

1. Im poetischen Stil werden oft auch abstrakte Begriffe und Naturerscheinungen personifiziert:
   How soon hath **Time**, the subtle thief of youth
   Stolen on **his** wing my three and twentieth year! (John Milton)

   Slowly, silently, now the **moon**/Walks the night in **her** silver shoon. [= shoes]
   This way and that **she** peers and sees/Silver fruit upon silver trees. (Walter de la Mare)

Ebenso: Death, Love, War = *he*; Nature, Peace, Liberty = *she*; the earth, the sea = *she*; the sun = *he*

2. Die Wahl der Pronomen und Begleiter für Gruppenbezeichnungen wie *family* betrifft Numerus- und Genus-Kongruenz gleichzeitig: Als Personenbezeichnungen werden sie durch *they* und *who*, als Sachbezeichnungen durch *it* und *which* vertreten. Näheres vgl. **74**.

82–85 Die Personalpronomen (Personal pronouns)

82 Formen (Forms)

Die meisten englischen Personalpronomen haben – im Unterschied zu den Nomen – neben der Subjektform eine eigene Objektform. *One* dient als allgemeines Personalpronomen.

Subjektform:	I	you	he	she	it	we	you	they	one *(dt. man)*
Objektform:	me	you	him	her	it	us	you	them	one *(einen, einem)*

83 Die Verwendung der Subjekt- und Objektformen

(The use of the subject and object forms)

Die Personalpronomen werden im wesentlichen ebenso verwendet wie die entsprechenden deutschen Formen; d. h. die Subjektform steht als Satzsubjekt, die Objektform als Objekt und nach Präpositionen. (Vgl.: **They** are waiting for **us.**)
Die Objektform verdrängt jedoch die Subjektform in einigen Stellungen immer mehr, und zwar vor allem dort, wo kein finites Verb folgt.

I'm expecting my friends any minute. That'll be **them** now.
It's **me** who(m) she wanted to see in the play. (= She wanted to see **me.**)
Aber: It was *I* who asked her to come to the rehearsal. (= *I* asked her to come.)

Die Objektform wird umgangssprachlich bevorzugt:

- als Subjektkomplement nach *be*
  Hierher gehören auch *it*-Spaltsätze (vgl. **339–340**). Wenn sich ein Relativsatz anschließt, in dem das Relativpronomen Subjekt ist, wird allerdings auch umgangssprachlich meist die Subjektform verwendet.

Sarah is almost as tall as **him.** Are the University Players better than **us?**	• in Vergleichen nach *as* und *than*
It's my sister who wants to play Lady Macbeth, not **me.** – Oh, no! Not **her** again!	• in verkürzten Sätzen, in denen das Personalpronomen allein, d.h. ohne finite Verbform steht.
There has never been a more brilliant Shakespeare actor than **he.**	Die Subjektform wirkt in all diesen Fällen förmlich.
The accident happened when the stage manager, his assistant and **I/me** were changing the scenery for the second act.	Bei Aneinanderreihungen mit *and* wird die Objektform umgangssprachlich sogar gelegentlich als Teil des Subjekts (vor dem finiten Verb) verwendet. Üblicher ist hier jedoch die Subjektform.

Anmerkungen:

1. Manchmal ist die Objektform in Vergleichen doppeldeutig. In solchen Fällen ist es besser, einen Vergleichssatz (mit Hilfsverb oder Vollverb) zu bilden:
   Do you know her better than **him?** – Do you know her better than **he does?**
   – Do you know her better than **you know him?**
2. Manchmal kann zur besonderen Betonung ein *self*-Pronomen statt eines Personalpronomens eintreten:
   She told me her husband worked in the same office as **herself.**

84 Die Verwendung von *it* als Strukturwort (*It* used as a structure word)

Das englische *it* kann, wie das deutsche *es*, nicht nur als Personalpronomen für eine Nominalgruppe eintreten, sondern auch als Strukturwort ohne eigentliche Bedeutung verwendet werden.

Don't worry, **it** isn't a burglar; **it's** only me. *(Ich bin es nur.)* Do you know who that couple is? **It's** Jack and Mary O'Connor from Limerick. *(Es sind Jack und Mary . . .)* This is Mrs McCarthy. **She's** an old friend of ours.	*It* (+ *be*) wird genauso wie dt. *es* verwendet, wenn die Identität von Personen oder Sachen festgestellt werden soll. (*Be* steht dabei immer in der 3. Person Singular.) Wurde der Name einer Person bereits genannt, so ist nur *he* oder *she* möglich.
It snowed last night, but **it** is already thawing again. **Ebenso:** rain, hail, freeze u.a. (**Aber:** There was a flash of lightning/a clap of thunder. – *Es hat geblitzt/gedonnert.*)	Bei einigen Verben, die Witterungsvorgänge beschreiben, tritt *it* als formales Subjekt ein, da kein eigentliches Subjekt vorhanden ist („unpersönliche Verben").
It was cold and rainy yesterday. **It** is six o'clock. **It's** twenty miles to Cork from here.	Das gleiche gilt für *be* in Verbindung mit Temperatur-, Zeit- und Entfernungsangaben, etc.
It must have been Patrick's twin brother that you saw. **It** was Tim and Kevin who suggested the trip.	In *it*-Spaltsätzen weist *it* als formales Subjekt auf einen hervorgehobenen Satzteil hin (vgl. **339–340**).
It's not surprising that everyone got sunburnt on their first day in Greece. **It** seems total madness to lie in the sun all day. **It** was interesting watching the fishermen unloading their catch.	Als formales Subjekt vertritt *it* ferner ein nachgestelltes Sinnsubjekt (Nebensatz, Infinitivkonstruktion, seltener Gerundialkonstruktion). (Vgl. **257**.1 Anm., **263**.2, **263** Anm. 1).
I don't *find* **it** surprising that everyone got sunburnt. I *consider* **it** foolish to lie in the sun all day. We *left* **it** to Eileen to book the ferry to Crete.	Als formales Objekt vertritt *it* – vor allem in Satzmustern mit Objekt + Objektkomplement – ein nachgestelltes Sinnobjekt (Nebensatz oder Infinitivkonstruktion).
He didn't *think fit* to apologize for making us wait. Would she *prefer* to stay at the hotel? Do you *mind* if we leave our bags here? *(Macht es Ihnen etwas aus, . . . ?)*	*It* wird jedoch nicht benutzt bei Verbverbänden *(think fit, make sure, make plain)* und bei den meisten Verben, die nur ein direktes Objekt haben. (Im Deutschen wird dagegen oft *es* verwendet.)

Anmerkungen:

1. Oft muß das deutsche *es* im Englischen durch andere Konstruktionen wiedergegeben werden. Vergleiche z. B.:
   Has he arrived? – I suppose **so.**/I don't know. *(Ich nehme **es** an./Ich weiß **es** nicht.)* (Vgl. **31–33.**)
   There were over fifty people present. *(**Es** waren über fünfzig Leute anwesend.)* (Vgl. **341–342.**)
   Smoking is not allowed here. *(**Es** ist nicht erlaubt, hier zu rauchen.)*
   More chairs were called for. *(**Es** wurden mehr Stühle verlangt.)*
   Somebody is knocking. *(**Es** klopft.)*
   I'm sorry, I'm late. *(**Es** tut mir leid, daß ich mich verspätet habe.)*
2. *It* ist als formales (bezugsloses) Objekt in einigen Redewendungen zu finden, z. B.:

Hold **it**!	*Warte!*	to rough **it**	*primitiv/kümmerlich leben*
Hop **it**!	*Hau ab!*	to lord **it** over s.o.	*sich als Herr aufspielen*
Damn **it**!	*Verdammt!*	to have **it** out with s.o.	*die Sache endgültig bereinigen*

85 Allgemeine Personalpronomen (*one, you,* etc.) (General personal pronouns)

One must always try to do **one's** best.
One ist as old as **one** feels.
One must make up **one's** mind about such things **oneself.**
One shouldn't let **oneself** be carried away by **one's** emotions.
You never can tell. *(Man kann nie wissen.)*
You're as old as **you** feel.

Das allgemeine Personalpronomen *one* (dt. *man*) steht für jede beliebige Person. Es wird in verallgemeinernden Aussagen verwendet, in die sich der Sprecher selbst mit einschließt.
One (one's, oneself) gehört eher dem förmlichen Stil und der formelhaften Sprache (Sprichwörter, etc.) an. In der Umgangssprache wird statt dessen gewöhnlich *you (your, yourself)* verwendet.

Someone has tried to smuggle a file into the terrorist's cell. *(Man/Jemand hat versucht . . .)*
They/People are expecting an amnesty to be issued soon. *(Man erwartet, . . .)*
They've cordoned off the area round the prison. (They = the police)
The area round the prison has been cordoned off.
An amnesty is expected to be issued soon.

Schließt der Sprecher sich selbst (und den Angesprochenen) nicht mit ein, so gebraucht er

- *someone,* wenn er an eine einzelne unbekannte Person denkt;
- *they* oder *people,* wenn er an mehrere unbekannte Personen denkt. (Bei *they* denkt man manchmal auch an einen gewissen Personenkreis.)

Statt Aktivsätzen mit *someone, they, people* werden häufig auch Passivsätze verwendet.

Anmerkung:
In Verbindung mit *one* gebraucht das amerikanische Englisch statt *one's, oneself* häufig die Formen *his, himself* oder *their, themselves:*
One must always try to do **his/their** best.

86–88 *Self*-Pronomen und reziproke Pronomen (*Self*-pronouns and reciprocal pronouns)

86 Die Formen der *self*-Pronomen (The forms of the *self*-pronouns)

Singularformen:	myself	yourself	himself	herself	itself	oneself
Pluralformen:	ourselves	yourselves	themselves			

Die zweite Silbe *(-self/-selves)* wird grundsätzlich stärker betont als die erste.

87 Die Verwendung der *self*-Pronomen (The use of the *self*-pronouns)

Die *self*-Pronomen werden in zwei unterschiedlichen Funktionen verwendet, und zwar als verstärkende Pronomen (dt. *selbst*) und als Reflexivpronomen (dt. *mich, dich, sich* etc.).

1. *Self*-Formen als verstärkende Pronomen

It was Turner's aim to reproduce light **itself** in his paintings. Rembrandt **himself** is thought to have worked on this painting. We inherited these pictures from a great-uncle. – Oh, I should have known you wouldn't buy pictures like these **yourselves.**	Verstärkende *self*-Pronomen heben ein Nomen oder Pronomen hervor (Emphase; vgl. **333.**1). Sie sind stets betont. Sie können direkt hinter dem hervorgehobenen Wort stehen. Wenn dieses das Satzsubjekt ist, treten sie jedoch meist ans Satzende.

Anmerkung:
Manchmal stehen *self*-Pronomen als Alternative zu Personalpronomen (Subjekt- oder Objektform, vgl. **83**), vor allem nach *as, than, like, except, but* (außer) *including, and, or:*

There was nobody at the exhibition *but* **myself** (but me).
His wife, *like* **himself,** was a talented painter.

2. *Self*-Formen als Reflexivpronomen

Mark and I helped **ourselves** to some drinks. *I* bought **myself** a sandwich and a coffee. Won't ***you*** treat **yourself** to another piece of cake? *(Nimm dir doch noch ein Stück Kuchen.)* Don't make such a pig of **yourself.** (= Don't eat so much.) Good-bye girls. Enjoy **yourselves.** Feeling sorry for **oneself/yourself** never does much good.	Reflexivpronomen erscheinen als Objekt, wenn Subjekt und Objekt die gleiche Person oder Sache bezeichnen (vgl. **52–53**). Sie sind in der Regel unbetont und dürfen dann nicht durch *selbst* wiedergegeben werden. In Aufforderungssätzen werden die Formen *yourself* (Aufforderung an **eine** Person) oder *yourselves* (Aufforderung an **mehrere** Personen) benutzt. In infiniten Konstruktionen tritt als allgemeines Reflexivpronomen *oneself* oder *yourself* ein (vgl. **85**).

Anmerkung:
Reflexivpronomen sind nur dann betont (auf der 2. Silbe!), wenn sie gleichzeitig verstärkende Funktion haben. Sie drücken dann meist einen Gegensatz aus. Im Deutschen können sie mit einem durch *selbst* verstärkten Reflexivpronomen wiedergegeben werden:

You ought to look after **your*self*** – not me. *(Du sollst dich um **dich selbst** kümmern, ...)*
He only thinks of **him*self*,** he never considers his family. *(Er denkt nur an **sich selbst**, ...)*

88 Die reziproken Pronomen *each other/one another*

(The reciprocal pronouns *each other/one another*)

Im Gegensatz zum Deutschen sind die reziproken Pronomen im Englischen nicht mit den pluralischen Reflexivpronomen (*ourselves*, etc.) austauschbar.

Reziproke Pronomen	Vgl.: Reflexivpronomen
The boxer and the novelist had never seen **each other** before the talk show. We should stop criticizing **one another.** We must all take part of the blame for our defeat.	After the match most members of the team went home to see **themselves** on TV. We bought **ourselves** a new TV just in time to watch the World Cup in colour.

Reziproke Pronomen bringen eine wechselseitige Beziehung zwischen zwei oder mehr Beteiligten zum Ausdruck (dt. *einander – sich/uns/euch gegenseitig*). *Each other* wird bevorzugt bei zwei, *one another* bei mehr als zwei Beteiligten. Reflexivpronomen können in diesem Fall nicht verwendet werden, da sie eine andere Bedeutung ergeben (*jeder sich selbst* o.ä.).

89 *S*-Genitiv, *of*-Gruppe und Possessivbegleiter und -pronomen: Vergleich

(S-genitive, of-phrase and possessive determiners and pronouns: comparison)

Bezugswort		
John's	moped	**of the lorry**
the	wheels	
his	moped	
its	wheels	

Ein Nomen kann durch die gleichbedeutenden Strukturen *s*-Genitiv oder *of*-Gruppe näher bestimmt werden. Dabei erscheinen Personenbezeichnungen vorwiegend als *s*-Genitiv, Sachbezeichnungen vorwiegend als *of*-Gruppe. (Einzelheiten vgl. **90–94**).
S-Genitiv und *the* + *of-Gruppe* können durch Possessivbegleiter (vgl. **96–97**) vertreten werden.
Das übergeordnete Nomen nennen wir „Bezugswort".

Our car is larger than { **the Browns'.** / **theirs.**

Der *s*-Genitiv kann in bestimmten Fällen auch ohne Bezugswort stehen und dann durch ein Possessivpronomen vertreten werden.

Are you a friend { **of Mary's?** / **of hers?**

Dem „doppelten Genitiv" (*of* + *s*-Genitiv) entspricht die Kombination *of* + Possessivpronomen. (Einzelheiten vgl. **95** und **99**)

S-Genitiv, *of*-Gruppe und Possessivbegleiter können eine Reihe verschiedenartiger Beziehungen zum übergeordneten Nomen (Bezugswort) ausdrücken:

Besitz oder Zugehörigkeit	**the Millers'** house	– **their** house	(They have a house.)
	the door **of the house**	– **its** door	(It has a door.)
Urheberschaft oder Ursache	**the architect's** plans	– **his** plans	(He made plans.)
	the effects **of the insulation**	– **its** effects	(It caused something.)
Betroffensein von einer Handlung	**Pat's** appointment as designer	– **her** appointment	(Someone appointed her.)
	the demolition **of the building**	– **its** demolition	(Someone demolished it.)

Darüber hinaus können *s*-Genitiv und *of*-Gruppe noch weitere Beziehungen ausdrücken, für die jedoch keine Possessivbegleiter eintreten können. Sie treten z. B. in folgenden Bedeutungen auf:

Klassenbezeichnung	a **children's** book (a book for children, not for adults) two **hen's/hens'** eggs (two eggs laid by hens, not by ducks or geese)
Zeit- oder Längenmaß	in **a week's** time, a **two hours'** stop, at a distance **of two miles**
Inhalt einer Menge	a glass **of milk**, two pounds **of sugar**, a group **of students**

90–95 *S*-Genitiv und *of*-Gruppe (S-genitive and of-phrase)

90 Bildung und Stellung des *s*-Genitivs (Formation and position of the s-genitive)

Peter's dartboard – **my little brother's** toys
somebody's football – **everyone's** enjoyment

Der *s*-Genitiv kann gebildet werden von Nomen, Nominalgruppen und den indefiniten Pronomen auf *-body* und *-one*. Er wird dem Bezugswort vorangestellt.

the people next door's piano
somebody else's violin
Gilbert and Sullivan's operas (They wrote them together.)
(**Aber: Britten's** and **Elgar's** music: Each composed his own music.)

Auch Nominalgruppen mit nachgestelltem Attribut sowie durch *and* aneinandergereihte Nomen können als Ganzes einen *s*-Genitiv bilden („Gruppengenitiv"). Die Genitiv-Endung tritt an das letzte Wort der Gruppe.

the lady**'s** [z] coat, Mr Black**'s** [s] hat the boss**'s** [sɪz] suit, James**'s** [zɪz] anorak	An **Singularformen** wird Apostroph + *s* angehängt (Aussprache [z], [s] oder [ɪz] wie beim Plural-*s*, vgl. **69**).
the ladies**'** [z] dresses, the Blacks**'** [s] coats the bosses**'** [sɪz] umbrellas	**Pluralformen** auf *-(e)s* erhalten nur einen Apostroph. (Die Aussprache ändert sich dabei nicht.)
the children**'s** [z] socks the men**'s** [z] department	An andere Pluralformen wird Apostroph + *s* angehängt.

Amerkungen:

1. Familiennamen, die auf Vokal + stimmloses *-s* enden (z. B. *Moss, Davis*), bilden den *s*-Genitiv wie alle anderen Nomen, die auf *-s* enden: Singular: Mr. Davis**'s** dog, Plural: the Davises**'** dog. (Aussprache jeweils [sɪz]). In anderen Fällen, in denen das *-s* wie ein Plural- oder Genitiv-*s* klingt (stimmloses *s* nach Konsonant wie bei *Bates* bzw. stimmhaftes *s* wie bei *Jones*), gibt es einige zusätzliche Schreib- und Aussprachevarianten:
   Singular: Mr Bates' [beits] cow. Plural: the Bates'/Bates's [beits/beitsɪz] cow.
2. Bei zahlreichen ausländischen oder historischen Eigennamen wird stets nur ein Apostroph angehängt:
   Socrates' ['sɒkrəti:z] philosophy, Guy Fawkes' [fɔ:ks] day.

91 Bildung und Stellung der *of*-Gruppe (Formation and position of the of-phrase)

the killing **of animals** the protection **of this threatened species** the cause **of (all) this**	Die *of*-Gruppe kann von Nomen, Nominalgruppen und Pronomen gebildet werden und steht gewöhnlich unmittelbar hinter dem Bezugswort.
The killing by a troop of hunters **of hundreds of baby seals** shocked the public. I regard **the protection**, by means of improved legislation, **of this threatened species** as absolutely essential.	Im förmlichen Englisch kann das *of*-Attribut durch Einschübe von seinem Bezugswort getrennt sein. Diese werden zum besseren Verständnis oft – aber nicht immer – durch Komma abgetrennt.

92 *S*-Genitiv und *of*-Gruppe bei Personenbezeichnungen

(S-genitive and of-phrase when referring to persons)

the director's desk, **Mr Green's** secretary, **Ms Cole's** letter to our Tokyo office	Zum Ausdruck von **Besitz, Zugehörigkeit oder Urheberschaft** steht bei Personen meist der *s*-Genitiv. Die *of*-Gruppe wird nur verwendet
The reports **of our representative *stationed in Moscow*** are worth reading. (**Aber: Our man *in Moscow's*** reports are worth reading.)	● wenn die Person durch ein längeres, besonders ein nachgestelltes Attribut näher bestimmt ist. (Bei kürzeren nachfolgenden Attributen wird jedoch der Gruppengenitiv bevorzugt.)
It was terrible, he kept interrupting the speech **of the party chairman.** A huge crowd was awaiting the arrival **of the Prime Minister.** She knows the names **of all 650 M.P.s.**	● wenn die Person den Schwerpunkt der Aussage bildet und daher ans betonte Satzende rücken soll (z. B. wenn der Sprecher Entrüstung, Erstaunen, Bewunderung, etc. ausdrücken will). (Zum Prinzip des Schwergewichts am Satzende vgl. **6** und **332**.)
The influence **of his advisers** has often been overestimated. He can count on the support **of his friends.**	● im gesprochenen Englisch bei Pluralformen, wenn Mißverständnisse wegen der gleichlautenden Singularform des *s*-Genitivs entstehen könnten.

Everybody was shocked at **Kennedy's** assassination.
He was accused of the murder **of his wife.**
The witness examined the photos **of the suspects.** (= the photos showing the suspects, not belonging to or taken by them)

Ist die Person **von einer Handlung betroffen** (ohne sie selbst auszuführen), so sind ebenfalls *s*-Genitiv und *of*-Gruppe möglich. Die *of*-Gruppe wird sehr häufig bevorzugt, z. B.:

- wenn die Person hervorgehoben werden soll;
- wenn der *s*-Genitiv mehrdeutig wäre, da er auch Besitz oder Urheberschaft ausdrücken könnte.

Anmerkung:
In einigen Fällen, in denen im Deutschen ein Genitiv steht, kann im Englischen nur eine *of*-Gruppe benutzt werden, z. B. bei *the sight of someone:*

I can't stand the sight **of that know-all.** *(Ich kann den Anblick dieses Besserwissers nicht ertragen.)*

93 *S*-Genitiv und *of*-Gruppe bei Tierbezeichnungen

(S-genitive and of-phrase when referring to animals)

Our dog's name is Rover. He is a sheepdog.
Where is **Pussy's** basket?
The horse's leg was broken, so it had to be shot.

Bei Tieren steht meist der *s*-Genitiv, besonders wenn der Sprecher sie mit *he* oder *she* bezeichnen würde (z. B. eigene Haustiere), aber auch bei Tieren, die ihm nicht besonders nahestehen.

That's not a bird-cage. It's the cage **of our hamster Jonathan.**

Zum Zweck der Hervorhebung kann jedoch bei allen Tieren auch die *of*-Gruppe eintreten,

Duck's eggs are larger than **hen's** eggs. *(Enteneier . . . Hühnereier.)*
There is a **bird's** nest on our balcony. *(. . . ein Vogelnest . . . .)*

außer in festen Wendungen, in denen der *s*-Genitiv als Klassenbezeichnung dient. (Sie entsprechen im Deutschen zusammengesetzten Wörtern.)

94 *S*-Genitiv und *of*-Gruppe bei Sachbezeichnungen

(S-genitive and of-phrase when referring to things)

the end **of the road,** the roof **of the hut,**
the sound **of music,** the history **of socialism**

Bei Sachbezeichnungen (Gegenstände, abstrakte Begriffe, etc.) tritt in der Regel die *of*-Gruppe ein.

the university's president/the president **of the university**
London's history/the history **of London**
the country's problems/the problems **of the country**

Bestimmte Sachbezeichnungen können daneben auch im *s*-Genitiv auftreten, da sie im Zusammenhang mit Personen stehen. Dazu gehören Bezeichnungen für

- Institutionen, Organisationen, Städte, Nationen und andere menschliche Gemeinschaften;

the novel's message/the message **of the novel**
the plan's importance/the importance **of the plan**

- geistige Produkte, bei denen der menschliche Urheber noch empfunden wird;

the car's engine/the engine **of the car**
the train's arrival/the arrival **of the train**
the volcano's eruption/the eruption **of the volcano**

- Maschinen, Fahrzeuge und Naturerscheinungen, die selbst gewissermaßen als lebendig aufgefaßt werden können;

duty's call/the call **of duty**
nature's wonders/the wonders **of nature**

- abstrakte Begriffe, wenn sie personifiziert werden (literarisch).

the crystal's structure/the structure **of the crystal.**
the tower's height/the height **of the tower**
the lake's surface/the surface **of the lake**

In bestimmten Fällen kann der *s*-Genitiv auch eintreten, ohne daß eine personifizierende Betrachtungsweise vorliegt, so z. B.

- wenn die Beschaffenheit (Struktur, Form, Größe, etc.) einer Sache beschrieben wird;

Beispiele	Erläuterung
yesterday's paper, **tomorrow's** programme, **last year's** fashion, **this week's** winner	• wenn Zugehörigkeit zu einem bestimmten Zeitabschnitt ausgedrückt wird (u. a. bei *yesterday, today, tomorrow, last week,* etc.);
an **hour's** rest, a **fifteen minutes'** walk (oder: a **fifteen-minute** walk) a **stone's** throw away, at **arm's** length (**Aber:** a distance **of ten miles,** a **twenty-mile** race)	• wenn eine bestimmte Zeitdauer angegeben wird. Bei Längenangaben tritt der *s*-Genitiv jedoch nur in einigen formelhaften Wendungen auf.

Anmerkungen:

1. Der *s*-Genitiv bei Sachbezeichnungen ist besonders im Zeitungsenglisch verbreitet; vor allem in Schlagzeilen wird er oft aus Platzgründen der längeren *of*-Gruppe vorgezogen:
   Firm's future uncertain

2. Außer bei Längenangaben wie *at arm's length* ist der *s*-Genitiv in bezug auf menschliche Körperteile, Organe, etc. auch noch in einer Reihe weiterer formelhafter Wendungen zu finden:
   to **one's heart's** content *(nach Herzenslust),* in **one's mind's** eye *(im Geiste, vor dem geistigen Auge),* to be at **one's wits'** end *(am Ende seiner Weisheit sein),* etc.

3. Bestimmte Arten von Eigennamen werden (als Apposition) mit *of* an das entsprechende allgemeine Nomen angefügt, so z. B. Namen von Städten, Grafschaften, Bundesstaaten und Monaten:
   the city of York, the county of Devon, the State of Texas, the month of May
   (Ausnahme: "In Dublin's fair city ..." – irisches Volkslied)

95 *S*-Genitiv ohne Bezugswort und doppelter Genitiv

(The s-genitive without a referent and the double genitive)

Beispiele	Erläuterung
If you haven't got an *umbrella,* you can borrow **my sister's.** Whose muddy *shoes* are these? – They're **Mary's.**	Der *s*-Genitiv kann in denselben Fällen **ohne Bezugswort** stehen, in denen Possessivpronomen auftreten können (vgl. **99**): • wenn ein bereits genanntes Nomen nicht wiederholt werden soll
My grandfather's was a long and eventful *life.* (My grandfather had a long and eventful life.) Jenny spent most of her time at **her aunt's** *(house).* My mother asked me to go to **the baker's** *(shop).* **Madame Tussaud's** is in Baker Street. I bought this at **Selfridges** (oder: **Selfridge's**). (**Ebenso: Harrods, Woolworths,** u. a.)	• wenn ein Nomen nicht vorweggenommen werden soll, das dem Verb *be* folgt (förmlicher Stil). Darüber hinaus kann beim *s*-Genitiv das Bezugswort stillschweigend mitverstanden werden, wenn es sich um Privatwohnungen, Geschäfte, Firmen, öffentliche Gebäude handelt. (Bei vielen Kaufhäusern wird das *s* einfach ohne Apostroph angehängt, wie ein Plural-*s*.)
Is that ***a*** novel **of Doris Lessing's** you're reading? I lent her ***some*** books **of George's** and ***two*** old paperbacks **of Brenda's.** ***Several*** friends **of the author's** were present at the reception. My great-grandparents were contemporaries **of James Joyce's.**	Der **doppelte Genitiv** ist eine Kombination aus *of* + *s*-Genitiv, die dem Bezugswort nachgestellt wird. Er wird bei Personenbezeichnungen verwendet, wenn außer Besitz, Zugehörigkeit oder Urheberschaft noch eine weitere Bedeutung ausgedrückt werden soll: • Der doppelte Genitiv steht nach *a, some, any, several* oder Zahlwort + Nomen (gelegentlich auch nach Nomen ohne Begleiter), wenn Zugehörigkeit zu einer unbestimmten Gesamtmenge gemeint ist (partitive Bedeutung).
Did you re-arrange all ***those*** books **of Peter's** this afternoon? I don't know why ***that*** novel **of Hemingway's** is so popular.	• Er steht nach Demonstrativbegleitern + Nomen, wenn z. B. Verwunderung oder Verärgerung o. ä. ausgedrückt werden sollen.

Anmerkung:
Bei Sachbezeichnungen wird statt des doppelten Genitivs die *of*-Gruppe (*of*+ Einheitskasus des Nomens) verwendet, ebenso bei Personenbezeichnungen, wenn die Person von einer Handlung betroffen ist:

Some pages **of the book** were torn.
There's *a* photo **of the author** on the back cover.

96–99 Possessivbegleiter und -pronomen (Possessive determiners and pronouns)

96 Formen (Forms)

Possessivbegleiter	my car(s)	your ...	his ...	her ...	its ...	our ...	your ...	their ...	one's ...
Possessivpronomen	mine	yours	his	hers	–	ours	yours	theirs	–

97 Die Verwendung der Possessivbegleiter (The use of the possessive determiners)

Die Possessivbegleiter werden im Englischen im wesentlichen ebenso verwendet wie im Deutschen (vgl. **89**). Es gibt nur wenige Abweichungen.

A tramp was leaning against a lamp post with **his** *hands* in **his** *pockets.*
The dog bared **its** *teeth* at the intruder.
Do you know how many people lose **their** *lives* in road accidents every year?
The lorry came so close that the cyclist lost **her** *balance.*

Im Englischen verwendet man Possessivbegleiter grundsätzlich auch in bezug auf

- Körperteile und Kleidungsstücke,
- abstrakte Begriffe wie *life, death, mind,* etc., wenn Zugehörigkeit zu bestimmten Einzelwesen gemeint ist.

The wind blew in **their** *faces* when they opened the car window. *(... blies **ihnen** ins Gesicht.)*
Doesn't it get on **your** *nerves* having this traffic going past all day? *(Geht es **Ihnen** nicht auf **die** Nerven ...?)*

Im Deutschen wird oft die Dativform eines Personal- oder Reflexivpronomens eingefügt, so daß die Zugehörigkeit – anders als im Englischen – auch ohne Possessivbegleiter geklärt ist.

Somebody caught **me** *by* **the** *sleeve.*
She was knocked *on* **the** *head* with a bottle.
Ebenso: to hit s.o. in **the** eye, to seize s.o. by **the** throat, to lead/hold s.o. by **the** hand, to look s.o. in **the** face, etc.
(Möglich auch: to hit **someone's** eye, to hold **someone's** hand, etc.)

Nach einigen Tätigkeitsverben (vor allem Verben der heftigen Berührung) genügt dagegen auch im Englischen der bestimmte Artikel. Dies ist der Fall, wenn die betroffene Person als Objekt des Aktiv- oder Subjekt des Passivsatzes genannt wird und die Bezeichnung des betroffenen Körperteils mit einer Präposition (*by, on,* etc.) angeschlossen wird.

98 Durch *own* verstärkte Possessivbegleiter (Possessive determiners reinforced by *own*)

Zur Betonung der Zugehörigkeit können Possessivbegleiter auf folgende Arten durch *own* verstärkt werden:

They built that log cabin with **their own** *hands.* *(... mit ihren eigenen Händen ...)*
Martha not only bakes **her own** *bread* but even mills **her own** *flour.* *(... mahlt sogar ihr Mehl selbst.)*

- Possessivbegleiter + *own* stehen **vor** dem Nomen. Diese Konstruktion entspricht meist einem deutschen Possessivbegleiter + *eigen,* manchmal aber auch einer Konstruktion mit *selbst.*

Do these *sheep* belong to the neighbouring farm?
No, they are **our own.** *(... unsere eigenen.)*

Soll ein bereits genanntes Nomen nicht wiederholt werden, so können Possessivbegleiter + *own* auch allein stehen.

It's a common dream to possess *a piece of land* **of one's own.** *(... ein eigenes Stück Land ...)*
They have *plenty of ideas* **of their own** for doing without complicated and wasteful technology.
(... viele eigene Ideen ...)
We could dig a well, and then we'd have *water* **of our own.** *(... eigenes Wasser.)*

- Possessivbegleiter + *own* stehen in Form einer *of*-Gruppe **hinter** dem Nomen:
  Diese Konstruktion entspricht dem deutschen *eigen* ohne Possessivbegleiter. *Own* tritt auch hier nur nach Possessivbegleitern auf. Es kann also niemals nach einem Artikel, einer Mengenangabe oder allein vor dem Nomen stehen.

99 Die Verwendung der Possessivpronomen (The use of possessive pronouns)

Their *ideas* on dress are different from **ours.**
(... anders als unsere/die unsrigen.)
Is that *anorak* **yours**? (Does it belong to you?)
Whose *(gloves)* are those?/Whose are those *(gloves)*? – They're not **mine. Mine** are blue.
(They don't belong to me. The blue ones belong to me.)
Ours was a fateful *meeting.* (Our meeting was a fateful one.)
Theirs was a stormy *relationship.*

Possessivpronomen (immer ohne Artikel) treten für ein Nomen mit Possessivbegleiter ein, wenn das Nomen bereits genannt wurde oder mitverstanden wird. Besonders häufig ist ihr Gebrauch als Subjektkomplement nach *be* (im Sinne von *belong to*), z. B. in Antworten auf Fragen mit *whose* (vgl. **25**).

Im förmlichen Stil können sie auch als Subjekt zu *be* stehen und sich auf ein nachfolgendes Nomen beziehen.

The chief inspector's daughter is a very good friend **of mine.** *(... eine sehr gute Freundin von mir.)*

Die Konstruktion *of* + Possessivpronomen entspricht dem „doppelten Genitiv" (vgl. **89** und **95**).

100 Artikel und Demonstrativbegleiter und -pronomen (Übersicht)

(Articles and demonstrative determiners and pronouns)

Artikel und Demonstrativbegleiter und -pronomen haben aussondernde Funktion.
Dies wird in der Gegenüberstellung mit allgemeinen Nomen ohne Begleiter besonders deutlich.

Bees make **honey** from **nectar.**
Are you interested in **zoology**?

Allgemeine Nomen ohne Begleiter
bezeichnen eine Gattung oder eine Sache im allgemeinen, ohne Einschränkung.

There's ***a*** **spider** on the ceiling.
Could you get me ***a*** **broom**?

Der unbestimmte Artikel
bezeichnet ein dem Hörer noch nicht bekanntes oder ein beliebiges Einzelexemplar aus einer Gattung.

Der bestimmte Artikel und die Demonstrativbegleiter
weisen auf ganz bestimmte Personen oder Sachen hin.

Der bestimmte Artikel wird verwendet

Did you take ***the*** **advice he gave you**?
The **lady at the information desk** told me which number to ring.

- wenn ein Attribut, z. B. ein notwendiger Relativsatz oder eine Präpositionalgruppe verdeutlicht, wer oder was genau gemeint ist

The **boss** is away on business.
How far is it to ***the*** **station**?
Jupiter is the largest of ***the*** **nine planets.**

- wenn ein Bezugsrahmen mitverstanden wird
  Dieser kann enger oder weiter gefaßt sein (Firma, Stadt, unser Sonnensystem, etc.)

Let's call ***the*** **waiter.**
I ordered a sirloin steak and a salad.
The **steak** was rather tough ... .

- wenn auf Personen oder Sachen hingewiesen wird, die zum Sprechzeitpunkt vorhanden sind oder die bereits erwähnt wurden und damit bekannt sind.

Do you know ***that*** **tall man** over there? We must get ***these*** **cards** sent off today. Pauline has developed a dreadful cold. ***This*** has upset all her plans.	**Die Demonstrativbegleiter** (und die gleichlautenden Demonstrativpronomen) beziehen sich immer auf vorhandene oder bereits erwähnte Personen, Sachen oder Sachverhalte.
The/This **winter** has been very mild. The weatherman was right. ***The/Those*** **snowfalls** caused havoc on the roads.	Sie überschneiden sich daher im Gebrauch teilweise mit dem bestimmten Artikel, doch ist die hinweisende Bedeutung bei den Demonstrativbegleitern viel ausgeprägter.
If you could scrape the ice on ***this*** **side of the car,** I could do ***that*** **side.**	Gleichzeitig können sie Nähe oder Entfernung zum Sprecher ausdrücken.

Anmerkung:
Der bestimmte Artikel kann sich bei zählbaren Nomen im Singular auch verallgemeinernd auf eine ganze Gattung oder Klasse beziehen, besonders im wissenschaftlich-klassifizierenden Stil. (In anderen Bereichen ist dieser Gebrauch weniger häufig als im Deutschen.)

The whale is a mammal. (= the species whale)
The adverb and its position (= the part of speech called adverb)

Verallgemeinernde Bedeutung hat der bestimmte Artikel auch in bezug auf Musikinstrumente; hier ist er jedoch stilistisch neutral:

She plays **the** piano/**the** guitar/etc. *(Sie spielt Klavier/Gitarre/etc.)*

101–103 Der unbestimmte Artikel (The indefinite article)

101 Formen (Forms)

	unbetonte Formen:		betonte Formen:	
vor gesprochenem Konsonant:	**a** [ə]	**a** house, **a** European town	[eɪ]	I said <u>a</u> house, not <u>the</u> house.
vor gesprochenem Vokal:	**an** [ən]	**an** egg, **an** hour, **an** M.P.	[æn]	I said <u>an</u> egg, not <u>the</u> egg.

Der unbestimmte Artikel wird normalerweise unbetont gesprochen. Die betonte Form verwendet man nur bei Kontrastierung, beim zögernden Sprechen und beim Bemühen um besondere Deutlichkeit.

Anmerkung:
Die Form *an* steht vor Wörtern, die mit *h* beginnen nur dann, wenn das *h* stumm ist. Da einige Sprecher das *h* vor unbetontem Vokal nicht sprechen, setzen sie die Form *an* (und nicht *a*) davor:

an hotel [ən əʊ'tel], *an historical novel,* etc.

(Diese Aussprache kommt aber auch bei Sprechern vor, die das *h* sonst aussprechen.)

102 Stellung (Position)

We had **a** (Artikel) very varied (Attribut) week-end. (Nomen)	Der unbestimmte Artikel steht normalerweise **vor** dem Nomen und seinen Attributen. Er tritt jedoch hinter
What a magnificent view! **Many a** traveller must have rested here before. The chair-lift will be starting in **half an** hour.	• *what, such,* *many* (förmlich), *half*
Rarely have I seen **so impressive a** sight. This is **too difficult a** climb for beginners.	• *so/as/too/how/however* + Adjektiv (förmlich)
The tour was **quite a/rather a** strain. Our guide was **a quite/a rather** funny character. Oder: . . . was **quite a/rather a** funny character.	• *quite, rather,* wenn kein Adjektiv folgt. Wenn ein Adjektiv folgt, kann der unbestimmte Artikel vor oder hinter *quite* bzw. *rather* stehen.

Anmerkung:
Im Gegensatz zum deutschen Gebrauch werden nichtzählbare Nomen auch nach *what* und *such* ohne Artikel angeschlossen:

What disgraceful behaviour. *(Was für **ein** schändliches Verhalten.)*
We've never had **such** dreadful weather in July before. *(... so **ein** scheußliches Wetter.)*

103 Verwendung (Use)

Wie im Deutschen bezeichnet der unbestimmte Artikel im Englischen entweder ein dem Hörer unbekanntes Einzelexemplar oder einen beliebigen Vertreter einer Gattung (vgl. **100**). Besonders in der letzteren Bedeutung macht das Englische häufiger Gebrauch vom unbestimmten Artikel als das Deutsche.

1. Der unbestimmte Artikel bei Gruppenzugehörigkeit

Abweichend vom Deutschen wird der unbestimmte Artikel im Englischen verwendet, wenn eine Person als Vertreter einer speziellen Gruppe oder Klasse charakterisiert wird, z. B.

Ann works as **a waitress** *(... als Kellnerin).*
Mr Mackenzie is **a Scot(sman).** And he is probably **a Presbyterian,** too.
Churchill was **a Conservative.**

- einer Berufsgruppe
- einer Nationalitäts- oder Volksgruppe
- einer religiösen Gruppe
- einer Partei oder sonstigen politischen Gruppe.

Paul Gauguin *was* **a bank clerk** before he *became* **a painter:** (**Aber:** ... before he *turned* **painter.**)
Picasso *died* **a millionaire.** *(... als Millionär.)*
As **a social realist** the artist concentrated on depicting the working classes.
His experience of war *made* him **a confirmed pacifist.**

Dieser Gebrauch findet sich vor allem nach Kopulaverben wie *be, become, remain* (aber nicht nach *turn*!), außerdem nach anderen Verben mit Subjektkomplement (*die, wake up,* etc.), nach *as* und nach einigen Verben mit Objektkomplement (vgl. **57**).

John F. Kennedy *was* **President** (of the USA) for only three years.
Jim *was made* **captain** of the basket-ball team.
The Democrats *nominated* Jane Byrne *as* **mayor.**

Dagegen steht kein Artikel bei Funktionen und Titeln, die als einmalig verstanden werden, deren Träger also nicht als beliebige Vertreter einer Gruppe oder Klasse dargestellt werden.

Anmerkungen:
1. Zugehörigkeit zu einer nationalen, religiösen oder politischen Gruppe kann auch durch entsprechende Adjektive ausgedrückt werden, die manchmal mit dem Nomen gleichlautend sind:

He is **Irish (an Irishman)/Catholic (a Catholic)/socialist (a socialist).**

2. Der unbestimmte Artikel steht – oft abweichend vom Deutschen – auch vor anderen Nomen, wenn sie als Subjektkomplement gebraucht werden oder wenn *as* vorausgeht.

I*'m* **an optimist.** *(Ich bin Optimist).* He *woke up* **a happy man** *(... als glücklicher Mann.)*
Please accept this book *as* **a token of our appreciation.** *(... als Zeichen unserer Wertschätzung.)*

2. Der unbestimmte Artikel bei Mengenangaben

This brandy costs only £2 **a** bottle.
We paid 50 p **a** pound for these oranges.
She drives to the supermarket once **a** week.
My new car does 100 miles **an** hour.

Vor Mengen-, Maß- und Zeiteinheiten steht der unbestimmte Artikel im Sinne von *pro/je.* Hier ist noch seine ursprüngliche Zahlwortbedeutung spürbar *(**one** bottle costs £2).*

I saw it at a glance. *(... auf einen Blick.)*
Ebenso: in **a** word *(mit einem Wort),* one at **a** time *(einer nach dem anderen),* etc.

Noch deutlicher ist diese ursprüngliche Zahlwortbedeutung in einigen Redewendungen erhalten, in denen *a* die Bedeutung *ein einziger* hat.

There's **plenty of** time left. *(.. eine Menge Zeit.)*
We did **part of** the shopping this morning.
(... einen Teil des ...)

Kein Artikel steht dagegen vor den unbestimmten Mengenangaben *plenty of* und *part of.*

Anmerkung:
In vielen Redewendungen wird im Englischen, im Gegensatz zum Deutschen, der unbestimmte Artikel verwendet, z. B.:

to have **a** good mind to do s.th.	*(gute Lust haben zu . . .)*	to take **a** fancy to s.o./s.th.	*(Gefallen finden an)*
to have **a** good knowledge of . . .	*(gute . . .-Kenntnisse haben)*	to take **a** seat	*(Platz nehmen)*
to be in **a** position to . . .	*(in der Lage sein)*	as **a** whole	*(als Ganzes)*
to be in **a** good temper	*(guter Laune sein)*	as **a** rule	*(in der Regel)*
to come to **an** end	*(zu Ende gehen)*	from **a** distance	*(aus der Ferne)*
to make **a** noise	*(Lärm machen)*	for **a** change	*(zur Abwechslung)*

04–107 Der bestimmte Artikel (The definite article)

104 Formen und Stellung (Forms and position)

	unbetonte Form:		betonte Form:	
vor gesprochenem Konsonant:	[ðə]	**the** house, **the** USA	[ðiː]	That's ***the*** solution.
vor gesprochenem Vokal:	[ðɪ]	**the** error, **the** hour		I said ***the*** error, not ***an*** error.

Verwendung der betonten und unbetonten Form: Der bestimmte Artikel wird normalerweise unbetont gesprochen. Die betonte Form verwendet man nur zum Ausdruck einer Bewertung (z. B. ***the*** *solution = the ideal solution*) sowie bei Kontrastierung, beim zögernden Sprechen und beim Bemühen um besondere Deutlichkeit.

Stellung: Der bestimmte Artikel steht – wie im Deutschen – vor dem Nomen und seinen Attributen:
the very large money box
Er tritt jedoch hinter die Mengenangaben *all, both, half, double, twice, three/four/. . . times:*
all the gold coins, **both the** dollar bills, **half the** change, **double/twice the** amount

105 Allgemeine Nomen und Eigennamen mit und ohne Artikel: Vergleich zum Deutschen

(Common nouns and proper nouns with and without an article: comparison with German)

1. Allgemeine Nomen

Der bestimmte Artikel wird im Englischen bei allgemeinen Nomen nur zur Bezeichnung von ganz bestimmten Personen oder Sachen verwendet. In uneingeschränkter, verallgemeinernder Bedeutung stehen Nomen ohne Begleiter (vgl. **100**). Dies gilt – im Gegensatz zum Deutschen – nicht nur für zählbare Nomen im Plural, sondern auch für nichtzählbare Nomen mit Singularbedeutung, z.B. abstrakte Begriffe. Vergleiche:

- Allgemeiner Begriff:

Life (on this earth) is short. *(Das Leben . . .)*
Human life is short. *(Das menschliche Leben . . .)*

Books (with illustrations) are expensive.
Illustrated books are expensive.

- Konkrete Einzelfälle:

"**The Life** *of Sir Winston Churchill*"
The life *our ancestors led* was hard.

The books *on the table* are John's.
The books *you lent me* are interesting.

Wie die ersten Beispiele zeigen, werden Adjektive und andere Attribute oft nicht als Einschränkung empfunden, sondern bilden zusammen mit dem Nomen einen allgemeinen Begriff.
Nur wenn das Attribut die Bedeutung des Nomens auf einen bestimmten Fall einschränkt, steht der bestimmte Artikel. Bei abstrakten Nomen haben z. B. *of*-Attribute oder notwendige Relativsätze diese einschränkende Wirkung.

2. Eigennamen

Eigennamen bezeichnen an sich schon ganz bestimmte Personen oder Sachen, so daß ein Begleiter mit einschränkender Bedeutung gewöhnlich nicht nötig ist.

- "An Illustrated History of **Medieval Scotland**"
  The castle dominated this view of **ancient Edinburgh.** *(... das alte Edinburg)*
  Old Jock McGregor was a great storyteller. *(**Der** alte Jock ...)*

Die meisten Eigennamen stehen im Englischen ohne Artikel (Ausnahmen vgl. **107**), und zwar – im Unterschied zum Deutschen – auch dann, wenn ihnen ein Adjektiv vorausgeht, das nicht als einschränkend empfunden wird.

- The novel is set in **the Scotland** *of the Middle Ages.*
  The city had changed but it was still **the Edinburgh** *he loved.*
  Did you talk to **the** *old* **Mr McGregor** or **the** *young* **one**?

Auch hier haben jedoch *of*-Attribute und notwendige Relativsätze einschränkende Wirkung, ebenso Adjektive, wenn sie einen Kontrast ausdrücken (*old* als Gegensatz zu *young*), die meisten anderen vorangestellten Attribute dagegen nicht.

106 Allgemeine Nomen ohne Artikel (Common nouns without an article)

Allgemeine Nomen stehen grundsätzlich ohne den bestimmten Artikel, wenn sie in verallgemeinernder Bedeutung gebraucht sind.

Paper is becoming more and more expensive.
Her main subject was **English Literature.**
Ebenso: socialism, Buddhism, old age *(das Alter),* industry, science, history, work, etc.

The proper study of **mankind** is **man.** (Alexander Pope)
Ebenso: posterity *(die Nachwelt),* society, youth, labour *(die Arbeiterschaft),* etc.

The injured man was taken to **hospital.**
Ebenso: go to **town,** go to **bed.**
(**Aber: The school** stands by **the church.**
The town had 20,000 inhabitants.)

We'll go to London **by bus.**
Ebenso: by train/car/ship/plane/etc.
(**Aber: The bus/train/...** was crowded.)

Lunch is at 12.30.
Ebenso: breakfast, dinner, supper, tea, etc.
(**Aber: The dinner** last night was excellent.)

The party went on till **morning.**
(**Aber: The/That night** had been very cold.
He always comes **in the afternoon** and leaves **in the course of the evening.**)

Dazu gehören vor allem

- alle nichtzählbaren Nomen mit Singularbedeutung, namentlich Stoffbezeichnungen, sowie viele abstrakte Nomen (ohne einschränkende Attribute, vgl. **105.1**)
- *man* (der Mensch) sowie *mankind/humankind* (die Menschheit) und andere Kollektivbegriffe
- Institutionen wie *school, church, university, hospital, prison,* wenn deren Funktion gemeint ist und nicht ein bestimmtes Gebäude oder etwas anderes Konkretes;
- *by* + Verkehrsmittel
  (Auch hier ist die Funktion und nicht ein konkretes Fahrzeug gemeint.)
- Mahlzeiten, wenn sie in allgemeinem Sinn gebraucht werden (z. B. *lunch* = die Mittagsmahlzeit, etc.) und wenn nicht die Speisen einer bestimmten Mahlzeit gemeint sind.
- Tageszeiten an sich, d. h. wenn kein konkreter Einzeltag gemeint ist. (Nach *in, during, in the course of* stehen sie allerdings auch in verallgemeinernder Bedeutung mit Artikel.)

Easter Monday is a public holiday. **May** is my favourite month. I met him **on Sunday** (= last Sunday). (**Aber:** That week I met him on **the Sunday.**) I'll see him **in June** (= next June). (**Aber: the September of** 1976)	• Feiertage, Wochentage und Monate, wenn an die regelmäßige Wiederkehr gedacht wird; außerdem auch, wenn der vergangene oder kommende Wochentag oder Monat gemeint ist. (In anderen Fällen steht jedoch der bestimmte Artikel.)

Anmerkung:
Bei Jahreszeiten kann der Artikel ohne besonderen Bedeutungsunterschied stehen oder entfallen, außer bei *fall:*

We're going to Italy **in (the) spring.**
The woods are at their most beautiful **in (the) autumn.**
Aber nur: . . . **in the fall.** (amerikanisches Englisch)

107 Eigennamen mit und ohne Artikel (Proper nouns with and without an article)

Da Eigennamen für etwas Einmaliges stehen, müssen sie nicht zusätzlich näher bestimmt werden. Wenn einige trotzdem mit dem bestimmten Artikel stehen, so hat dies sprachgeschichtliche Ursachen: Es handelt sich meist um ursprüngliche allgemeine Nomen, die (in dieser Hinsicht) noch nicht vollständig zu Eigennamen geworden sind. Für den Gebrauch des Artikels lassen sich nur Tendenzen, aber keine verbindlichen Regeln angeben.

1. Mit bestimmtem Artikel

Nur wenige Gruppen von Eigennamen werden grundsätzlich mit dem bestimmten Artikel verwendet. Dazu gehören:

the Prince **of** Wales (**Aber:** Charles, Prince of Wales) **the** Isle **of** Man, **the** Cape **of** Good Hope, **the** Tower (**of** London), **the** City (**of** London), **the** House (**of** Commons)	• Eigennamen, die aus einem allgemeinen Nomen und einem ***of*-Attribut** bestehen (oder bei denen ein *of*-Attribut zur Präzisierung angeschlossen werden kann);
the Browns, **the** Millers **the** Alps, **the** Falklands **the** Netherlands, **the** United States **The** United Nations was founded in 1945.	• Eigennamen im **Plural**, vor allem Familiennamen, Gebirge und Inselgruppen, einige Länder und Institutionen (selbst wenn das Verb im Singular steht);
the Thames, **the** Suez Canal, **the** Mediterranean	• Namen von Flüssen, Kanälen, Meeren;
the Queen Mary, **the** Lusitania	• Namen von Schiffen.

2. Ohne Artikel

Die meisten anderen Eigennamen stehen ohne Artikel, auch wenn sie als Bestandteil ein allgemeines Nomen enthalten (vgl. *Buckingham Palace*: **der** Buckingham Palast). Hierher gehören, von einigen Ausnahmen abgesehen:

Earl Spencer is **Princess Diana**'s father. **Poor George** has cut his knee. **Old Dr Baxter** was our family doctor for years. **Dad** and **Uncle Ben** are twin brothers. **Ebenso:** Mrs Williams, Colonel Brown, Lord Longford, Saint Joan *(die Heilige Johanna),* etc.	• Personennamen (mit oder ohne Titel) und wie Personennamen gebrauchte Verwandtschaftsbezeichnungen, auch wenn gewisse Adjektive vorangehen (vgl. aber Anm. 1)
St. Paul's Cathedral is not far from **London Bridge**, but quite a distance from **Oxford Circus.** **Fifth Avenue** runs alongside **Central Park.** **Ebenso:** Victoria Station, Times Square, Green Park, Park Lane, Downing Street, Somerset House, etc.	• Namen von Straßen, Plätzen, Brücken, Parks und Gebäuden, besonders wenn sie sich aus einem Eigennamen und einem allgemeinen Nomen zusammensetzen (**Aber:** ***the*** *Mall,* ***the*** *White House,* ***the*** *Empire State Building,* ***the*** *Post Office Tower* und einige andere Namen, die nur allgemeine Nomen und Adjektive enthalten; ***the*** *Tate Gallery* und andere Museen);

Chicago lies on **Lake Michigan.**
Ebenso: (Latin) America, (northern) Italy, (beautiful) Yorkshire, Bavaria, Paris, Loch Ness, Ellis Island, Hudson Bay, Mount Everest, Snowdon, etc.

- Namen von Erdteilen, Ländern, Grafschaften (bzw. Provinzen, etc.), Städten, Seen, Inseln, Buchten, Bergen (auch wenn ihnen Adjektive vorangehen)
  (Ausnahmen: ***the*** *Matterhorn,* ***the*** *Zugspitze* u. a., die auch in der Originalsprache mit Artikel stehen);

Is Spain a member of **NATO**? ['neitəʊ]
Ebenso: UNESCO [juːˈneskəʊ], UNICEF [ˈjuːnisef], UNO [ˈjuːnəʊ], etc.

- aus Anfangsbuchstaben abgekürzte Namen (von Organisationen u. a.), wenn sie nicht mehr buchstabiert, sondern wie Wörter ausgesprochen werden.
  (**Aber:** ***the*** *UN* [juːˈen], ***the*** *EEC* [iːiːˈsiː] etc.)

Anmerkungen:

1. Bei selteneren Kombinationen aus Adjektiv + Personenname steht der Artikel auch dann, wenn das Adjektiv nur ausschmückende und keine kontrastierende Funktion hat, z. B. *the unfortunate Bob, the clever Bertrand.* Bei sehr gebräuchlichen ausschmückenden Adjektiven *(old, young, little, tiny, poor, dear, good)* wird er jedoch grundsätzlich nicht verwendet.

2. Eigennamen werden (ohne Adjektiv) mit der betonten Form des bestimmten Artikels verwendet, wenn man bekannte Persönlichkeiten von anderen Personen gleichen Namens unterscheiden will:
   I was talking to Margaret Thatcher the other day. – You surely don't mean ***the*** [ðiː] Margaret Thatcher?

108–109 Demonstrativbegleiter und -pronomen (Demonstrative determiners and pronouns)

108 Bedeutungsunterschiede zwischen *this/these* und *that/those*

(Differences in meaning between *this/these* and *that/those*)

Das Englische trennt sehr viel schärfer beim Gebrauch der verschiedenen Demonstrativbegleiter und -pronomen als das Deutsche.

This/these

Are we taking all **these** boxes (here) onto the boat with us?
You've never been on **this** part of the river before, have you?
Fancy taking a rowing boat out on a stormy day like **this** (= today).

This/these bezeichnen etwas – vom Sprecher aus gesehen – örtlich oder zeitlich Nahegelegenes (z. B. einen gegenwärtigen Zeitraum).

The final briefing ended with **these** words: "Now **this** is what you must remember to do and in **this** order: Jump, count slowly to ten and pull the rip-cord."
At the air display a few weeks ago, he talked to some of the participants. **This** was what got him interested in flying. ...

Mit *this/these* kann der Sprecher ankündigen, daß er etwas anschließend nennen oder ausführen will.
Er kann mit *this* aber auch auf etwas gerade Erwähntes zurückverweisen, das ihm noch wichtig ist und eventuell weiter ausgeführt werden soll.

That/those

Do move **those** oilskins (there), they're in the way.
Let's head for **that** little island over there.
Colin made himself a canoe in 1983. **That** summer he spent most of his time at the river.
Those speedboats ought to be banned.

That/those bezeichnen etwas örtlich oder zeitlich Entferntes (z. B. einen vergangenen Zeitraum). Außerdem können sie einen inneren Abstand (Abneigung oder Geringschätzung) ausdrücken.

"Jump, count slowly to ten and pull the rip-cord – in **that** order. **That**'s all you have to remember." With **those** words the final briefing ended.
I'm not going to finance your crazy hobbies any more. And **that**'s **that.** *(Und damit basta.)*

Mit *that/those* kann der Sprecher etwas gerade Genanntes abschließend zusammenfassen oder kommentieren.
Er kann damit außerdem ausdrücken, daß er etwas als erledigt betrachtet und nicht bereit ist, noch weiter darüber zu reden.

109 Die Verwendung der Singular- und Pluralformen (The use of the singular and plural forms)

When did **this** information reach you? **That** rumour has been circulating for a long time. Have you read **this** (= this article)? **That**'s the same picture as the one in 'The Times'.	**Die Singularformen *this* und *that*** verwendet man bei Nomen mit Singularbedeutung (vgl. **72–76**). Sie stehen vor dem Nomen (als Begleiter) oder allein (als Pronomen).
Which is your *car*? **That one.** I don't know which *pocket* I put the key in – **this one** or **that one.**	Soll ein vorher genanntes zählbares Nomen nicht wiederholt werden, so wird nach *this* und *that* das Stützwort *one* eingesetzt.
A lorry was coming towards us, weaving from side to side. **This** was rather alarming, as you can imagine. We were woken by a scream and the sound of breaking glass. "Whatever was **that**?" exclaimed Terry.	*This* und *that* können sich nicht nur auf ein Nomen beziehen, sondern auch auf eine größere sprachliche Einheit, z. B. einen Satz, oder auf einen wahrgenommenen Sachverhalt.
These knives need sharpening. Could you hand me **those** scissors?	**Die Pluralformen *these* und *those*** verwendet man bei Nomen mit Pluralbedeutung.
These are the best hammers we have. *(Dies sind . . .)* **Those** weren't the correct measurements.	Im Gegensatz zum Deutschen stehen *these* und *those* (und nicht die Singularformen *this/that*!) auch vor *be* + Subjektkomplement im Plural.
Are those *screws* bigger than **these** (ones)? If you don't like the brown *tiles*, what about **those** (ones) over there?	Soll ein vorher genanntes Nomen nicht wiederholt werden, so stehen die Formen *these* und *those* meist allein, ohne das Stützwort *ones*.

Anmerkungen:

1. *This/that* können auch in einem Satz mit einem Subjektkomplement (im Plural) auftreten, wenn im Grunde auf ein Ereignis (nicht auf Personen oder Sachen) hingewiesen werden soll. In diesem Fall steht auch *be* im Singular. (Vgl. die ähnliche Verwendung von *it*: **84**):

   (The door-bell is ringing.) Oh **that's** the Smiths, I expect. (that = the ringing of the bell).

2. An *this/that/these* (+ Nomen) wird normalerweise kein notwendiger Relativsatz oder ein sonstiges notwendiges Attribut angeschlossen. Man benützt statt dessen *the* + Nomen oder *the* + Stützwort *one/ones.* Nach *those* ist ein notwendiges Attribut dagegen möglich:

   There's the boy who fell in the water, but where's **the one** who rescued him?
   Which children saw the accident? – **The ones/those** on the bench over there.

110–113 Indefinite Begleiter und Pronomen (Übersicht)

(Indefinite determiners and pronouns)

110 Bedeutungsgruppen (Grouped according to meaning)

Die meisten der sogenannten indefiniten Begleiter und Pronomen bringen (vorwiegend unbestimmte) **Mengenvorstellungen** zum Ausdruck.

Gesamtmenge bzw. deren Bestandteile			unbestimmte Teilmenge	
all (the) children **half** (of) the girls	**every/each** child **any** day (you like)	**no** child **none** of the girls	**some** tea (not) **much** time **little** time **a little** sugar **enough** butter	**any** sandwiches **many** visitors **few** friends **a few** biscuits **several** salads
Zweiermenge: **both** sides	**either** side	**neither** side		

111 Verwendung als Begleiter oder Pronomen (Use as determiners or pronouns)

We tried **every** *shop* in town but there was **no** *charcoal* to be had.
How much beer have we left? – **None** at all.

Every und *no* können nur als Begleiter (vor Nomen) verwendet werden, *none* nur als Pronomen.

If you want **some** *matches*, I've got **some.**
Some *of the firewood* is wet.
Each *of the boys and girls* had a turn at looking after the fire.

Die übrigen in der obigen Tabelle genannten Mengenangaben können jedoch sowohl Begleiter als auch Pronomen sein. Als Pronomen beziehen sie sich meist auf ein zuvor genanntes Nomen (vgl. *matches*) oder auf eine nachfolgende *of*-Gruppe.

Everybody expected **something** to happen, but **nothing** did.

Zu *every, no, some* and *any* gibt es Zusammensetzungen mit *-body, -one, -thing,* die nur als indefinite Pronomen ohne Bezug auf ein Nomen verwendet werden.

112 Verwendung mit zählbaren und nichtzählbaren Nomen

(Use with countables and uncountables)

Bei der Verwendung indefiniter Begleiter vor Nomen sind die folgenden eingeschränkten Kombinationsmöglichkeiten zu beachten. Bei der Verwendung als Pronomen mit Bezug auf ein Nomen gilt Entsprechendes. (Beachte **aber:** *either/neither verse – either/neither of the verses.*)

Mit zählb. Nomen im Singular	**every/each** word **either/neither** verse	
im Plural	**several** passages **both** verses **many/few/a few** lines	**some/any** singers (= einige) **some/any** jazz (= etwas) **all** pop songs **all** pop music **enough** records **enough** volume
Mit nichtzählbaren Nomen in Singularbedeutung (Stoffnamen u. a.)	**much/little/a little** applause	

113 Positive, nichtpositive und negative Begleiter und Pronomen

(Assertive, non-assertive and negative determiners and pronouns)

Viele der indefiniten Pronomen und Begleiter sowie einige vergleichbare unbestimmte Mengenangaben lassen sich bedeutungsmäßig in eine der drei folgenden Kategorien einordnen:

Positiv *(assertive)*	**Nichtpositiv** *(non-assertive)*	**Negativ** *(negative)*
some und seine Zusammensetzungen *a little, a few, several* *one (of the two)* *a good deal of, plenty of,* etc.	*any* und seine Zusammensetzungen *either (of the two)* (= irgendeiner) *much, many* (wenn umgangssprachlich verwendet)	*no* und seine Zusammensetzungen *none* *neither (of the two)* *little, few*
I've got **some** questions to ask. **One** of the opponents called the other a liar. We shall have **plenty of** time.	Have you **any** further questions? Did **either** of the opponents lose his temper? I don't have **much** free time.	**No** questions were asked. **Neither** of the opponents had ***any*** good arguments. She has very **little** time for ***anything*** but work.
Positive Pronomen und Mengenangaben drücken aus, daß jemand oder etwas vorhanden ist oder daß ein Sachverhalt auf jemanden oder etwas zutrifft. Daher treten sie vor allem in bejahten Aussagesätzen auf. (Im förmlichen Stil werden auch *much* und *many* in positiver Bedeutung verwendet, während umgangssprachlich Mengenangaben wie *plenty of* etc. vorgezogen werden. Vgl. **117.**)	Nichtpositive Pronomen und Begleiter lassen an sich offen, ob jemand oder etwas vorhanden ist oder ob ein Sachverhalt auf jemanden oder etwas zutrifft oder nicht. Daher kommen sie z. B. häufig in Fragen vor. Außerdem treten sie oft in verneinten oder eingeschränkten Sätzen auf: Sie erhalten dort negative oder einschränkende (d. h. fast negative) Bedeutung.	Negative Pronomen und Begleiter verneinen völlig oder (im Fall von *little* und *few*) fast, daß jemand oder etwas vorhanden ist oder daß ein Sachverhalt auf jemanden oder etwas zutrifft. Sie können aus diesem Grund nichtpositive Pronomen und Begleiter wie *any* und seine Zusammensetzungen nach sich ziehen. (Vgl. auch **20.**)

Anmerkungen:

1. Einen negativen oder einschränkenden Sinn erhält eine Aussage unter anderem auch durch:

never:	She **never** paid ***much*** attention to ***any*** of the conventions.
without, un- (Vorsilbe):	**Un**troubled by ***any*** sense of duty, he went his way **without** regard to ***anyone*** else.
hardly, scarcely, seldom, rarely:	**Seldom** has ***anyone*** been treated so shabbily.
too:	I was **too** tired to take ***any/much*** interest in the proceedings. (= I was **so** tired that I **didn't** take any/much interest . . .)

2. Betontes *any* und seine Zusammensetzungen sowie *either* können sich auch auf **irgendein beliebiges Exemplar** aus einer Gesamtmenge (bzw. Zweiermenge) beziehen. Sie haben hier insofern nichtpositive Bedeutung, als die Gesamtmenge zwar vorhanden, die Wahl aber noch nicht getroffen ist. In bejahten Aussagesätzen treten sie daher vor allem in Verbindung mit modalen Hilfsverben auf, die die Gültigkeit der Aussage einschränken:

   This could have happened to **any** of us.
   Both roads lead to Dundee, you can take **either.**

3. Zu *either* in der positiven Bedeutung *jeder* (= der eine **und** der andere) vgl. **123.**

114 *Some, any:* Bezugswörter und Zusammensetzungen
(*Some, any:* their referents and compounds)

He was given **some** *money* to buy sweets. *(Er bekam Geld/etwas Geld . . .)* Are there **any** *chocolates* left? *(Sind noch Pralinen übrig?)*	*Some* oder *any* + Nomen werden verwendet, wenn eine unbestimmte Menge oder Anzahl gemeint ist. (Im Deutschen ist hier kein Begleiter nötig.)
You like *toffee,* don't you? Did you put *baking-powder* in the cake? Betty's got sticky *hands.*	Ist jedoch die betreffende Gattung an sich gemeint oder versteht sich die Menge oder Anzahl von selbst, so werden *some* oder *any* nicht verwendet.
I could lend you **some** *books* on the early days of the film industry if you want **any** (= books on the early days of the film industry). **Some** *of this material* has not been published before.	*Some* und *any* werden bei zählbaren Nomen im Plural und bei nichtzählbaren Nomen mit Singularbedeutung gebraucht. Sie können auch vor einer *of*-Gruppe stehen oder sich auf ein bereits genanntes Nomen beziehen, also als Pronomen verwendet werden.
Some like it hot. *(Manche mögen's heiß.)* "**Some** are born great, **some** achieve greatness . . ." (William Shakespeare).	Ohne Bezug auf ein Nomen kann *some* zur Bezeichnung mehrerer Personen stehen (vor allem zum Ausdruck eines Kontrastes).
Tell me **something** about your childhood. Is there **anything** more you would like to know? I can't think of **anyone** who would be interested in reading his memoirs.	Zur Bezeichnung einer unbestimmten Sache (bzw. eines Sachverhalts) treten *something, anything* ein, zur Bezeichnung einer unbestimmten einzelnen Person *someone, somebody, anyone, anybody.*
There are **some** [s(ə)m] good cafés in the town. I've just made **some** [s(ə)m] tea. Would you like **some** [sʌm]? ***Some*** ['sʌm] people say Brown's Café is the best, and ***some*** ['sʌm] say the Pantry, but if you want **some** [s(ə)m] nice home-made cakes, I would go to the Willow Tree.	Vor Nomen steht *some* gewöhnlich in unbetonter Schwachform [s(ə)m]. Bei stärkerer Betonung (zum Ausdruck eines Kontrastes) und bei der Verwendung als Pronomen wird die Starkform [sʌm] gebraucht.

Anmerkungen:

1. *Some* [sʌm] hat auch die Bedeutungen *irgendein unbestimmter* und (vor Grundzahlen) *ungefähr:*
   Some fool (or other) has put my telephone number in the ad. *(irgendein Dummkopf)*
   Some day you'll regret this. (*eines Tages* = an irgendeinem zukünftigen Tag)
   Some fifty people answered the advertisement. *(ungefähr fünfzig Leute)*

2. Mit *some* und *any* können auch zusammengesetzte Adverbien gebildet werden.
Somewhere/anywhere bezeichnen einen unbestimmten Ort, *somehow* eine unbestimmte Art und Weise, *somewhat* einen unbestimmten Grad, *sometimes* unbestimmte Häufigkeit:
   I put my glasses down **somewhere,** but now I can't find them **anywhere.**
   He **somehow** managed to lose his wallet.
   Her bag was **somewhat** old and worn.

115 Verwendung der positiven und nichtpositiven Formen
(The use of the assertive and non-assertive forms)

Wie in **113** dargestellt, haben *some* und seine Zusammensetzungen positive, *any* und seine Zusammensetzungen dagegen nichtpositive Bedeutung. Daher müssen bei ihrer Verwendung Satzart und Sinnzusammenhang berücksichtigt werden (vgl. auch **20, 22, 23**):

I need **some** advice. I think there's **something** wrong with him. Ask **somebody** to help you.	In **bejahten Aussagesätzen** ohne negative und einschränkende Wörter stehen *some, someone,* etc. Das gleiche gilt für bejahte Aufforderungssätze.

Don't take **any** notice of him, he hasn't **any** idea what a good Western should be like. The documentary was made *without* **any** hope of commercial success. The film was very boring as *hardly* **anything** happened. I *don't* know **any** of the actors playing in this film. (= **All** the actors are unknown to me.) Just imagine, **somebody** in the film club hadn't heard of the Marx Brothers before. I don't know **some** of the actors playing in the film. (**Some** of the actors are unknown to me, but not all.)	In **verneinten Aussagesätzen** (ebenso in verneinten Aufforderungssätzen) und nach negativen und einschränkenden Wörtern stehen gewöhnlich *any, anyone,* etc. (Zu den verschiedenen negativen und einschränkenden Adverbien, Begleitern, etc. vgl. **113**.4 + Anm. 1.) Bei *any, anyone,* etc. betrifft die Verneinung alle in Frage kommenden Personen oder Sachen. In verneinten Aussagesätzen sind jedoch auch *some, somebody,* etc. möglich, vor allem **vor** dem negativen Wort, gelegentlich auch dahinter. Die Verneinung betrifft dabei nur einen Teil der in Frage kommenden Personen oder Sachen.
Did he break **any** bones when he got knocked down? Has **anyone** rung for an ambulance? Is there **anything** we can do to help? Have you got **some** sticking plaster handy? (You have a first aid kit.) Is **someone** doing **something** about getting help? (They must be by now.) Would*n't* you like **some** brandy?	In **Entscheidungsfragesätzen** stehen *any, anyone,* etc. wenn der Sprecher nicht weiß, ob die Antwort positiv oder negativ sein wird, oder wenn er eher eine negative Antwort erwartet. Erwartet der Sprecher jedoch eine positive Antwort, oder will er dazu ermutigen (z. B. bei höflichen Bitten oder Angeboten), so benützt er *some,* etc. Dies gilt auch für verneinte Entscheidungsfragesätze.
If he had **any** sense, he would take a taxi in weather like this. (But you know how stubborn he is.) If **anything** goes wrong, I'll come over at once. (But I don't think there'll be any trouble.) If, as you say, you need **some** exercise, why don't you walk home. She'll certainly come unless **something** prevents her.	In **Konditionalsätzen mit *if*** stehen *any, anyone,* etc. wenn der Sprecher eine Bedingung für nicht zutreffend oder unwahrscheinlich hält. *Some* etc. werden verwendet, wenn der Sprecher eine Bedingung für zutreffend oder wahrscheinlich hält. (In Konditionalsätzen mit anderen Konjunktionen, wie *unless, provided that* stehen fast immer *some,* etc.)

Anmerkungen:

1. In bejahten Fragewortfragen stehen gewöhnlich *some* und seine Zusammensetzungen, in verneinten dagegen gewöhnlich *any* und seine Zusammensetzungen, da der Sprecher jeweils von positiven bzw. negativen Voraussetzungen ausgeht:

   What do you need **some** advice about? (I know you need some advice.)

   Why didn't you tell **anybody** about your problem? (I know you didn't tell anybody.)

Es kommt jedoch gelegentlich auch der umgekehrte Fall vor, wenn der Sinnzusammenhang es erfordert:

   How can **anybody** be so stupid? (I didn't think anybody could be so stupid.)

   Why don't you get **some** sleep. (You should get some sleep.)

2. Wenn *any* nicht als unbestimmte Mengenangabe, sondern in der Bedeutung *jeder beliebige* auftritt (betontes *any*), so steht es auch in bejahten Sätzen (vgl. **113** Anm. 2 und **125**).

3. *Any* kann auch als Gradadverb vor Adjektiven und Adverbien stehen, jedoch nur bei nichtpositiver Vorstellung (Verneinung, Frage, etc.):

   I can't go **any** further. Was the film **any** good?

116 *Much, many* und ihre Bezugswörter (*Much, many* and their referents)

Much und *many* können vor einem Nomen oder vor einer *of*-Gruppe stehen oder sich auf ein bereits genanntes Nomen beziehen.

How **much** *time* have we left? – Not **much**. We didn't do **much** today. **Much** was said, but **not much** was to the point.	*Much* („viel") tritt nur bei nichtzählbaren Nomen mit Singularbedeutung auf. Es kann, als unbestimmte Sachbezeichnung, auch ohne Bezug auf ein Nomen stehen (dt. „viel, vieles").
Do **many** accidents happen at this crossing? How **many** were injured in the coach crash? How **many** live on the new estate?	*Many* („viele") tritt nur bei zählbaren Nomen im Plural auf. Ohne Bezug auf ein Nomen steht es im Sinn von *many people.*

Anmerkung:
Die gemeinsamen Steigerungsformen zu *much* und *many* lauten *more, most* (vgl. **137**).
Zur Verstärkung der Komparativform *more* (= mehr) können *much* oder *many* vorangestellt werden, und zwar *much* bei nichtzählbaren, *many* bei zählbaren Nomen:

We have **much more** *free time* now. *(... viel mehr Freizeit.)*
They spent **many more** *days* there than they had intended. *(... viel mehr Tage ...)*

117 Die Verwendung von *much, many* und vergleichbaren Mengenangaben

(The use of *much/many* and comparable expressions of quantitiy)

Is there **much** unemployment in this area? The report hasn't **much** to offer in the way of encouragement. There aren't **many** jobs available around here.	Als nichtpositive Formen (vgl. **113**) werden *much* und *many* vorwiegend in Fragesätzen und verneinten Aussagesätzen verwendet.
The trade unions are often said to have **too much** power. **So many** long speeches were made that the delegates got restless. **How much** time gets wasted at meetings like this!	In bejahten Aussagesätzen treten sie hauptsächlich nach *too, so, as* und *very* auf, außerdem in Ausrufesätzen nach *how.*
The speaker earned **a lot of** applause. There was **plenty of** whispering going on. **A great deal of** what was said was nonsense. **A large number of** people left before the end.	Sonst werden in bejahten Sätzen, vor allem umgangssprachlich, folgende Ersatzformen verwendet: *a lot (of), lots (of), plenty (of);* *a great/good deal (of)* (nur für *much*); *a large number (of)* (nur für *many*).
Much has been done to preserve our historical buildings. **Many** people contributed money to the fund.	Im förmlichen Stil werden *much* und *many* auch in bejahten Aussagesätzen ohne *too*, etc. verwendet, vor allem in Subjektposition.

Anmerkungen:

1. *Enough* („genug", „genügend") kann wie *much* und *many* als Begleiter und Pronomen auftreten. Es steht bei zählbaren Nomen im Plural und nichtzählbaren Nomen mit Singularbedeutung, kann aber auch ohne Bezug auf ein Nomen stehen:

   There aren't **enough** *seats* available. – There's **enough** *room* for all of us.
   That's **enough** from you. – **Enough** is **enough**.

2. *A lot, a great deal, much* und *enough* können auch als Gradadverbien benützt werden (vgl. **147–149**):

   We laughed **a lot/a great deal**. They didn't **much** like the show. The acting wasn't good **enough**.

118 *Little/a little, few/a few* und ihre Bezugswörter (*Little/a little, few/a few* and their referents)

Little, a little, few und *a few* können vor einem Nomen oder vor einer *of*-Gruppe stehen oder sich auf ein bereits genanntes Nomen beziehen.

There's **little** *hope* of finding any more survivors. **A little** *water* was all the man asked for when they dug him out. **Little** has been done to help the victims. Everybody should contribute **a little** to the relief fund.	*Little* („wenig") und *a little* („ein wenig") treten nur bei nichtzählbaren Nomen mit Singularbedeutung auf. Sie können auch als unbestimmte Sachbezeichnung ohne Bezug auf ein Nomen stehen.
Few *rivers* are as rich in history as the Nile. My uncle has already been to Egypt **a few** *times.* There are **few** (people) who are not fascinated by the mysteries of the pyramids. **A few** found it too hot for any more sightseeing that day.	*Few* („wenige") und *a few* („einige", „ein paar") treten nur bei zählbaren Nomen im Plural auf. Ohne Bezug auf ein Nomen stehen sie nur im Sinn von *few people/a few people.*

Anmerkungen:

1. Wie etwa gleichbedeutendes *a few* tritt auch *several* („mehrere", „verschiedene") nur bei zählbaren Nomen im Plural auf:
   They tried **several** approaches to the problem. **Several** (of them) proved unworkable.

2. Die Steigerungsformen zu *little* sind *less, least,* die zu *few* sind *fewer, fewest* (vgl. **137**). Anstelle von *fewer* wird umgangssprachlich häufig auch *less* verwendet:
   The firm employs far **fewer/less** people than it used to.

119 Bedeutungsunterschiede zwischen *little/few* und *a little/a few*

(Differences in meaning between *little/few* and *a little/a few*)

It's amazing *how* **little** it takes to shake the international money market. There are *very* **few** economists who have specialized in this field. The President showed **little** enthusiasm (did**n't** show **much** enthusiasm) for any of the Committee's suggestions.	*Little* und *few* ohne den unbestimmten Artikel gehören zu den negativen Begleitern und Pronomen (vgl. **113**). Sie bezeichnen eine eingeschränkte unbestimmte Menge oder Anzahl. Umgangssprachlich sind sie nur nach *too, as, so, very* und *how* üblich. Sonst gehören sie eher dem förmlichen Stil an; die Umgangssprache bevorzugt *not . . . much, not . . . many.*
I think we could do with **a little/some** fresh air. In **a few** minutes the room was crammed with people. **A few** more chairs were brought in. Would you like to sit down **a little** while?	*A little* und *a few* bezeichnen eine geringe unbestimmte Menge oder Anzahl unter dem (positiven) Gesichtspunkt, daß etwas vorhanden ist. Sie treten daher, wie das etwa gleichbedeutende *some* vorwiegend in positivem Sinnzusammenhang auf (vgl. **115**).

Anmerkungen:

1. Da *little* und *few* an sich schon einschränkende Bedeutung haben, werden sie normalerweise nicht durch *only* noch weiter eingeschränkt. Dem dt. *nur wenig(e)* entsprechen im Englischen *only a little/only a few* bzw. *little/few* allein:
   There were **few/only a few** seats left vacant. *(. . . nur wenige Sitze . . .)*
   They allowed **little/only a little** time for each speaker. *(. . . nur wenig Zeit . . .)*

2. *Little* und *a little* treten – mit entsprechendem Bedeutungsunterschied – auch als Gradadverbien auf (vgl. **147–149**).

120–121 *No, none, nobody, no one, nothing*

120 Bezugswörter von *no, none* und Zusammensetzungen mit *no*

(Referents of *no, none* and compounds with *no*)

He had **no** *plans* and **no** *idea* what to do next.
I'll listen to **none** of your *nonsense*.
What *justification* did she have for acting like that? – **None** at all.

No („kein") tritt nur als Begleiter auf, *none* („keiner") nur als Pronomen (vor einer *of*-Gruppe oder in bezug auf ein bereits genanntes Nomen).

"**Nobody** knows the trouble I've seen ..."
No one has a larger repertoire of negro spirituals than Mahalia Jackson.
They've been playing **nothing** but that blues LP all day.

Als Pronomen ohne Bezug auf ein Nomen treten Zusammensetzungen mit *no* ein:

- für Personen *nobody, no one* („niemand")
- für Sachen *nothing* („nichts").

Anmerkungen:

1. Nach *none* als Subjekt kann das Prädikat immer im Singular stehen. In der Umgangssprache steht es jedoch häufig im Plural, wenn sich *none* auf ein zählbares Nomen im Plural bezieht:
   None of the cafés we tried **was/were** open.
2. Vor *too* oder vor *the*+Komparativ kann *none* auch als Adverb auftreten:
   The service in this restaurant is **none** *too fast*. *(... nicht allzu schnell.)*
   The food was **none** *the better* for being served on a silver platter. *(... auch nicht besser ...)*

121 Die Verwendung von *no, none, nobody,* etc. und *not ... any, not ... anybody,* etc.

(The use of *no, none, nobody,* etc. and *not ... any, not ... anybody,* etc.)

We recognized **no** landmarks for miles./We did**n't** recognize **any** landmarks for miles.
There was **nothing**/There was**n't** **anything** to indicate whether we were on the right road.

No, none, nobody etc. sind praktisch gleichbedeutend mit *not ... any, not ... anybody,* etc., wirken aber meist förmlicher.

Dave has **no** sense of direction.
We decided to take **none** of the usual routes.
No previous experience with horse-drawn caravans is needed.
Luckily, **no one** came to any harm when the horse bolted down the hill.
How many people did you meet on the way? – **None.**
Wasn't there anyone else staying there? – No, **no one.** We were the only guests.

Sie werden umgangssprachlich nur dann verwendet,

- wenn die negative Bedeutung besonders betont werden soll
- wenn kein Verb vorausgeht, das mit *not* verneint werden kann. Das trifft zu:
  – in Subjektposition
  – in verkürzten Sätzen ohne Prädikat.

In diesen Fällen sind *not ... any,* etc. nicht möglich.

122–123 *Both, either, neither*

122 *Both, either, neither* und ihre Bezugswörter (*Both, either, neither* and their referents)

Both, either und *neither* beziehen sich auf eine Zweiergruppe und werden deshalb nur in Verbindung mit zählbaren Nomen verwendet. Sie sind dabei immer betont.

Both *wheels* of the bicycle buckled under the impact of the crash. *(Beide Räder ...)*
The two *cyclists,* who **both** had cuts and bruises, were signalling for help.
Both *of the girls* were shaken and **both** were treated for shock.
The police questioned the **two** witnesses.
(... die beiden/die zwei Zeugen.)

Bei *both* („alle beide") wird die Zweiergruppe in ihrer Gesamtheit betrachtet. *Both* hat deshalb – als Begleiter wie Pronomen – immer Pluralbedeutung. Es wird nur gebraucht, wenn bereits erwähnt wurde oder bekannt ist, daß es sich um eine Zweiergruppe handelt.

Soll diese Zahl erst mitgeteilt werden, so tritt *two* ein. (Zur Stellung von *both* vgl. **126**).

Is **either** *entrance* to the park open at night? There were stone lions at **either** *end* of the bridge. **Neither** *side* of the bridge had its railing intact. **Neither** *of the two paths* down to the water looks very safe. I wouldn't advise you to take **either.**	Bei *either* („einer/jeder von beiden") wird jeder der beiden Teile der Gruppe für sich betrachtet. Als Begleiter stehen *either* und *neither* daher vor Nomen im Singular. Als Pronomen beziehen sie sich natürlich auf ein Nomen im Plural.

Anmerkungen:

1. Wenn *either* und *neither* als **Begleiter** zum Subjekt (= Nomen im Singular) auftreten, steht das Prädikat immer im Singular. Treten sie dagegen als **Pronomen** in Subjektposition auf, so steht das Prädikat umgangssprachlich oft im Plural. (Vgl. auch **120** Anm. 1.):
   Neither *of the anglers* **has/have** moved for the last hour.
   Was/Were either *of the fish* big enough to eat?

2. *Both, either* und *neither* werden auch als Teil von zweigliedrigen Konjunktionen verwendet und sind dabei normalerweise unbetont.
   I've got **both** a parcel **and** a letter to post. *(... sowohl ... als auch ...)*
   Give me **either** two 10 p stamps **or** one 20 p one. *(... entweder ... oder ...)*
   Neither the card from Paris **nor** the one from Reims ever arrived. *(Weder ... noch ...)*

3. Zu *either, neither* als Adverbien vgl. **150–151**. Zu *neither* in Kurzsätzen vgl. **34**.

123 Die Verwendung von *neither* und *(not ...) either* (The use of *neither* and *(not ...) either)*

Neither of the two stewardesses on board had flown to Tokyo before. Which of the suitcases is yours? This one or that one? – **Neither.** I did**n't** like **either** of the two meals offered. Would **either** of these two flights fit in with a connection to Chicago? (**Aber:** There used to be two planes leaving in the morning. Has **one** of them been cancelled?)	Die negative Form *neither* wird hauptsächlich in Subjektposition oder in verkürzten Sätzen ohne Prädikat verwendet. Sonst wird umgangssprachlich *not ... either* vorgezogen (verneinte nichtpositive Form; vgl. **113** und **121**). In nichtpositiver Bedeutung wird *either* auch in Fragesätzen verwendet, wenn die Antwort offen ist. (Wird eine positive Antwort erwartet, benutzt man *one of ...* .)
You can travel from **either** airport. It costs about the same. **Either** of these two hotels will do. I'm sure they're equally comfortable.	*Either* steht auch in bejahten Aussagesätzen in der Bedeutung „jeder beliebige von beiden (= der eine **oder** der andere)". (Vgl. **113** Anm. 2.)
The window seats on **either** side (= on both sides) of the plane were already taken.	Seltener kommt *either* in der positiven Bedeutung „jeder von beiden (= der eine **und** der andere)" vor.

Anmerkung:

Statt *either* im Sinn von „der eine **und** der andere" tritt häufiger *each* ein. Statt *neither* kann auch *none of the two* eintreten:
   On **each** side of the path, there were beautiful rosebushes.
   None of my two sisters are interested in gardening.

124–125 *Every, each, any, all (the)*

124 *Every, each, any, all:* Bezugswörter und Zusammensetzungen

(*Every, each, any, all:* their referents and compounds)

1. *Every, each, any*

Every *town* and **every** *village* was decked with flags. **Everybody** cheered and clapped. Did **everything** go off as planned?	*Every* wird nur als Begleiter vor zählbaren Nomen im Singular verwendet. Als Pronomen treten für Personen *everybody* oder *everyone*, für Sachen *everything* auf.

Each *child* came forward and was given a small present. **Each** *(of them)* was dressed in their Sunday best.	*Each* tritt als Begleiter vor zählbaren Nomen im Singular auf, aber auch als Pronomen vor einer *of*-Gruppe oder mit Bezug auf ein bereits genanntes Nomen. (Zur Stellung **nach** dem Bezugswort vgl. **126.**)
Any *fool* knows what the capital of Australia is. Are these *leaflets* free? – Yes, you can take **any** *(of them)* you like. **Anybody** would be annoyed at having to fill in all these forms. You can ask me **anything** you like.	Betontes *any* erscheint ebenfalls als Begleiter oder als Pronomen vor einer *of*-Gruppe (seltener allein mit Bezug auf ein bereits genanntes Nomen). Als Pronomen ohne Bezug auf ein Nomen treten *anybody, anyone* und *anything* ein.

2. *All*

All *attempts* to locate the wreck had ended in failure. Have they given up **all** *hope* of success? The divers were equipped with **all** *the latest devices.* **All** *of us* were thrilled by the idea of buried treasure.	*All* wird meist, wie deutsch *alle, alles* mit Bezug auf zählbare Nomen im Plural oder nichtzählbare Nomen mit Singularbedeutung verwendet. Es steht dabei als Begleiter vor dem Nomen (bzw. vor *the/this/my/* etc. + Nomen) oder als Pronomen vor einer *of*-Gruppe. (Zur Stellung *nach* dem Bezugswort vgl. **126.**)
The *gold coins* were still in perfect condition. **All** *(of them)* had been carefully packed in a wooden chest.	Selten steht *all* allein in bezug auf ein bereits genanntes Nomen. Meist wird das Bezugswort durch ein Personalpronomen wiederaufgenommen.
I don't want to get involved in any arguments. **All** I want is some peace and quiet. **All** he said was "No comment". He refuses to compromise. He wants **all** or nothing. **All**'s well that ends well. *(Ende gut, alles gut.)*	*All* kann im Sinn von *the only thing* (vor Relativsätzen) auch ohne Bezug auf ein Nomen verwendet werden. Im Sinn von *everything* kommt es fast nur in formelhaften Wendungen vor.
His resignation came as a shock to **all.** **Everybody** likes Pamela Wright. **All those** who worked with her couldn't help but admire her.	Noch seltener wird bezugsloses *all* für Personen verwendet (dt. „alle"). Statt dessen tritt normalerweise *everybody/everyone* oder – vor Relativsätzen – *all those, all the people* ein.

Anmerkung:
All kann auch vor bestimmten zählbaren Nomen und Eigennamen im Singular stehen: Vor Zeitbezeichnungen (*day, night,* etc.) und *my/his/. . . life* nennt *all* eine Gesamtdauer, vor Länder- oder Städtenamen ein Gesamtgebiet bzw. dessen Einwohnerschaft. Statt dessen kann auch, wie bei vielen anderen Nomen mit Singularbedeutung *the/my/. . . whole* oder *the whole of* eintreten:

all day/afternoon . . .; **all the** time	**the whole (of the)** day/afternoon/time/. . .
all my life	**my whole** life/**the whole of** my life
all this trouble	**this whole** trouble/**the whole of** this trouble
all Scotland	**the whole of** Scotland

125 Bedeutungsunterschiede zwischen *all/all the* und *every/each/any*

(Differences in meaning between *all/all the* and *every/each/any*)

All, all the sowie *every, each* und betontes *any* beziehen sich auf eine Gesamtmenge bzw. Gesamtzahl. Wie ihre Bedeutungen zusammenhängen, zeigt die folgende Übersicht:

	Gesamtschau:	jeder Bestandteil:	beliebiger Bestandteil:
uneingeschränkte Menge/Zahl:	**all** meetings	**every** meeting	**any** meeting
eingeschränkte Menge/Zahl:	**all the** meetings	**each/every** meeting	**any** of the meetings

Für den Gebrauch der einzelnen Begleiter bzw. Pronomen ergibt sich folgendes:

All ice will float on water. *(Alles Eis . . .)*
All children like playing in the snow. *(Alle Kinder . . .)*
All the ice (on the lake) has melted. *(Das ganze Eis . . .)*
Not **all the** children living round here have learnt to skate. *(Nicht alle Kinder . . .)*

All ohne Artikel wird in verallgemeinernden Aussagen, z. B. über einen Stoff oder eine Gattung an sich, verwendet (vgl. **100**).
All the bezeichnet eine eingeschränkte Menge oder Zahl. Die Einschränkung (z. B. auf eine bestimmte Personengruppe) kann entweder ausdrücklich genannt oder mitverstanden werden. (Vgl. den Gebrauch des bestimmten Artikels: **100**.)

Every child likes ice-cream. *(Jedes Kind . . .)*
Everybody has some favourite food. *(Jeder . . .)*

I had less than six hours' sleep **every/each** night this week.
Jane awoke **every/each** time the door banged.

Each season has its own particular charm.

Frank stays up for **every** late show on TV.
We went to bed after midnight practically **every** night during the holidays.

Every und seine Zusammensetzungen können (wie *all* ohne Artikel) in verallgemeinernden Aussagen auftreten.
In Aussagen über eine eingeschränkte Zahl können sowohl *every* als auch *each* verwendet werden.
Der Bedeutungsunterschied ist gering, so daß *every* und *each* manchmal austauschbar sind.
Each drückt aus, daß jedes einzelne Glied gesondert betrachtet wird („jeder einzelne").
Every betont, ähnlich wie *all the*, die Gesamtzahl, die die einzelnen Glieder bilden. Nach *almost, nearly, practically* kann daher nur *every* und nicht *each* stehen.

Open **any** newspaper and you'll find a picture of Tim Brandon with his climbing gear.
Is there **any** book on the Antarctic you could recommend?
Anybody could walk over the pack-ice. It just takes courage.
I would have given **anything** if I had been chosen as a member of the expedition.

Any bezeichnet ein beliebiges Exemplar aus einer Gesamtzahl („irgendeiner/jeder beliebige").
In dieser Bedeutung tritt *any* (ebenso wie seine Zusammensetzungen) vor allem in Sätzen auf, die durch modale Hilfsverben o. ä. in ihrer Gültigkeit eingeschränkt sind.
(Zur Verwendung von *any* als Mengenangabe vgl. **114–115**.)

Anmerkungen:

1. Wenn betont werden soll, daß jedes einzelne Glied (ohne Ausnahme) gemeint ist, so kann neben *each* auch *every single* oder *every one of . . .* verwendet werden. Auch *any* kann durch *one (of . . .)* verstärkt werden:
   Every single ticket/**Every one of** the tickets for the concert has been sold.
   The 15th, 18th, 20th – **any one of** those days would suit me.
(*Every one* und *any one* dürfen nicht mit *everyone/anyone* verwechselt werden, die nur Personen bezeichnen können.)

2. Bei Häufigkeitsangaben mit Grund- oder Ordnungszahlen wird immer *every*, nie *all* oder *each* benutzt:
   The telephone has been ringing **every five minutes.** *(. . . alle fünf Minuten.)*
   Every other call/**Every second** call this afternoon was for you. *(Jeder zweite Anruf . . .)*

126 Die Stellung von *all, both* und *each* im Satz

(The position of *all, both* and *each* in the sentence)

All, both und *each* können weitgehend dieselben Stellungen in der Wortgruppe bzw. im Satz einnehmen. Diese Stellungsmöglichkeiten werden hier gemeinsam behandelt. Vgl. ansonsten zu *all* und *each* **124–125**, zu *both* **122–123**.

Both *finalists* in the tennis tournament were in fine shape.
Why should I give up **all** *hope* of winning?
Each *of the athletes* shook hands with the Queen.

All, both und *each* können – wie andere indefinite Begleiter bzw. Pronomen – vor dem zugehörigen Nomen oder vor einer *of*-Gruppe stehen.

The champion was bursting with self-confidence. He had won **both** *his last fights.*
All *the competitors* taking part in the race were shocked at the accident.

All und *both* (nicht jedoch *each*) können auch direkt (ohne *of*) vor einen zum Nomen gehörigen Artikel, Demonstrativ- oder Possessivbegleiter treten. (Zum Bedeutungsunterschied zwischen *all* und *all the* vgl. **125.**)

We are **all** fond of card games.
Jane and Harry **both** like playing chess.
After the first ten moves *they* had **each** lost two pawns *(Bauern).*
We had **all** been looking forward to watching the great champion in action.

Ist das Bezugswort **Subjekt**, so können *all, both* und *each* außerdem die gleiche Position einnehmen wie ein Adverb in Binnenstellung, d. h. sie treten vor das finite Vollverb (aber hinter das Vollverb *be*!) bzw. hinter das erste Hilfsverb. (Vgl. **142.**)

There were two very strong Russian competitors, but the Canadian beat *them* **both.**
His success pleased *us* **all.** (**Aber:** . . . pleased **all** *his friends.*)

One judge gave *the German couples* **each** 5.8 points. (**Aber:** The reporter interviewed **each** *of the skaters.*)

Ist das Bezugswort **Objekt**, so gilt:
- *All* und *both* können hinter einem Personalpronomen, aber nicht hinter einer Nominalgruppe stehen.
- *Each* kann nachgestellt werden, wenn das Bezugswort indirektes Objekt ist, aber normalerweise nicht, wenn es direktes Objekt ist.

Anmerkungen:
1. *Each* kann auch, weiter entfernt von seinem Bezugswort, hinter dem direkten Objekt stehen, wenn dieses eine Mengenangabe enthält:
The postcards cost 10 p **each.** He gave *the boys* two sandwiches **each.**

2. Wie *all* und *both* kann auch *half* vor einer *of*-Gruppe oder direkt vor einem zum Nomen gehörigen Artikel, Demonstrativ- oder Possessivbegleiter erscheinen:
When I called, **half** *of the match* was over.
He spends **half** *his free time* in front of the TV set.

127–128 Das Stützwort *one/ones* (The propword *one/ones*)

127 *One/ones* als stellvertretender Kern einer Nominalgruppe
(*One/ones* replacing the head of a noun phrase)

Shall we buy a large **bottle** of retsina or a small **one**? *(. . . eine kleine?)*

These **olives** are not as good as the **ones** we had in Greece. *(. . . die, die wir . . . aßen.)*

Im Gegensatz zum Deutschen kann eine Nominalgruppe im Englischen meist nicht ohne ihren Kern (normalerweise das Nomen) stehen. Soll ein zählbares Nomen nicht wiederholt werden, so muß es in diesem Fall durch das Stützwort *one* (Pluralform *ones*) ersetzt werden.

Would you mind drinking **instant coffee**? We seem to have run out of **real coffee.**
Do you prefer **white coffee** or **black**?

Ein nichtzählbares Nomen kann nicht durch *one* ersetzt werden, sondern muß gewöhnlich wiederholt werden. Bei häufigen Gegensatzpaaren (*black – white, hot – cold,* etc.) kann es auch entfallen.

Anmerkungen:
1. Vereinzelt ersetzt *one(s)* auch ein stillschweigend mitverstandenes Nomen:
Isn't this a lovely photo of Mary and her **little ones**? (= children)
Do you know **this one** (= this joke) – **the one** about the five-year-old who asked his mother . . .?

2. *One* tritt auch für den unbestimmten Artikel + Nomen ein:
I bought a **book** of fairy-tales for Sammy and **one** (= a book) of nursery rhymes for Kitty.

3. Für ein Nomen im *s*-Genitiv können die Genitivformen *one's* (Singular) oder *ones'* (Plural) eintreten:
The two **boys** didn't stop fighting until the smaller **one's** (= boy's) nose was bleeding.
The older **children** were throwing the younger **ones'** books around.

128 Die Verwendung von *one/ones* (The use of *one/ones*)

Ob *one(s)* für ein zählbares Nomen eintritt oder nicht, hängt vor allem vom **unmittelbar** vorangehenden Wort ab.

Beispiel	Regel
	***One(s)* muß stehen**
Which flowers would you like? – **The ones** over there in the window.	• nach *the*
This rosebush is the **only one** in my garden to have survived the winter.	• nach den meisten Adjektiven
Are you going to have a wooden fence or a **wire one**?	• nach einem Nomen als Attribut
Both varieties of lily are good, but **this one** grows to a greater height than **that one.**	• nach *this* und *that* (vgl. **109**).
	***One(s)* kann stehen oder entfallen**
What a lot of different apples! Let's try some of **these (ones)** and some of **those (ones).** (**Aber:** Give me a pound of **those in the shop window.**)	• nach *these* und *those* (außer wenn noch ein Attribut folgt; vgl. **109, 109** Anm. 2)
I'll take some of these small oranges: **the larger (ones)** are not always **the juiciest (ones).** (**Aber:** Haven't you got **any smaller ones?**)	• nach *the* + Komparativ oder Superlativ (Nach einem Komparativ ohne Begleiter oder mit *a, some, any* etc. ist *one/ones* jedoch nötig.)
These grapes are **the first (ones)** we've had this year.	• nach *the* + Ordnungszahl
We've only got these two pineapples left. **Which (one)** will you take? – **Either (one)** will do.	• nach *which, either, neither, each, another*
	***One(s)* steht nicht**
How many pounds of strawberries did you pick? – **Five.**	• nach Grundzahlen
Are there any plums left on the tree? – Not **many,** but if you want **some,** I can get **a few** down.	• nach den Mengenangaben *many, few, a few, several, both, some, any, all*
Do these baskets belong to the farmer? – No, they're our **own.**	• nach *own* (vgl. **98**)
If our ladder is not long enough, I expect we can borrow **next door's.**	• nach einem *s*-Genitiv (vgl. **95**)
Are these the peaches Sheila picked? – No, they're **mine.**	• nach einem Possessivbegleiter (statt dessen tritt ein Possessivpronomen ein; vgl. **99**).

Anmerkungen:
1. In traditionellen Gegensatzpaaren steht das zweite Adjektiv ohne Stützwort. Auch sonst kann in Gegensatzpaaren das Stützwort oft entfallen, z. B. nach Farbadjektiven:
the **Old World** and the **New** the **right bank** (of the Thames) and the **left**
Would you like the **white note-paper** or the **blue**?

2. Zu *one* nach *every* und *any* vgl. **125** Anm. 1.

Kapitel 4: Adjektiv und Adjektivgruppe

(Adjectives and Adjective Phrases)

129–130 Die Adjektivgruppe: Formen und Funktionen (Übersicht)

(The adjective phrase: forms and functions)

129 Adjektiv und Adjektivgruppe (Adjectives and adjective phrases)

Kern einer Adjektivgruppe ist immer das Adjektiv selbst.

The survivors of the shipwreck were **hungry** and **thirsty.** The island seemed ***completely*** **uninhabited.**	Es kann ohne nähere Bestimmung oder Ergänzung stehen. Es kann auch durch ein **Adverb** näher bestimmt sein
The island is **famous** ***for its coral reef.*** We were **afraid** ***of being attacked by sharks.*** The sailors were **glad** ***to be rescued.*** It was **surprising** ***that the boat was undamaged.***	und/oder eine **Ergänzung** bei sich haben, z. B.: – eine Präpositionalgruppe, – eine Gerundialkonstruktion, – eine Infinitivkonstruktion, – einen Nebensatz.

130 Attributiver und prädikativer Gebrauch (Attributive and predicative use)

Adjektive bzw. Adjektivgruppen können auf zweierlei Weise gebraucht werden:

a) Attributiver Gebrauch
(normalerweise vor einem Nomen)

They had	***(unusually)***	**cold** weather.
	Adverb	Adjektiv

Attributiv, d.h. als Beifügung (Attribut) zu einem Nomen, gebraucht werden:
- (Adverb +) Adjektiv

b) Prädikativer Gebrauch
(normalerweise nach einem Verb)

The summer was		**wet.**	
The weather remained	***(unusually)***	**cold.**	
Snow made the pass	***(almost)***	**impossible**	***to cross.***
	Adverb	Adjektiv	Ergänzung

In prädikativer Funktion, d.h. als Subjekt- oder Objektkomplement (vgl. **54–57**), stehen:
- (Adverb +) Adjektiv
- (Adverb +) Adjektiv + Ergänzung

Adjektive mit Ergänzung nach dem Nomen: ein Sonderfall des prädikativen Gebrauchs
The farmers, (who were) **anxious** ***to get the harvest in on time,*** worked late into the night.

Adjektive mit Ergänzung können im Englischen nicht attributiv **vor** das Nomen treten. (Vgl. dagegen dt.: *die um eine rechtzeitige Ernte besorgten Bauern.*) Sie können jedoch dem Nomen **nachgestellt** werden. Formal gesehen, sind sie dann zwar Attribute zum Nomen; sie lassen sich jedoch als verkürzte Relativsätze auffassen, in denen sie prädikativ (als Subjektkomplement) gebraucht sind.

Anmerkungen:

1. Einige Adjektive auf *-able/-ible* treten häufig hinter das Nomen, wenn diesem ein Superlativ, *only* oder *every* vorangeht. Sie entsprechen dann, wie nachgestellte Adjektive mit Ergänzungen, einem Relativsatz:

He took the **earliest** plane **possible.** (. . . that was possible.)

Einige Adjektive auf *-able/-ible* treten hinter das Nomen, wenn sie eine gedachte einschränkende Ergänzung beinhalten; auch hier entsprechen sie einem Relativsatz:

Here is a list of the duty-free goods (which are) **available** (on the plane).

2. Gelegentlich gehen Adjektive dem Nomen voraus, während ihre Ergänzungen dem Nomen folgen. Dies ist möglich, wenn Adjektiv und Ergänzung ausdrücken, wie gut ein bestimmter Zweck erfüllt wird:

Businessmen are often the most **difficult** passengers ***to please.***

Ebenso: an **easy** book ***to read,*** a **safe** place ***for swimming,*** a **convenient** place ***for the meeting,*** etc.

Gelegentlich, besonders in der Werbesprache, werden Verbindungen aus Adjektiv + Ergänzung (immer mit Bindestrichen!) dem Nomen auch vorangestellt:

an easy-to-read book, an easy-to-cook dish, a ready-to-wear suit.

131–133 Adjektive mit eingeschränkten Verwendungsmöglichkeiten

(Adjectives restricted in use)

131 Nur attributiv gebrauchte Adjektive (Adjectives used only attributively)

His **chief** interests are oriental languages and philosophy. *(Seine hauptsächlichen Interessen ...)*
Ebenso: the **main** difference, a **mere** assumption, the **only** exception, etc.

Linguistics **proper** does not concern itself with practical problems of language teaching.

The president **elect** *(gewählter Präsident vor der Amtsübernahme),* Lords **Spiritual** and **Temporal** *(geistliche und weltliche Mitglieder des britischen Oberhauses),* the Princess **Royal** *(älteste Tochter der Königin/des Königs),* etc.

Vor dem Nomen:
Wie ihre deutschen Entsprechungen können einige englische Adjektive nur attributiv vor dem Nomen verwendet werden.

Hinter dem Nomen:
Proper wird in der Bedeutung *eigentlich, im eigentlichen Sinne* ebenfalls nur attributiv gebraucht, tritt aber **hinter** das Nomen.
Nachgestellt werden – in festen Verbindungen aus dem Bereich des Rechts – auch einige andere Adjektive französischen Ursprungs. (Anderen Nomen werden diese Adjektive, außer *elect,* jedoch vorangestellt: *spiritual guidance,* etc.)

Anmerkungen:

1. *Next* and *last* können attributiv vor oder hinter Tagesnamen stehen:
   The talks are due to start **next** Tuesday/(on) Tuesday **next.**
   The meeting was held **last** Wednesday/(on) Wednesday **last.**

2. Nicht selten stehen Nomen, z. B. Stoffnamen und Ortsnamen, wie Adjektive attributiv vor anderen Nomen:
   a **gold** bracelet, a **London** football club, etc.

3. Auch Adverbien und Präpositionen werden gelegentlich wie Adjektive attributiv vor dem Nomen gebraucht:
   the **up** train *(Zug nach London),* the **down** train *(Zug von London),* the **then** government *(damalig),* the **above** rules (neben: the rules above).

132 Nur prädikativ gebrauchte Adjektive (Adjectives used only predicatively)

The house was **ablaze.** *(Das Haus stand in Flammen)* (attributiv: a burning house)
The neighbours, (who were) **afraid** for their own safety, were out in the street. (attributiv: fearful neighbours)
The old lady had been **alone** in her flat.
(attr.: the only person injured, the lone survivor)
The dog was still **alive** when dragged out of the fire. (attr.: a live animal, no living soul)

By two o'clock in the morning most of the remaining guests were rather **drunk.** (attr.: a drunken sailor)
I'd be quite **content** to stay at home tonight and read a book. (attr.: a contented guest)

Einige Adjektive werden nur prädikativ gebraucht. Oftmals gibt es Adjektive ähnlicher Bedeutung, die attributiv vor dem Nomen gebraucht werden können.

Zu den nur prädikativ gebrauchten Adjektiven gehören viele, die mit der Vorsilbe *a-* beginnen, z. B. *ablaze, afloat, adrift* (treibend), *afraid, ashamed, averse* (abgeneigt), *alone, alive, asleep, awake, aware,* etc.

Hinzu kommen einige andere Adjektive, wie *drunk, content* (zufrieden), *well* (gesund), *unwell.*

133 Prädikativer und attributiver Gebrauch bei unterschiedlicher Bedeutung

(Adjectives with different meanings in predicative and attributive use)

Einige mehrdeutige Adjektive können in einer ihrer Bedeutungen nur prädikativ gebraucht werden, in einer anderen Bedeutung nur attributiv (manchmal auch attributiv **und** prädikativ).

	Nur prädikativ		**Nur attributiv**	
ill	*krank*	My sister was very **ill** yesterday.	*schlecht, böse*	**ill** manners, **ill** humour *(Laune)* **ill** luck *(Unglück),* **ill** will
sick	*(mir ist) schlecht*	He was **sick** after eating the fish.	*krank*	a **sick** man
fond	be fond of: *mögen*	I'm much too **fond of** cakes and chocolate.	*zärtlich, liebevoll*	**fond** love, **fond** looks, a **fond** mother
present	*anwesend*	Miss Smith couldn't be **present** at the party.	*gegenwärtig, vorliegend*	the **present** situation/government, in the **present** case
	Nur prädikativ		**Attributiv und prädikativ**	
faint	*schwindlig*	When she saw the gun she felt **faint.**	*schwach, leise*	a **faint** noise/light/smell Her voice grew **fainter and fainter.**
concerned	*beteiligt (an), betroffen (von), berührt (von)*	Several known criminals were **concerned** in the raid. *(... am Überfall beteiligt.)* The jeweller **concerned** talked to a reporter.	*ängstlich, besorgt*	a **concerned** look I'm very **concerned** about his health.
involved	*beteiligt (an), betroffen (von), verwickelt (in)*	The three men (who were) **involved** in the shooting have been caught. Two innocent bystanders were **involved** in the struggle at the door.	*kompliziert, verschachtelt*	an **involved** sentence The author's style is very **involved.**

Anmerkung:
Im amerikanischen Englisch und in anderen Varianten des Englischen wird *sick* in der Bedeutung *krank* auch prädikativ verwendet:

Several children are **sick** with the flu at the moment.

134–135 Das Adjektiv als Nomen (The adjective used as a noun)

Im Englischen können Adjektive nur in sehr begrenztem Umfang als Nomen verwendet werden. Wo im Deutschen ein nominalisiertes Adjektiv steht, muß das Englische daher häufig andere Ausdrucksformen benutzen.

134 Das Adjektiv zur Bezeichnung von Personen (The adjective used to denote people)

Im Deutschen können die meisten Adjektive, die ein menschliches Merkmal beschreiben, als Nomen zur Bezeichnung einer Gesamtheit von Personen *(die Armen)* und zur Bezeichnung einer Einzelperson *(der/die Arme)* verwendet werden. Dagegen gelten für das Englische folgende Regeln:

1. Gesamtheit: *the* + Adjektiv

The blind often have a highly developed sense of touch. *(Die Blinden . . .)*
The elderly form an ever-increasing percentage of the population. *(Die Älteren . . .)*
"Give me **your tired, your poor,** your huddled masses yearning to breathe free . . ."
(Inscription, Statue of Liberty)
Only **the very wealthy** are able to afford servants. *(. . . die sehr Wohlhabenden . . .)*

When it comes to wine exports, **the English** are the best customers of **the French.**

Das nominalisierte Adjektiv steht nur zur Bezeichnung einer Gesamtheit von Personen, und zwar entweder mit dem bestimmten Artikel oder gelegentlich auch mit einem Possessivbegleiter (vgl. das Zitat). Zusätzlich kann es auch Attribute haben (vgl. *the very wealthy*).
Das nominalisierte Adjektiv hat kein Plural-*s;* als Subjekt verlangt es jedoch ein Verb im Plural (Vorstellung der „Vielheit").

Auch die meisten Nationalitätenadjektive, die auf *-sh* und *-ch* enden, können in dieser Weise als Nomen verwendet werden. (Vgl. **361**).

2. Einzelpersonen: Adjektiv + Nomen

Somebody helped **the blind man** across the road to the bus. *(. . . dem Blinden . . .)*
The front seats were reserved for a group of **handicapped people.** *(. . . eine Gruppe Behinderter.)*
Next to me on the train sat **three Dutch ladies.** *(. . . drei Holländerinnen.)*
Two Welshmen and **an Irishwoman** got talking. **A Spaniard** started singing.

Zur Bezeichnung einer oder mehrerer Einzelpersonen muß dem Adjektiv ein Nomen wie *woman, girl, man, boy, people* folgen.

Dies gilt auch für Nationalitätenadjektive auf *-sh* und *-ch.* Statt dessen können auch Zusammensetzungen mit *-man/-woman* bzw. ein anderes Nomen (z. B. *Spaniard*) benützt werden (vgl. **361**).

Anmerkungen:
1. Einige nominalisierte Adjektive (ursprüngliche *Past Participles*) können auch eine oder mehrere Einzelpersonen bezeichnen. Sie gehören dem förmlichen Stil (vorwiegend der juristischen Amtssprache) an:
The deceased leaves a widow and two children. *(Der Verstorbene . . .)*
Neither of **the deceased** has left a will. *(Keiner der beiden Verstorbenen . . .)*
Ebenso: the departed *(der Verstorbene),* the accused, the undersigned

2. Einige Adjektive treten auch als echte Nomen auf, d.h. sie können mit dem unbestimmten Artikel und im Plural vorkommen:
Many **whites** are unable to treat **a black** as **an equal.**
There is a large proportion of **blacks** at our school.
Ebenso: a native, a female, a male, a mortal *(ein Sterblicher),* a mute *(ein Stummer),* a noble *(ein Adliger),* a Red/a Green (politischer Gebrauch), etc.

135 Das Adjektiv zur Bezeichnung eines abstrakten Begriffs

(The adjective used to denote an abstract idea)

For lovers of **the quaint and picturesque** Cornwall is the place to visit *(Für Liebhaber des Originellen und Malerischen . . .)*
To me, Gothic cathedrals are the embodiment of **the sublime** *(. . . die Verkörperung des Erhabenen.)*
To try to see the whole of England in a week is to attempt **the impossible.**

Das nominalisierte Adjektiv (und zwar mit dem bestimmten Artikel) steht nur zur Bezeichnung eines **uneingeschränkten** abstrakten Gesamtbegriffs. Dieser Gebrauch findet sich hauptsächlich im förmlichen Englisch.

The most interesting thing about the town is its history. *(Das Interessanteste an der Stadt...)* "I could tell you **many a strange thing** about that castle," said the old farmer. *(... manches Seltsame...)* **What is most annoying** about such bus tours is that you haven't got a minute to yourself. *(Das Ärgerlichste an...)*	Zur Bezeichnung eines **eingeschränkten** abstrakten Begriffs (hier durch *about the town, about that castle* eingeschränkt) folgt dem Adjektiv entweder ein Nomen wie *thing* als Stützwort, oder es werden mit *what* eingeleitete Relativsätze (*what*-Spaltsätze) verwendet (vgl. **339–340**).

Anmerkung:
Zur Verwendung des Stützwortes *one/ones* bei Adjektiven *(an old book and a new one)* vgl. **127–128.**

136–138 Die Steigerung des Adjektivs (The comparison of the adjective)

136 Die regelmäßige Steigerung (Regular comparison)

Die meisten Adjektive können gesteigert werden, d.h. zu der Grundform (z. B. *low, beautiful)* einen **Komparativ** *(lower/more beautiful)* und einen **Superlativ** *(lowest/most beautiful)* bilden.

1. Steigerung mit *-er/-est*

a) low	low**er**	low**est**	Mit *-er/est* gesteigert werden in der Regel: a) einsilbige Adjektive b) zweisilbige Adjektive auf *-er, -le, -ow, -y.* Zu den Besonderheiten der Schreibung vgl. **346.**
Ebenso: big, great, high, thick, thin, etc.			
b) narrow	narrow**er**	narrow**est**	
Ebenso: clever, simple, shallow, easy			

2. Steigerung mit *more/most*

a) beautiful	**more** beautiful	**most** beautiful	Mit *more/most* gesteigert werden in der Regel: a) drei- und mehrsilbige Adjektive b) zweisilbige Adjektive, die nicht auf *-er, -le, -ow, -y* enden.
Ebenso: competent, characteristic, important, etc.			
b) active	**more** active	**most** active	
Ebenso: basic, childish, savage, etc.			

Anmerkungen:

1. Außer den zweisilbigen Adjektiven auf *-er, -le, -ow, -y* können einige weitere zweisilbige Adjektive mit *-er/-est* gesteigert werden. Dazu zählen vor allem Adjektive, die auf der zweiten Silbe betont sind:
   The **severest** frost of the winter was recorded last night.
   Ebenso: complete, mature, polite [–'–]
   Hinzu kommen einige auf der ersten Silbe betonte Adjektive: *common, pleasant, handsome.* ['––]

2. Zweisilbige Adjektive, die mit *-er/-est* gesteigert werden, ändern dieses Verhalten auch dann nicht, wenn sie durch die verneinenden Vorsilben *in-, im-* oder *un-* dreisilbig werden:
   friendlier – unfriendlier, politer – impoliter, etc.
   Alle anderen dreisilbigen Adjektive können jedoch nur mit *more/most* gesteigert werden.

3. Viele ein- und zweisilbige Adjektive, die vorwiegend mit *-er/-est* gesteigert werden, können auch mit *more/most* gesteigert werden, vor allem, wenn sie in prädikativer Stellung vor einem mit *than* eingeleiteten Nebensatz stehen:
   The sea was **calmer/more calm** than it had been for days.
   The river is **shallower/more shallow** here than it is upstream.
   Nur mit *-er/-est* gesteigert werden jedoch die folgenden einsilbigen Adjektive:
   big, clean, far, fast, great, high, low, small, thick, thin, quick, wide, young, old.

137 Die unregelmäßige Steigerung (Irregular comparison)

Einige Adjektive und Begleiter werden unregelmäßig gesteigert:

good well *(gesund)*	better	best	much (money) many (coins)	more	most
bad ill *(böse/krank)*	worse	worst	little (money)	less	least
			Regelmäßig dagegen:		
little *(klein)*	smaller	smallest	few (coins)	fewer	fewest

Anmerkung:
Dem deutschen *die meisten* + Nomen entspricht im Englischen *most* + Nomen (ohne den bestimmten Artikel):
Most children love the snow, **most** adults less so. *(Die meisten Kinder . . .)*

138 Doppelte Steigerungsformen (Adjectives with two comparative or superlative forms)

Einige Adjektive haben mehr als einen Komparativ bzw. Superlativ. Einige dieser Wörter (z. B. *latter, last, next)* werden jedoch von vielen Sprechern nicht mehr als Steigerungsformen empfunden.

old: older / oldest — elder / eldest	My **elder** sister is a nurse. He was **the eldest** in a family of six. John is **older** than his brother. They live in the **oldest** house in the village.	*Elder/eldest* beziehen sich in der Regel auf Familienmitglieder. Sie können dabei attributiv und – nach dem bestimmten Artikel *the* – auch prädikativ gebraucht werden. Sonst stehen *older/oldest.*
far: farther / farthest — further / furthest	Their cottage is the **farther/further** one of the two beyond the bridge, the **farthest/furthest** of all in fact. We made no **further** enquiries.	Alle Formen können sich auf Entfernungen beziehen. Im übertragenen Sinn (dt.: weiter = zusätzlich) kann jedoch nur *further* stehen.
near: nearer / nearest — --- / next	Our **nearest** neighbours lived a mile away. We must get out at the **next** stop.	*the nearest* (der nächste: örtlich) *the next* (der nächste: Reihenfolge)
late: later / latest — latter / last	It was **later** than I thought. Of the two styles, Norman and Gothic, the **latter** predominates here. His **latest** book – we hope not his **last** – is on village inns.	*later* (später: zeitlich) *the latter* (der letztere: Reihenfolge) *the latest* (der letzte/neueste) *the last* (der letzte).

Anmerkung:
Vor Superlativen können, wie im Deutschen, Ordinalzahlen stehen:
Cricket is **the second most popular** sport in England. *(. . . der zweitbeliebteste . . .)*
Ebenso: the second last/third last/ . . . word *(das zweitletzte/drittletzte/ . . . Wort)*
Daneben gibt es auch die Ausdrücke: the last but one/the last but two/ . . . *(der vorletzte/drittletzte/ . . .).*

139 Das Adjektiv in Vergleichen (The adjective in comparisons)

No other means of public transport is **as fast as** the aeroplane.	• Zum Ausdruck des **gleichen Grades** steht *as . . . as . . .*
Travelling by train is **not as popular as** driving one's own car. Flying is **no longer so exciting as** it used to be. Trains are **less accident-prone than** cars.	• Zum Ausdruck eines **geringen Grades** steht *not as . . . as . . .* / *not so . . . as . . .* (nicht so . . . wie . . .) *less . . . than . . .* (weniger . . . als . . .).
The railway proved a **more efficient** form of transportation **than** the canals. At first the motor-car was **no faster/not any faster than** the horse.	• Zum Ausdruck eines **höheren Grades** steht der **Komparativ** + *than.* Der Komparativ wird in der Regel mit *no* oder *not any* verneint.
Aircraft can no longer go on getting **bigger and bigger.** *(. . . immer größer . . .)* Advances in flying techniques have become **more and more spectacular.**	• Zum Ausdruck einer **stetigen Steigerung** (dt. *immer* + Komparativ) steht – bei den mit *-er/-est* gesteigerten Adjektiven: **Komparativ** + *and* + **Komparativ;** – bei den mit *more/most* gesteigerten: *more and more . . .*
The greater the speed of a motor-vehicle, **the more uneconomical** (the less economical) it tends to be.	• Zum Ausdruck einer **proportionalen Steigerung** (dt. *je . . . desto . . .)* steht *the* + **Komparativ** . . . *the* + **Komparativ**
One of **the most important** achievements in the history of mankind was the invention of the wheel. The Concorde is **the fastest** passenger aircraft in the world.	• Zum Ausdruck des **höchsten Grades** steht der **Superlativ.** Vor einem Nomen geht ihm immer ein Begleiter (meist *the*) voraus.
Which plane is **(the) most comfortable?** (= more comfortable than all the others) Of all the ways of crossing the Channel by sea, the Hovercraft is **(the) quickest.** (= quicker than an ordinary ferry) **Aber:** The Channel is **narrowest** between Dover and Calais. (= narrower than **it** is elsewhere)	Steht ein Superlativ allein, d. h. in prädikativer Stellung und ohne nachfolgendes Attribut, so kann er mit oder ohne *the* gebraucht werden, wenn ein Vergleich zwischen verschiedenen Personen oder Sachen gezogen wird. Bezieht sich der Vergleich jedoch auf ein und dieselbe Person oder Sache, so steht der Superlativ immer ohne den bestimmten Artikel.

Anmerkung:
Most kann auch einfach einen **sehr hohen Grad** ausdrücken. Wenn sich Mißverständnisse ergeben könnten, gebraucht man daher *most* **mit** Artikel, wenn man den **höchsten** Grad meint:

This mountain pass is **most dangerous.** *(äußerst gefährlich.)*
This mountain pass is **the most dangerous.** *(der gefährlichste/am gefährlichsten.)*

Dies gilt jedoch nicht, wenn sich der Vergleich auf ein und dieselbe Person oder Sache bezieht:

Driving is **most dangerous** in bad winters. *(am gefährlichsten;* oder: *äußerst gefährlich.)*

Kapitel 5: Adverb und adverbiale Gruppe

(Adverbs and Adverbial Phrases)

140–142 Funktionen, Bedeutungen, Stellung im Satz (Übersicht)

(Functions, meaning and the position in the sentence)

140 Funktionen (Functions)

1. Adverb

Das Adverb ist eine Wortart. Adverbien sind also Einzelwörter. Innerhalb eines Satzes können sie zwei Funktionen haben: Sie treten als **adverbiale Bestimmung,** d. h. als Satzteil, oder als **Attribut** innerhalb eines Satzteils auf.

A fire has destroyed the forest **completely.**
Apparently a camp-fire had got out of hand.
Besides, there had been no rain for over two months.

Some holidaymakers had a **very** *narrow* escape.
The flames spread **extremely** *quickly.*
There was **quite** *an argument* over how to fight the fire.
It's **only** *from the air* that you can get a clear picture of the situation.

- **Adverbiale Bestimmung**
  - zum Prädikat und seinen Ergänzungen
  - zum ganzen Satz
  - in textverknüpfender Funktion
- **Attribut**
  - zu einem Adjektiv
  - zu einem Adverb
  - zu einer Nominalgruppe
  - zu einer Präpositionalgruppe

2. Adverbiale Gruppe

Unter einer adverbialen Gruppe verstehen wir eine Wortgruppe, die in den gleichen Funktionen wie ein Adverb auftritt. Sie kann aus **Adverb + Adverb (= Adverbgruppe)** bestehen. Meistens handelt es sich jedoch um eine **Präpositionalgruppe,** seltener um eine **Nominalgruppe.**

The trains run **fairly regularly.**
In addition, they put on special excursions in the summer.
He travels to Edinburgh **every other day.**

How much is *a ticket* **to London?**
A holiday **every year** is an absolute must for me.

Adverbgruppe Präpositionalgruppe Nominalgruppe	als adverbiale Bestimmung
Präpositionalgruppe Nominalgruppe	als Attribut

Anmerkung:
Nicht nur Adverbien und adverbiale Gruppen treten als adverbiale Bestimmungen auf, sondern auch Nebensätze und infinite Konstruktionen:

He visited his grandmother	frequently.	(Adverb)
	on Saturday afternoons.	(Präpositionalgruppe)
	whenever he came to York.	(adverbialer Nebensatz)
	while staying in York.	(Partizipialkonstruktion)

141 Bedeutungsklassen (Adverbs and adverbial phrases grouped according to meaning)

Adverbien und adverbiale Gruppen lassen sich nach ihrer Bedeutung unterteilen. Die wichtigsten Bedeutungsklassen sind:

Automation is **partly** responsible for unemployment.	Grad (vgl. **147**)
Machines can work more **efficiently** than humans.	Art und Weise, Methode, Mittel (vgl. **152**)
Undeniably, America has led the way in computerization.	Standpunkt oder Kommentar (vgl. **154**)
In Britain, many factories are now obsolete. The robot clanked noisily **across the room.**	Ort und Richtung (vgl. **156**)
In 1913 the conveyor belt was introduced. Planes are **often** flown by automatic pilot.	Zeit und Häufigkeit (vgl. **158**)

Anmerkungen:

1. Eine Reihe von Adverbien können mehr als einer Bedeutungsklasse angehören:

They treated her **roughly.**	(Art und Weise)
I earned **roughly** £3,000 a year.	(Grad)
Our birch tree seeded itself **naturally.**	(Art und Weise)
Naturally, autumn is the best time for planting.	(Kommentar)

2. Weitere Bedeutungsklassen sind unter anderem
   - Grund: He daren't open the gate **because of the dog.**
   - Zweck: I wouldn't do it **for love or money.**
   - Einräumung: **In spite of/Despite their good intentions,** they failed miserably.
   - Bedingung: Ring the bell **in case of an emergency.**

142 Stellung (Position)

1. Stellung als adverbiale Bestimmung

Als adverbiale Bestimmung (vgl. **140.1**) können Adverbien grundsätzlich drei Stellungen einnehmen. Die Wahl der Stellung wird dabei im wesentlichen von der Bedeutung bestimmt (vgl. **147–162**).

Anfangsstellung	Subjekt	(Hilfsverb) / Vollverb *be*	Binnenstellung	Vollverb (+ dir. Objekt) / Subjektkomplement	Endstellung
Unfortunately	the town		**quickly**	doubled its population.	
	Immigration	will	**eventually**	stop.	
	They			need better housing	**immediately.**
	Overcrowding	is	**obviously**	a serious problem	**nowadays.**

Unter **Anfangsstellung** der Adverbien verstehen wir die Stellung vor dem Subjekt.
Adverbien in **Binnenstellung** stehen bei einfachen Prädikaten vor dem Vollverb, bei *be* jedoch meist dahinter (vgl. *obviously*). Bei Prädikaten mit einem Hilfsverb stehen sie meist zwischen Hilfsverb und Vollverb.
Bei **Endstellung** stehen Adverbien hinter dem Vollverb und (falls vorhanden) dem direkten Objekt bzw. hinter dem Subjektkomplement (vgl. *nowadays*). (Andere Ergänzungen können dem Adverb jedoch folgen, z. B. ein indirektes Objekt: *He had mentioned the problem* ***repeatedly*** *to the authorities.*)

Anmerkungen:

1. Enthält das Prädikat mehrere Hilfsverben, so stehen die meisten Adverbien bei Binnenstellung hinter dem ersten Hilfsverb:

   The first families *will* **soon** *be moving* into the new houses.

Adverbien des Grades und der Art und Weise stehen jedoch hinter dem letzten Hilfsverb, da sie besonders eng mit dem Vollverb verbunden sind (vgl. **148** und **153**):

   In ten years, this area *will have been* **completely** *ruined.*

2. Bestimmte Adverbien (darunter v. a. Adverbien des Kommentars) können auch vor dem (ersten) Hilfsverb stehen. In verneinten Sätzen ergibt die Stellung vor dem verneinten Hilfsverb z. T. eine ganz andere Bedeutung als die Stellung dahinter:

She **obviously** *must have been* very careless.
I **really** *can't understand* his behaviour. *(Ich kann sein Verhalten wirklich nicht/überhaupt nicht verstehen.)*
I *can't* **really** *understand* his behaviour. *(Ich kann ... nicht wirklich/nicht voll verstehen.)*

3. Bei infiniten Konstruktionen (Infinitiv, *Gerund*, Partizip) stehen Adverbien entweder in Endstellung oder vor der infiniten Verbform:

I saw him rounding the corner **hurriedly.** Do you remember her **suddenly** leaving the room?

Beim Infinitiv mit *to* können sie dabei vor *to* + Verbform stehen oder zwischen *to* und Verbform treten (sog. *split infinitive*):

He vowed **never** *to enter* that house again. It was foolish of her *to* **stubbornly** *insist* on having the last word.

2. Stellung als Attribut

Als Attribute stehen Adverbien meistens vor oder hinter dem Wort oder der Wortgruppe, auf die sie sich beziehen:

The illness left her **physically** *weak.*
The patient made **very** *good* progress.
Aber: His recovery was *slow* **enough.**

My uncle **in Toronto** has invited me for Easter.
He came to see me after *his return* **from Chile.**
Our American trip **last year** was highly successful.

- **Vorangestellt** werden vor allem Adverbien des Standpunktes und des Grades (außer *enough*).
- **Nachgestellt** werden vor allem Adverbien und adverbiale Gruppen des Ortes, der Richtung und der Zeit.

143–146 Form, Bildung, Steigerung der Adverbien

(Forms, formation and comparison of adverbs)

143 Form und Bildung (Forms and formation)

1. Ursprüngliche Adverbien

They come **here seldom,** or at least not very **often.**
I've been looking for you **everywhere.**
He knew he would have to do it **now** or **never.**

Es gibt im Englischen wie im Deutschen eine Reihe von ursprünglichen, d. h. nichtabgeleiteten Adverbien, v. a. Orts- und Zeitadverbien.

2. Von Adjektiven durch *-ly* abgeleitete Adverbien

This is an **easy** song to learn. (Adjektiv)
The words are **easily** remembered. (Adverb)
He's **fanatic** about jazz.
He's been practising **fanatically.**
The band is too **loud.** *(... ist zu laut.)*
The choir sang **loudly.** *(... sang laut.)*

Viele Adverbien werden mit der Endung *-ly* von Adjektiven abgeleitet.
Adjektive auf *-ic* bilden das Adverb durch Anhängen von *-ally.* (Ausnahme: *publicly*)
Im Deutschen sind dagegen Adjektive und Adverbien formgleich.

Anmerkungen:

1. Bei der Ableitung mit *-ly* sind folgende Besonderheiten der Schreibung und Aussprache zu beachten (vgl. auch **346**):
   - Bei mehrsilbigen Adjektiven wird *-y* zu *-i-: happy – happily*
   (Einsilbige Adjektive auf *-y: shy – shyly, dry – dryly/drily, gay – gaily.*)
   - Nach Konsonant entfällt *-le: simple – simply.* (Aber Vokal + *-le: pale – palely.*)
   - Stummes *-e* entfällt bei *due – duly, true – truly, whole – wholly.*
   - Nach betonter Silbe wird *-ed-* silbisch [ɪd] gesprochen: *fixed* [fɪkst] – *fixedly* ['fɪksɪdlɪ]

2. Adjektive, die auf *-ly* enden, und *difficult* können keine Adverbien durch Anhängen von *-ly* bilden. Statt dessen treten Umschreibungen mit *way, manner* o. ä. ein (vgl. aber **143.3**):

friendly – in a friendly way, cowardly – like a coward, timely – in time, difficult – with difficulty

3. Adverbien können nicht nur mit *-ly* von Adjektiven abgeleitet werden, sondern auch mit *-wise, fashion, style* von Nomen und Adjektiven (bei *-wise* immer Zusammenschreibung, bei *fashion* und *style* zwei Wörter oder Bindestrich):

lengthwise (der Länge nach), *crosswise* (quer; überkreuz), *clockwise* (im Uhrzeigersinn), *fanwise* (fächerartig), *to kiss Eskimo-fashion, to light a fire boy-scout fashion, to salute military style*

3. Adverbien mit gleicher Form wie Adjektive

Eine Reihe von Adverbien und Adjektiven hat gleiche Form und gleiche Bedeutung.

Adverb	Adjektiv
The boss looks in **daily.**	The **daily** routine was beginning.
He got up **early.**	We had an **early** breakfast.
They'll most **likely** be late.	It's a **likely** explanation.
He disappeared **fast.**	He's made **fast** progress.

Dazu gehören:

daily, hourly, weekly, monthly, quarterly (vierteljährlich), *yearly,* etc.; außerdem: *early, likely, fast, long, far.* (Zu *slow, hard* etc. als Adverbien und Adjektive vgl. **144.**)

Einige Adverbien und Adjektive haben bei gleicher Form verschiedene Bedeutung:

Adverb	Adjektiv
He ate **well.**	She is not **well.**
She spoke **ill** of us.	She is **ill.**
It's **still** dark.	It was a **still** evening.
Is it **only** six o'clock?	It was his **only** chance.

	Adverb	Adjektiv
well:	*gut* (Adverb zu *good*)	*gesund*
ill:	*schlecht*	*krank*
still:	*(immer) noch*	*still*
only:	*erst, nur*	*einzig*

Anmerkung:
Enough, much und *little* können als Adverbien oder als Begleiter zu einem Nomen verwendet werden, *little* darüber hinaus auch als Adjektiv:

Adverb:	Begleiter:	Adjektiv:
He earns well **enough.**	I have **enough** money.	
They're paid **much** better now.	They hadn't **much** capital.	
He **little** cares what other people earn.	There's **little** profit in it.	He has a **little** sweet shop in York.

144 Doppelformen: Endungslose und mit *-ly* abgeleitete Adverbien

(Double forms: adverbs with and without *-ly*)

Es gibt eine Reihe von Adjektiven, die zwei Adverbformen haben, eine endungslose (d. h. Adjektiv und Adverb sind formgleich) und eine mit *-ly* abgeleitete.

If I remember **right/rightly**, it's best to go **slow/slowly** just here.

They worked **hard.**	*hart*
The scheme will **hardly** work.	*kaum*
That's not playing **fair.**	*fair*
It's **fairly** obvious.	*ziemlich*
He put his hands **deep** in his pockets.	*tief*
She **deeply** regretted her behaviour.	*zutiefst*
She's **pretty** clever at sewing.	*ziemlich*
The children are always **prettily** dressed.	*hübsch*

Die Bedeutung beider Adverbien kann gleich oder fast gleich sein.

Die Bedeutungen der beiden Formen können sich aber auch unterscheiden, wie bei den Beispielen links.

Ebenso:
high (hoch) – *highly* (höchst); *late* (spät) – *lately* (in letzter Zeit); *most* (äußerst) – *mostly* (vorwiegend); etc.

That's **just** a mouse.	*nur*	Gelegentlich hat auch eines der beiden Adverbien mehrere Bedeutungen.
He's **just** arrived.	*gerade*	
He was **justly** accused of fraud.	*zu Recht*	
They travelled far and **near.**	*nah* (örtlich)	
It's **nearly** midnight.	*beinahe, fast*	
The two girls are **nearly** related.	*nahe, eng*	

145 Die Steigerung der Adverbien (Comparison of adverbs)

Die Steigerung der Adverbien gleicht im wesentlichen der Steigerung der Adjektive (vgl. **136–138**).

soon	soon**er**	soon**est**
early	earl**ier**	earl**iest**
Ebenso: long, fast, loud, hard, etc.		

Auf *-er/-est* gesteigert werden ursprüngliche und mit den Adjektiven formgleiche Adverbien.

quickly	**more** quickly	**most** quickly
Ebenso: easily, loudly, nervously, deeply, etc.		

Mit *more, most* gesteigert werden alle auf *-ly* abgeleiteten Adverbien.

well	better	best	badly/ill	worse	worst
much	more	most	little	less	least
far	farther	farthest	near	nearer	nearest
	further	furthest			next
late	later	latest			
		last			

Unregelmäßige und z.T. doppelte Steigerungsformen haben die nebenstehenden Adverbien. Komparative und Superlative sind hier identisch mit denen der entsprechenden Adjektive bzw. Begleiter (vgl. **138,** auch zu den Bedeutungsunterschieden der doppelten Formen).

146 Das Adverb in Vergleichen (Adverbs in comparisons)

Beim Vergleich werden beim Adverb dieselben Strukturen wie beim Adjektiv verwendet (vgl. **139**):

She whispered to me **as quietly as** she could.	• Gleicher Grad: *as . . . as*
Human beings do **not** hear **as well as/so well as** bats or dogs. In old age our ears register high tones **less easily than** when we are young.	• Geringerer Grad: *not as . . . as; not so . . . as; less . . . (than)*
Sound travels **more rapidly** in water **than** in air. **Can't** the musicians play **any softer?** The professionals played **no better than** the amateurs.	• Höherer Grad: Komparativ (+ *than*) (Verneinung meist mit *not . . . any* oder *no*)
They shouted **louder and louder** to be heard over the noise. The echoes sounded **more and more faintly** across the valley.	• Stetige Steigerung: Komparativ + *and* + Komparativ bzw. *more and more . . .*
The nearer he came **the more distinctly** he could hear the voices.	• Proportionale Steigerung: *the* + Komparativ . . . *the* + Komparativ
Who can sing **the loudest** and **the most powerfully** of everyone here? She speaks **fastest** when she is nervous.	• Höchster Grad: Superlativ (gewöhnlich mit *the,* außer wenn der Vergleich sich auf ein und dieselbe Person oder Sache bezieht).

Anmerkung:
Zur Verstärkung der Verneinung kann dem Komparativ auch *none the* vorangestellt werden:
She speaks French **none the better** for having lived in Paris for a year. *(. . . kein bißchen besser . . .)*

147–149 Gradadverbien (Adverbs of degree)

147 Bedeutung und Verwendung (Meaning and use)

It's **quite** clear that the rebels are **fully** in command of the airport.
Life in the capital doesn't seem to be **in the least** affected.
Is there any news **at all** from the north of the country?

Gradadverbien lassen sich einteilen in:

- **verstärkende Adverbien,** z. B.
  very, completely, absolutely, quite (ganz), *so; in the least/at all* (in verneinten Sätzen und Fragesätzen)

The village was **quite** badly damaged in the fighting and **almost** a quarter of the houses were destroyed.
In spite of everything I was **kind of** sorry to leave the country.

- **abschwächende Adverbien,** z. B.
  quite/rather (ziemlich), *almost, partly/in part, kind of/sort of* (umgangssprachlich, dt. *irgendwie*)

The population has **hardly** any food in store for the winter.

- **einschränkende Adverbien:**
  hardly/barely/scarcely/little (kaum).

The guerillas **badly need** medical supplies.
Ebenso: entirely agree, completely forget, greatly admire, utterly deplore, deeply resent, perfectly understand, so want, etc.

Einige verstärkende Gradadverbien treten besonders häufig in Verbindung mit bestimmten Verben auf.

Anmerkungen:

1. Verstärkendes *well* (dt. *durchaus*) steht in positiven Aussagesätzen nach *may* und *might*, gelegentlich auch nach *can* und *could*:
   It may/could **well** be that the conflict will be over by the summer.
2. Zur Verstärkung von Adjektiven vor Nomen durch *so* und *such* gilt:
   Such kann bei Nomen im Singular und Plural verwendet werden, *so* nur bei zählbaren Nomen im Singular (förmlicher Stil):
   I've never met **such** a brave girl/**such** brave girls.
   I've never seen **so** brave a girl. (Zur Stellung des unbestimmten Artikels vgl. **102.**)
   Such kann auch Nomen ohne Adjektiv verstärken, wenn sie eine Bewertung ausdrücken. Für dt. *solch* im beschreibenden Sinn wird *like this, like these* etc. vorgezogen:
   He's **such** a coward.
   In an emergency **like this**, one must be prepared for some inconveniences.

148 Stellung (Position)

Als Attribute stehen Gradadverbien – mit Ausnahme von *enough* – vor dem Adjektiv oder Adverb bzw. der adverbialen Gruppe, die sie näher bestimmen (vgl. **142.2**): ***very** good, **totally** beside the point;* aber: *good **enough.***
Als adverbiale Bestimmungen haben sie folgende Stellungen:

As your MP, I **wholly** sympathize with your objections to the scheme.
Residents' wishes were **all but** disregarded in this matter.
I **quite** like going to public meetings.
I'm sure you would have **greatly** admired her rhetoric.
The discussion afterwards might **almost** have ended in a fight.

Verstärkende und abschwächende Gradadverbien stehen normalerweise in **Binnenstellung.**
Bei einigen ist **nur** die Binnenstellung möglich, so bei *quite, rather, as good as, all but* (beinahe), *almost, nearly, kind of, sort of.*
In Sätzen mit mehreren Hilfsverben stehen diese Adverbien gewöhnlich nach dem **letzten** Hilfsverb. Nur *almost* und *nearly* stehen oft nach dem **ersten** Hilfsverb.

The publicity helped our plan **considerably.** The new law has changed the situation **completely.** Someone suggested forming a local action group, but no one cared **enough.** The town centre has improved **a good deal** since they re-routed long-distance traffic.	Bei vielen anderen, vor allem verstärkenden Gradadverbien ist auch die **Endstellung** möglich. *Enough* sowie die adverbialen Gruppen *a little, a great deal, a good deal, a lot, by far, for sure, for certain* stehen immer, *a bit* und *at all* fast immer in Endstellung.
She **barely** stopped herself from bursting out laughing. You could **hardly** have expected him to be amused at finding his sleeves sewn up.	Die **einschränkenden Adverbien** *(barely, hardly, scarcely, little)* haben meistens **Binnenstellung** vor dem Vollverb (bei mehreren Hilfsverben nach dem ersten Hilfsverb).
Hardly had he gone back to bed when he heard the strange noise again. **Scarcely** had she banged the door when she remembered that she had left the key inside. They crept upstairs. **Little** did they expect to find the sight that met their eyes.	Im förmlichen Englisch stehen sie jedoch in **Anfangsstellung,** wenn die einschränkende Bedeutung dramatisch herausgestellt werden soll. In diesem Fall tritt stets Teilinversion ein. (Umstellung von Subjekt und erstem Hilfsverb, *do*-Umschreibung in den einfachen Tempusformen, vgl. **337**.3.)

149 Der Gebrauch von *very, much* und *very much* (The use of *very, much* and *very much*)

Though his leg was **very** *painful,* he edged his way forward **very** *cautiously.*	***Very*** dient zur Verstärkung von Adjektiven und Adverbien.
He couldn't *move* **(very) much** on the narrow ledge *(Felsvorsprung)* where he was lying.	***Much*** und ***very much*** dienen zur Verstärkung von Verben. (*Very* allein kann hier nicht stehen.)
The cold compresses don't seem to have helped **much,** my ankle is still swollen. Did you hurt yourself **much** when you fell? My leg was still a bit stiff, so I didn't enjoy the climb **much.** Oder: **. . .** so I didn't **much** enjoy the climb. We **much** admired him for risking his life in order to save the boy. He **much** regretted having been so foolhardy.	***Much*** ist dabei hauptsächlich auf verneinte Sätze und Fragesätze beschränkt und hat hier gewöhnlich Endstellung. Bei bestimmten Verben der gefühlsmäßigen Einstellung (*enjoy, admire, regret, like, prefer,* etc.) ist auch die Binnenstellung möglich. Bei diesen Verben kommt *much* auch in bejahten Aussagesätzen vor, dann aber nur in Binnenstellung.
The boys laughed **very much** at the jokes the bus driver told. Peggy didn't talk **very much** on the way home. We enjoyed our excursion to the seaside **very much.** Oder: We **very much** enjoyed **. . .**	***Very much*** ist nicht auf bestimmte Sätze beschränkt. Es steht gewöhnlich in Endstellung. Bei den Verben der gefühlsmäßigen Einstellung kann es auch Binnenstellung einnehmen.

Anmerkungen:

1. *Much* und *very much* dienen auch zur Verstärkung von Komparativen der Adjektive und Adverbien:
   This is a **much** neater job. *(. . . eine viel sauberere Arbeit.)*
   He worked **very much** more carefully at first. *(. . . sehr viel sorgfältiger.)*

2. Im Sinne von deutsch *aller-* steht *very* vor einigen unregelmäßigen Superlativen wie *first, last, best, worst:*
   That was the **very first** basket I made. *(. . . der allererste . . .)*

3. **Very** kommt auch als attributives Adjektiv vor und wird dann meist durch ein deutsches Adverb (*ganz, genau,* etc.) wiedergegeben:
   Now start at the **very** beginning and tell me what happened. *(. . . ganz am Anfang . . .)*
   We were gossiping about Mr Blair. At that **very** moment his wife walked in. *(Genau in diesem Augenblick . . .)*
   He was enraged at the **very** idea of having to apologize. *(. . . schon beim bloßen Gedanken . . .)*

150–151 Hervorhebende Adverbien (Focusing adverbs)

150 Bedeutung (Meaning)

The advertisements not **only** stress the machine's versatility *(Vielseitigkeit)*, but **also** emphasize its reliability.
This revolutionary technique was developed **exclusively** by our firm.
Housewives, **especially** those with young children, will welcome this time-saving idea.

Die Adverbien dieser Gruppe heben ein Wort oder eine Wortgruppe hervor, indem sie z. B. einen Vergleich, eine Abgrenzung oder einen besonderen Geltungsbereich herausstellen. Hierher gehören:
also, too, as well, even, neither, nor, (not) either, only, merely, exclusively; chiefly, mainly, particularly, mostly, etc.

151 Stellung (Position)

1. Hervorhebende Adverbien, die Binnenstellung bevorzugen

One baker **only** delivers brown bread on Fridays.

he only *delivers* it, he doesn't bake it
only *brown* bread, not white bread
only *on Fridays*, not more often.
only *one baker* in town, not the others

You can **even** buy avocados *at the local shop* now.
He **especially** likes to go for a drink in the pub *before lunch.* (not *after* lunch)
People still **mainly** buy their meat in a butcher's shop rather than in a supermarket.

He takes a dip in the sea **even** *in winter.*
I swam **merely** *two lengths* today.
I enjoy swimming **only** *in warm water/in warm water* **only.**

Die meisten hervorhebenden Adverbien treten vorzugsweise in **Binnenstellung** auf. Dazu gehören z. B. *only, also, even, mainly, mostly, chiefly, merely, exclusively, especially, particularly.*
Dabei können sie sich theoretisch auf jeden Satzteil oder auch auf ein Einzelwort (hier z. B. *one* oder *brown)* beziehen.

Beim Sprechen wird praktisch durch die Betonung klar, was hervorgehoben werden soll. (In unseren Beispielen ist die Silbe mit der Hauptbetonung unterstrichen.) Im schriftlichen Gebrauch klärt sich der Bezug der Adverbien meist durch den Textzusammenhang.

Zur Verdeutlichung können diese Adverbien dem hervorgehobenen Satzteil auch unmittelbar *vorangestellt* werden (vgl. aber Anm.). Einige (besonders *only, even, also)* können ihm außerdem auch nachgestellt werden.

Anmerkung:
Soll das Subjekt hervorgehoben werden, so kann nur *even* diesem immer vorangestellt werden. Bei *only* ist diese Stellung nur üblich, wenn eine mengenmäßige Einschränkung ausgedrückt wird (also z. B. in Verbindung mit Zahlwörtern). Sonst werden (ähnlich wie bei *mainly, chiefly,* etc.) meist andere hervorhebende Konstruktionen bevorzugt:

Even *Bob* liked the play. – **Only** *twenty people* were present.
Peter was **the only one to** applaud. (Wirkt natürlicher als: **Only** *Peter* applauded.)
It is mainly *children* **who** enjoy pantomimes.

Also kann als hervorhebendes Adverb nicht vor dem Subjekt stehen, wird ihm aber gelegentlich unmittelbar nachgestellt:
The puppet show, **also,** was a great success.

2. Hervorhebende Adverbien, bei denen Binnenstellung nicht möglich ist

Andy asked Jill to go to the theatre, **too.**
I went to the cinema yesterday **as well.**

Peter, **too,** got tickets for the concert.
She told *Jim* **as well** about the film festival.

Laura Gray's performance **alone** makes the play worth seeing.

Too und *as well* haben meist **Endstellung** und können sich dabei auf jeden der vorangehenden Satzteile (einschließlich des Subjekts) beziehen.
Zur Verdeutlichung können sie dem hervorgehobenen Satzteil auch unmittelbar **nachgestellt** werden.

Alone wird immer unmittelbar nachgestellt.

I have no ear for music and I'm not interested in it **either.**
He can't sing. **Neither** can he play an instrument.
Bob's never been to the opera. **Nor** does he want to much.

Either („auch" in verneinten und eingeschränkten Sätzen) steht immer in **Endstellung.**
Neither und *nor* („auch nicht") stehen immer in **Anfangsstellung** (mit Teilinversion; vgl. **337.**3, **338.**3; zu Kurzsätzen mit *neither, nor* und *either* vgl. **34.**)

152–153 Adverbien und adverbiale Gruppen der Art und Weise, der Methode und des Mittels

(Adverbs and adverbial phrases of manner, method and means)

152 Bedeutung (Meaning)

Diese Adverbien und adverbialen Gruppen treten fast nur bei Verben auf, die eine Tätigkeit oder einen Vorgang ausdrücken (dynamische Verben). Sie lassen sich wie folgt unterteilen:

A fog-horn boomed **low, mournfully** and more and more **insistently.**
The ships were being **urgently** warned not to leave the harbour.
The storm **slowly** abated.

- **Angaben der Art und Weise** beschreiben – aus der subjektiven Sicht des Sprechers – wie eine Handlung ausgeführt wird. Hierher gehören vor allem Adverbien auf *-ly* (und endungslose Adverbien), die gesteigert werden können.

I folded the letter **lengthwise.**
She kissed me on both cheeks **French-style.**
We shook hands each time we met, **German-fashion.**
He greeted them **in a friendly way.**
Aunt Eliza thought the children had behaved **in a disgraceful manner.**
The boys marched up and down **after the fashion of soldiers on parade.**

- **Angaben der Methode** beschreiben durch einen Vergleich, wie eine Handlung ausgeführt wird. Hierher gehören vorwiegend Adverbien, die mit *-wise, -fashion, -style* von Nomen oder Adjektiven abgeleitet sind (vgl. **143** Anm. 3), sowie Präpositionalgruppen mit *way, manner, style, fashion.*

He polished the paintwork **with a soft leather.**
They got the engine started **by means of much pushing from behind.**
Did you get your land-rover **through an advertisement?**
The braking distance of a vehicle can be worked out **mathematically.**

- **Angaben des Mittels** beschreiben, mit welchem Werkzeug, (Hilfs-)Mittel, etc. eine Handlung ausgeführt wird. Es handelt sich vor allem um Präpositionalgruppen mit *with, by (means of),* etc. (vgl. **174**) sowie um einige Adverbien auf *-ly.*

153 Stellung (Position)

Before you set off, study the map **thoroughly.**
The ruined temple can't be reached **very easily.**
These statues must be handled **with great care.**

Angaben der Art und Weise
Diese Angaben treten oft in **Endstellung** auf. Sie müssen dort stehen, wenn sie für die Bedeutung des Satzes unerläßlich sind.

The trapper **desperately** looked round for a means of escape from the bear, which was now **steadily** advancing towards him.
It looked as though someone had been **wilfully** interfering with his traps.
The elk's footprints had been **completely** obliterated by a recent fall of snow.

Adverbien (nicht jedoch Präpositionalgruppen) erscheinen in **Binnenstellung** (immer unmittelbar vor dem Vollverb), wenn der Informationsschwerpunkt auf dem Verb und seinen übrigen Ergänzungen liegt und diese daher die betonte Endstellung einnehmen.

Calmly and deliberately, the hunter raised his shotgun to his shoulder.
With great presence of mind, our guide took aim at the snake's head.

Sollen die Angaben einen Rahmen für die folgende Aussage setzen, so stehen sie in **Anfangsstellung:** Auf diese Weise treten ebenfalls andere Satzteile in die betonte Endstellung. (Vgl. **330** und **332.**)

Deal out the cards **clockwise.**
He won the game **with his two kings.**
You can only become a good bridge player **through practice.**

With more luck than skill, he managed to beat his opponent.
With the ace of trumps he might have won this game, **without it** he didn't have a chance.

Angaben der Methode und des Mittels
Diese Adverbien und adverbialen Gruppen treten gewöhnlich in **Endstellung,** nie in Binnenstellung auf.

In **Anfangsstellung** (seltener) werden sie verwendet, wenn sie für den Satz einen Rahmen setzen oder wenn sie einen Kontrast ausdrücken sollen.

Anmerkungen:
1. Einige Adverbien der Art und Weise beschreiben die Haltung oder Stimmung, mit der der Handelnde etwas tut. Sie stehen daher sehr häufig in Anfangsstellung, d. h. in unmmittelbarer Nähe des Subjekts. Meistens werden sie dann durch ein Komma vom Rest des Satzes getrennt:
Resentfully, the two contestants glared at each other. (The two contestants were resentful.)

2. Einige Adverbien der Art und Weise wie *cordially, graciously, humbly, kindly* stehen, wenn sie formelhaft verwendet werden, nur in Binnenstellung:
Would you **kindly** have your tickets ready?
You are **cordially** invited to attend our next meeting.

154–155 Adverbien des Standpunktes und des Kommentars

(Adverbs of viewpoint and comment)

154 Bedeutung (Meaning)

Adverbien, die einen Standpunkt oder einen Kommentar zum Ausdruck bringen, beziehen sich als adverbiale Bestimmungen normalerweise auf den ganzen Satz. Diese Adverbien drücken aus:

Not only **geographically** but also **psychologically** the British feel themselves to be islanders.
Ebenso: morally, politically, technically, linguistically, etc.

- unter welchen sachlichen Gesichtspunkten der Sprecher etwas betrachtet (*geographisch gesehen/aus geographischer Sicht,* etc.)

Briefly, imports must be reduced, or else there will be disaster.
Ebenso: frankly, bluntly, honestly, personally, in brief, in short, in general terms, etc.

- wie der Sprecher die Form oder Art seiner Aussage charakterisiert *(offen/frei heraus/einfach/grob/ehrlich/persönlich gesagt,* etc.)
(Zu den infiniten Konstruktionen wie *to be honest, frankly speaking,* etc. vgl. **298.**)

Naturally there must be sacrifices on all sides.
Next year will **probably** see an upward trend.
Ebenso: (un)fortunately, typically, understandably, rightly, wrongly, strangely, perhaps, possibly, presumably, reportedly, evidently, obviously, apparently, surely, of course, etc.

- wie der Sprecher etwas persönlich beurteilt oder in welchem Maße er es für zutreffend hält.

Anmerkungen:
1. Adverbien des Standpunkts auf *-wise* (dt. *was ... betrifft/-mäßig*) werden umgangssprachlich, vor allem im amerikanischen Englisch, immer häufiger:
Taxwise, business is in a much better position this year.

2. Immer häufiger wird *hopefully* als Adverb des Kommentars in der Bedeutung *hoffentlich* verwendet:
Hopefully, prices will remain stable for the rest of the year.
Daneben hat es seine alte Bedeutung *hoffnungsvoll* als Adverb der Art und Weise erhalten:
The journalists were waiting **hopefully** for a bulletin to be issued.

155 Stellung (Position)

Jim failed to keep his appointment. **Understandably** the dentist was annoyed.
I had my teeth checked up yesterday. **Fortunately** there was nothing wrong.
Apparently Betty needs to have her eyes tested.

Die meisten Adverbien des Standpunkts und des Kommentars werden bevorzugt in **Anfangsstellung** verwendet: Der Sprecher legt so – meistens im Anschluß an vorher Gesagtes – seinen Standpunkt vor der eigentlichen Aussage fest.

The new cancer treatment, **understandably,** aroused a great deal of controversial feeling.
Would you, **in short,** be willing to help us with this project?
It is, **of course,** comforting to know that so many people care.
The response to the appeal was overwhelming, **to everyone's surprise.**

Viele dieser Adverbien (und adverbialen Gruppen) können auch in verschiedenen **Binnenstellungen** oder in **Endstellung** auftreten. Adverbien werden dann manchmal, adverbiale Gruppen meist, durch Sprechpause bzw. Komma als eingeschobener oder nachträglicher Kommentar gekennzeichnet.

Newton is **rightly** regarded as the father of modern science.
We shall **probably** be dealing with thermodynamics next term.
Ebenso: wrongly, correctly, justly, possibly, presumably, reportedly, evidently, obviously apparently, surely

Einige Adverbien der persönlichen Beurteilung treten vorwiegend in **Binnenstellung** auf, ohne daß sie durch Komma oder Sprechpause vom Satz abgehoben werden.

156–157 Adverbien und adverbiale Gruppen des Ortes und der Richtung

(Adverbs and adverbial phrases of place and direction)

156 Bedeutung (Meaning)

Is anybody sitting **there?**
Could you move your chair a bit **to the right?**
Ebenso: here, inside, abroad, (at) home, down the road, by the river, round the house, etc.

Orts- und Richtungsangaben umfassen eine begrenzte Anzahl von Adverbien, vor allem aber Präpositionalgruppen (zu den Präpositionen vgl. **164–170**).

Is Tim **back** yet?	When did he come **back?**
Is anybody **in?**	We followed him **in.**

A man was standing **behind the door.**
My button has fallen **behind the sofa.**

Die meisten Adverbien und adverbialen Gruppen können sowohl zur Angabe eines Ortes als auch zur Angabe einer Richtung verwendet werden.

Anmerkung:
Während *at home* nur als Ortsangabe *(zu Hause)* verwendet wird, dient *home* vorwiegend als Richtungsangabe *(nach Hause). Home* kann aber auch als Ortsangabe verwendet werden. Dieser Gebrauch ist vor allem nach *be,* im amerikanischen Englisch auch nach anderen Verben üblich:
I met Chris on his way **home.** – Is Henry **(at) home?** – Mary's staying **(at) home** today.

157 Stellung (Position)

We stopped for a drink **at a roadside café.**
The children scrambled with difficulty **up the steep bank.**

Orts- und Richtungsangaben stehen im Satz normalerweise in **Endstellung.**

From the top of the cliff the people below looked like midgets *(Zwerge).*
Hundreds of motorists are on their way to the coast. **There** they are hoping for a few hours' relaxation in the sun.

Sie können jedoch auch **Anfangsstellung** haben und setzen dann den plastischen räumlichen Rahmen für den Rest des Satzes, wobei die Hauptbetonung gewöhnlich am Satzende liegt (vgl. **3, 6, 330, 332**).

Then they packed their bags and **off** they all went. The door opened and **in** came a noisy, chattering crowd. **In the sky** hung *a huge cloud of smoke.* **Out of the building** staggered *a man with a small child in his arms.* (**Aber:** Out of the building people *were staggering blindly.*) He gathered all his courage and **down** *he* jumped. The fire brigade should be here by now – ah, **there** *they* are.	Wenn eine notwendige Orts- oder Richtungsangabe die Anfangsstellung einnimmt, so erzielt sie einen dramatischen Effekt. Dabei tritt das Subjekt in die betonte Endstellung (Vollinversion), wenn es ein Nomen oder eine Nominalgruppe ist und das Verb keine weitere Ergänzung hat. Das Verb steht dabei immer im *Simple Present* oder *Simple Past.* Ist das Subjekt ein Pronomen, so bleibt es vor dem Verb (keine Inversion). (Einzelheiten zur Anfangsstellung notwendiger Orts- und Richtungsangaben vgl. **337–338.**)

Anmerkung:
Soll ein direktes Objekt besonders betont werden (v. a. wenn es ziemlich lang ist), die Orts- oder Richtungsangabe jedoch nicht, so kann sie zwischen Prädikat und direktem Objekt stehen:

She found **in the drawer** her long-lost earring.
He took **from his pocket** a large leather-bound notebook.

158–159 Adverbien und adverbiale Gruppen der Zeit und der Häufigkeit

(Adverbs and adverbial groups of time and frequency)

158 Bedeutungsgruppen (Grouped according to meaning)

Angaben der bestimmten Zeit *(definite time)* I met him **yesterday.** She was born **in 1960.** **Adverbien:** yesterday, today, tomorrow, tonight **Adverbiale Gruppen:** last night, this week, in 1960, on New Year's Eve, in summer, since Christmas, for two years, etc.	**Angaben der bestimmten Häufigkeit** *(definite frequency)* The ferry leaves **hourly** in summer. He has done the crossing **three times.** **Adverbien:** daily, hourly, weekly, etc., once, twice **Adverbiale Gruppen:** three times, four times, etc., every day, each time, every second week, every five minutes, once a month, etc.
Angaben der unbestimmten Zeit *(indefinite time)* We were invited out **recently.** **Adverbien:** recently, lately, already, just, now, still, later, soon, once *(einst),* etc. **Adverbiale Gruppen:** once upon a time, one day, the other day *(neulich),* long ago, etc.	**Angaben der unbestimmten Häufigkeit** *(indefinite frequency)* I **sometimes** go there in the evening. **Adverbien:** never, ever, seldom, rarely, sometimes, usually, generally, often, always, etc. **Adverbiale Gruppen:** as a rule, in general, for the most part, etc.

Anmerkung:
Zur Verwendung der positiven Adverbien *already* und *sometimes* und der nichtpositiven Adverbien *yet* und *ever* vgl. **20, 22.**

159 Stellung (Position)

Im Hinblick auf ihre Stellung verhalten sich Angaben der bestimmten Zeit und Häufigkeit ähnlich wie Orts- und Richtungsangaben (vgl. **154**); Angaben der unbestimmten Zeit und Häufigkeit dagegen ähnlich wie Angaben der Art und Weise (vgl. **153**) und des Grades (vgl. **148**).

1. Angaben der bestimmten Zeit und Häufigkeit

A pageant *(Historienspiel)* will be presented in the market square **tomorrow.**
A historic battle which was fought just outside the town **in 1643** is being commemorated.
Will the performances take place **daily**?

Diese Angaben treten normalerweise in **Endstellung** auf.

Twice the city was destroyed by fire and **twice** it was built up again.
During the time of Cromwell the celebration of Christmas was forbidden.

Stehen sie in **Anfangsstellung,** so dienen sie oft dazu, einen zeitlichen Rahmen für das Folgende zu setzen (vgl. **330**).

Today it is accepted that the monarchy is subordinate to Parliament, but **in the 17th century** a civil war was fought over this issue.

Darüber hinaus kann die Anfangsstellung auch einen Kontrast ausdrücken.

After eleven years as a republic, England gave Charles II a welcome more rapturous than any given to a monarch before.

Nicht selten ist die Anfangsstellung zusätzlich dadurch bedingt, daß ein anderer Satzteil wegen seiner Länge und größeren Informationsmenge an das Satzende tritt.

Anmerkung:
Gelegentlich treten Angaben der bestimmten Zeit und Häufigkeit, wie übrigens auch Ortsangaben, in Binnenstellung auf, wenn der restliche Satz sehr lang ist. In Frage kommen vor allem besonders geläufige Adverbien wie *today, yesterday, everywhere, here, there:*

A spokesman for the Conservative Party **yesterday** denied rumours that the Minister of Transport was going to resign.
According to reports which are **everywhere** circulating, the Prime Minister is planning to call an election this year.

2. Angaben der unbestimmten Zeit und Häufigkeit

Bei diesen Bedeutungsgruppen muß zwischen Adverbien und adverbialen Gruppen unterschieden werden.

The Times **recently** published a very interesting article on the right to die.
Two tragic cases have **just** shocked the nation's conscience.
A legal battle is expected to be waged **shortly.**

Bei den **Adverbien der unbestimmten Zeit** ist stets die **Binnenstellung** (vor dem Vollverb bzw. nach dem ersten Hilfsverb) möglich, bei den meisten auch die **Endstellung** (nie bei *just,* selten bei *still*).

He **sometimes** stops and speaks to me in the street.
Do you **usually** park your car on this side of the road? – Yes, I **always** do.
Do accidents happen here **frequently**?

Bei den **Adverbien der unbestimmten Häufigkeit** ist die **Binnenstellung** (vor dem Vollverb bzw. nach dem ersten Hilfsverb) die Regel. Die Endstellung ist nur bei wenigen möglich (nicht bei *never, ever, always*).

Soon we'll be able to do our shopping in the new pedestrian zone.
Generally, there isn't much through traffic here, and **never** are there any heavy lorries.
Seldom have I driven through a narrower street.

Bei **beiden Gruppen von Adverbien** ist – mit Ausnahme von *just* – auch die **Anfangsstellung** möglich. Nach *never, seldom, rarely, scarcely* am Satzanfang tritt Teilinversion (Umstellung von Subjekt und Hilfsverb) ein (vgl. **337**.3 und **338**.3).

The other day I read a very interesting article about fairy tales. **Once upon a time** there lived a poor widow and her son Jack. One day ... **As a rule,** good triumphs over evil in such stories.	**Adverbiale Gruppen** der unbestimmten Zeit und Häufigkeit stehen nie in Binnenstellung sondern in **End-** oder **Anfangsstellung.** Die Anfangsstellung ist die Regel bei *once upon a time* (Märchenanfang), *as a rule, in general, for the most part.*

Anmerkung:
In verneinten Sätzen steht *still* im Gegensatz zu *yet* immer **vor** dem verneinten Hilfsverb. Beachte den Bedeutungsunterschied zwischen *still not* und *not yet*:

The Smiths said they would be here by eight, but they **still** haven't arrived. *(... immer noch nicht ...)*
Can I speak to Mr Miller? – Sorry, he hasn't arrived **yet.** *(... noch nicht ...)*

160 Die Stellung mehrerer adverbialer Bestimmungen am Satzende

(The position of several adverbials at the end of the sentence)

Treten zwei oder mehr adverbiale Bestimmungen am Satzende auf – was vor allem bei Angaben der bestimmten Zeit und Häufigkeit, des Ortes und der Richtung sowie der Art und Weise der Fall ist – so gelten folgende vom Deutschen abweichende Prinzipien:

	Sollen keine adverbialen Bestimmungen besonders hervorgehoben werden, so steht
The snow had melted **swiftly in the valleys with the coming of spring.**	• die Angabe der Art und Weise vor der Orts- und Zeitangabe
The river curves **to the left at that point.**	• die Richtungs- vor der Ortsangabe
There was activity **everywhere in nature after the long winter.**	• die Orts- oder Richtungsangabe vor der Zeitangabe
The cows had to be got ready for milking **at six o'clock in the morning.**	• die genauere Zeitangabe vor der allgemeineren.
Small clouds raced **across the sky all day in a never-ending succession.** (Art und Weise hinter Ort und Zeit) A pair of thrushes *(Drosseln)* are building a nest **this year in the branches of the old apple tree.** (Ort hinter Zeit)	Eine lange oder betonte adverbiale Gruppe kann gelegentlich entgegen ihrer üblichen Position am Satzende stehen.

Anmerkungen:

1. Oft wird eine Häufung von drei adverbialen Bestimmungen am Satzende dadurch vermieden, daß eine von ihnen an den Satzanfang tritt:

   Yesterday there was a keen wind blowing **strongly from the east.**

2. Adverbien der Art und Weise stehen, wenn sie nicht besonders betont sind, normalerweise vor Richtungsangaben. Bei Partikelverben (vgl. **47–48**) treten sie jedoch fast immer hinter die Adverbialpartikel:

   He went **quietly out into the garden.** – He went **out quietly.**

161–162 Verknüpfende Adverbien und adverbiale Gruppen

(Linking adverbs and adverbial phrases)

161 Bedeutung und Verwendung (Meaning and use)

Neben Adverbien und adverbialen Gruppen, die sich auf ein Wort, eine Wortgruppe oder einen Satz beziehen (vgl. **147–160**), gibt es solche, die Sätze miteinander verknüpfen, also für die Gestaltung von Texten wichtig sind. Sie stellen in der Regel zwischen einem Satz und einem oder mehreren vorhergehenden Sätzen eine logische Beziehung her. Solche Beziehungen können z. B. sein:

Australia is famous for its great outdoors: **first(ly),** there are miles of unspoilt beaches, **second(ly)** there are vast areas of unexplored outback ...

Above all there is the climate, which lends itself to outdoor life. **In addition,** the Australians are warm and hospitable people.

There are many ways of exploring the country: **for example,** you can take a coach or a jeep, even a camel or a raft *(Floß)*. **In other words,** the choice is yours.

Australia is one of the best places in the world for water sports such as swimming, surfing and sailing. **Similarly,** conditions for angling and big game fishing are ideal.

You may imagine that everything is very expensive. **On the contrary,** eating out, for instance, is surprisingly cheap.

Just as important, **however,** the quality of the food is superb. This, **at any rate,** is most visitors' opinion.

If you have time and leisure enough, you can get there by sea in about six weeks; **otherwise** plenty of flights are available.

Domestic air routes are crowded in the holiday season, **so** it's best, **therefore,** to book in advance.

All in all, Australia can offer you the experience of a lifetime.

- **Reihenfolge:** *first(ly), second(ly),* etc.; *first of all, next, then, last, finally,* etc.
- **Zusatz, Verstärkung:** *moreover, furthermore, above all, in addition, in fact, indeed, again* (außerdem), etc.
- **Erläuterung, Neuformulierung:** *that is* (Abkürzung: *i.e.), in other words, for example* (Abkürzung: *e.g.), (or) rather* (oder vielmehr), etc.
- **Vergleich:** *equally, similarly, in the same way, in/by comparison,* etc.
- **Gegensatz:** *in contrast, on the contrary, yet* (jedoch), *(on the one hand) ... on the other hand,* etc.
- **Einräumung:** *however, though* (jedoch), *after all* (immerhin, schließlich), *anyhow/anyway* (sowieso, jedenfalls), *at any rate* (jedenfalls), *all the same* (trotz alledem), *nevertheless,* etc.
- **Bedingung:** *otherwise/(or) else* (andernfalls), *in that case,* etc.
- **Schlußfolgerung:** *therefore, so* (deshalb), *accordingly, consequently, thus, then* (also), etc.
- **Zusammenfassung:** *in sum, altogether* (insgesamt), *all in all, in conclusion,* etc.

162 Stellung (Position)

Marks and Spencer's is a chain store everyone knows. **After all,** there are branches all over Britain.
Harrods is the most famous shop in London. **In fact,** it's one of the most famous in the world and **accordingly** it's on most tourists' shopping schedule.

Bei den meisten verknüpfenden Adverbien ist die Anfangsstellung üblich. (*Though* steht jedoch nie in Anfangsstellung.)
Dabei werden sie gewöhnlich durch eine Sprechpause bzw. ein Komma vom Rest des Satzes abgehoben.

It looks frightfully crowded but I'm going in **anyway.** You'd better wait out here, **however.**
Did you get what you wanted **then?** – No, I didn't. It was worth a try, **though.**

Among their real bargains were, **for example,** some lovely sheepskin jackets. She **therefore** rushed to the bank to cash a cheque. Alec, **however,** was less impressed by the quality.

Die Adverbien *anyhow, anyway, then* (also), *after all* treten jedoch oft, *however* gelegentlich, in **Endstellung** auf.
Bei *though* ist die Endstellung der Normalfall.

Einige Adverbien, wie *however, for example, therefore,* treten auch in **Binnenstellung** auf, wobei sie oft durch Komma bzw. Sprechpause als Einschub gekennzeichnet werden.

Anmerkung:
Stehen andere adverbiale Bestimmungen in Anfangsstellung, so treten satzverknüpfende Adverbien meist an die zweite Stelle:
Last year, **on the other hand,** prices did not rise much.
In Britain, **moreover,** the rate of inflation is high.

163 Präpositionen und Präpositionalgruppen: Form, Bedeutung, Verwendung (Übersicht)

(Prepositions and prepositional phrases: form, meaning and use)

Präpositionen können Einzelwörter (*at, in,* etc.) oder zusammengesetzte Wörter (*into, onto,* etc.) sein oder aus mehreren Einzelwörtern bestehen (*out of, by means of,* etc.). Mit der nachfolgenden Nominalgruppe zusammen bilden sie eine Präpositionalgruppe (*in the house,* etc.). (Zur Funktion solcher Präpositionalgruppen vgl. **140.**)

1. Bedeutungsklassen
Präpositionen dienen dazu, Beziehungen zwischen verschiedenen Elementen des Satzes zum Ausdruck zu bringen. Die wichtigsten Bedeutungsklassen der Präpositionen geben Beziehungen aus den folgenden Bereichen an:

Sitting **on** a bench **in** the park, she saw an old friend coming **down** the path **towards** her.	Raum (Ort und Richtung) (vgl. **164–170**)
During the summer people like to eat outdoors.	Zeit (vgl. **171–173**)
I refreshed myself **with** a cool drink.	Art und Weise, Mittel (vgl. **174**)
Because of the heat, the swimming pools were packed.	Grund, Ursache (vgl. **175**)
Let's stop **for** a rest under that tree.	Zweck, Absicht (vgl. **176**)

2. Verwendung in konkreter und übertragener Bedeutung
Die meisten Präpositionen haben eine konkrete räumliche Grundbedeutung, können aber auch in übertragener Bedeutung mit abgeschwächter oder völlig verblaßter Raumvorstellung verwendet werden:

The farmer is working **in** the field.	konkrete Raumvorstellung
We are doing research **in** (the field of) biology.	abgeschwächte Raumvorstellung
After five years of hard work we are **in** despair.	völlig verblaßte Raumvorstellung

Häufig können die übertragenen Bedeutungen von räumlichen Präpositionen anderen Bedeutungsklassen zugeordnet werden:

The track led right **through** the flooded fields.	Raum
Through the centuries the sea has gradually crept nearer.	Zeit
Fertile land has been won **through** drainage of the marshes.	Art und Weise, Mittel

In **164–170** werden neben den konkreten Bedeutungen der einzelnen Orts- und Richtungspräpositionen auch einige typische übertragene Verwendungen aufgeführt. Weitere übertragene Bedeutungen sind in **171–176** unter den Bedeutungsklassen Zeit, Art und Weise, etc. enthalten.

Anmerkung:
Zu Verben, Verbverbänden und abstrakten Nomen, die fest mit bestimmten Präpositionen verbunden sind, vgl. **47–48, 269–272, 288–289.**

Präpositionen zum Ausdruck räumlicher Beziehungen

(Prepositions expressing spacial relationships)

164 *In, into, out of*

Diese Präpositionen sind mit der Vorstellung eines Innenraums oder einer Innenfläche verbunden.

He lived **in** a small flat **in** a tower block. **Ebenso:** (be/stay/ . . .) in hospital, in bed, in the corner, etc. **Beachte: in** the street, **in** the sky, **in** a tree	*In* bezeichnet die Lage/das Befinden in: – einem Raum (auf allen oder mehreren Seiten umschlossen)
My uncle has a cottage **in** the mountains. **Ebenso:** in London, in England, in the woods, etc. **Beachte: in** a field/meadow, **in** the picture, **in** the world	– einer umgrenzten Fläche (Geländeform, Stadt, Land, Bild u. a.)
We sat **in** the shade of the old oak tree. **Ebenso:** in the rain/sun/dark/light/heat/cold, etc.	– einer Umweltbedingung (Witterung, etc.)
I thought you were **in** the oil business. **Ebenso:** in politics/furniture/plastics/the law, etc.	– einer Branche, einem Tätigkeitsbereich
The company is **in** financial difficulties. **Ebenso:** in danger/love/despair/tears/panic, etc.	– einem abstrakten Zustand.
The starlet dived **into** the swimming pool. At the end, you see the hero riding **into** the sunset. My cousin Tom wants to go **into** show business. She burst **into** tears on being awarded an Oscar.	*Into* bezeichnet die Richtung in etwas hinein. Wie bei *in* kann es sich dabei um einen Raum, eine umgrenzte Fläche, eine Umweltbedingung, etc. handeln.
I had to get **out of** the bath to answer the phone. He eats **out of** tins whenever his wife is away. I'll tell you as soon as he's **out of** the house. **Out of** sight is **out of** mind.	*Out of* bezeichnet die Richtung aus etwas heraus (Raum, umgrenzte Fläche, etc.; vgl. oben) oder die Lage außerhalb von etwas (meist als Ergebnis einer Bewegung).

Anmerkungen:

1. Bei gewissen Verben wie *put, drip, drop, throw* wird in Richtungsangaben normalerweise *in* statt *into* verwendet:
   She put the letter **in** her handbag and forgot about it.

2. Als Orts- und Richtungspräpositionen werden auch *within, inside* und *outside* verwendet (im amerikanischen Englisch auch *inside of, outside of*). Sie betonen noch stärker als *in, into, out of* die Vorstellung des Innenraums oder der Innenfläche:
   Please keep **within/inside (of)** the marked boundaries. *(. . . innerhalb . . .)*
   No one is allowed to come **inside (of)** this enclosure. *(. . . in . . . hinein . . .)*
   People were waiting **outside (of)** the gates. *(. . . vor den Toren.)*
   The children were sent **outside (of)** the house to play. *(. . . aus dem Haus/nach draußen . . .)*

165 *On (upon), onto, off*

Diese Präpositionen sind vor allem mit der Vorstellung einer Oberfläche verbunden, z. T. auch mit der Vorstellung einer Linie.

Whose is that ball lying **on** the lawn? **Ebenso:** on a chair, on the shelf, on the surface of the lake, on the water, on the continent, on page ten, etc. **Beachte:** be **on** a bus/train/plane (u. a. Verkehrsmittel)	*On* (förml. *upon*) bezeichnet die Lage – **auf** einer waagerechten Oberfläche
We must do something about that damp spot **on** the wall. **Ebenso:** on the blackboard, on the ceiling, on the curtain, etc.	– **an** einer sonstigen (auch senkrechten) Oberfläche
Her handbag was hanging **on** the door knob. **Ebenso:** on her finger, on a hook, on a peg, on a nail, etc.	– **an** einem Gegenstand, der als Befestigung dient

Gloucester lies **on** the River Severn, north of Bristol. **Ebenso:** on the border, on the edge of a forest, on the road to London, on the shore, on the coast (**aber: at** the seaside)	– **an** einer Randlinie, z. B. einem Fluß, einer Straße, Grenze, Seite, etc.
He has written an article **on** (about) the Scottish Highlands.	Übertragen bezieht es sich u. a. auf – ein Thema (Alternative: *about*)
No, I'm not here **on** business, I'm **on** holiday. **Ebenso:** on leave, on strike, on a visit, on a trip; on fire, on sale, etc.	– eine momentane (v. a. berufliche) Situation oder einen Vorgang.
Put the book **on** the table please. **Ebenso:** jump on the bus, hang a picture on the wall, put a ring on one's finger, go on strike, set on fire, etc.	***On*** kann in fast all diesen Bedeutungen auch eine **Richtung** (in übertragener Bedeutung einen Beginn, ein Veranlassen, etc.) angeben.
The rescuers climbed **onto** the roof. The injured man was lowered by rope **onto** a first-floor balcony.	***Onto*** bezeichnet die Richtung **auf** eine Oberfläche **hinauf/herab.**
Be careful you don't fall **off** the ladder. I can't get the lid **off** the pot of paint. She got **off** the bus at the town hall.	***Off*** bezeichnet – die Richtung **von** etwas herunter (auch bei Verkehrsmitteln)
Our village is somewhat **off** the beaten track. The islands are **off** the coast of Cornwall.	– die Lage im Abstand von einer Randlinie *(etwas abseits von)*
Jim has been **off** smoking for six months now. She's gone **off** ice-cream completely.	– Abstand oder Entfernung von einer Gewohnheit.

166 *At, from, to, towards, for*

Diese Präpositionen sind mit der Vorstellung eine Punkts verbunden. Eventuell vorhandene Dimensionen wie Länge, Breite, Höhe werden dabei – im Gegensatz zu *in, into, on,* etc. (vgl. **164–165**) – außer acht gelassen.

He stood waiting **at** the bus-stop for over an hour. **Ebenso:** at the corner, at the door, at the baker's, at the end of the road, at the top of page 7, etc. The 9.45 flight to Seattle lands **at** Chicago and Denver as well. We could stop **at** Winchester for lunch.	***At*** bezeichnet die Lage/das Befinden **an einem Punkt.** Als Punkt gesehen wird u. a. auch – ein Ort auf einer Route oder auf der Landkarte
Both of the girls are **at** Cambridge University. **Ebenso:** at one's office, at work, at school, at war with, at leisure, at rest, etc.	– eine Arbeitsstelle, eine Tätigkeit
Water boils **at** 212 °F (100 °C), and freezes **at** 32 °F (0 °C).	– ein Grad auf einer Skala.
Bob comes/is **from** New Zealand. I got the idea **from** Marion. He took a map **from** his pocket and pointed out the route. Could you get that atlas down **from** the top shelf?	***From*** bezeichnet die Richtung **von** etwas (oder jemand) **her** (auch – weniger genau als *out of* und *off* – aus etwas heraus, von etwas herab). Es steht auch in bezug auf
I think that saying is **from** the Bible. **Ebenso:** quote from Shakespeare, paint from life, etc.	– eine Quelle, eine Vorlage
Steel is made **from** iron. *(... wird aus Eisen gemacht.)* (**Aber:** This gate is made **of** iron. = *... besteht aus Eisen.*)	– ein Ausgangsmaterial.

The boy ran **to** his mother for protection.
The apples fell **to** the ground and rotted.
Please count **to** ten before opening your eyes.

When I saw them, they were walking **towards** town.
(... auf die Stadt zu.)
The old man just sat there looking **towards** the sea.

The children had already **left for** school. *(... waren schon auf dem Weg zur Schule.)*
Is this the **train for** Leeds? *(... der Zug nach Leeds?)*
Ebenso: make/set out/start, etc. for ...; the bus/the plane, etc. for ...; passengers for ...

They signed a petition objecting **to** the power station.
My attitude **towards/to** violence is clear.
The local people have a lot of sympathy **for** the demonstrators.
Ebenso: reaction to, duty to, etc.; behaviour towards/to, feeling towards, etc.; taste for, preference for, etc. ...

To, towards, for bezeichnen die Richtung **zu** etwas (oder jemand) **hin.**
To drückt (ähnlich wie *into, onto*) aus, daß ein Zielpunkt erreicht wird (auch im übertragenen Sinn).

Towards läßt offen, ob ein Zielpunkt erreicht wird, und betont, daß eine bestimmte Richtung eingehalten wird.

For drückt die Absicht aus, einen Zielpunkt zu erreichen. Es steht v. a. nach Verben, die den Beginn einer Bewegung bezeichnen, und in Verbindung mit Verkehrsmitteln.

To, towards und (seltener) ***for*** werden auch in bezug auf eine Einstellung verwendet.

Anmerkungen:

1. *At* kann auch die Richtung, den Zielpunkt eines Angriffs angeben (konkret und übertragen):
   The boys were throwing stones **at** the ducks. *(... bewarfen ... mit Steinen./... warfen Steine nach ...)*
   I shouted **at** them to stop. *(Ich schrie sie an, sie sollten ...)*

2. *From* und *to* können auch in Ortsangaben verwendet werden, *for* auch zur Angabe einer Erstreckung:
   A tanker is stranded about a mile **from** the coast. *(... von der Küste entfernt ...)*
   The nuclear power station is only a short distance **to** the south of the town. *(... südlich ...)*
   Ebenso: to the north/left/right
   They marched **for** ten miles along the main road. **Ebenso:** stretch/extend, etc. for ...

167 *Between, among*

Diese Präpositionen bezeichnen bei konkreter Bedeutung die Lage in einem Zwischenraum (oder die Richtung dorthin).

The girl sat in the back of the car **between** her parents.
The helicopter landed **between** the two buildings.
Our farm is situated **between** the mountains and the sea.
Luxemburg lies **between** Germany, Belgium and France.

There's no public transport **between** the two villages.

Describe the relation **between** the three main characters.
The story is about the difference **between** appearance and reality.
Ebenso: a distinction/quarrel/friendship/etc. between ...

The Indian settlement was well hidden **among** the trees.
She left the city to live **among** her own people.

Maria was **among** the first Indians to attend college.
(... war unter den/gehörte zu den ersten Indianern, die ...)

There is a lot of rivalry **among** the political representatives of the minorities.

Between bezeichnet
- die Lage zwischen **zwei** Punkten, Flächen, etc. (bzw. zwischen einer **bestimmten Zahl** von Punkten, Flächen, etc.)
- eine Verbindung zwischen verschiedenen Punkten
- eine abstrakte Beziehung zwischen zwei (bzw. einer bestimmten Zahl von) Personen oder Sachen.

Among bezeichnet
- die Lage zwischen **einer unbestimmten Zahl** von Punkten
- Zugehörigkeit zu einer Gruppe
- abstrakte Beziehungen zwischen den Mitgliedern einer Gruppe.

168 *Over, above, up – under, below, down*

Diese Präpositionen drücken Höhenunterschiede aus. Gegensatzpaare sind *over – under, above – below, up – down.* Der Unterschied zwischen der (engeren) Bedeutung von *over – under* und der (weiteren) Bedeutung von *above – below* läßt sich so zusammenfassen:

over: senkrecht über etwas	*above:* oberhalb, d. h. auf einer höheren Ebene
under: senkrecht oder unmittelbar unter etwas	*below:* unterhalb, d. h. auf einer niedrigeren Ebene

Im einzelnen gilt:

Over (above) the mantelpiece hung a portrait of the Queen. A flock of birds circled **over** (above) the castle.	***Over*** bedeutet – in senkrechter Richtung über etwas (z. T. austauschbar mit *above*)
It would be very difficult to climb **over** that fence. You'll have to use the stepping stones: There's no bridge **over** (across) the stream.	– über etwas hinweg (bei ebenen Flächen oft austauschbar mit *across*)
This tapestry is worth **over** a million dollars.	Übertragen bezeichnet es – eine höhere Zahl
William I ruled **over** England from 1066–1087.	– Macht über jemanden.
They hid the documents **under** the floorboards. I found the book **under** a pile of old magazines.	***Under*** bezeichnet – die Lage senkrecht unter oder unmittelbar unter etwas
The cat crept **under** the blanket. (**Beachte:** He came out **from under** the blanket: . . . *unter der Decke hervor.*)	– die Richtung zu dieser Lage hin.
Under 30 people were present at the ceremony. The arts flourished **under** (the rule of) Elizabeth I.	Übertragen bezieht es sich auch auf – Zahlen und Machtverhältnisse (vgl. *over*)
The building is **under** repair at the moment. **Ebenso:** under these conditions, under great difficulties, under the threat of, under the name of	– Zustände, Vorgänge, Bedingungen.
A shark's fin rose **above** the surface of the water. The plane flew **above** the clouds. (**Aber:** fly **over** s. th. = *über etwas hinweg fliegen*)	***Above*** bezeichnet – die Lage oberhalb von etwas bzw. die Richtung dorthin (genereller Höhenunterschied)
I'll make a note of all expenses **above** (over) £5. **Ebenso:** above average, above (over) the age of 15, etc.	– die Lage oberhalb eines Zahlen- oder Meßwertes
That girl has ideas **above** her station. *(Stand, Rang)* His behaviour was **above** criticism. *(. . . über . . . erhaben.)* **Ebenso:** above suspicion, above taking advice, etc.	– Überlegenheit (rangmäßig, moralisch, etc.).
Parts of the marshes are **below** sea level. The temperature sank **below** freezing point. A lieutenant ranks **below** a general. It would be **below** his dignity to do the job himself.	***Below*** bezeichnet die Lage unterhalb von etwas (bzw. die Richtung dorthin), und zwar in konkretem und übertragenem Sinn.
Look, there's a squirrel climbing **up** the tree. Halfway **up** the hill, they stopped for a rest.	***Up*** bezeichnet die Richtung an etwas hinauf oder eine Lage weiter oben.
He ran **down** the stairs to answer the phone. They live **down** the road from us. *(. . . weiter unten . . .)*	***Down*** bezeichnet die Richtung an etwas hinunter oder eine Lage weiter unten.

Anmerkungen:

1. *Over* kann (häufig in Verbindung mit *all*) auch eine Lage oder Bewegung in Kontakt mit einer Gesamtfläche bezeichnen:
   Snow fell **over** the north of England yesterday. *(... im ganzen Norden/überall im Norden Englands.)*
   She travelled all **over** South America. *(Sie bereiste ganz Süd-Amerika.)*

2. Ähnliche Bedeutung wie *under* und *below* haben *underneath* und *beneath*. *Beneath* wird hauptsächlich übertragen verwendet. (In konkreter Bedeutung wirkt es veraltet oder literarisch.)
   He hid the bank notes **underneath** (under) the carpet.
   Such conduct is **beneath** (below) contempt.

169 *In front of, before – behind, after – beyond, past – beside, by, near*

Diese Präpositionen bezeichnen Lage- und Entfernungsunterschiede gegenüber einem bestimmten Bezugspunkt (meist von einer waagerechten Blickrichtung aus gesehen). Sie können sowohl in Orts- als auch in Richtungsangaben verwendet werden. Zum Vergleich werden ihre deutschen Entsprechungen angegeben:

I'm nervous about standing up to speak **in front of/before** all those people. Kate was sitting **in front of** me in the theatre. Your name should come **before** his in the list of performers. It's best to put quality **before** popular success.	***In front of/before:*** *vor* Im konkreten räumlichen Sinn wird meist *in front of* bevorzugt. Im Sinn einer (zeitlichen oder wertenden) Reihenfolge ist nur *before* möglich.
The bicycle shed is **behind** the school building. Joan is way **behind** Bridget in maths and science. All my friends were solidly **behind** me on the matter.	***behind:*** *hinter* (auch im Sinn einer Wertung oder Unterstützung)
Two of us ran **after** the pickpocket. The police arrived ten minutes **after** the ambulance.	***after:*** *hinter ... her* *nach* (zeitliche Reihenfolge)
Beyond the house the ground rose steeply. He hit the golf-ball well **beyond** the hole. The cattle strayed **beyond** the boundaries of the park. How he can afford a horse is **beyond** my comprehension.	***beyond:*** *jenseits* *über... hinaus* *auf die andere/auf der anderen Seite* (übertragen im Sinn eines Übertreffens)
Several police cars rushed **past** the school this morning. The rectory is about 100 yards **past** the church.	***past:*** *an ... vorbei* *hinter*
You can put your case in the corner **beside** the wardrobe. They rented a cottage **beside** Lake Windermere.	***beside:*** *neben* *an* (einem Rand)
We sat down **by** the stream to eat our sandwiches.	***by:*** *an, nahe bei*
Don't got too **near** the edge of the cliff.	***near:*** *nahe an/bei/zu*

170 *Along, (a)round, about – against, across, through*

Diese Präpositionen bezeichnen eine Anordnung oder Bewegung im Verhältnis zu einer Linie, einer Fläche oder einem Raum. Zum Vergleich werden die deutschen Entsprechungen angegeben:

We were strolling **along** the road, admiring the scenery. Willow trees grew **along** the banks of the river.	***along:*** *entlang* (einer Linie)
Let's have a race **around** the park. There was a protective fence **round** each tree.	***round/around:*** *(rings) um (... herum)* (eine Fläche, einen Raum)
Several rucksacks were lying **about** the hall of the youth hostel. He spends his summers travelling **about** Europe. I'm reading a book **about** (on) Captain Cook.	***about:*** *überall in ... herum* (planlose Anordnung oder Bewegung in einer Fläche, einem Raum) (übertragen: *über* ein Thema)

We leant our bicycles **against** the wall. The fight **against** pollution has only just begun. The majority is **against** us on the matter.	***against:*** *gegen* (eine senkrechte Fläche) (übertragen: Handlung, Einstellung gegen)
The little boy ran **across** (over) the road without looking. That's Mrs Carey, who lives **across** (over) the road from us.	***across:*** *über* (eine Fläche), *auf der anderen Seite*
The footpath leads **through** a cornfield. He looked out **through** the window at the children playing. My grandmother has gone **through** difficult times.	***through:*** *durch (... hindurch)* (umgrenzte Fläche – Innenraum; übertragen: Zustand o. ä.)

171–173 Präpositionen zum Ausdruck zeitlicher Beziehungen

(Prepositions expressing time relationships)

171 *At, on, in*

Diese Präpositionen haben ganz unterschiedliche Entsprechungen im Deutschen (*in, an, um, zu* u. a.) und werden daher häufig falsch verwendet. Ihre Wahl hängt von der anschließenden Nominalgruppe ab.
Ihrer räumlichen Grundbedeutung entsprechend (vgl. **164–166**) steht *at* eher vor Bezeichnungen eines Zeitpunkts, *on* und vor allem *in* eher vor Bezeichnungen eines Zeitraums.

at six o'clock, **at** ten (minutes) to five, etc. **at** dawn, **at** sunrise, **at** sunset, **at** night, **at** midnight, **at** noon **at** Easter, **at** Christmas, **at** Whitsuntide *(Pfingsten)* **at** the moment *(jetzt)*, **at** present *(zur Zeit)*, **at** the beginning/end of (June/...), **at** the age of twenty, **at** all times, etc.	***At*** steht bei – Uhrzeiten – einigen Tageszeit(punkt)en – einigen Festen – allgemeinen Zeitpunkten.
on a sunny day, **on** that day (**aber: in** those days: *damals*) **on** Tuesday, **on** Sundays *(sonntags)*, **on** weekdays **on** January 8th, **on** Saturday 1st August **on** Christmas Eve, **on** All Saints' Day, **on** Good Friday, etc. **on** that morning, **on** a sunny afternoon, **on** Friday night, **on** a dark winter evening in January, **on** the morning of June 28th, **on** the afternoon of that day (**aber: in** the early/late morning of June 28th).	***On*** steht bei – Einzeltagen allgemein – Wochentagen (auch im Plural) – Datumsangaben – Feiertagen mit *Day/Eve* u. a. – näher bestimmten Tageszeiten: mit *that, a* + Adjektiv/Nomen, *the* + *of*-Gruppe (außer in Verbindung mit *early/late*).
in the morning, at six o'clock **in** the evening, **in** the late afternoon **in** June, **in** mid-July, **in** spring, **in** high summer, **in** midwinter, etc. **in** (the year) 1910, **in** the mid-thirties, **in** the 20th century, **in** the age of Elizabeth I, **in** King John's reign, etc. **in** his youth, **in** old age, **in** her teens/thirties, etc., **in** the past, **in** the future, **in** the hour of danger, etc.	***In*** steht bei – *the* + *morning/afternoon/evening* **ohne** nähere Bestimmung (zu *early/late* vgl. jedoch *on*) – Monaten, Jahreszeiten – Jahren, Jahrzehnten, Jahrhunderten, Zeitaltern – Lebenszeiten, *past* und *future* u. a. Zeiträumen.

Anmerkungen:

1. Während *at night* die Nachtzeit allgemein (= Dunkelheit) oder ihren Beginn bezeichnet, nennt *in the night* einen Zeitpunkt oder Zeitraum innerhalb der Nacht:

At night the streets were always empty.	*(Nachts ...)*
He returned **at night.**	*(... bei Anbruch der Dunkelheit.)*
A loud noise woke me **in the night.**	*(... in der Nacht.)*

2. *Night* und *day* können (als gegensätzliche Tageszeiten) auch mit *by* stehen (vgl. *bei Nacht, bei Tag*):
We travelled **by night** and rested **by day**.

3. *In* kann auch eine Frist (dt. *in* = *binnen*) oder einen zukünftigen Zeitpunkt (dt. *in* = *nach Ablauf von*) bezeichnen:
He learned French **in** two years. (oder: ... **within** two years.) The concert starts **in** an hour.

172 *Since, for, from, to, till, until, by*

Diese Präpositionen geben Beginn, Gesamtdauer oder Ende eines Zeitraumes an. Sie haben z.T. gemeinsame deutsche Entsprechungen (z. B. *till, by:* dt. *bis*), werden im Englischen aber unterschiedlich verwendet.

I haven't seen her **since** my last birthday. *(... seit ...)* She knew him very well, because she had been working with him **since** 1980.	***Since*** bezeichnet den Beginn eines Zeitraumes, der bis zur Gegenwart oder bis zu einem Bezugspunkt der Vergangenheit reicht (mit *Present Perfect* oder *Past Perfect*, vgl. **191** Anm. 1, **195.1**, **196**).
We've lived here **for** ten years now. *(... seit zehn Jahren/schon zehn Jahre lang.)* They had only known each other **for** five weeks when they got married. *(... seit fünf Wochen/ fünf Wochen lang ...)* Last time he was in prison **for** a year. This time it will be **for** five years at least.	***For*** bezeichnet die Gesamtdauer eines Zeitraumes (meist mit Zahlenangaben). Dieser Zeitraum kann wie bei *since* bis zur Gegenwart oder bis zu einem Bezugspunkt der Vergangenheit reichen. Er kann aber auch ganz der Vergangenheit, Vorvergangenheit oder Zukunft angehören (daher mit allen Tempora kombinierbar, vgl. **195.2**).
I worked in a Brighton hotel **from** May **to/till/ until** September. *(... von Mai bis September ...)* We'll be in San Francisco **from** Tuesday **through** Friday. (= from Tuesday to Friday inclusive)	***From ... to/until/till*** bezeichnen Beginn und Ende eines Zeitraumes. Im amerikanischen Englisch wird auch *from ... through* (von ... bis einschließlich ...) verwendet.
From Monday **(on/onward)** there'll be new opening times. *(Ab Montag/Von Montag an ...)* The match lasted **till/until** midnight. *(... bis ...)* He stayed right **up to** the end of the match. (**Aber:** It's three hours **to/till** the opening ceremony.)	Wird nur der Beginn des Zeitraums genannt, so steht *from* allein oder *from ... on/onward.* Wird nur das Ende genannt, so stehen *till, until* oder – zur Hervorhebung einer Dauer – *up to.* (Wird ein bevorstehendes Ereignis genannt, so stehen jedoch *to* oder *till.*)
Can you get that letter typed **by** three o'clock? *(... bis drei Uhr ...?)* We started very early, and **by** noon we had reached Edinburgh. *(... bis zum Mittag ...)*	***By*** bezeichnet das Ende einer Frist *(bis spätestens).* Es drückt aus, daß zu einem genannten Zeitpunkt bereits ein Ergebnis vorliegt (bzw. vorliegen soll).

Anmerkung:
For kann auch einen geplanten Termin bezeichnen: We have been invited **for** July 14th. *(... zum ...)*

173 Weitere Präpositionen in Zeitangaben (Other prepositions used in expressions of time)

Die folgenden Präpositionen werden im wesentlichen genauso wie ihre deutschen Entsprechungen verwendet.

before/after Easter	*vor/nach*	**between** March and June	*zwischen*
Aber:		**towards** midnight	*gegen*
ten **to/past** nine	*zehn vor/nach neun*	**around** six o'clock	*um ... herum*
an hour **ago**	*(jetzt) vor einer Stunde*	**during** the year 1980	*während*
two days **before**	*zwei Tage zuvor*	**through** the night	*... hindurch/über*
		throughout that day	*den ganzen ... hindurch*
(Zu *to/past* bei Uhrzeiten vgl. **358**,		**over** the week-end	*über*
zu den Adverbien *ago/before* vgl. **325–326.**)		**into** the night/winter	*bis in ... hinein*

174–176 Präpositionen zum Ausdruck anderer Beziehungen

(Prepositions expressing other relationships)

174 Präpositionen in Angaben der Art und Weise, der Methode und des Mittels

(Prepositions used in expressions of manner, method and means)

Am vielseitigsten werden hier *by* und *with* gebraucht. Die anderen Präpositionen haben einen begrenzteren Anwendungsbereich.

Ms Callaghan always comes to work **by** car. **Ebenso:** by bus/train/plane/ship/air/sea/rail, etc. He informed me **by** letter of his decision to leave. **Ebenso:** communicate by radio, send a message by telegram/telex, etc. I was told about the accident **by** a friend. Two skiers were killed **by** an avalanche yesterday.	***By*** wird verwendet – mit Bezug auf Transportmittel *(mit)* – zur Angabe eines Kommunikationsmittels oder Mediums *(durch, über, per)* – zum Anschluß des *by*-agent im Passivsatz (vgl. **58**).
It's better to eat Chinese food **with** chopsticks. (Vgl.: I can't eat the rice **without** a fork.) Asians move **with** more grace than Europeans. (Vgl.: She poured the tea **without** much grace.) **Ebenso:** fight with a sword, see s.th. with one's own eyes, explode with a bang, fight with courage, etc.	***With*** (Gegensatz *without*) bezieht sich u. a. – auf ein Instrument oder Werkzeug – auf eine Verhaltensweise, Eigenschaft, etc.
The men at the bar were talking **in** Dutch *(... auf Holländisch.)* She answered **in** a low voice. *(... mit leiser Stimme.)* I never use a biro – I always write **in** ink. *(... mit Tinte.)* **Ebenso:** paint in oil, speak in a whisper, write in block letters, etc. The children were standing **in** a straight line. **Ebenso:** in rows, in a circle, in single file *(im Gänsemarsch)*, etc.	***In*** wird nur in ganz bestimmten Verbindungen verwendet, so – zur Angabe der Sprache, der Sprech- und Schreibweise, des Schreibmittels, o. ä. – zur Beschreibung einer Anordnung von Personen oder Dingen.
The survivors of the crash attracted attention **by means of** a fire. He openened the door **with the aid of** a picklock. They got the car moving **with the help of** two boys.	Zum Ausdruck der Methode und des Mittels dienen ferner – ***by means of:*** *mittels, durch* (die Verwendung von etwas) – ***with the aid of:*** *mit Hilfe* (einer Sache) – ***with the help of:*** *mit Hilfe* (einer Person)

Anmerkung:
Auch *through* und *on* können zum Ausdruck der Art und Weise bzw. des Mittels verwendet werden:

I got this job **through** a friend of my father's.	*through: durch* (die Vermittlung von)
The seamen lived **on** nothing but fish. The motor-boat runs **on** diesel.	*on: von/mit* (Dingen, die verbraucht werden)

175 Präpositionen in Angaben des Grundes und der Ursache

(Prepositions used in expressions of reason and cause)

Neben dem vielseitig verwendbaren *because of* stehen hier eine Reihe von Präpositionen mit begrenztem Anwendungsbereich zur Verfügung. Außerdem gibt es eine Reihe förmlich wirkender mehrteiliger Präpositionen, deren genauere Bedeutung sich aus den Einzelbestandteilen ableiten läßt.

The airport was closed **because of** fog.	***because of:*** *wegen*
She'll jump **for** joy when she hears the news. **Ebenso:** for fun/love/fear/sorrow/grief, etc.	***for:*** *vor, aus* (Gemütsbewegung)
I couldn't see anything **for** the mist.	*wegen* (Hinderungsgrund)
They praised the driver **for** her presence of mind. **Ebenso:** blame/reward/punish/etc. s.o. for s.th.	*für, wegen* (bei Lob, Tadel, Belohnung, etc.)
We were stiff **with** cold after waiting so long. You could see the girl was shaking **with** fear. **Ebenso:** wet with rain, bright with joy, pale with anger, heavy with sleep, etc.; cry with rage, sing with joy, etc.	***with:*** *vor, von* (gibt nach bestimmten Adjektiven und Verben die Ursache eines Zustands oder einer Gefühlsreaktion an)
The delay arose **through** a misunderstanding. **Ebenso:** fail through ignorance, through lack of experience, through mismanagement, etc.	***through:*** *durch, wegen* (einer Unzulänglichkeit)
She has suffered **from** asthma all her life. **Ebenso:** die from injuries, collapse from fatigue, from hunger; act from necessity, from cowardice, from conviction, etc.	***from:*** *an, aus, wegen* (Krankheit, Unzulänglichkeit, Einstellung)
She helped us **out of** the goodness of her heart. **Ebenso:** out of kindness/fear/interest/curiosity, etc.	***out of:*** *aus* (einer Einstellung)
I recognized him **by** his flaming red hair. **Ebenso:** know s.o. by their voice, see s.th. by s.o.'s face, etc.	***by:*** *an* (einem Erkennungsmerkmal)
My father retired early **due to** ill health. The murderer was acquitted **on grounds of** insanity. I had the contract changed **on the strength of** your advice. He has a lot of influence **by virtue of** his position.	***due to:*** ***on grounds of:*** ***on the strength of:*** ***by virtue of:*** } förml. Stil: *aufgrund, wegen*

Anmerkung:
In Verbindung mit *all* haben *for* und *with* einräumende Bedeutung und entsprechen den Präpositionen *in spite of, despite* (dt. *trotz*):

For all my efforts/**Despite** (all) my efforts, I didn't succeed in making him change his mind.
With all his learning/**In spite of** (all) his learning, Peter can be remarkably stupid.

176 Präpositionen in Angaben des Zwecks, der Absicht, des Ziels

(Prepositions used in expressions of purpose, intention and aim)

Hier wird vor allem *for* verwendet, das einen breiteren Anwendungsbereich als dt. *für* hat. Daneben stehen einige mehrteilige Präpositionen zur Verfügung.

His secretary does all the work **for** him. She fought **for** women's rights in the late 19th century.	***for:*** *für* (eine Person, ein Ziel)
They put guards at all the entrances **for** extra security.	*aus ... Gründen, wegen* (eines Ziels)

Run **for** your life – there's a bomb in the building! They've got a machine **for** detecting firearms. **Ebenso:** be destined/trained for s.th.; pray for peace, cry for help, fish for eels; go for a walk/swim/...; a knife for cutting meat, etc.	*um, nach, zu(m)* (zum *Gerund* nach *for* vgl. **296** Anm. 2)
For the sake of peace, they agreed to compromise. The new machines have been introduced **for the purpose of** raising productivity. They bought some land **with a view to** starting a chicken-farm.	***for the sake of:*** *um ... willen* ***for the purpose of/with a view to*** *+ Gerund: um ... zu ..., mit der Absicht ... zu ...*

Kapitel 6: Die finiten Verbformen

(The Finite Verb Forms)

177–178 Die finiten Formen des Vollverbs: Funktion und Bildung (Übersicht)

(The finite forms of the main verb: their function and formation)

177 Funktion (Function)

Im Rahmen einer sprachlichen Äußerung bezeichnet die finite Verbform **gleichzeitig:**

a) **Zeitbezug** (time relationships)
The workman **was mending** the roof.
He **had come** with his ladder earlier that morning
and **would** probably **finish** the job the next day.

Mit der Form *was mending (Past Tense)* macht der Sprecher klar, daß er von einer vergangenen Handlung berichtet.
Die Tempusformen im zweiten Satz stehen zu *was mending* in folgender Beziehung: *had come (Past Perfect)* drückt Vorzeitigkeit aus, *would finish (Future-in-the-Past)* Nachzeitigkeit.
(Zu Tempus und Zeitbezug vgl. **179–180**)

b) **Aspekt** (aspect)
The workman **was mending** the roof.
He **removed** the old tiles, **laid** new ones and **fixed** them into place.

Durch die Form *was mending (Progressive Form)* wird die Handlung als gerade ablaufend dargestellt (progressiver Aspekt).
Im Gegensatz dazu beschreiben *removed, laid* und *fixed (Simple Form)* in sich abgeschlossene Glieder einer Handlungskette. (Zum progressiven Aspekt **181–185**)

c) **Modus** (mood)
The workman **was mending** the roof.
I wish I **had** the money for more extensive repairs.

Durch die Form *was mending* wird die Handlung als Tatsache gekennzeichnet. Deshalb erscheint die Indikativform des Verbs.
Die Form *had* im folgenden Satz dagegen kennzeichnet die Handlung als nur vorgestellt, als Möglichkeit. Sie wird als *Modal Past* bezeichnet; im Deutschen entspricht ihr eine Konjunktivform *(hätte).*
(Zum modalen Gebrauch der Tempusformen von Vollverben vgl. **212–214**)

Wie unser Beispiel *was mending* zeigt, sind im Englischen bei der Wahl jeder finiten Verbform Zeitbezug, Aspekt und Modus zu berücksichtigen. Darüber hinaus sind finite Verbformen noch hinsichtlich der Person und des Numerus *(I, you, he . . . they)* und des Aktiv oder Passiv festgelegt.
(Zum Passiv vgl. **58–65**)

178 **Formenübersicht** (Table of forms)

In der folgenden Übersicht ist die Bildung der Indikativformen der regelmäßigen Vollverben am Beispiel von *call* dargestellt: Farbig: *Simple Form*, weiß: *Progressive Form (Continuous Form).*
Zu den *Subjunctive*-Formen vgl. **213.**1, **214.**1; zu den unregelmäßigen Verben vgl. **343**; zu den Besonderheiten der Schreibung vgl. **346.**
Bei den zusammengesetzten Tempusformen sind nur die Vollformen der Hilfsverben angegeben. Zu den Kurzformen (*I'm, he's, they'd,* etc.) vgl. **219, 246, 252.**

		Tempusformen des Aktiv:	Tempusformen des Passiv:
Present Tense	*(Simple)*	I/you/we/they **call** he/she/it **calls**	I **am** he/she/it **is** we/you/they **are** } **called**
	(Progressive)	I **am** he/she/it **is** we/you/they **are** } **calling**	I **am** he/she/it **is** we/you/they **are** } **being called**
Past Tense		I/you/we/they he/she/it } **called**	I/he/she/it **was** we/you/they **were** } **called**
		I/he/she/it **was** we/you/they **were** } **calling**	I/he/she/it **was** we/you/they **were** } **being called**
Present Perfect		I/you/we/they **have** he/she/it **has** } **called**	I/you/ . . . **have** he/. . . **has** } **been called**
		I/you/we/they **have** he/she/it **has** } **been calling**	–
Past Perfect		I/you/he/. . . **had called**	I/you/he/. . . **had been called**
		I/you/he/. . . **had been calling**	–
will-Future		I/you/he/. . . **will call**	I/you/he/. . . **will be called**
		I/you/he/. . . **will be calling**	–
Future-in-the-Past (Conditional)		I/you/he/. . . **would call**	I/you/he/. . . **would be called**
		I/you/he/. . . **would be calling**	–
Future Perfect		I/. . . **will have called**	I/. . . **will have been called**
		I/. . . **will have been calling**	–
Future-Perfect-in-the-Past (Conditional Perfect)		I/. . . **would have called**	I/. . . **would have been called**
		I/. . . **would have been calling**	–

Anmerkungen:

1. Bei den *Future*-Formen werden im südlichen britischen Englisch in der 1. Person Singular und Plural *(I, we)* neben *will* und *would* auch die Formen *shall* und *should* benutzt.

2. Wie aus den Lücken in der Tabelle hervorgeht, ist die *Progressive Form* beim Passiv nur im *Present Tense* und *Past Tense* üblich. Gelegentlich werden aber auch in den anderen Tempora *Progressive Forms* gebildet, wenn dem Sprecher keine entsprechende Aktivkonstruktion einfällt:

You can't take that road, it **will be being repaired** from tomorrow on.

179–180 Tempus und Zeitbezug (Tense and time relationships)

179 *Present-Tense*-Gruppe und *Past-Tense*-Gruppe (Present tense group and past tense group)

Die beiden Grundtempora des Englischen sind *Present Tense* und *Past Tense.* Jede längere Darstellung eines Gedanken- oder Handlungsgangs baut auf einem dieser beiden Tempora auf. Die übrigen Tempora drücken Vorzeitigkeit („zuvor") oder Nachzeitigkeit („danach") gegenüber einem dieser beiden Grundtempora aus:

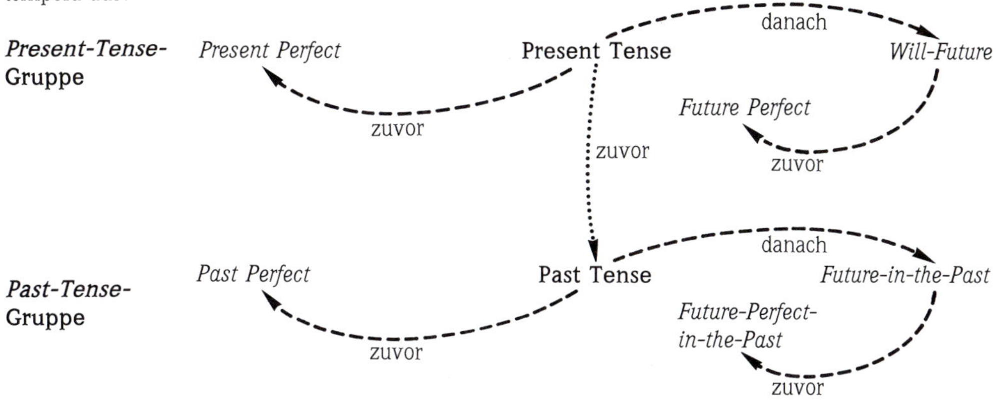

Wie das Schema zeigt, beziehen sich *Present Perfect* und *will-Future* direkt auf das *Present Tense, Past Perfect* und *Future-in-the-Past* direkt auf das *Past Tense. Future Perfect* und *Future-Perfect-in-the-Past* beziehen sich dagegen nur indirekt auf das jeweilige Grundtempus: Sie drücken Vorzeitigkeit gegenüber dem *will-Future* bzw. dem *Future-in-the-Past* aus (vgl. **207, 210**).
Das Schema deutet außerdem an, daß auch das *Past Tense* Vorzeitigkeit gegenüber dem *Present Tense* ausdrücken kann. Daher ist unter bestimmten Bedingungen ein Wechsel zwischen den Tempusgruppen möglich.

180 Die Verwendung der Tempusgruppen und ihr Wechsel in Texten

(Use and shifting of tense groups in texts)

- Die ***Present-Tense*-Gruppe** stellt einen Sachverhalt als **gegenwartsbezogen** dar. Mit ihr beschreibt oder erläutert der Sprecher, was zum Sprechzeitpunkt der Fall oder von Bedeutung ist.
- Die ***Past-Tense*-Gruppe** wird verwendet, wenn kein unmittelbarer Bezug zur Gegenwart hergestellt werden soll: Die Darstellung bezieht sich auf einen realen **vergangenen Zeitraum** (bzw. Zeitpunkt) oder auch auf einen fiktiven Handlungszeitraum (z. B. in Romanen, Märchen, etc.).

Die Tempora der beiden Gruppen treten in Texten meist jeweils gebündelt auf. Die Tempusgruppe kann jedoch gewechselt werden, wenn ein Übergang vom Gegenwartsbezug zum Vergangenheitsbezug vorliegt und umgekehrt. Dies wird oft durch Zeitangaben verdeutlicht. Hierzu folgendes Beispiel:

Zoo Talk
Chessington Zoo in Surrey **has** recently **had** a facelift and there **are** lots of improvements which **will benefit** not only the visitors but – much more important – the animals who **live** there. One **is** a Celebrity Bird Garden that **has** already **solved** a cockatoo's problem.

***Present-Tense*-Gruppe:**

has ... had:	zuvor	Beschreibung der gegenwärtigen Situation des Zoos
are:	**Grundtempus**	
will benefit:	danach	
live:	**Grundtempus**	
is:	**Grundtempus**	
has ... solved:	zuvor	

During a frustrating winter in the quarantine quarters he **had preened** *(sich putzen)* so desperately – hoping he **would be joined** by a female – that he **had to** be put on tranquillizers so that his feathers **would stop** dropping out. Fortunately, before he **became** completely bald, he **was moved** to his new cage (with two female companions) in the bird garden, where he **has** now **grown** a healthy set of feathers again. (From *The Observer Colour Magazine,* November 22, 1981)

Wechsel zur *Past-Tense*-Gruppe:

had preened:	zuvor	Schilderung der Ereignisse des vergangenen Winters *(During a frustrating winter)*
would be joined:	danach	
had to:	**Grundtempus**	
would stop:	danach	
became:	Vgl. Anm.	
was moved:	**Grundtempus**	

Rückkehr zur *Present-Tense*-Gruppe:

has grown: zuvor Gegenwärtiger Zustand (= he is now in good health)

Anmerkung:
In adverbialen Nebensätzen der Zeit wird Vor- und Nachzeitigkeit z. T. schon durch die Konjunktion ausgedrückt (*when, before, after,* etc.). In diesen Fällen wird deshalb oft das Grundtempus benützt:

Nachzeitigkeit: You'll have to have your eyes examined before you **take** your driving test.
(nur *Present Tense* möglich, vgl. **208–209**)

Vorzeitigkeit: After he **had been/was prescribed** glasses, he was able to see much better.
(*Past Perfect* oder *Past Tense* möglich, vgl. **197.**2)

181–185 *Progressive Form* und *Simple Form* (Progressive form and simple form)

181 Aspektunterschied (Difference in aspect)

Progressive Form:

Look, Robert **is playing** tennis again.
He **has been playing** for two hours now.
He **was playing** last night when I passed the courts.

Die *Progressive Form* stellt ein Geschehen (hier das Tennisspiel) als einen Vorgang dar,

- der zu einem bestimmten Zeitpunkt (jetzt, gestern abend, etc.) im Ablauf begriffen ist,
- der daher noch nicht abgeschlossen ist,
- der insgesamt aber nur von vorübergehender Dauer ist.

Diese Betrachtungsweise nennt man den **progressiven Aspekt.** Sie liegt der Verwendung der *Progressive Form* in allen Tempora zugrunde.

Simple Form:

Robert **plays** tennis.
He **has played** three matches today.
He **played** a double with his sister last night.

Die *Simple Form* hebt andere Gesichtspunkte eines Geschehens hervor, so in unseren Beispielen

- eine Fähigkeit oder Gewohnheit, also etwas, das wiederholt geschieht (Satz 1),
- ein Ergebnis (Satz 2),
- die Tatsache, daß es sich um eine abgeschlossene Handlung handelt (Satz 3).

Welche Auslegung im Einzelfall zutrifft, ist vom gewählten Tempus und vom Textzusammenhang abhängig.

Zu den Einzelheiten der Verwendung von *Progressive Form* und *Simple Form* vgl. **186–197.**

Anmerkung:
Die Definition des progressiven Aspekts darf nicht zu eng ausgelegt werden:

a) Die *Progressive Form* tritt auch ein, wenn ein Vorgang, der noch fortgesetzt wird, gerade unterbrochen ist:
In a TV interview, the author said that she **was working** on a new novel.

b) Die *Progressive Form* ist auch möglich, wenn etwas zwar wiederholt geschieht, diese Gewohnheit aber nur als vorübergehend empfunden wird:
Peter **is doing** the cooking this week, because his wife is ill.

c) Auch auf unbegrenzte Zeit wiederholte Handlungen können unter dem progressiven Aspekt betrachtet werden, und zwar dann, wenn sie immer wieder in einem bestimmten Augenblick ablaufen:
Whenever I drop in, Mrs Smith **is baking** a cake.
Vgl. dagegen: Mrs Smith **bakes** a cake every week.

182 Progressiver Aspekt und Verbbedeutung (The progressive aspect and the meaning of the verb)

Jedes englische Verb kann in der *Simple Form* auftreten. In der *Progressive Form* können jedoch nur solche Verben auftreten, deren Bedeutung sich mit dem progressiven Aspekt (d. h. mit der Vorstellung des Ablaufs und der begrenzten Dauer) vereinbaren läßt. Man nennt solche Verbbedeutungen **„dynamisch"**. Verbbedeutungen, die den progressiven Aspekt nicht (oder nur in besonderen Fällen) zulassen, und die daher gewöhnlich nur in der *Simple Form* vorkommen, nennt man **„statisch"**.

183 Verben mit dynamischer Bedeutung: Tätigkeits- und Vorgangsverben

(Verbs with dynamic meaning: activity and process verbs)

What's Bob **doing**? – He's **repairing** his motorbike.
The petrol tank **is leaking.**
It's **raining** hard now.
Ebenso: eat, work, talk, watch, listen, sleep, dream, sit (at the table); roll, float, drip, steam; snow, shine, etc.

Hierher gehören:

- Verben, die eine willentliche Tätigkeit beschreiben („Tätigkeitsverben" im engeren Sinn), aber auch Verben, die ein sonstiges Geschehen beschreiben, dessen Ende absehbar ist (z. B. „Tätigkeiten" unbelebter Objekte, „Wettertätigkeiten").

It **was getting** dark.
Hope **was fading** fast.
Ebenso: become (tired), grow (dark), go (blind); change, deteriorate (= become worse), darken, approach, disappear, dry (up), etc.

- Verben, die einen Vorgang der Veränderung beschreiben („Vorgangsverben" im engeren Sinn). Dazu gehören Kopulaverben, die ein Werden ausdrücken (vgl. **55.4**) und einige andere (intransitive) Verben.

Anmerkung:
Verben, die Tätigkeiten von ganz kurzer Dauer bezeichnen (z. B. *knock, clap, tap, nod*), drücken in der *Progressive Form* gewöhnlich mehrfache Wiederholung des Vorgangs aus:

Somebody**'s knocking** at the door like mad.

Wird jedoch die Zahl der Wiederholungen angegeben, so muß die *Simple Form* stehen:

I **knocked** three times, but nobody heard me.

184 Verben mit statischer Bedeutung (Verbs with stative meaning)

1. Verben der persönlichen Erfahrung und Einstellung

Diese Verben stellen etwas als geistigen Zustand dar, der vom Betroffenen nicht bewußt herbeigeführt wird, und werden daher gewöhnlich nur in der *Simple Form* benutzt. Hierher gehören:

She **didn't feel** the cold, wrapped up as she was.
I **could hear** footsteps crunching over the snow.
Ebenso: see, taste, smell, notice
(Vgl. dagegen: He **was watching** TV/**listening to** the radio.)

- Verben der (passiven) Wahrnehmung. Mit Ausnahme von *notice* werden sie häufig auch mit *can* verbunden.
(Verben des aktiven, willentlichen Beobachtens sind dagegen Tätigkeitsverben.)

Now I **see** what you **mean.** *(Jetzt erkenne ich . . .)*
Ebenso: believe/think/feel *(glauben)*, imagine, know, realize, understand, remember, forget, doubt, etc. (Vgl. dagegen: He **is meditating.**)

- Verben, die eine Meinung, eine Vermutung oder ein Wissen ausdrücken.
(Verben der aktiven geistigen Beschäftigung sind dagegen Tätigkeitsverben.)

He **likes** peace and quiet.
Ebenso: love, prefer, approve of, dislike, hate, etc.

- Verben der gefühlsmäßigen Einstellung (Vorliebe, Abneigung, etc.)

We **intend** to spend Sunday at home.
Ebenso: want, wish, hope, mean (to do), etc.
(Vgl. dagegen: They **are planning** to go out.)

- Verben, die eine Absicht oder einen Wunsch ausdrücken. (*Plan* ist dagegen ein Tätigkeitsverb.)

Anmerkungen:

1. Die *Progressive Form* tritt bei Verben der passiven Sinneswahrnehmung gelegentlich auf, wenn ein vorübergehender Zustand bezeichnet werden soll (a), oder wenn die Sinneswahrnehmung als sehr intensiv dargestellt wird oder erst allmählich bewußt wird (b):

a) Grandma's **not seeing** very well these days.
b) (On the phone:) Can you hear me? – Oh ... yes, now **I'm hearing** you.

2. Auch bei einigen Verben, die einen Wunsch oder ein Wissen ausdrücken, wird die *Progressive Form* gelegentlich zur Intensivierung eingesetzt:

I'm hoping to see her again. *(Ich hoffe sehr ...)*
You **are forgetting** what I told you. *(Jetzt vergißt du aber ...)*

2. Zustands- und Beziehungsverben (State and relation verbs)

Sie bezeichnen Zustände, Eigenschaften oder Beziehungen, die sich zwar z. T. in Wirklichkeit ändern können, aber dennoch nicht unter dem progressiven Aspekt betrachtet werden. Hierher gehören:

His pulse **seemed** weaker and his voice **sounded** very faint.
Ebenso: exist, be, lie (= be situated); remain, stay, keep (fit); appear (correct);
look (nice), sound (strange), smell (sweet), taste (bitter), feel (soft)

- Verben, die ein Sein, ein Bleiben, einen Anschein oder eine sinnlich wahrnehmbare Eigenschaft ausdrücken. Darunter fallen unter anderem alle Kopulaverben, außer denen, die einen Vorgang der Veränderung ausdrücken (*become, grow*, etc.; vgl. **183**).

This rule **applies to** all of us. *(... betrifft uns alle.)*
Ebenso: have, own, possess, belong to, consist of, contain, imply, resemble;
weigh (2 tons), measure (two inches), cost ($10)

- Verben, die eine Beziehung ausdrücken (z. B. ein Besitz- oder Zuordnungsverhältnis, ein Maßverhältnis, u. a.).

Anmerkungen:

1. Einige dieser Zustands- und Beziehungsverben können gelegentlich in der *Progressive Form* erscheinen, wenn ein nur zeitweiliger Zustand (a) oder eine Veränderung (b) zum Ausdruck gebracht werden sollen:

a) The economy **is** not **looking** healthy these days.
b) Petrol **is costing** more and more.

2. Verben, die eine Ruheposition ausdrücken, wie *lie* und *stand,* haben dynamische Bedeutung, wenn das Subjekt des Satzes eine Person oder eine bewegliche Sache ist und die Position daher als vorübergehend angesehen wird. In anderen Fällen haben sie statische Bedeutung:

His clothes **were lying** on the floor. – London **lies** on the Thames.

185 Verben mit dynamischen und statischen Bedeutungen

Eine Reihe z. T. recht häufig vorkommender Verben hat mehrere Bedeutungen, die teils dynamisch, teils statisch sind. Die folgende Liste gibt eine Auswahl typischer Beispiele:

	statische Verbbedeutungen	dynamische Verbbedeutungen
be	John's father **is** rich. (*sein* = Zustand)	You **are being** too generous. (*sein* = Verhalten)
feel	Lambswool **feels** very soft. *(sich anfühlen)*	Wait, **I'm feeling for** the switch. *(tasten nach)*
guess	I **guess** you've heard this before. *(annehmen)*	You don't know this for certain, you **are** only **guessing**. *(herumraten)*
have	I **have** no time for you. (*haben* = zur Verfügung haben)	**Are** you **having** trouble with your car? (*haben* = erleben) When **are** we **having** breakfast? *(einnehmen)*
hear	I thought I **heard** somebody downstairs. *(hören)*	The case **was being heard** in the magistrate's court. *(vor Gericht anhören, untersuchen)*
look	Dad **looks** very tired tonight. *(aussehen)*	I waved to her, but she **wasn't looking**. *(her-/hinsehen)*
mind	I hope you **don't mind** waiting. *(etwas dagegen haben)*	Grandmother **was minding** the baby. *(aufpassen auf)*

see	We **saw** the Pope on our visit to Rome. *(sehen)*	When I arrived, Alan **was seeing** his aunt to the door. *(begleiten)*
smell	These roses **smell** lovely. *(duften, riechen)* **Have** you ever **smelt** anything so awful? (*etwas riechen* = Wahrnehmung)	Susan **has been smelling** all the perfumes in the shop to find the nicest one. (*an etwas riechen* = Tätigkeit)
taste	The potatoes **taste** very salty. *(schmecken)* I **tasted** garlic in the soup. *(etw. schmecken)*	The chef **was tasting** the salad dressing. *(kosten, abschmecken)*
think	I **think** he is wrong. *(glauben)*	Why don't you answer? – Sorry. I **was** just **thinking.** *(nachdenken)*

Anmerkungen:
1. Verben, die ein körperliches Befinden ausdrücken, wie *feel* (sich fühlen), *hurt, ache, itch,* etc. können ohne wesentlichen Bedeutungsunterschied in der *Progressive* oder der *Simple Form* auftreten:

Is your head still **aching?/Does** your head still **ache?**

2. Die *Progressive Form* von *be* kann nur mit einem Adjektiv oder Nomen auftreten, das eine vorübergehende oder veränderliche Eigenschaft ausdrückt:

John **is** a silly boy. – John **is being** silly (at the moment). Aber nur: John **is** tall.
He **is** a nuisance. – You **are being** an awful nuisance. Aber nur: You **are** a good driver.

186–188 *Simple Present* und *Present Progressive*

186 Zeitbezug und Aspekt (Time relationships and aspect)

Beide *Present-Tense*-Formen werden in Aussagen verwendet, die die Gegenwart betreffen.

Present Progressive: "Why **are** you **putting on** that jacket?"
"My other one **is being cleaned** at present."

Mit dem *Present Progressive* will der Sprecher zum Ausdruck bringen, daß etwas jetzt (d.h. zum Zeitpunkt des Sprechens oder im gegenwärtigen Zeitraum) abläuft und zeitlich begrenzt ist (progressiver Aspekt, vgl. **181**). Bei Verben, die diesen Aspekt zulassen (Verben mit dynamischer Bedeutung), ist daher das *Present Progressive* die eigentliche Tempusform für gegenwärtige Ereignisse.

Simple Present: The earth **moves** round the sun.
On a clear night the sky **is lit up** by millions of stars.
I **believe** what I **see.**

Mit dem *Simple Present* will der Sprecher zum Ausdruck bringen, daß etwas überhaupt geschieht oder der Fall ist, ohne dies eng auf den gegenwärtigen Zeitpunkt oder Zeitraum zu beschränken. Es kann daher Vergangenheit und Zukunft mit einschließen, z. B. in Aussagen von zeitloser Gültigkeit. Bei Verben, die den progressiven Aspekt nicht zulassen (Verben mit statischer Bedeutung), ist das *Simple Present* die einzig mögliche *Present-Tense*-Form.

Anmerkung:
Zu *Simple Present* und *Present Progressive* als Ausdrucksformen für zukünftige Ereignisse vgl. **203, 204.**

187 Die Verwendung des *Simple Present* (The use of the simple present)

Light **travels** at a speed of 299,793 km/s.
Magnets **attract** iron.
Many metals **are corroded** by moist air.

Das *Simple Present* wird verwendet
- zur Nennung von Tatsachen, die als zeitlos gültig angesehen werden, z. B. von Naturgesetzen und typischen Eigenschaften einer Sache.

Sheila **sings** beautifully.
What **does** Mr Durbin **do**? – He **teaches** music.
Sometimes the school orchestra **gives** a concert.
They always **play** "God Save the Queen" at the end.
Margaret never **listens to** classical music.

- zum Ausdruck von Fähigkeiten, von berufsmäßigen Tätigkeiten und sonstigen wiederholten Vorgängen. Es steht daher oft in Verbindung mit Adverbien der Häufigkeit, wie *always, often, sometimes, rarely, never,* etc. (Zur Verwendung des *Present Progressive* bei bestimmten Adverbien vgl. **188.**)

"Robinson Crusoe" **tells** the story of a sailor who **is shipwrecked** and **cast away** on an island and **stays** there for 28 years.
Prime Minister **Announces** Cabinet Changes

- in Inhaltsangaben (als Grundtempus), Buchbesprechungen, Gedichtinterpretationen, Schlagzeilen, etc.

I **put** three matches into a test-tube. I **fasten** this to one side of the scales and **adjust** the balance by putting a weight on the other side. Now I **apply** heat to the test-tube and **wait** until the matches catch fire ... Now watch what **happens** to the scales ...

- als Begleitkommentar zu einer Aufeinanderfolge von Handlungen, z. B. bei wissenschaftlichen Experimenten, Sportreportagen, Zaubervorführungen, etc. Die einzelnen Vorgänge werden dann nicht in ihrem Ablauf sondern als Glieder einer Handlungskette betrachtet.

In the evening, after the long day's work, the cowboys sat round the camp fire. Suddenly a horse **neighs** *(wiehert)* and **stamps** its feet. Before they **know** what is happening, they **are surrounded** by a band of silent Indians.

- als *Dramatic Present* (oder *Historic Present*), d. h. zur lebendigeren Darstellung vergangener Ereignisse.

I **hear** that you have got a new job, but I **forget** where.
He **says** he is going to leave the firm next year.
(**Aber:** He has got a new job. – So **I've heard.**)

- in Ausdrücken wie *I hear/understand/forget, he says/tells me,* etc., wenn der Inhalt der Information wichtiger ist als der bereits abgeschlossene Vorgang des Mitteilens oder Wahrnehmens.

Anmerkungen:

1. Nach satzeinleitendem *here* oder *there* oder Richtungsadverb (*off, up, down,* etc.) wird bei *go* und *come* das *Simple Present* verwendet (zur Wortstellung vgl. **157, 337.**2):

   Here **comes** the postman. – There **goes** the bell. – Off we **go.**

2. Bestimmte Verben bezeichnen ein „Handeln durch Worte": z. B. *apologize, congratulate, declare, forbid, name, order, promise,* etc. In der 1. Person werden diese Verben im *Simple Present* und nicht im *Present Progressive* gebraucht, da mit dem Aussprechen dieser Form gleichzeitig die Handlung selbst vollzogen wird („performativer Gebrauch": von *perform* = ausführen, vollziehen):

   I **apologize** for being in such a hurry. – I **promise** to be more careful in future.

188 Die Verwendung des *Present Progressive*

Das *Present Progressive* wird verwendet

It's spring at last, and the trees **are bursting** into leaf.
The Jarvises **are gardening:** Mr Jarvis **is digging** the vegetable patch while Mrs Jarvis **is sowing** flower seeds.

- zur Beschreibung von Vorgängen, die im Moment des Sprechens ablaufen. Dabei kann es sich auch um mehrere gleichzeitig ablaufende Vorgänge handeln.

What do you need all those matches for? – **I'm making** a model windmill (at present).
Bob can't wait to get home. He's **working** on a huge jigsaw puzzle at the moment.

- zur Beschreibung von Vorgängen, von denen der Sprecher weiß, daß sie begonnen haben und noch nicht zu Ende sind, die aber durchaus gerade unterbrochen sein können. Typische adverbiale Bestimmungen: *at the moment, at present.*

This summer the souvenir shops **are opening** on Sundays.
At the moment shopkeepers **are** not **doing** a very good trade.
This week we**'re offering** special bargains in all departments of our store.
This brand of tea **is selling** well.

You**'re** always **leaving** your things lying about.
I**'m** forever **tripping** over the lego bricks on the floor.
Mrs Winter **is** continually **knitting** things for her grandchildren.
My little sister **is** constantly **taking** her shoes off and **putting** them on again on the wrong feet.

- zur Beschreibung von Gewohnheiten, Zuständen oder Fähigkeiten, die auf den gegenwärtigen Zeitraum beschränkt, also vorübergehender Natur sind. Dabei bleibt es dem Sprecher überlassen, wie weit er die Vorstellung „gegenwärtiger Zeitraum" faßt. Typische adverbiale Bestimmungen: *at present, these days, this summer,* etc.
- zur gefühlsbetonten Beschreibung von Gewohnheiten in Verbindung mit Adverbien wie *always, forever, constantly, continually.* Hier drückt der Sprecher – durch bewußte Übertreibung – Verärgerung, Verwunderung oder Belustigung aus. (Zur sachlichen Angabe der Häufigkeit verwendet er bei diesen Adverbien die *Simple Form;* vgl. **187.**)

189–190 *Simple Past* und *Past Progressive*

189 Zeitbezug und Aspekt (Time relationships and aspect)

Simple Past: George Bernard Shaw **was** not only a dramatist but also **wrote** numerous articles, essays and political pamphlets.
Past Progressive: He **was** still **working** as a drama critic when his first play was performed.

Beide *Past-Tense*-Formen drücken aus, daß etwas als völlig getrennt von der Gegenwart gesehen wird (vgl. dagegen das *Present Perfect* **191, 194**). Verben mit statischer Bedeutung können meist nur im *Simple Past* auftreten. Verben mit dynamischer Bedeutung dagegen auch im *Past Progressive* (vgl. **182**). Zwischen den beiden Formen bestehen folgende Unterschiede:

- Das *Simple Past* stellt einen vergangenen Vorgang insgesamt, als abgeschlossene Tatsache dar.
- Das *Past Progressive* betont dagegen, daß ein Vorgang zu einem bestimmten Zeitpunkt der Vergangenheit gerade im Ablauf begriffen, also noch nicht abgeschlossen war.
  Das *Past Progressive* beschreibt daher häufig, was gerade vor sich ging, als ein neues Ereignis eintrat, also die **Hintergrundshandlung.** Das **neue Handlungselement** wird dagegen im *Simple Past* wiedergegeben. (Hintergrundshandlung: *was working;* neues Handlungselement: *was performed.*)

Past Progressive: Some people **were clapping,** some **were booing** and others **were getting up** to go.
Simple Past: The curtain **rose** again, the actors **appeared** on stage, **bowed** and **filed off.**

Durch eine Reihung von *Past-Progressive*-Formen wird betont, daß mehrere Vorgänge gleichzeitig zu einer bestimmten Zeit abliefen.
Zur Darstellung von mehreren aufeinanderfolgenden Vorgängen **(Handlungskette)** werden dagegen *Simple-Past*-Formen verwendet.

Anmerkungen:
1. Frühere Gewohnheiten werden meist durch das *Simple Past* wiedergegeben oder durch das Hilfsverb *used to* + Infinitiv (vgl. **239**). Das *Past Progressive* kann jedoch eintreten, wenn eine Gewohnheit als vorübergehend dargestellt wird (vgl. **181** Anm.):
   My aunt **earned** her living in the theatre. She **used to act** in musical comedies.
   That particular year she **was playing** in "My Fair Lady".
2. Zum modalen Gebrauch des *Past Tense* (in irrealen Wunsch- und Bedingungssätzen, etc.) vgl. **212–218.**

190 Die Verwendung von *Simple Past* und *Past Progressive* in Texten

(The use of simple past und past progressive in texts)

Das *Past Tense* ist das Grundtempus für alle Formen der Erzählung. Dabei herrscht das *Simple Past* vor. Die Verwendung des *Past Progressive* ist nicht immer zwingend. Oft kann statt dessen auch das *Simple Past* eintreten (vgl. jedoch die Anmerkung unten). Der Wechsel zwischen *Simple Past* und *Past Progressive* ist jedoch ein wichtiges Stilmittel bei der Gestaltung von erzählenden Texten:

- Das tragende Handlungsgerüst, die Abfolge der verschiedenen Erzählschritte, wird durch *Simple-Past*-Formen wiedergegeben.
- Zum Ausmalen, Beschreiben, Erklären von momentanen Situationen und Begleitumständen, also in Passagen, die die Handlung selbst nicht vorantreiben, werden bei dynamischen Verbbedeutungen häufig *Past-Progressive*-Formen benutzt.

Hierzu folgendes Beispiel:

Text	*Simple Past*	*Past Progressive*
We **were standing** at the back of the main hotel building (. . .) when the lights **went on** in the kitchen half a dozen paces in front of us.	◀ **neues Handlungselement**	◀ Hintergrundhandlung zu „the lights **went on**"
Jackson **came** into the kitchen, slowly, alone.	◀ **neues Handlungselement**	
He **did not know** he **was being watched.**	◀ Zustand (statische Bedeutung)	◀ Hintergrundhandlung zu **„came** into the kitchen"
I had never seen him other than polite and on guard; but now he **was** both angry and troubled	◀ Zustand (statische Bedeutung)	
(. . .) His face **changed** – he **was looking**	◀ **neues Handlungselement**	◀ Hintergrundhandlung zu „his face **changed**" und „we **pressed** forward"
at something on the floor. We **pressed** forward to see, (. . .)	◀ **neues Handlungselement**	
(From Doris Lessing, *The Golden Notebook*)		

Anmerkung:
Die Verwendung des *Past Progressive* ist nur dann zwingend, wenn das *Simple Past* eine andere Bedeutung ergeben würde, z. B. nach einem Temporalsatz mit *when:*

When he got home, his wife **was making** some fresh tea. (Sie hatte bereits damit begonnen.)
When he got home, his wife **made** some fresh tea. (Sie fing erst daraufhin an.)

191–193 *Simple Present Perfect* und *Present Perfect Progressive*

191 Zeitbezug und Aspekt (Time relationships and aspect)

Beide *Present-Perfect*-Formen betonen, daß ein Vorgang oder Zustand in bezug auf die Gegenwart gesehen wird, obwohl er in der Vergangenheit erfolgte oder begann. Der Bezug des *Present Perfect* zur Gegenwart kann unterschiedlicher Art sein. Typische Anwendungsweisen sind:

Resultativer Gebrauch: *Simple Present Perfect*

Traffic out of London **has come** to a standstill. (= The streets are jammed with cars.) **I've been** to Torquay, but **I've** not **been** anywhere else in Devon. (= I know Torquay, but I don't know the rest of Devon.)	Der Vorgang ist zwar bereits abgeschlossen; wann er sich abspielte, ist jedoch unwichtig und wird im Satz nicht erwähnt. Statt dessen wird das **Ergebnis** betont. Dieses kann auch ein Wissen oder eine Erfahrung sein. In dieser Verwendung erscheint stets die *Simple Form*, da nur das Ergebnis und nicht der Ablauf wichtig ist.

Kontinuativer Gebrauch: *Simple Present Perfect* und *Present Perfect Progressive*

I've **been standing** in this queue since twelve o'clock. (= I came here at twelve and I'm still standing here.)
(Ich stehe schon seit 12 Uhr in dieser Schlange.)

Der Vorgang oder Zustand hat in der Vergangenheit begonnen und reicht bis in die Gegenwart. Von Interesse ist seine **bisherige Dauer**, die durch die Angabe eines Zeitraums betont wird (vgl. Anmerkung 1).
Im Deutschen wird im kontinuativen Sinn gewöhnlich das Präsens benutzt.

The boys **have been singing** at the top of their voices all evening. They'll be hoarse tomorrow.
Vivian **has sung** with the amateur musical society for over five years now.

Bei Verben mit dynamischer Bedeutung erscheint das *Present Perfect Progressive*, wenn ein bestimmter im Ablauf begriffener Vorgang gemeint ist, und das *Simple Present Perfect*, wenn eine Gewohnheit gemeint ist.

She **has** always **liked** musical comedies as long as I've **known** her.

Bei Verben mit statischer Bedeutung ist nur die *Simple Form* möglich (vgl. **182–184**).

Anmerkungen:

1. Zur Angabe der bisherigen Dauer stehen
- *since* + Zeitpunkt des Beginns: since two o'clock/since last year/since I met him, etc.
- *for* + Zeitraum vom Beginn bis jetzt: for a week/for two months/for ages/for a long time, etc.
- andere Angaben des bisherigen Zeitraumes: the whole day, all morning, all my life, etc.

2. *Just* ist die einzige Angabe eines Zeitpunkts, die mit dem *Present Perfect* verbunden werden kann. Es drückt eine unmittelbare Verbindung zur Gegenwart aus.
The box office **has just opened.** *(Die Kasse hat gerade/soeben geöffnet.)*
Zu den übrigen Zeitangaben beim *Present Perfect* vgl. **195.**

3. Zum *Present Perfect* mit Zukunftsbezug in adverbialen Nebensätzen der Zeit vgl. **208–209.**

192 Das *Simple Present Perfect* mit resultativer und kontinuativer Bedeutung

(The simple present perfect with resultative and continuative meaning)

Wie in **191** gezeigt, kann das *Simple Present Perfect* entweder ein Ergebnis betonen oder eine bisherige Dauer bzw. einen bisherigen Zeitraum. Die beiden Aspekte schließen einander jedoch nicht aus. In einer Reihe von Fällen kann das *Simple Present Perfect* beides betonen: Ergebnis und bisherigen Zeitraum.

Have you **finished** with the newspaper?
This week's colour magazine **hasn't been printed** due to an industrial dispute.
Has anyone **telephoned** about my advertisement *yet?*
How much of the crossword puzzle **have** you **solved** *so far?*
I **haven't seen** such a funny cartoon *for ages.*
There **has been** no great change in editorial policy *since the new editor took over.*
Has there **been** any more news about the train strike *since Saturday?*

1. In Fragesätzen und verneinten Sätzen
Der Sprecher kann sich einfach nach einem **Ergebnis** erkundigen oder betonen, daß ein bestimmtes Ergebnis nicht vorliegt.
Zugleich möchte er aber oft wissen, ob etwas **irgendwann bis jetzt** geschehen ist, bzw. feststellen, daß dies **noch nicht** der Fall war. Er denkt also an einen Zeitraum, der bis zur Gegenwart reicht. Diese Vorstellung des Zeitraums kann durch Zeitangaben wie *yet, so far, up to now* verstärkt werden. Der Zeitraum kann auch (wie beim rein kontinuativen Gebrauch) genauer angegeben werden, z. B. durch Zeitangaben mit *since.*

I've **rung** *three times*, but nobody answered.
Every time we**'ve tried** to drop in on them, they**'ve** *always* **been** out.
Joan **has** *often* **asked** her friend Kate to stay the night, but she **has** *never* **been allowed** to.
They live next door to us, but **I've** hardly *ever* **spoken** to them.

She **hasn't written** *a single* letter *since she went away.*

2. In Sätzen mit Häufigkeitsangaben
Hier betont das *Simple Present Perfect* in allen Satztypen zugleich Ergebnis **und** Zeitraum: Etwas ist **bis jetzt schon mehrmals** oder **noch nicht** geschehen. Solche Häufigkeitsangaben sind z. B. Zahlwörter, *every (day/time/. . .), always, often, never, ever* (letzteres nur in Fragesätzen, verneinten und eingeschränkten Sätzen), etc.
Auch hier können Angaben des bisherigen Zeitraumes hinzutreten.

193 Die Verwendung des *Present Perfect Progressive* (The use of the present perfect progressive)

Das *Present Perfect Progressive* betont Ablauf, Dauer und Unabgeschlossenheit eines Vorgangs. Dies führt zu folgenden Verwendungsweisen:

It **has been raining** *for hours.* I hope it will clear up tomorrow.
Her cold seems to have got worse *since she got so wet yesterday.* She's **been sneezing** and **coughing** more than usual.

There are puddles in front of the radiator where your coat **has been hanging** to dry.
I've just **been clearing** the snow from the path. A hot cup of tea is what I need now.
I've been admiring the snowy landscape outside. You must come and have a look.

- Der Vorgang ist tatsächlich noch nicht abgeschlossen, und der Sprecher rechnet mit seiner Fortdauer. Dabei wird die bisherige Dauer ausdrücklich genannt, oder sie geht aus dem Zusammenhang hervor.
- Der Vorgang ist zwar in Wirklichkeit schon beendet, aber sein Ablauf hat (unbeabsichtigte) Nebenwirkungen hinterlassen (das eigentlich beabsichtigte Ergebnis spielt jedoch keine Rolle); oder er ist dem Sprecher noch ganz intensiv gegenwärtig. Hier steht gewöhnlich keine Angabe der Dauer.

194–195 *Present Perfect* oder *Past Tense?*

194 Die gegenwartsbezogene und die vergangenheitsbezogene Perspektive

(The present-related and the past-related perspectives)

Zur Wiedergabe eines abgeschlossenen Vorgangs oder Zustands stehen sowohl *Present Perfect* als auch *Past Tense* zur Verfügung. Welches der beiden Tempora der Sprecher benützt, hängt davon ab, unter welcher Perspektive er den Vorgang oder Zustand betrachtet:

My sister **has bought** a moped. Now she can go to school on it.
I **haven't used** my bicycle *all winter* – the tyres are bound to need pumping up.

Durch die Verwendung des *Present Perfect* drückt der Sprecher aus, daß er das an sich vergangene Ereignis **in bezug auf die Gegenwart** betrachtet. Er hat dabei das vorliegende Ergebnis im Auge. Dabei ist der Zeitpunkt, zu dem das Ereignis stattfand, unwichtig. Er wird nicht genannt.
Der Sprecher kann gleichzeitig an einen bis zur Gegenwart reichenden Zeitraum denken, der für das Geschehen in Frage kommt, und diesen Zeitraum ausdrücklich erwähnen (vgl. *all winter*).

My sister **bought** a moped *last week.*

I **didn't pump up** my tyres *before we left* because I thought they were still O.K.

Gebraucht der Sprecher das *Past Tense*, so drückt er damit aus, daß er das vergangene Ereignis als völlig **getrennt von der Gegenwart** betrachtet. Er hat dabei den vergangenen Zeitraum oder Zeitpunkt im Auge, zu dem das Ereignis stattfand. Dieser wird oft durch eine entsprechende Zeitangabe im selben Satz oder im Text genannt.
(Ein Ergebnis kann hier zwar ebenfalls vorliegen, aber darauf kommt es bei dieser Perspektive nicht an.)

Anmerkung:
Zum *Present Perfect* bei noch andauernden Vorgängen oder Zuständen **191, 193.**

195 Tempuswahl und Zeitangaben (The choice of tense and expressions of time)

Die vom Sprecher gewählte Perspektive kommt immer in der Tempuswahl und zusätzlich oft in der Wahl von Zeitangaben zum Ausdruck. Dabei müssen Tempus und Zeitangabe stets in Einklang miteinander stehen.

1. Eindeutige Zeitangaben

Gewisse Zeitangaben lassen im britischen Englisch kein *Past Tense* zu, sind jedoch typisch für das *Present Perfect.* (Zum amerikanischen Englisch vgl. Anm. zu Abschnitt 2.) Umgekehrt gibt es Zeitangaben, die kein *Present Perfect* zulassen, aber typisch für das *Past Tense* sind. (Andere Tempora werden hier nicht berücksichtigt.)

Zeitangaben beim *Present Perfect*	Zeitangaben beim *Past Tense*
so far, up to now, up to the present moment *(bis jetzt)* these three days/weeks ... *(in den letzten drei Tagen/Wochen ...)* since yesterday/Christmas/May/... Nebensätze mit *since (seit)* *since when* in Fragesätzen	yesterday, last year/month/... until recently *(bis vor kurzem)* two days/weeks/... ago *(vor zwei Tagen/Wochen/...)* the other day *(neulich);* just now *(soeben)* before/after (last) Christmas; on Monday; in 1979 Nebensätze mit *when, while, before, after, once;* *when* in Fragesätzen

Anmerkung:
Bei mit *since* eingeleiteten Nebensätzen der Zeit ist zu beachten: Im Nebensatz selbst steht entweder das *Present Perfect* (für noch andauernde Vorgänge oder Zustände) oder das *Past Tense* (für vergangene Ereignisse). Im übergeordneten Hauptsatz ist dagegen das *Past Tense* nicht möglich.

He **has been** a member of our club { since he **has been living** in this town. / since he **came** to this town. }

2. Mehrdeutige Zeitangaben

Einige Zeitangaben bzw. Häufigkeitsadverbien lassen sowohl *Present Perfect* als auch *Past Tense* zu. Die Tempuswahl ist daher von weiteren Zeitangaben oder indirekten Zeithinweisen abhängig.

just	The taxi **has** ***just*** **arrived.** It's standing outside.	I **was** ***just*** **putting on** my coat *when the taxi arrived.*
already	Don't forget to close all the windows. – **I've** ***already*** **done** so.	*When we called for Tom,* he **was** ***already*** **waiting** at the front door.
yet	**Have** you **said** good-bye to Mary and Peter ***yet?***	The station restaurant **wasn't** open ***yet,*** but luckily we had some sandwiches left.
for + Zeitraum	We are very excited. We **haven't been** abroad ***for four years.*** *(seit vier Jahren)*	*After her trip* she **talked** of nothing else ***for weeks.*** Now she's already planning the next trip. *(wochenlang)*
recently	**Has** Jill **said** anything ***recently/(lately)*** about where she wants to go on holiday? *(in letzter Zeit)*	I **got** some leaflets about Wales from the travel agency ***recently/(the other day).*** *(neulich, kürzlich)*
always	I'm feeling a bit nervous. **I've** ***always*** **been** afraid of flying. *(schon immer)*	*As a child* I ***always*** **got** car-sick. But now it doesn't bother me any more. *(immer)*
ever	**Have** you ***ever*** **travelled** on a jumbo jet? *(schon einmal)*	**Did** you ***ever*** **travel** by Greyhound *while you were in America? (einmal/jemals)*
never	I'd like to go to France in my summer holidays. **I've** ***never*** **been** there. *(noch nie)*	*During our holidays* we ***never*** **got up** before ten o'clock. *(nie)*
today	We **haven't had** many bookings ***today,*** but things usually improve in the late afternoon. (The day is not yet over for us.)	**Did** Mr Smith **ring** ***today*** to confirm his reservation? If not, it's too late. (The day is regarded as over.)
this week/ month/ etc.	**I've done** a lot of overtime ***this week,*** so I'm taking Friday off. (I've been busy up to the present moment.)	I **told** my boss about my holiday plans ***this week.*** (= some past time this week, e.g. on Monday)

Anmerkung:
In der amerikanischen Umgangssprache wird häufig das *Past Tense* verwendet, wo im britischen Englisch das *Present Perfect* erforderlich wäre:

Don't forget to close the windows. – I already **did** so.

3. Sätze ohne ausdrückliche Zeitangaben

Selbst wenn keine Zeitangaben im Satz (oder in einem vorangehenden Satz) auftreten, ist die Verwendung von *Present Perfect* und *Past Tense* nicht willkürlich. Ein Bezug zu einem vergangenen Zeitpunkt oder Zeitraum kann auch indirekt, d. h. durch andere Wörter oder Wortkombinationen hergestellt werden.
Vergleiche:

Gegenwartsbezug	Vergangenheitsbezug
We **have put** a man on the moon, but we **haven't been** able to solve our problems on Earth. (= so far) My father **has travelled** a lot. (= He knows a lot of foreign countries.) My suitcase **has been stolen.** (= I haven't got it any more, it's missing.)	Neil Armstrong **was** the ***first*** man on the moon. (= in 1969) My father **travelled** a lot ***as a young man.*** (= when he was a young man.) My suitcase **was stolen** ***on the train.*** (= when I was on the train.)

196-197 *Simple Past Perfect* und *Past Perfect Progressive*

196 Zeitbezug und Aspekt (Time relationships and aspect)

Simple Past Perfect: When I returned I saw at once that the house **had been broken into.**
The man who was caught climbing over the wall **had been known** to the police for a long time.

Past Perfect Progressive: Cathy was now sure that the woman who **had been following** her the whole time was a detective.

Beide *Past-Perfect-Formen* treten nur im Rahmen der *Past-Tense*-Gruppe auf. Sie drücken aus:

- daß ein Geschehen **vor** einem bestimmten Zeitpunkt der Vergangenheit stattgefunden hatte (Satz 1). Hier wird die *Simple Form* benützt;
- daß ein Vorgang oder Zustand **vor** einem Zeitpunkt der Vergangenheit begonnen hatte und **bis zu** diesem Zeitpunkt andauerte (Satz 2 und 3). Bei Verben mit statischer Bedeutung ist nur die *Simple Form* möglich. Bei Verben mit dynamischer Bedeutung wird die *Progressive Form* benutzt, wenn Ablauf und Dauer des Vorgangs betont werden sollen.

Anmerkungen:
1. Das *Past Perfect* drückt Vorzeitigkeit gegenüber einem Ereignis im *Past Tense* aus.
Vorzeitigkeit gegenüber einem *Present Perfect* wird dagegen durch das *Past Tense* ausgedrückt:

I**'ve had** this car for two years. Before that I **had** a motorbike.

2. Zum modalen Gebrauch des *Past Perfect* (I wish I **had** never **seen** him.) vgl. **212, 214.**

197 Die Verwendung von *Past Perfect* und *Past Tense*

1. Das *Past Perfect* bei Erzählrückgriffen

At the bend of the road I *looked* back again (...); then I *turned* the corner, *passed* the village school, and *closed* that part of my life for ever.
It *was* a bright Sunday morning in early June, the right time to be leaving home. My three sisters and a brother **had** already **gone** before me, two other brothers **had** not yet **made up** their minds. They *were* still *sleeping* that morning but my mother **had got up** early and **cooked** me a heavy breakfast.

(...) They *were* from Hamburg, they *said,* and **had been** in Spain two years, **had circled** it twice and *were planning* to circle it again. They *called* themselves students, and *said* there *was* a large number in the country, playing instruments and living rough – partly for fun, and partly to get out of Germany: I *was* the first 'student' they'**d met** from England.
(Both passages from Laurie Lee, *As I walked Out One Midsummer Morning*)

Das *Past Perfect* kann zusammen mit dem Grundtempus *Past Tense* in allen Formen der Erzählung auftreten (vgl. **179–180**).
Werden die Ereignisse der Reihe nach erzählt, so geschieht dies durchgehend im *Past Tense* (vgl.: *looked, turned, passed, closed*).
Werden aber Erzählrückgriffe eingeschoben, so muß die Vorzeitigkeit in der Regel durch *Past-Perfect*-Formen verdeutlicht werden. Dies ist besonders wichtig bei aneinandergereihten Hauptsätzen.

Die gleiche Funktion hat das *Past Perfect* auch in der indirekten Rede (unser Textbeispiel) und in der erlebten Rede (vgl. **321**).
(Weiteres zur indirekten Rede: vgl. **322–324**).

2. *Past Perfect* and *Past Tense* in adverbialen Nebensätzen der Zeit

Before the lights went out, there **was** a tremendous thunderclap.
The barn caught fire after lightning **struck** it.
As soon as the rain **stopped,** the flood started to subside.

Before anyone could stop him, he **had jumped** out of the window.
As soon as she **had got rid of** her unwelcome visitor, she locked the door.

Konjunktionen wie *before, after, as soon as* drücken an sich schon eine Beziehung der Vorzeitigkeit zwischen Haupt- und Nebensatz aus. Daher braucht diese meist nicht noch zusätzlich durch das *Past Perfect* verdeutlicht zu werden: Oft genügt in Haupt- und Nebensatz das *Past Tense.*
Soll jedoch die Vorzeitigkeit einer Handlung gegenüber einer anderen besonders betont werden, z. B. wenn das Ergebnis wichtig ist, so wird das *Past Perfect* gebraucht.

Anmerkung:
Auch im *when*-Satz wird das *Past Perfect* nur dann benutzt, wenn die Vorzeitigkeit gegenüber der Handlung im Hauptsatz besonders betont werden soll:

When the bride **arrived,** the organ started playing.
When the ring **had been found** at last, they went on with the wedding ceremony.

Die vorzeitige Handlung kann jedoch auch im Hauptsatz genannt sein; dann muß dort das *Past Perfect* stehen:

When the bride arrived, the organ **had** already **started** playing.

198 Ausdrucksformen für zukünftige Ereignisse (Ways of expressing future events)

Das Englische verfügt über weitaus mehr Ausdrucksmöglichkeiten für zukünftige Ereignisse als das Deutsche. Manchmal gibt es mehrere Möglichkeiten, denselben Sachverhalt auszudrücken. Welche dieser Formen der Sprecher jeweils verwendet, hängt vorwiegend von seiner Sprechabsicht oder Haltung ab.

Form (zur Formenbildung vgl. **178**)	Sprechabsicht und Verwendung: Vom Willen des Handelnden (= Satzsubjekt) abhängiges Geschehen	Sprechabsicht und Verwendung: Von äußeren Umständen abhängiges Geschehen
***will*-Future**	I've run out of stamps. – **I'll get** some for you, shall I?	It **will be** Christmas in a week. You **will like** the book I've bought you.
	Bereitschaft, spontaner Entschluß	Vorhersage, Annahme, Vermutung
***going-to*-Future**	Are you **going to have** a party on Boxing Day?	It's **going to snow** soon by the looks of it.
	Absicht, Vorhaben	Schlußfolgerung aufgrund vorliegender Anzeichen
Present Progressive	We'**re having** a goose for our Christmas dinner this year.	
	bereits getroffener Plan, getroffene Vereinbarung	
Simple Present		What time **does** the church service **start** on Christmas Day?
		Terminplan, Programm
Future Progressive	**Will** Mr Jones **be dressing up** as Santa Claus again and **handing out** presents?	
	als selbstverständlich erwartetes Ereignis (Der Sprecher will offenlassen, wovon das Geschehen abhängt.)	

Anmerkung:
Zukünftiges Geschehen kann auch durch eine Reihe anderer sprachlicher Mittel ausgedrückt werden, z. B.:

a) durch Verbverbände wie: — für Ereignisse, die:

be about to + Infinitive	unmittelbar bevorstehen	The sun **is about to rise.**
be on the point of + Gerund	unmittelbar bevorstehen	The clock **is on the point of striking** six.
be bound to + Infinitive	zwangsläufig eintreten	The alarm **is bound to go off** and **wake** you.
be sure/certain to + Infinitive	mit Sicherheit eintreten	You **are certain to hear** the church bells.
be (un)likely to + Infinitive	wahrscheinlich (nicht) eintreten	He's **unlikely to oversleep.**

b) durch bestimmte Vollverben und Verbverbände, die Wunsch oder Absicht ausdrücken, wie:

want, hope, expect, intend / *be expected, be supposed* + *to* + *Infinitive*

We **hope to go** skiing this year.
There's **expected to be** frost tonight.

c) durch modale Hilfsverben sowie durch einige ihrer Ersatzformen (vgl. **220**).

John **should/must/has to get** new skates.

199–200 Das *will-Future*

199 Das *will-Future* zum Ausdruck einer Vorhersage oder Vermutung

(The will-future expressing prediction or supposition)

The State Opening of Parliament **will take** place on the 7th November.
Mounted police **will line** the route which the Queen **will take.**
Thousands of people **will cheer** when the procession goes past.
If everything goes according to plan, she**'ll pass** the gates at a quarter past two.
I'm sure we**'ll have** a good view from that street corner.
Some people **will** probably **camp out** all night.
The street entertainers **will** certainly **be** out in great numbers.

I hope (that) you**'ll enjoy** yourself.
I'm afraid (that) we**'ll have to** go now.

Das *will-Future* dient zur Vorhersage von zukünftigen Vorgängen oder Zuständen, die von äußeren Umständen oder von gewissen Bedingungen abhängen. (Diese Umstände oder Bedingungen werden häufig durch temporale oder konditionale Nebensätze genannt. Zum Tempus im Nebensatz vgl. **208–209, 216.**)

Die Vorhersage stützt sich auf allgemeine Kenntnisse, Wissen, Erfahrungen des Sprechers. Sie kann daher ganz verschiedene Grade der Sicherheit ausdrücken, von der bloßen Vermutung bis zur Gewißheit (mögliche Zusätze: *I suppose/expect/am sure/know; probably, certainly,* etc.)
Auch in *that*-Sätzen nach Verben und Verbverbänden des Hoffens und Befürchtens wird für zukünftiges Geschehen meist das *will-Future* benutzt.

200 Das *will-Future* zum Ausdruck eines spontanen Entschlusses

(The will-future expressing a spontaneous decision)

Just a moment. I'll **write** that down before I forget.
We'll **let** you know as soon as we've fixed the date.
There goes the telephone. **I'll answer** it, shall I?
John **will look up** the number for you in the telephone book.

Das *will-Future* kann auch einen im Moment des Sprechens gefaßten Entschluß oder eine Bereitschaft ausdrücken (meist in der 1. Person). Gewöhnlich wird die Kurzform *'ll* verwendet.
(Im Gegensatz dazu wird eine bereits vor der Äußerung gefaßte Absicht mit dem *going-to-Future* ausgedrückt, vgl. **201.**)

Anmerkung:
In vielen Fällen sind die Bedeutungsgrenzen zwischen reinem Futur und dem modalen Gebrauch des Hilfsverbs *will* (vgl. **235–338**) fließend, besonders in der 1. Person:
I **won't tell** anybody what you've just told me. *(= Willenserklärung oder Vorhersage)*

201–202 Das *going-to-Future*

201 Das *going-to-Future* zum Ausdruck einer Absicht (The going-to-future expressing intention)

We'**re going to clear out** the attic tomorrow and **get** rid of all those broken toys up there.
The Boy Scouts **are going to come** and collect unwanted books for their Bring-and-Buy sale next week.

Das *going-to-Future* drückt eine bereits zum Sprechzeitpunkt bestehende Absicht aus (im Gegensatz zu *will,* das einen spontanen Entschluß ausdrückt, vgl. **200**).

I'm not going to let you use the garage as a rubbish dump any longer. I **was going to get** rid of my stamp collection, but I've changed my mind. *(Ich hatte vor, . . .)*	In der 1. Person drückt es oft feste Entschlossenheit aus, besonders in der verneinten Form (vgl. *won't*, **236**). Hat sich eine früher gefaßte Absicht geändert oder ist sie nicht zu verwirklichen, so steht das *Past Tense* der *going-to*-Form.

202 Das *going-to-Future* zum Ausdruck einer Schlußfolgerung

(The going-to-future expressing a logical conclusion)

Look at those waves! It's **going to be** a very rough crossing, I'm afraid. I fear Alan's **going to be** sick. His face is already turning green. No one's **going to feel** like eating with the boat pitching up and down like this.	Durch das *going-to-Future* kann der Sprecher auch ausdrücken, daß er – aufgrund bereits vorliegender Anzeichen – auf ein bevorstehendes Geschehen schließt. (Im Gegensatz dazu werden Vorhersagen aufgrund allgemeiner Kenntnisse oder Erfahrungen durch ein *will-Future* ausgedrückt, vgl. **199.**)

Anmerkungen:

1. Da konditionale *if*-Sätze nur eine Bedingung, aber keine vorliegenden Anzeichen ausdrücken, wird im zugehörigen Hauptsatz in der Regel nicht das *going-to-Future,* sondern das *will-Future* verwendet:
   She'**ll feel** better if she takes a tablet.

Das *going-to-Future* ist jedoch möglich, wenn eine Warnung vor den Folgen einer gegenwärtigen Handlung ausgedrückt werden soll:
   If you eat any more of those chocolates, you'**re going to be** sick/you'**ll be** sick.

2. Das Verb *go* bildet ebenfalls ein *going-to-Future.* (Es wird aber aus stilistischen Gründen wenn möglich vermieden):
   I'**m going to go** and lie down now.

203 Das *Present Progressive* zur Wiedergabe zukünftigen Geschehens

(The present progressive to render future events)

Have you heard? The Smiths **are leaving** the district next month and **are renting** a house in Scotland. When **are** Dr Brown and Dr Mason **moving** into their new surgery? The Taylors **are having** a housewarming party tonight. **Are** you **going?** The flat **is being** completely **renovated** next month for the new tenants. When **are** you **coming** to visit us again?	Bei Tätigkeits- und Vorgangsverben (besonders bei Verben, die den Übergang in einen anderen Zustand bezeichnen, wie *come, go, leave,* etc.) kann das *Present Progressive* in futurischem Sinn gebraucht werden zum Ausdruck einer vom Handelnden (meist Satzsubjekt) getroffenen Vereinbarung oder eines von ihm festgelegten Plans. (Im Gegensatz dazu wird das *going-to-Future* benutzt, wenn noch keine Vorbereitungen oder Vereinbarungen für die Handlung getroffen sind, vgl. **201.**) Um Verwechslungen mit der Gegenwart auszuschließen, benutzt man meist Zeitangaben der Zukunft, oder der Zukunftsbezug muß aus dem Zusammenhang hervorgehen.

Anmerkung:
Das *Present Progressive* kann auch eine Vereinbarung ausdrücken, wenn der Satz zwar ein Sachsubjekt enthält, der Handelnde aber mitverstanden wird. Auch hier muß der Zukunftsbezug durch eine entsprechende Zeitangabe verdeutlicht werden:
   The sirens **are being tested** tomorrow.
   Fire drill **is taking place** on Tuesday in future.

204 Das *Simple Present* zur Wiedergabe zukünftigen Geschehens

(The simple present to render future events)

Easter Sunday **is** on March 29th this year.
School holidays **begin** on Thursday next week and **end** on September 7th.

Excursion to Blackpool on July 10th:
The coach **leaves** at 9 a.m. sharp and **arrives** in Blackpool at 11 a.m. approximately.
There **is** one stop on the way for refreshments.
Lunch **is** at 1 p.m. at the Bull Hotel, and the afternoon **is** at your own disposal.
The theatre performance **starts** at 8 p.m. and **ends** at 10.30 p.m., after which the coach **departs** promptly for home.

Auch das *Simple Present* kann in futurischem Sinn gebraucht werden. Anders als das deutsche Präsens bezeichnet es aber nur Vorgänge oder Zustände, die von einer außenstehenden Person oder Instanz (etwa amtlichen Stellen, Institutionen) festgelegt sind. Es findet sich vor allem in Kalenderangaben, Veranstaltungsprogrammen, Fahrplänen o. ä. (daher auch *timetable future* genannt).
Auch hier muß der Zukunftsbezug aus entsprechenden Zeitangaben oder aus dem Textzusammenhang hervorgehen.

Anmerkungen:

1. Bei Kalenderangaben ist auch das *will-Future* möglich (vgl. **199**):
   Easter Sunday **will be** on March 29th this year.
2. Zum *Simple Present* mit Zukunftsbezug in adverbialen Nebensätzen der Zeit vgl. **208–209**, in *if*-Sätzen vgl. **216**.

05–206 Das *Future Progressive*

Das *Future Progressive* hat zwei unterschiedliche Verwendungsweisen.
In beiden kommt es nur bei dynamischer Verbbedeutung vor.

205 Das *Future Progressive* zum Ausdruck des progressiven Aspekts

(The future progressive to express the progressive aspect)

This time next week we'**ll be lying** on the beach in Acapulco.
Who **will be keeping** an eye on your house when you're away?
When you get this card, I **shall** already **be heading** for home again.

Das *Future Progressive* kann ausdrücken, daß ein Vorgang (von begrenzter Dauer) zu einem bestimmten zukünftigen Zeitpunkt gerade ablaufen wird (vgl. **181**).
Der betreffende Zeitpunkt wird durch eine Zeitangabe, oft durch einen *when*-Satz, genannt.

206 Das *Future Progressive* zur neutralen Vorhersage

(The future progressive for neutral predictions)

The shops **will be closing** in half an hour.
John **will be meeting** us outside Selfridge's at 4 o'clock.
The sales **will be starting** after Christmas.
No matter how I try to plan things, I know **I'll be buying** a lot of presents at the last minute as usual.

Das *Future Progressive* kann auch ausdrücken, daß eine zukünftige Handlung (oft aufgrund äußerer Verhältnisse) für sicher oder selbstverständlich gehalten wird. Im Gegensatz zum *will-Future* (**200**), *going-to-Future* (**201**) und *Present Progressive* (**203**) wird also nichts über die Einstellung oder Rolle des Handelnden ausgesagt.

Will you **be seeing** Carol again when you go to Bristol next week?
Will you **be paying** in cash, madam, or by cheque?
Will anyone **be passing** the paper shop this afternoon?

Aus diesem Grund wird das *Future Progressive* auch gern in taktvollen Erkundigungen nach einem Vorhaben benutzt: Dadurch, daß der künftige Ereignisablauf und nicht die Absicht, etc. in den Vordergrund gestellt wird, soll der Eindruck von Neugier oder eine Beeinflussung vermieden werden.

207 Das *Future Perfect*

Das *Future Perfect* drückt Vorzeitigkeit gegenüber einem bestimmten Zeitpunkt der Zukunft aus (vgl. **179**). Dieser Zeitbezug wird oft durch Zeitangaben mit *by* („bis"/„bis spätestens") unterstrichen.

By tomorrow evening we **shall have gathered** enough wood for our Guy Fawkes bonfire.
By midnight the fire **will have gone out** and everyone **will have gone** home.
In the year 2000 Guy Fawkes' Day **will have been celebrated** for nearly 400 years.

Dad **will have been lighting** fireworks for two hours on end by the time he's finished.

Das *Simple Future Perfect* drückt meist aus, daß ein Vorgang zum betreffenden Zeitpunkt bereits abgeschlossen sein wird (also vorwiegend resultativer Gebrauch).
Es kann aber auch ausdrücken, daß ein Zustand oder Vorgang zu einem zukünftigen Zeitpunkt bereits seit einiger Zeit andauert (kontinuativer Gebrauch).
Bei Verben mit dynamischer Bedeutung steht beim kontinuativen Gebrauch zur Betonung der ununterbrochenen Dauer das *Future Perfect Progressive.* (Vgl. den entsprechenden Gebrauch der *Present-* und *Past-Perfect*-Formen, **191**, **196**.)

208–209 *Simple Present* und *Present Perfect* in Nebensätzen mit Zukunftsbezug

(Simple present and present perfect in subordinate clauses referring to the future)

208 Der Zukunftsbezug im Satzgefüge (Future reference in complex sentences)

Die zeitliche Beziehung zwischen zwei zukünftigen Handlungen wird oft durch ein Satzgefüge aus Hauptsatz und adverbialem Nebensatz der Zeit ausgedrückt.

(1) When I **take** Peter to the station tonight, **I'll get** an evening paper.
(Vgl.: I'll **take** Peter to the station later on.)
(2) **I'll give** you the magazine as soon as **I've finished** with it.
(Vgl.: I'll **have finished** with the magazine in an hour or so.)

Da der Zukunftsbezug schon im übergeordneten Hauptsatz ausgedrückt wird, steht im Nebensatz, entsprechend dem Deutschen

- das *Simple Present* und nicht das *will-Future* (oder eine andere Ausdrucksform für zukünftiges Geschehen) (Satz 1)
- das *Present Perfect* und nicht das *Future Perfect* (Satz 2).

Anmerkungen:

1. Auch in anderen Arten von Nebensätzen steht das *Simple Present* und nicht das *will-Future,* wenn der Zukunftsbezug schon im Hauptsatz zum Ausdruck kommt, z. B. in *that*-Sätzen und notwendigen Relativsätzen:
   Don't ring her before 3 o'clock. She'll just tell you that she **is** busy.
   Let's phone from the first telephone box that we **see.**
2. Zum Tempusgebrauch in Konditionalsätzen vgl. **216–218.**

209 Die Wahl von *Present Perfect* oder *Simple Present* im Nebensatz

(The choice of the present perfect or the simple present in subordinate clauses)

> You won't go before you**'ve looked** at our holiday snaps, will you?
> When Roger **has fixed** the film projector up, we'll turn the lights out.
> As soon as we **get** home, we'll get these pictures developed.
> Sorting out these slides will keep me busy until the spring **comes.**
> By the time he **finishes** in the dark room, it will be nearly midnight.

Im Nebensatz steht das *Present Perfect,* wenn die Vorzeitigkeit gegenüber der (zukünftigen) Handlung im Hauptsatz besonders betont werden soll (z. B. wenn ein Ergebnis hervorgehoben wird).
Sonst genügt im Nebensatz das *Simple Present,* da die zeitliche Beziehung von Haupt- und Nebensatz an sich schon durch Konjunktionen wie *as soon as, before, until, by the time* klargestellt wird. (Vgl. auch **197.2.** Zu Satzgefügen mit *when*-Sätzen vgl. **197.2** Anm.)

210–211 *Future-in-the-Past* und *Future-Perfect-in-the-Past*

210 Zeitbezug innerhalb der *Past-Tense*-Gruppe (Time relationships within the past tense group)

> *Future-in-the-Past* und *Future-Perfect-in-the-Past* drücken innerhalb der *Past-Tense*-Gruppe die gleichen Zeitbezüge aus wie *will-Future* und *Future-Perfect* innerhalb der *Present-Tense*-Gruppe (vgl. **179**).
> (1) We **had** plenty of time.
> (2) Our friends **wouldn't arrive** until eight.
> (3) By then we **would** easily **have got** everything ready.
> (Vgl.: We **have** plenty of time. Our friends **won't arrive** until eight. By then we**'ll** easily **have got** everything ready.)
>
> | | |
> |---|---|
> | (1) *Past Tense:* | Zeitraum, in dem sich die Handlung abspielt (Grundtempus) |
> | (2) *Future-in-the-Past:* | Vorgriff auf einen „damals" zukünftigen Zeitpunkt |
> | (3) *Future-Perfect-in-the-Past:* | Vorzeitigkeit gegenüber diesem „damals" zukünftigen Zeitpunkt |

Anmerkung:
Die beiden Tempusformen werden auch *Conditional* und *Conditional Perfect* genannt. Diese Bezeichnung bezieht sich auf ihren modalen Gebrauch in Hauptsätzen, die irrealen Konditionalsätzen übergeordnet sind (vgl. **217**):
If I were you, I **would not pat** strange dogs.
You **would** never **have been bitten** by that spaniel if you hadn't tried to run away.

211 Verwendung

> Trees, nothing but trees. He had no idea which way to go. He thought he **would try** going to the left this time. Darkness **would be falling** soon and he **would have been wandering about** lost for four hours.
> He had not told anybody where he was going, so his absence **would** not **have been noticed** yet and no one **would be worrying** about him.

Als Tempora der *Past-Tense*-Gruppe treten *Future-in-the-Past* und *Future-Perfect-in-the-Past* hauptsächlich in der Erzählung auf, vor allem in der indirekten und erlebten Rede (vgl. **321, 322**).
Zwischen *Simple* und *Progressive Form* bestehen dabei die gleichen Aspektunterschiede wie in den anderen Tempora (vgl. vor allem **181, 205, 207**).

212 Ausdrucksformen für Modalität (Übersicht) (Ways of expressing modality)

Neben dem Indikativ *(indicative)* als der Aussageform (Modus) für „Realität“, d. h. für wirkliche Sachverhalte (bzw. für Fragen danach), hat das finite Verb im Englischen zwei Aussageformen für „Modalität“, d. h. für nicht-wirkliche Sachverhalte:

- den Imperativ *(imperative)* zum Ausdruck von Aufforderungen oder Anweisungen;
- Reste des Konjunktivs *(subjunctive)* zum Ausdruck von nur vorgestellten, gewünschten oder möglichen Sachverhalten.

In den meisten Fällen wird Modalität jedoch durch eine Reihe anderer sprachlicher Mittel ausgedrückt, z. B. durch den „modalen“ Gebrauch von *Past Tense* und *Past Perfect* als Ersatz für (nicht mehr vorhandene) spezielle Konjunktivformen, durch das *Conditional* oder durch modale Hilfsverben.

	Besondere Verbformen zum Ausdruck von Modalität	
Indicative	*Imperative*	*Subjunctive*
This **is** my opinion.	**Be** careful.	**Be** it right or wrong, it's our decision. *(Present Subjunctive) (Sei es nun ...)*
James **was** right.		I wish she **weren't** so obstinate. *(Past Subjunctive) (... sie wäre nicht ...)*
What **comes** first?	**Come** over here.	I won't change my mind, **come** what may. *(Present Subjunctive) (... komme was wolle.)*
	Andere Ausdrucksformen für Modalität	
He **went** home yesterday.	*Modal Past:*	It would be better, if he **went** now. *(... ginge.)*
He **had gone** home the day before.	*Modal Past Perfect:*	If only you **had gone** sooner. *(... gegangen wärst.)*
	Conditional:	I **would go** there, if I could. *(Ich ginge ...)*
	Conditional Perfect:	I **would have gone** earlier, if I had been able to. *(Ich wäre ... gegangen ...)*
	Modal Auxiliary + (Perfect) Infinitive:	We **could go** there some time. *(Wir könnten ...)* He **should have gone** two hours ago. *(Er hätte ... gehen sollen.)*

Anmerkung:
Modalität kann auch durch bestimmte Vollverben oder Adverbien ausgedrückt werden:

I **wish to see** her soon.	(Vollverb + Infinitiv)
I **hope** he **has arrived** by now.	(Vollverb + Nebensatz mit einer Indikativform)
He **has probably arrived** by now.	(Adverb + Indikativform)

213 Der *Present Subjunctive*

1. Formen

... (that) I **come**/you **come**/he **come**/ ...
... (that) he/she/it **have**/**run**/**do**/ ...
... (that) I **be**/you **be**/he **be**/ ...

Der *Present Subjunctive* hat in allen Personen die gleiche Form wie der Infinitiv. Er unterscheidet sich daher vom *Present Indicative* nur in der 3. Person Singular, außer beim Verb *be*, wo er in allen Personen *be* lautet.

2. Verwendung des *Present Subjunctive* und Umschreibung durch modale Hilfsverben

Der *Present Subjunctive* tritt in folgenden Satztypen auf:

a) **in *that*-Sätzen** nach Verben und Verbverbänden, die eine Forderung oder einen Entschluß ausdrücken.

"We therefore *recommend* that the passenger **contact** the nearest airline office at least 72 hours prior to flight". (From an airline ticket)
The authorities *have decided* that a new runway **should be built.**
"Mr Begin *had requested* that I **autograph** the photos for his grandchildren (...) Susan *suggested* that she **go** and **get** the names of the grandchildren." (From Jimmy Carter, *Keeping Faith*)
"Heart specialists at Papworth Hospital, Cambridgeshire, *have urged* that the heart transplant programme there **be halted.**"
(From *The Observer*, August 29, 1982)

Im britischen Englisch ist der *Present Subjunctive* hier vor allem im Amtsstil üblich.
Die stilistisch neutralere Variante lautet *should* + Infinitiv (vgl. **234.**1).

Im amerikanischen Englisch ist der *Present Subjunctive* weiter verbreitet und nicht besonders förmlich.

Sein Gebrauch ist jedoch auch im britischen Englisch im Vordringen, z. B. in Zeitungsartikeln, Nachrichtensendungen, etc.

b) **in bestimmten Arten von adverbialen Nebensätzen** (vgl. **317**).

Hier ist der *Present Subjunctive* allgemein Kennzeichen eines förmlichen Stils, besonders im britischen Englisch. Bei *be* ist er etwas weiter verbreitet als bei anderen Verben.

We shall continue our endeavours, though the price **be/may be/is** high.
We welcome all contributions, whether they **be/are** large or small.

We desperately need money so that each of the children in our care **(can/will/may) be given** a start in life.
A bazaar was held in order that everyone **(could/would/should/might) have** a chance of contributing to the relief of hunger in the Third World.

The profits, if there **be/should be/are** any, go to charity.
Living conditions will be improved in this area unless there **be/should be/is** another serious drought *(Dürre).*

- In adverbialen **Nebensätzen der Einräumung** stehen – jeweils mit leichtem Bedeutungsunterschied – der *Present Subjunctive, may/might* + Infinitiv oder der Indikativ.
- In adverbialen **Nebensätzen des Zwecks** stehen folgende Alternativen zur Verfügung:
  Present Subjunctive
  can/will/shall/may bzw. *could/would/should/might* } + Infinitiv
- In **Konditionalsätzen,** die eine reale Bedingung ausdrücken, werden statt des *Present Subjunctive* häufiger *should* + Infinitiv oder der Indikativ verwendet (vgl. **216, 218**).

Anmerkung:

Der *Present Subjunctive* tritt außer in den oben genannten Satztypen auch in einer Reihe formelhaft erstarrter Sätze auf:

a) in Hauptsätzen des Wünschens oder Verwünschens (neben *may* + Infinitiv):
God **save** the Queen. – God **bless** you. – **Damn** you! – **May** you both **be** happy.

b) in adverbialen Nebensätzen der Einräumung, die nicht durch eine Konjunktion eingeleitet werden:
We are going to leave tomorrow as planned, **come** what may. (... whatever happens.)
Be that as it may, there is nothing we can do about it now. (Even if this is so, ...)
Like it or not, he will have to accept our decision. (Whether he likes it or not, ...)

214 Der *were-Subjunctive* und der modale Gebrauch von *Past Tense* und *Past Perfect*

(The were-subjunctive and the modal use of past tense and past perfect)

1. Formen

Past Subjunctive: (if) I/he/she/it **were** there/working/polite/... ***Modal Past:*** (if) I/he/she/it **was** there/... (umgangssprachlich) (if) you/we/they **were** there/... (if) I/you/he/... **came/went/stopped/...** ***Modal Past Perfect:*** (if) I/you/he/... **had come/gone/stopped/...**	Im heutigen Englisch gibt es nur für das Verb *be* spezielle *Past-Subjunctive*-Formen, und zwar nur in der 1. und 3. Person Singular. In der Umgangssprache tritt jedoch oft die *Past-Indicative*-Form *was* ein. In den anderen Personen von *be* und bei anderen Verben stehen bei modaler (konjunktivischer) Bedeutung nur normale *Past-Tense*-Formen zur Verfügung. Ebenso werden normale *Past-Perfect*-Formen in modaler Bedeutung gebraucht.

2. Verwendung und Zeitbezug

Were-Subjunctive und modales *Past Tense* und *Past Perfect* werden ähnlich gebraucht wie der deutsche Konjunktiv Imperfekt *(wäre, täte)* und Plusquamperfekt *(wäre gewesen, hätte getan)*. Sie stehen

a) in irrealen Konditionalsätzen

If the youth club **were** nearer, I would go there more often. I couldn't have come if I **hadn't been given** a lift.	Dies ist die häufigste Verwendungsweise (vgl. **217**).

b) in adverbialen Nebensätzen, die einen irrealen Vergleich ausdrücken (nach *as if, as though:* als ob)

He looks as if he **were** bored. Margaret sounded as though she really **meant** what she said.	Dabei drücken der *were-Subjunctive* und das *Modal Past* Gleichzeitigkeit,
She stared at me as though she **had** never **seen** me before.	das *Modal Past Perfect* Vorzeitigkeit gegenüber dem Tempus des Hauptsatzes aus.

c) in irrealen Wunschsätzen: nach *if only* und in *that*-Sätzen nach *I wish* (ich wünschte/wollte), *I'd rather* (es wäre mir lieber), *it's time* (deutsch: es ist Zeit, daß + Indikativ!)

If only he **didn't** always **talk** such nonsense. I wish I **knew** Mike and Alice better. *(Ich wünschte, ich würde Mike und Alice besser kennen.)* It's high time we **went** home. *(Es ist höchste Zeit, daß wir heimgehen.)*	Dabei drücken *were-Subjunctive* und *Modal Past* bei *if only* und *I wish* Bedauern darüber aus, daß etwas (gegenwärtig) nicht so ist, wie man es gerne hätte, bei *it's time* den Wunsch nach einer (zukünftigen) Handlung.
I'd rather Jenny **were** a bit more tactful. I'd rather you **told** me who you are going out with tonight.	Bei *I'd rather* sind beide Bedeutungen (Bedauern und Wunsch) möglich.
I wish I **had been** friendlier to your cousin. If only I **hadn't opened** my big mouth. I'd rather you **hadn't told** me about their quarrel.	Das *Modal Past Perfect* (nicht möglich nach *it's time*) drückt Bedauern über eine frühere Situation oder Handlung aus.

Anmerkung:
Soll nach *I wish* und *if only* der Wunsch nach einer zukünftigen Handlung ausgedrückt werden, so steht *would* + Infinitiv. Das *Modal Past* eines Vollverbs kann hier nicht verwendet werden:

I wish/If only she **would tell** me what is bothering her.

215 Konditionalsatzgefüge: Arten von Bedingungen in konditionalen Nebensätzen

(Conditional sentences: types of condition in conditional clauses)

Konditionalsatzgefüge bestehen aus einem **Hauptsatz** und einem **konditionalen Nebensatz** (Konditionalsatz). Dabei enthält der Nebensatz eine Bedingung, während der Hauptsatz die Folgerung nennt, die sich aus dieser Bedingung ergibt. Es gibt zwei Arten von Bedingungen:

If the plane arrives on time, we shall just catch our train.
If the plane has arrived on time, Pat will already be waiting for us.

1. **Reale Bedingungen**, d. h. Bedingungen, die der Sprecher für **erfüllbar** oder für bereits **erfüllt** hält.

I should be very surprised **if the plane arrived on time.**
If I were a bird, I'd fly to Africa in winter.

If the plane had arrived on time, he would not have missed his connection.

2. **Irreale Bedingungen**, d. h. Bedingungen,
   - die der Sprecher für nur **theoretisch erfüllbar** oder für **nicht erfüllbar** hält (es sind bloß angenommene Bedingungen);
   - die der Sprecher für **nicht erfüllt** hält (oder die nicht erfüllt wurden).

Die Art der jeweiligen Bedingung ist entscheidend für den Tempusgebrauch im Konditionalsatzgefüge.

Anmerkungen:

1. Zur Reihenfolge von Haupt- und Nebensatz, zu den einleitenden Konjunktionen und zur Kommasetzung in Konditionalsätzen vgl. **316, 317.4.**

2. Bedingungen können auch durch andere Satztypen ausgedrückt werden, z. B. durch Imperativsätze oder gelegentlich durch einen Relativsatz:

   Don't leave the door open or the cat will run out. (If you leave the door open, the cat will run out.)
   Anybody who heard them quarrel might have thought that they hated each other. (If anybody had heard them quarrel, they might have thought . . .)

216–218 Tempuskombinationen in Konditionalsatzgefügen

(Combinations of tenses in conditional sentences)

Je nach Art der Bedingung und der sich daraus ergebenden Folgerung können im Konditionalsatzgefüge bestimmte Tempuskombinationen auftreten, die z. T. genau festgelegt sind.

216 Reale Bedingungen (Realistic conditions)

1. Für erfüllbar gehaltene Bedingungen

Konditionaler Nebensatz	Hauptsatz
Unless it **is raining** tomorrow, If we **run** out of steaks, If you **can spare** the time, If you **put** some thyme on pork chops,	we'**ll have** a barbecue in the garden. we **might put** on some sausages as well. please **come** to our garden party tomorrow. they **taste** delicious.
Present Tense von Vollverben oder *can/must* + Infinitiv	*will-Future* (häufigster Fall), modales Hilfsverb + Infinitiv, Imperativ, *Present Tense* (seltener)

2. Für erfüllt gehaltene Bedingungen

Konditionaler Nebensatz	Hauptsatz
If Jane **was knocked down** last week, If he only **had** the operation yesterday, If Kevin **has broken** his leg, If he **is** still in hospital, If Paul **sprained** his ankle again,	she **can't have played** in the tennis match today. **don't expect** him to be feeling very lively yet. he **will be** in plaster for a long time. a visit **would cheer** him up. then it **was** definitely his own fault.
Past Tense (aber kein *were-Subjunctive!*), *Present Perfect* oder *Present Tense*	Gewöhnlich: Modales Hilfsverb + Infinitiv, Imperativ oder *will-Future;* Seltener: andere Tempusformen von Vollverben

Anmerkung:
Im konditionalen Nebensatz darf kein *will* im Sinn einer bloßen Vorhersage *(will-Future)* stehen. Doch kann das modale Hilfsverb *will* auftreten, wenn Bereitschaft oder Entschlossenheit zum Ausdruck gebracht werden sollen (vgl. **235, 236**):

We can set out before noon if you **will help** me load up the car. (= if you are willing to help me . . .)

If you ***will* carry** so much at once, you're bound to drop something. (= if you insist on carrying . . .)

217 Irreale Bedingungen (Hypothetical conditions)

1. Für nicht erfüllbar (oder für nur theoretisch erfüllbar) gehaltene Bedingungen:

Konditionaler Nebensatz	Hauptsatz
If a Channel Tunnel **were** in operation today, If it **took** only four hours from London to Paris, If the money **could be raised,**	how much easier it **would be** to cross the Channel. the 'Chunnel' **would attract** many passengers. work on the tunnel **might be resumed.**
were-Subjunctive bzw. *Modal Past* oder *could* + Infinitiv	*Conditional* oder *could/might* + Infinitiv

Anmerkungen:
1. Im konditionalen Nebensatz darf kein reines *Conditional* stehen. Doch kann die Form *would* + Infinitiv auftreten, wenn Bereitschaft ausgedrückt oder eine höfliche Bitte ausgesprochen werden soll:

It would be very nice if she **would lay** the table. (= if she were willing to . . .)

I should be very grateful if you **would help** me arrange these books. (= if you were kind enough to . . .)

2. Bei nicht (oder nur theoretisch) erfüllbaren Bedingungen werden meist die Folgerungen für Zukunft oder Gegenwart genannt (vgl. die Beispielsätze). Doch sind auch Folgerungen für die Vergangenheit möglich: Dann steht im Hauptsatz *Conditional Perfect* oder *could/might* + *Perfect Infinitive:*

If I **had** more money, I **would/might/could have bought** you that camera.

2. Für nicht erfüllt gehaltene (und nicht mehr erfüllbare) Bedingungen

Konditionaler Nebensatz	Hauptsatz
If Angela **had left** in time, If I **had known** before, If Mark **hadn't had** his friend with him,	she **wouldn't have been** late for the theatre. I **could have got** you a cheap ticket. it **might have been** a very dull evening.
Modal Past Perfect	*Conditional Perfect* oder *could/might* + *Perfect Infinitive*

Anmerkung:
Bei nicht erfüllten Bedingungen sind nicht nur – wie in den Beispielsätzen – Auswirkungen auf die Vergangenheit möglich, sondern auch auf Gegenwart oder Zukunft. Dann steht im Hauptsatz das (einfache) *Conditional* oder *could/might* + (einfacher) Infinitiv:

If we **hadn't got caught** in that traffic jam, we **would/could/might be** home by now.

218 *Should* + Infinitiv zum Ausdruck realer und irrealer Bedingungen

(*Should* + infinitive to express realistic and hypothetical conditions)

Konditionalsätze mit *should* können sowohl reale als auch irreale Bedingungen ausdrücken. Allerdings wird durch *should* + Infinitiv die Erfüllung der Bedingung als etwas weniger wahrscheinlich dargestellt als in den sonstigen realen Konditionalsätzen bzw. als etwas weniger unmöglich als in den sonstigen irrealen Konditionalsätzen. Je nach Art der Bedingung, die ausgedrückt werden soll, stehen im Hauptsatz verschiedene Verbformen. Die wichtigsten Kombinationen sind:

Konditionaler Nebensatz	Hauptsatz
In case there **should be** any difficulty, If anyone **should be behaving** suspiciously, If all else **should fail,** If a shop assistant **should have** any doubts, If you **should be questioned,**	just **sound** the alarm. the store detective **will keep** an eye on him. you **must threaten** to inform the police. she **might ask** to look in your bag. what **would** you **say**?
should + Infinitiv	Imperativ, *will-Future*, modales Hilfsverb + Infinitiv, *Conditional*

Anmerkungen:

1. Manchmal kann zum Ausdruck realer Bedingungen statt *should*+Infinitiv der *Present Subjunctive* verwendet werden (förmlicher Stil; vgl. **213.**1 b):

   Unless it **be proved** that he is guilty, the accused may not be referred to as a criminal.

2. Zum Ausdruck einer irrealen Bedingung kann statt *should* auch *were to* verwendet werden:

   If I **were to be arrested,** I **would** immediately **contact** my lawyer.

Kapitel 7: Die Hilfsverben (The Auxiliaries)

219–222 Modale Hilfsverben: Formen, syntaktische Merkmale, Sprechabsichten (Übersicht)

(Modal auxiliaries: forms, syntactic features, speech intentions)

219 Formenübersicht (Table of forms)

Bejahte Formen				Verneinte Formen		
Vollformen	**betont**	**unbetont**	**Kurzformen**	**Vollformen**	**Kurzformen**	
can	[kæn]	[k(ə)n]	–	cannot	can't	[ɑː]
could	[kʊd]	[k(ə)d]	–	could not	couldn't	
may			–	may not	(mayn't) (selten)	
might			–	might not	mightn't	
will	[wɪl]	[w(ə)l]/[(ə)l]	'll [l]	will not	won't	[əʊ]
would	[wʊd]	[w(ə)d]/[(ə)d]	'd [d]	would not	wouldn't	
shall	[ʃæl]	[ʃ(ə)l]	('ll [l])	shall not	shan't	[ɑː]
should	[ʃʊd]	[ʃ(ə)d]	('d [d])	should not	shouldn't	
dare			–	dare not	daren't	
dared			–	dared not	–	
must	[mʌst]	[m(ə)s(t)]	–	must not	mustn't	[mʌsnt]
need			–	need not	needn't	
ought to			–	ought not to	oughtn't to	
used to			–	used not to	usedn't to	[juːsntə]

Verwendung der Voll- und Kurzformen:
In der Umgangssprache werden – soweit vorhanden – die Kurzformen bevorzugt. Die entsprechenden Vollformen sind nur im förmlichen Stil üblich, z. B. in offiziellen Reden, amtlichen Schriftstücken, wissenschaftlichen Abhandlungen und Geschäftsbriefen.
Die bejahten Kurzformen *('ll, 'd)* können jedoch nicht am Satzanfang (in Entscheidungsfragen) oder an betonter Stelle im Satz erscheinen:

Will the train arrive on time? – I'm sure it **will**.

Aussprache:
Die **bejahten Formen** – auch die Vollformen – werden normalerweise **unbetont** gesprochen, weil das Hilfsverb im Satz nur eine ergänzende Funktion zum Vollverb hat. Dabei werden kurze Vokale zu [ə] abgeschwächt oder ausgelassen (Schwachformen):

He **can** [kən]/[kn] leave now.

Die **betonte** Aussprache kommt nur in Frage, wenn das modale Hilfsverb besonders hervorgehoben wird, z. B. in Kurzantworten (vgl. **29**, vgl. auch **335**). Dabei werden auch die kurzen Vokale voll gesprochen (Starkformen):

Can he play the piano? – Yes, he **can** [kæn].

Die **verneinten Formen** – auch die Kurzformen – sind im Satz grundsätzlich hervorgehoben und werden deshalb mit vollem Vokal gesprochen.

Anmerkung:
Die Kurzform *'d* kann nicht nur für *would* oder *should* eintreten, sondern auch für *had*.

Vgl. **I'd leave** now if I were you. = I **would/should leave** now if I were you.
I'd left when they arrived. = I **had** (already) **left** when they arrived.

220 Modale Hilfsverben und Zeitbezug (Modal auxiliaries and time relationships)

Im Gegensatz zu *have, be* und *do* werden die modalen Hilfsverben auch „unvollständige Hilfsverben" genannt. Sie haben keine Infinitiv- und Partizipialformen und können deshalb nicht alle Tempora bilden.
Es gibt nur *Present-* und *Past-Tense*-Formen.

1. *Present-Tense*-Formen

May Tina borrow the old Ford tonight?
– Certainly, if she **can** drive it.
My parents are very strict. I **daren't** ask them for the car.
I **needn't** fill up – the tank is still half full. But I **must** check the oil.
John **will** soon be old enough to take his driving test.
I **shall** buy a second-hand car as soon as I can afford it.

Als *Present-Tense*-Formen bezeichnet man *can, may, will, shall, dare (not), must* und *need (not)*. Sie erhalten in der 3. Person Singular kein *-s*.
Die *Present-Tense*-Formen beziehen sich nicht nur auf die Gegenwart, sondern häufig auch auf die Zukunft, vor allem in Verbindung mit entsprechenden Zeitangaben.
(Zum *will-Future* vgl. **199–200**.)

2. *Past-Tense*-Formen

Als *Past-Tense*-Formen bezeichnet man *could, might, should, would, ought to, dared (not)* und *used to.* Doch nicht alle *Past-Tense*-Formen drücken tatsächlich Vergangenheitsbezug aus.

We **used** to go swimming a lot when we lived by the sea.
I never **dared** dive from the highboard when I was at school.

- Nur *used to* und *dared (not)* beziehen sich stets auf die Vergangenheit.

Emily always loved horses and **could** ride at a very early age, but she **couldn't** persuade her father to buy her a pony.
The horse **wouldn't** jump the last fence despite his rider's efforts. *(... wollte nicht ...)*
The horses **would** always be rewarded with a lump of sugar when they had done well.
(... wurden gewöhnlich/immer ... belohnt ...)

- Bei *could* und *would* liegt nur in folgenden Verwendungen Vergangenheitsbezug vor:
  could (not): Fähigkeit/Unfähigkeit/Nicht-Gelingen (vgl. **223, 224**).
  would (not): Entschlossenheit, Gewohnheit (vgl. **236, 237**).

Could/Would you please help me to move these pot plants? *(Könntest/Würdest du ...?)*
I think we **ought to/should** bring in the geraniums. There **might** be frost tonight. *(... wir sollten ... Es könnte ... Frost geben.)*

- In ihren anderen Bedeutungen werden *could* und *would* ebenso wie *might, should* und *ought to* wie deutsche Konjunktivformen (*könnte, dürfte,* etc.) verwendet. Die *Past-Tense*-Formen drücken hier Unsicherheit, Zurückhaltung oder Höflichkeit aus.

My aunt asked me if I **could/would** help her to move the pot plants.
Dad suggested that we **ought to/should** bring in the geraniums. He was afraid there **might** be frost that night.

- In der indirekten und in der erlebten Rede können jedoch alle *Past-Tense*-Formen mit Vergangenheitsbezug auftreten. (Vgl. **322**; zu *must* und *need* vgl. **324**.)

3. Ersatzformen

Mike's very practical – he **can** do all sorts of repairs around the house. But he **hasn't been able to** stop the tap from dripping yet.

You **may** go into the kitchen if the paint is dry. Frank **is allowed to** decorate his own room – why can't I?

Für die fehlenden Tempora der modalen Hilfsverben sowie für Infinitiv und Partizipien treten Vollverben mit ähnlicher Bedeutung ein, die sogenannten Ersatzformen.

Diese können auch anstelle der vorhandenen *Present-* (und *Past-*)*Tense*-Formen der Hilfsverben benutzt werden, doch sind hier gewisse Bedeutungsunterschiede zu beachten (vgl. **227**.2, **229**.2, **232**.2).

221 Syntaktische Merkmale der modalen Hilfsverben (Syntactic features of the modal auxiliaries)

1. Modale Hilfsverben und der Infinitiv des Vollverbs

Sandra **can speak** French very well. *(... kann sehr gut Französisch.)*
My Italian has got very rusty. I really **must go** to Italy again next year. (*Ich muß ... nach Italien.*)

Professor Brien **must have had** a real gift for languages, otherwise he **could not have learnt** Chinese in such a short time. *(... muß ... gehabt haben, sonst hätte er nicht ... können.)*
I **should have brushed up** my Spanish before leaving for Mexico. *(... hätte ... sollen ...)*
The train is slowing down, so we **must be approaching** London now.
Dennis or his wife **may be waiting** for us on the platform.

Modale Hilfsverben können nur einen Infinitiv nach sich haben. Sie können nicht einfach – wie im Deutschen – durch eine Nominalgruppe oder eine Richtungsangabe ergänzt werden. Der Infinitiv wird ohne *to* an das Hilfsverb angeschlossen, außer bei *ought to* und *used to.*
Alle modalen Hilfsverben außer *used to* und *dare(d)* können auch mit der Perfekt-Form des Infinitivs *(Perfect Infinitive)* verbunden werden, wenn der Sprecher einen Kommentar zu einem vergangenen Geschehen abgeben will.

Soll ein Kommentar zu einer gerade ablaufenden, vorübergehenden Handlung abgegeben werden, so wird der *Progressive Infinitive* angefügt.

2. Die Bildung von Frage und Verneinung

Can you lend me some money? – Yes, I **can.** I **can't** let you have much, though.
£2 **should** be enough, **shouldn't** it?
What do you mean, you have run out of money? You ***must*** have some left.

Frage und Verneinung werden bei den modalen Hilfsverben ohne *do*-Formen gebildet. Auch in Kurzantworten, Bestätigungsfragen (*question tags,* vgl. **27**) und bei der Emphase (vgl. **335**) treten keine *do*-Formen auf.

Anmerkung:
Zu Frage und Verneinung bei *need* und *dare,* die als Hilfsverben und Vollverben verwendet werden können, vgl. **241–242.**
Zu Frage und Verneinung bei *used to* vgl. **240.**

222 Modale Hilfsverben und Sprechabsichten (Modal auxiliaries and speech intentions)

Aufgrund ihrer Bedeutungen (*können, dürfen, sollen*, etc.) eignen sich die modalen Hilfsverben zum Ausdruck ganz unterschiedlicher Sprechabsichten. Der Sprecher kann sie benutzen,

1. um jemanden in seinem Verhalten zu beeinflussen

Typische Sprechabsichten dieser Art sind:

um etw. bitten	will/would	(vgl. **235**)	**Will/Would** you show us the broken lock, please?
	can/could	(vgl. **225**)	**Can/Could** you open this door? – **Can/Could** I come in?
	may/might	(vgl. **227**)	**May/Might** my assistant use your telephone?
erlauben	can	(vgl. **225**)	You **can** use this room again now.
	may	(vgl. **227**)	You **may** phone your lawyer if you wish.
verbieten	can't	(vgl. **225**)	You **can't** talk to him yet, Inspector. He is too weak.
	may not	(vgl. **227**)	Mr Brown **may not** have any visitors yet.
	mustn't	(vgl. **227**)	He **mustn't** strain himself after the operation.
auffordern	must	(vgl. **229**)	You **must** tell us everything you noticed that night.
	should/ought to	(vgl. **232**)	You **should/ought to** have a burglar alarm put in.
zugestehen	needn't	(vgl. **229**)	You **needn't** lock the safe, there's nothing in it.
raten, warnen, tadeln	should(n't)/ ought(n't) to	(vgl. **232**)	You **shouldn't** be so careless with your valuables. You **ought to** have informed the police at once.

Anmerkung:
Wenn keine Beeinflussung beabsichtigt ist, sondern nur ausgesagt werden soll, daß etwas notwendig, erlaubt (etc.) ist, so werden – im Gegensatz zum Deutschen – meist keine modalen Hilfsverben, sondern die sogenannten Ersatzformen benützt (vgl. **227**.2, **229**.2, **232**.2):

The boss wants to see you. You **are to** come to his office at once. *(Sie **sollen** sofort . . .)*

2. um eine Annahme auszudrücken

Eine Aussage wie *This is true* wird durch die Indikativform eines Vollverbs (hier: *is*) als Tatsache hingestellt. Durch Hinzufügen eines modalen Hilfsverbs *(This must/may . . . be true)* wird sie jedoch in ihrer Gültigkeit eingeschränkt: Der Sprecher stellt sie als persönliche Annahme hin, wobei er je nach Hilfsverb unterschiedliche Grade der Wahrscheinlichkeit nahelegen kann. (Die gleiche Funktion erfüllen auch Satzeinleitungen wie *I am sure/I suppose/I guess* oder satzbezogene Adverbien wie *certainly, surely, probably, perhaps.*)

sicher	must	(vgl. **230**)	The door is locked. They **must** have gone out. (I'm sure they've gone out.)
	can't	(vgl. **226**)	This **can't** be the Smiths' car. They're on holiday. (This certainly isn't the Smiths' car.)
wahrscheinlich	will	(vgl. **238**)	Let's hurry. Mary **will** already be waiting for us. (Mary is probably already waiting for us.)
	should/ought to	(vgl. **233**)	Try again at two. He **should/ought to** be back by then. (I suppose he will be back by then.)
möglich	may/might could	(vgl. **228**) (vgl. **226**)	I don't know where Mum is. She **may/might/could** be at our neighbours'. (Perhaps she is at our neighbours'.)

Anmerkung:
In Fragesätzen können *can, could* und *would* zum Ausdruck von Unsicherheit oder Zweifel eingesetzt werden (vgl. **226**, **238**). Solche Sätze könnten etwa durch *I wonder if/where/what/. . .* umschrieben werden:

What **can** he mean? (I wonder what he means.)

Can und could bezeichnen wie das deutsche Hilfsverb *können* eine Fähigkeit oder eine Möglichkeit. Daraus ergeben sich folgende Verwendungsweisen:

223 *Can/could:* Fähigkeit und Unfähigkeit (Ability and inability)

Rover has grown so much that he **can** now open the kitchen door with his paws.
Kittens **can't** see at all for the first eight days.
A few years ago we had a canary which **could** whistle "God save the Queen".
We acquired a parrot last year from an old lady who **couldn't** look after him any longer.
Dogs **can** readily be trained, and over the centuries man **has been able to** use them for many purposes.
Do you **know how to** milk a cow?

Can und *can't* bezeichnen eine jetzt oder immer vorhandene Fähigkeit oder Unfähigkeit.

Could und *couldn't* beziehen sich wie dt. *konnte (nicht)* auf eine frühere Fähigkeit oder Unfähigkeit. Der Vergangenheitsbezug muß durch eine Zeitangabe oder den Zusammenhang klargestellt sein.
Als Ersatzformen treten in den zusammengesetzten Tempusformen *be able to, be capable of* und *know how to* ein. (Sie sind auch in den einfachen Tempusformen möglich.)

Anmerkung:
Eine durch *can* oder *could* ausgedrückte Fähigkeit kann auch im Sinn einer Veranlagung oder eines typischen Verhaltens verstanden werden:

Children **can** be very rough. *(... können ... sein/sind oft ...)*
My grandmother **could** spend hours in her rocking-chair, just staring out of the window.

Zur Wiedergabe eines typischen Verhaltens durch *will* und *would* vgl. **237**.

224 *Can/could:* Gelingen und Nicht-Gelingen (Success and failure)

You'll never get that bottle open with a knife.
– Oh, I will. I'm sure I **can** open it.
Sorry, I **can't** get the top off this jar.
I looked everywhere, but I **couldn't** find the cork-screw.
Aber:
She finally **succeeded in** unwrapping the parcel.
(She **could** unwrap it. = *Sie könnte ...*)
Nobody **will be able/has been able** to undo that knot.

Ist nicht von einer generellen Fähigkeit die Rede, sondern geht es darum, ob einer Person aufgrund einer Fähigkeit eine ganz bestimmte Handlung gelingt bzw. gelang oder nicht, so können nur die Formen *can, can't* und *couldn't* verwendet werden.
Die bejahte *Past-Tense*-Form *could* darf zum Ausdruck des Gelingens nicht gebraucht werden. An ihrer Stelle treten die Ersatzformen *be able to, succeed in* und *manage to* ein, die auch in den zusammengesetzten Tempusformen erscheinen können.

225 *Can/could:* Bitte, Erlaubnis, Verbot, etc. (Requests, permission, prohibition, etc.)

Diese Verwendungsweisen ergeben sich, weil *can* und *could* eine Möglichkeit ausdrücken. Sie wirken dabei weniger förmlich als *may* und *might* (vgl. **227**).

Can/Could you lend me your road atlas?
Can/Could I use your garage while you're away? – Oh yes, of course you can.
Can't/Couldn't he borrow somebody else's motor-bike – Jim's perhaps?

Fragesätze mit *can* und *could* im Sinn von „Ist/Wäre es möglich"? werden als Bitte (oft als Bitte um Erlaubnis) aufgefaßt.
Fragesätze mit den verneinten Formen *can't* und *couldn't* im Sinn von „Ist/Wäre es nicht möglich?" drücken häufig einen Vorschlag aus.
Could/couldn't wirken höflicher als *can/can't.*

All right, your friend **can** ride my bike.
You **can/could** help me to mend the puncture.

You **can't** park here, but there is a car park round the corner.

Aussagesätze mit *can* geben eine Erlaubnis wieder oder enthalten – wie Aussagesätze mit *could* – eine Aufforderung.
Can't drückt ein Verbot aus, das weniger autoritär klingt als *mustn't* (vgl. **227**).

226 *Can/could:* Annahme (Supposition)

I've mislaid my banker's card. – **Can** it be in your other handbag?
Can I have left my cheque-book in the bank?
We **can't** possibly need to cash another cheque already!
The exchange rate **can't** have changed as much as that since yesterday.
The place looks very deserted. **Could** it be early closing day?
Could we have mistaken the opening times?
I wonder where Bill is. He **couldn't** be looking at the church – he hates churches.
That **could** be the old tea-shop the Browns were so enthusiastic about.
This inn **could** have been built in the 16th century, judging by the windows.

Da *can* und *could* eine Möglichkeit ausdrücken, können sie auch eine Annahme wiedergeben. Dabei können sie auch mit dem *Perfect Infinitive* verbunden werden.
Can erscheint dabei in Fragesätzen und verneinten Sätzen im Sinn von „Ist es denkbar ...?"/„Es ist nicht denkbar ...".
Could kann in den gleichen Satztypen verwendet werden wie *can;* es drückt aber größere Unsicherheit aus. (Vgl. „Wäre es denkbar ...?"/„Es ist kaum denkbar ...".)

Could kann darüber hinaus wie *may/might* (vgl. **228**) in positiven Aussagesätzen stehen, im Sinn von „Es wäre denkbar ...", „Es ist (war) vielleicht der Fall".

227–228 *May/might* und *mustn't*

May und *might* entsprechen in ihrer Bedeutung verschiedenen deutschen Hilfsverben, vor allem *dürfen* und *können* (= „vielleicht der Fall sein"). Für *nicht dürfen* gibt es im Englischen die Formen *may not* und *mustn't.*

227 *May/might – may not/mustn't:* Erlaubnis und Verbot (Permission and prohibition)

1. Verwendung der Hilfsverben

May we borrow your lawnmower, please? We can't get ours to start. – You **may** have it in an hour. I'll have finished with it then.
May the children pick some apples? – No, they **may not,** they aren't ripe yet.
You **mustn't** throw stones in the pond.

May gebraucht man, wenn man um Erlaubnis bittet oder wenn man sie erteilt.

Die Form *may not* wird zum Ausdruck eines Verbots vorwiegend in Antworten auf Fragen mit *may* gebraucht. Ansonsten verwendet man für *nicht dürfen* eher *mustn't.* (Vgl. **229**.1 Anm.)

Might I suggest we have tea in the garden? *(Dürfte ich vorschlagen ...?)*
You **might** be more careful not to trample on the flowerbeds, Tony. *(Du könntest etwas mehr aufpassen, daß du nicht ...)*

Fragen mit *might* wirken sehr zurückhaltend und höflich.
In Aussagesätzen drückt *might* eine Aufforderung aus, oft mit einem Unterton der Verärgerung.
May und *might* klingen förmlicher als *can* und *could* (vgl. **225**.).

The Carsons' children **have** never **been allowed to** climb trees.

Als Ersatzform für die fehlenden Tempora tritt zum Ausdruck von Erlaubnis und Verbot vor allem *be allowed to* ein.

2. Bedeutungsunterschiede zwischen *may/may not/mustn't* und ihren Ersatzformen

Yes, you **may** ask your friends in, but you **may not** offer them any beer.
You **mustn't** drink more than one glass of wine.
Pubs **are not allowed to** serve alcoholic drinks to under-eighteens.

Patrons **may** park behind the inn.
Visitors **may not/are not permitted to** smoke in the hall.

May, may not und *mustn't* drücken aus, daß die Erlaubnis bzw. das Verbot vom Sprecher aus eigener Machtvollkommenheit ausgesprochen wird.
Will man es offenlassen, wer für die Erlaubnis oder das Verbot verantwortlich ist, so wählt man auch im *Present Tense* die Ersatzform *be allowed to.*

Im förmlichen Stil, z. B. in amtlichen Bekanntmachungen, können auch *may/may not* sowie *be permitted to* für diesen Zweck verwendet werden.

228 *May/might:* Annahme (Supposition)

Where's Bob? – I don't know. He **may** be upstairs or he **may** have gone out.
Anne **might** have put your bicycle pump somewhere, or she **might** at least know where it is.
We **may not/might not** be able to go to the village on our bikes, because it looks like rain.

Might/Could/Can I have left my umbrella in the car?

May und *might* sagen aus, daß etwas vielleicht der Fall ist oder sein wird. In Zusammensetzungen mit dem *Perfect Infinitive* drücken sie aus, daß etwas vielleicht in der Vergangenheit der Fall war.
Die verneinten Formen entsprechen dem deutschen *vielleicht nicht.*
Might legt grundsätzlich einen geringeren Grad der Wahrscheinlichkeit nahe als *may.*
May tritt in dieser Bedeutung nur in Aussagesätzen auf; in den entsprechenden Fragesätzen erscheinen *might, could* oder *can* (vgl. **226**).

Anmerkungen:

1. *May/might* + Infinitiv treten – als Alternativen zu anderen Verbformen – auch in verschiedenen Arten von Nebensätzen auf, z. B. in *that*-Sätzen nach Verben und Verbverbänden, die eine Möglichkeit oder eine Befürchtung ausdrücken, sowie in adverbialen Nebensätzen der Einräumung und des Zwecks (vgl. **213**.2 b):

   It is possible that we **may/will** move to Devon in a few months.
   They *feared* that there **might/would** be a drastic rise in the price of houses in the near future.
   Nobody is willing to live in the haunted house, however desperate they **may be/are** for accommodation.
   (... so verzweifelt die Leute auch nach Unterkunft suchen mögen/suchen.)
   Interest rates were reduced to 5 % so that people **might/would/should** be encouraged to take out mortgages. *(... damit die Leute ermutigt wurden, Hypotheken aufzunehmen.)*

2. *May* erscheint außerdem – ähnlich wie das deutsche *mögen* – in formelhaften Hauptsätzen des Wünschens (vgl. **213**.2 b Anm.):

   May you both be happy. **May** the Lord bless and keep you.

Must und *needn't*

Das englische *must* und das deutsche *müssen* entsprechen sich zwar im Gebrauch der bejahten Formen, unterscheiden sich jedoch grundlegend in der Bedeutung der verneinten Formen; vgl.:

must:	„es ist **nötig,** etwas zu tun"	*müssen:*	„es ist **nötig,** etwas zu tun"
mustn't:	„es ist **nötig,** etwas **nicht** zu tun" (im Deutschen: *nicht dürfen,* vgl. **227**)	*nicht müssen:*	„es ist **nicht nötig,** etwas zu tun" (im Englischen: *needn't*)

229 *Must* und *needn't:* Aufforderung und Zugeständnis (Orders and concessions)

1. Verwendung der Hilfsverben

You **must** go to the doctor if that cough doesn't clear up in a few days. *(Du mußt . . .)*
I **must** make an appointment to see the dentist about this aching tooth. *(Ich muß . . .)*
You **needn't** have your arm X-rayed – it's definitely not broken. *(Du brauchst deinen Arm nicht röntgen zu lassen . . .)*
Joe **had to** be taken to hospital in an ambulance. *(. . . mußte . . . gebracht werden.)*
Patients who telephone the doctor's surgery first **won't have to** wait so long. *(... brauchen nicht ...)*
You**'ve got to** have an anti-tetanus injection at once. *(Du mußt sofort . . .)*

Da *must* etwas als notwendig bezeichnet, drückt es sehr oft eine Aufforderung aus.
Mit *I must* äußert der Sprecher den Entschluß oder Vorsatz, etwas Notwendiges zu tun.
Da *needn't* etwas für nicht nötig erklärt, drückt es häufig ein Zugeständnis aus: Der Betroffene kann selbst entscheiden, ob er etwas tun soll oder nicht.
Von *must* und *needn't* gibt es nur die *Present-Tense*-Formen. In den anderen Tempora tritt vor allem *have to* ein. Im *Present Tense* ist auch die Form *have got to* sehr verbreitet.
(Zu *must* und *needn't* in der indirekten Rede vgl. **324.**)

Anmerkung:
Obwohl *must* und *mustn't* im Deutschen durch unterschiedliche Hilfsverben wiedergegeben werden, können die beiden Formen die gleiche Sprecherhaltung ausdrücken:

You must	eat your vegetables.	Aufforderung, etwas zu tun
You mustn't	talk with your mouth full.	Aufforderung, etwas **nicht** zu tun
I must	go to the shop before it closes.	Entschluß/Vorsatz, etwas zu tun
I mustn't	spend too much.	Entschluß/Vorsatz, etwas **nicht** zu tun

2. Bedeutungsunterschiede zwischen *must/needn't* und ihren Ersatzformen

When you are in London, you **must** find time to visit the British Museum.
You **needn't** go through all the departments, though.
At the entrance to the Museum you **have to** open your handbag for inspection.
You generally **don't have to** pay an entrance fee for admission to museums in Britain.
I've got to sit down for a moment, my feet are killing me.
They **needn't have shown** us all those boring fossils. *(. . . hätten uns nicht . . . brauchen.)*
We **didn't have to/didn't need to go** on the guided tour unless we wanted to. *(Wir brauchten nicht . . . zu . . .)*

Must und *needn't* betonen die persönliche Überzeugung des Sprechers, daß etwas notwendig bzw. nicht notwendig ist.

Have (got) to und seine Verneinung stellen einfach fest, daß äußere Umstände oder die Anordnung eines Dritten etwas erfordern bzw. nicht erfordern. *Have got to* wird umgangssprachlich bevorzugt, wenn nicht von einem allgemeinen Erfordernis die Rede ist, sondern von einem konkreten Einzelfall.
Needn't have done drückt aus, daß etwa unnötigerweise geschah. Durch *didn't have to do/didn't need to do* (*need* als Vollverb: vgl. **242**) wird festgestellt, daß etwas nicht nötig war; es bleibt aber offen, ob es geschah oder nicht.

Anmerkung:
Eine Notwendigkeit im Sinn von „gezwungen sein" kann auch durch *be obliged to, be forced to* und *be compelled to* ausgedrückt werden:

The employees **are obliged to** produce a doctor's certificate in case of illness.
She was **forced/compelled to** return to work because of financial difficulties.

230 *Must:* Annahme (Supposition)

I'm picking up our photos today, they **must** be ready now.
Something **must** have broken when I dropped my camera.

The light **can't/mustn't** have been very good when you took this snap.

Must kann eine Annahme ausdrücken: Eine Schlußfolgerung ergibt sich mit zwingender Notwendigkeit. *Must* kann dabei auch mit dem *Perfect Infinitive* verbunden werden. (Zu *should* und *ought to* in ähnlicher Bedeutung vgl. **233**.)
Eine negative Schlußfolgerung wird durch *can't* ausgedrückt (vgl. **226**), manchmal auch durch *mustn't*, das etwas weniger bestimmt klingt.

231–234 *Shall/should* und *ought to*

Shall und *should* können nicht überall eingesetzt werden, wo im Deutschen das Hilfsverb *sollen* verwendet wird; für einige Bedeutungen von *sollen* tritt z. B. *be to* ein. Andererseits erfüllt *should* Funktionen, die im Deutschen überhaupt nicht von Hilfsverben wahrgenommen werden.
In vielen Fällen kann für *should* auch *ought to* eintreten.

231 *Shall:* Vorschlag, Versprechen, Drohung (Suggestions, promises, threats)

Shall we go to the theatre tonight?
Shall I ring up and see if there are any tickets left?
The meal at the Devonshire Inn tonight **shall** be the best you've ever had.
You **shan't** have anything for your birthday if you don't behave.

Shall we?/Shall I? verwendet man wie das deutsche *sollen* in Fragesätzen, um einen Vorschlag zu machen oder den Wunsch eines anderen zu erfragen.
In Aussagesätzen in der 2. und 3. Person drückt *shall* – je nach Zusammenhang – ein Versprechen oder eine Drohung aus. Solche Sätze wirken oft förmlich.
(Zur Verwendung von *I/we shall* als Variante des *will-Future* vgl. **178** Anm. 1.)

232 *Should/ought to:* Rat, Aufforderung, Tadel (Advice, orders, reproaches)

1. Verwendung der Hilfsverben

I suppose I **ought to/should** cut down on my beer intake, I'm getting so fat.
You **shouldn't** keep trying all those fancy diets.
You **ought to** be ashamed of yourself for staying in bed all morning.

He **ought to/should** have had more sense than to start jogging at his age.

Should und *ought to* bezeichnen wie dt. *sollte (eigentlich)* eine Verpflichtung. Sowohl die bejahten als auch die verneinten Formen drücken deshalb einen dringenden Rat, eine Ermahnung oder eine Forderung aus, oft mit einem vorwurfsvollen Unterton (besonders bei *ought to*).
Durch *should (not)/ought (not) to + Perfect Infinitive* wird ein vergangenes Verhalten kritisiert.

2. Bedeutungsunterschiede zwischen *should/ought to* und *be to*

You really **ought to/should** go to see your son perform in the school play.
– I can't, **I'm to** chair an important meeting on Wednesday.
A representative from the Ministry **is to** visit the factory next week.

Bei *should* und *ought to* ergibt sich die Verpflichtung aus der Überzeugung des Sprechers.
Liegt der Auftrag eines Dritten (z. B. einer fremden Instanz) oder eine Vereinbarung vor, so benützt man *be to*.

Everybody was very busy, because the firm's new show-rooms **were to** be opened to the public the next day.

The conference **was to be held/was to have been held** two weeks ago but had to be postponed.

Be to tritt nicht nur in *Present-* sondern auch in *Past-Tense*-Formen auf. *Was/were to* läßt offen, ob ein Auftrag oder ein vereinbarter Plan ausgeführt wurde oder nicht.
Wurde er eindeutig nicht ausgeführt, so kann auch *was/were to + Perfect Infinitive* benutzt werden. Weitere Formen werden von *be to* nicht gebildet.

Anmerkungen:

1. *Was/were to* kann auch als eine Art „Erzählvorgriff" verwendet werden *(„es sollte so kommen")*:
   We would never have guessed it, but the new man **was to** become manager of the firm five years later. *(... sollte ... werden.)*

2. Die Forderung eines Dritten im Sinn von „es wird erwartet" kann auch durch *be expected to* und *be supposed to* wiedergegeben werden:
   I'm **expected to** contribute to the discussion. *(Ich soll zur Diskussion beitragen.)*
   I'm **supposed to** have all the facts and figures at my fingertips. *(Ich soll ... parat haben)*

233 *Should/ought to:* Annahme (Supposition)

The concert **ought to/should** be over at 10, so we'll be able to catch the last train.
Joan **ought to/should** have enjoyed the play, as her favourite actor was in it.

Should und *ought to* (auch mit *Perfect Infinitive*) drükken eine Annahme im Sinn von „es müßte/dürfte wohl/sollte eigentlich der Fall sein" aus, also eine vorsichtigere, weniger zwingende Schlußfolgerung als *must* (vgl. **230**).

Anmerkungen:

1. *Should* (nicht austauschbar mit *ought to*) wird auch in formelhaften Wendungen mit Verben wie *say, think, hope, imagine* gebraucht. Die Aussage von *I say, I think,* etc. wird durch *should* abgeschwächt:
   With your detailed description of the way **I should say (hope/think/imagine)** they won't have any trouble getting here.

2. *Shall* kann im Gegensatz zum deutschen Hilfsverb *sollen* nicht im Sinn von „soll angeblich" verwendet werden. Dieser Gebrauch von *sollen,* mit dem man sich – vor allem in Berichten – auf eine ungenannte Quelle beruft, wird durch *be said to, be reported to* oder *be supposed to* wiedergegeben. (Vgl. **62**; zu *be supposed to* vgl. auch **232** Anm. 2.)

234 *Should* in *that*-Sätzen (*Should* in that-clauses)

1. *Should* nach Verben und Verbverbänden, die eine Forderung oder einen Entschluß ausdrücken

The law *requires* that all drivers **should carry** a valid driving licence.
The customs officer *ordered* that the car **should be** thoroughly searched.
It is important that a motorist **should have** a knowledge of first aid. *(Es ist wichtig, daß ... Kenntnisse ... hat.)*
After considering the report of the committee *it was decided* that the wearing of seatbelts **should be made** compulsory. *(... wurde beschlossen, daß das Tragen von Sicherheitsgurten zur Pflicht gemacht werden sollte).*
It was decided that the wearing of seatbelts **be made** compulsory.

Der *that*-Satz mit *should* sagt hier aus, daß etwas erzielt werden soll. *Should* steht deshalb nach Verben und Verbverbänden, die eine Aufforderung beinhalten (*demand, order, insist, suggest*, etc.) oder etwas als erforderlich oder dringlich darstellen (*require, be important/crucial/vital,* etc.). (Im Deutschen steht hier der Indikativ des Vollverbs.)
Should kann aber auch nach Verben und Verbverbänden stehen, die einen Entschluß ausdrücken: den Entschluß, etwas zu fordern (*decide, determine, reach the decision,* etc.). (Im Deutschen steht hier *sollen.*)

Anstelle von *should* wird auch der *Present Subjunctive* des Vollverbs verwendet (vgl. **213**.2 a).

2. *Should* nach Verben und Verbverbänden, die eine gefühlsmäßige Wirkung oder Wertung ausdrücken

> We *regret* that we **should have** no means of repaying your kindness to us.
> *I'm sorry* that you **should have been** unable to accept our invitation.
> Paul *was very surprised* that I **should remember** his birthday.
> *It is sad* that you **should not have** the opportunity to see your friends more often.
> *It is quite understandable* that Sandra **should prefer** to stay at home on a night like this. *(Es ist durchaus verständlich, daß Sandra es vorzieht ...)*
> *What a pity* that she **has to** leave so early. *(Wie schade, daß sie so früh gehen muß.)*

Der *that*-Satz mit *should* (auch mit *Perfect Infinitive*) wird hier im förmlichen Stil verwendet, wenn die Aussage höflicher oder distanzierter klingen soll: Durch *should* gibt der Sprecher vor, sich über eine bloße Vorstellung zu äußern, auch wenn es sich um eine Tatsache handelt.
Should tritt in dieser Verwendung vor allem nach Verbverbänden mit *be* auf, wie z. B. *be sorry/delighted/surprised/shocked, it's sad/dreadful/understandable/surprising/a pity,* etc.

In der Umgangssprache erscheint in diesen *that*-Sätzen meist (wie im Deutschen) der Indikativ des Vollverbs.

Anmerkungen:

1. Oft besteht die Möglichkeit, statt *that*-Sätzen infinite Konstruktionen zu verwenden (vgl. **260**.1, **268**):
   It is important for tourists not to disturb the wild life in this area.
2. *Should* erscheint auch in adverbialen Nebensätzen des Zwecks (mit *in order that* oder *so that*) und in Konditionalsätzen (vgl. **213**.2 b, **218**):
   We had to keep Rover on a lead, in order that/so that he **shouldn't** be tempted to chase the lambs.
   If you **should** want to take a short cut over the fields, please keep to the footpath.

235–238 *Will/would*

Will und *would* drücken eine breitere Bedeutungsskala aus als das deutsche *wollen;* sie umfassen z. B. auch Bedeutungen, die man im Deutschen durch *werden* ausdrückt. Andererseits kann man *wollen* im Englischen nicht immer durch *will/would* wiedergeben.
(Zum *will-Future* vgl. **199–200**, zum *Future-in-the-Past* vgl. **210–211**.)

235 *Will/would:* Bereitschaft, Absicht, Bitte, Wunsch (Willingness, intentions, requests, wishes)

> Robin's going to the football match this afternoon. – **I'll** go with him if he doesn't mind.
> Father's watching the World Cup on TV. – We **won't** disturb him then.
>
> The police **are prepared to** bring in reinforcements if the crowd gets out of hand.
> Our local club **intends to** organize a trip to Wembley for the Cup Final.
> **Will you** please have your tickets ready?
> **Would you** keep this seat for me?
> **Won't you** join us for a celebration drink?
>
> **I'd like to** meet the captain of the team.
> **Would you like to/Do you want to** referee the next match?

Aussagesätze mit *(I/we) will* bekunden eine spontan (d. h. in der Sprechsituation) entstandene Absicht oder Bereitschaft. Dabei wird meist die Kurzform *'ll* benutzt. Diese Verwendungsweise kann auch als *will-Future* aufgefaßt werden (vgl. **200**).
Die Bereitschaft, etwas zu tun, kann auch durch *be prepared to* und *be willing to* ausgedrückt werden.
Intend to gibt immer eine bereits bestehende Absicht wieder.
Fragesätze mit *will (you)?* und der höflicheren Form *would (you)?* enthalten meist eine Bitte oder einen Wunsch, während *won't (you)?* eine Einladung ausspricht.
Ein Wunsch kann auch durch *would like to, want to* und *wish to* (förmlich) geäußert und erfragt werden.

236 *Will/would:* Entschlossenheit (Determination)

We **will** install the new machines, no matter what the trade unions say. *(Wir werden . . .)* In spite of the recession, the union **won't** accept any pay offer under 6 %. The manufacturers **wouldn't** pay for the parts damaged in transit. *(. . . wollten nicht . . .)* The management announced that they **would** dismiss the fifty workers as planned, in spite of protests. The firm **insisted on** closing their factory in Leeds. The strikers **were not willing** to negotiate.	*Will* (betonte Vollform) und *won't* bringen hier zum Ausdruck, daß jemand entschlossen ist, etwas zu tun. *Wouldn't* im Sinn von *wollte nicht* ist als echte *Past-Tense*-Form zu betrachten und berichtet von einer früheren Willensentscheidung. Die bejahte Form *would* kommt in dieser Bedeutung nur in der indirekten und erlebten Rede vor (vgl. **322, 220**.2). Als Ersatzformen sind *insist on (doing s.th.)* und *be determined to (do s.th.)* zu betrachten, für die verneinten Formen auch *not be willing to* und *refuse to.*

Anmerkung:
In der Bedeutung „läßt/ließ sich nicht . . ." kommen *won't* und *wouldn't* auch in bezug auf Sachen vor:
We pushed hard, but the car **wouldn't** budge. *(. . .ließ sich/wollte sich nicht von der Stelle bewegen.)*

237 *Will/would:* Eigenschaft, Gewohnheit (General characteristic, habit)

A moving object **will** continue to move at the same speed until it meets with some resistance. *(. . . bewegt sich . . . weiter . . .)* Children ***will*** run after balls into the street. *(. . . laufen nun mal . . .)* When we were children we loved playing by the river. We **would (used to)** skim stones on the water, catch little fish, . . . (*skim, catch:* wiederholte Tätigkeiten). **Aber:** A tall tree **used to** stand next to the bridge, but it is gone now. (*stand:* hier Dauerzustand).	*Will* kann auf eine Eigenschaft oder ein typisches Verhalten hinweisen. Bei sachlichen Feststellungen ist *will* unbetont (trotzdem immer Vollform). Wird es betont, so drückt es eine gefühlsmäßige Einstellung aus (Unmut, Resignation, etc.). *Would* dient als echte *Past-Tense*-Form zur Schilderung einer früheren Gewohnheit. Es tritt dabei vor allem im literarisch-poetischen Stil auf. *Would* kann jedoch nur bei Tätigkeits- und Vorgangsverben verwendet werden, im Gegensatz zu *used to,* das auch einen früheren Zustand wiedergeben kann (vgl. **239**).

238 *Will/would:* Annahme (Supposition)

Was that the door bell? – Yes, **it'll** be the postman. He'll be bringing that registered letter I'm expecting. The telegram I sent this morning **will** have arrived by now. *(. . . wird wohl inzwischen angekommen sein.)* I suppose my aunt'll send me another book for Christmas this year. What a big parcel – **would** it be from Grandma? *(Ob es wohl von Oma ist?)*	*Will* (auch mit dem *Perfect Infinitive* möglich) drückt eine Annahme aus, die nicht weiter begründet sein muß. Daher kann *will* ganz unterschiedliche Wahrscheinlichkeitsgrade nahelegen; es drückt aber größere Sicherheit aus als *may, might* und *could* (vgl. **228, 226**). Bezieht sich die Annahme auf die Zukunft, so kann man auch vom *will-Future* sprechen (vgl. **199**). Die abschwächende Form *would* ist im Sinne einer Annahme praktisch auf Fragen beschränkt.

Used to [juːstə] nimmt vor allem deshalb eine Sonderstellung unter den modalen Hilfsverben ein, weil es nur als *Past-Tense*-Form mit echtem Vergangenheitsbezug vorkommt.

239 *Used to* zum Ausdruck einer früheren Gewohnheit oder eines früheren Zustands

(*Used to* to express a former habit or a former state)

Is Jim still so athletic? When I knew him, he **used to** run two miles before breakfast every morning.
We **used to** go to the beach a lot as children, but now we hardly ever go.
This town **used to** be a quiet little fishing village before it became a tourist resort.
She **used to** believe that the sea air did her good, but she prefers the mountains now. *(Früher glaubte sie ...)*

Used to kann im Gegensatz zu *would* (vgl. **237**) in Verbindung mit allen Verben verwendet werden (nicht nur Tätigkeits- und Vorgangsverben) und ist stilistisch neutral. Häufig betont *used to* einen Gegensatz zwischen Vergangenheit und Gegenwart.
Bei Verben, die einen Zustand, eine Beziehung oder eine Einstellung ausdrücken (Verben mit statischer Bedeutung), hat *used to* stets diese Bedeutung.
Häufig entspricht *used to* dem deutschen Adverb *früher*, z. B. in Sätzen ohne Zeitangabe.

240 *Used to* in verneinten Sätzen und Fragesätzen

(*Used to* in negative sentences and questions)

He { **never used to** / **didn't use(d) to** / **use(d)n't to** / **used not to** } watch detective series on TV, but now you can't drag him away from them.

{ **Did you use(d) to** / **Used you to** } go to the theatre a lot when you lived in London?

Die Verneinung wird häufig durch *never used to* ausgedrückt.
Ansonsten werden Verneinung und Frage gewöhnlich mit *did* gebildet (im amerikanischen Englisch fast ausschließlich). Dabei schwankt die Schreibung zwischen *use to* und *used to*. (Die Aussprache [juːstə] läßt beide Auslegungen zu.)
Im britischen Englisch sind auch die nach dem Modell der anderen modalen Hilfsverben gebildeten Formen ohne *do*-Umschreibung anzutreffen: *use(d)n't to/Used (you/he/ ...) to ...?*

Anmerkung:
Used to + Infinitiv darf nicht mit *be used to/get used to* + *Gerund* verwechselt werden. Diese Struktur ist in allen Tempora möglich. Vergleiche:

When we lived in the country, I **used to** go for long walks. *(... machte ich oft lange Spaziergänge).*
Could you slow down a bit - **I'm not used to** walking so fast. *(... ich bin es nicht gewohnt, so schnell zu gehen.)*
I expect that in time **I'll get used to** climbing hills again. *(..., daß ich mich ... wieder daran gewöhnen werde, ...)*

Need und *dare* als Hilfsverben und Vollverben

(*Need* und *dare* as auxiliaries and main verbs)

241 *Need* und *dare* als Hilfsverben

She **needn't** lay the table yet – dinner won't be ready for an hour. **Need** I peel any more potatoes? – No, you **needn't,** those are enough. You **needn't** have made so much coffee – I never drink more than one cup.	I **daren't** eat another piece of cake. I'm trying to lose weight. How **dare** she say I'm too fat? **Dare** I take the last sandwich? He **dared not** ask for some more jam, the waitress was already in a bad temper.

Als Hilfsverben treten *need* und *dare* vor allem in der verneinten Form und im Fragesatz auf (*dare* hauptsächlich in Fragesätzen mit *how*).
Wie bei anderen modalen Hilfsverben hat die 3. Person Singular kein *-s*; Verneinung und Frage werden ohne *do*-Formen gebildet; der Infinitiv des nachfolgenden Verbs wird ohne *to* angeschlossen (vgl. **221**.1).
Need kann auch mit dem *Perfect Infinitive* verbunden werden *(needn't have done)*.
Neben der *Present-Tense*-Form *dare* gibt es noch die (seltenere) *Past-Tense*-Form *dared.*

Anmerkungen:

1. Die bejahten Formen der Hilfsverben *need* und *dare* können auch in Aussagesätzen auftreten, die eine andere Art der Verneinung als *not* oder eine Einschränkung enthalten (z. B. *never, no one,* etc.; *hardly, only,* etc.):
   No one without a genuine interest in the theatre **need** apply for the job.
   I **hardly dare** ask for higher wages.
2. Zur Verwendung von *needn't* als Verneinung von *must* vgl. **229**.

242 *Need* und *dare* als Vollverben

1. *Need*

This pullover **needs to be washed** in cold water.
Do I need to take a raincoat?
He **doesn't need to buy** another suit, as he got himself a new one only last month.
She **needs a new bikini,** she's only got one.
His trousers **needed mending** after he fell off his bicycle.
She **didn't need to try on** the sweater. She could see it was the right size. *(Sie brauchte ... nicht anzuprobieren ...)*
You **needn't have mended** this shirt, I'm not going to wear it any more. *(Du hättest ... nicht zu flicken brauchen ...)*

Als Vollverb kann *need* in allen Satzarten gebraucht werden. Die 3. Person Singular endet auf *-s.* Frage und Verneinung werden mit *do*-Formen gebildet.
Als Ergänzung kann das Vollverb *need* den Infinitiv mit *to,* eine Nominalgruppe oder das *Gerund* (vgl. **277**) nach sich haben.

Das Vollverb *need* tritt im Gegensatz zum Hilfsverb *need* in allen Tempora auf. Dabei ergeben sich vor allem im Vergangenheitsbereich Bedeutungsunterschiede zwischen Vollverb *(didn't need to do)* und Hilfsverb (*needn't have done;* vgl. **229**.2).

2. *Dare*

Peter would like to go camping with the older boys but he **doesn't dare (to) ask.**
Did she really **dare (to)** bring her dog into the classroom?
No member of the school team **has dared (to)** question the coach's authority yet.

Dare erscheint wie dt. *wagen/sich trauen* auch als Vollverb hauptsächlich in verneinten Sätzen und Fragesätzen (jeweils mit *do*-Umschreibung).
Der Infinitiv kann mit *to,* aber auch ohne *to* angeschlossen werden.

243–245 *Do* als Hilfsverb und Vollverb (*Do* as auxiliary and main verb)

243 Formenübersicht (Table of forms)

Finite Formen:		Vollformen:	Kurzformen:	Infinite Formen:	
Present Tense:	I/you/we/they	**do (not)**	**don't**	*Infinitive:*	**do**
	he/she/it	**does (not)**	**doesn't**	*Present Participle:*	**doing**
Past Tense:	I/you/he/she/it/we/they	**did (not)**	**didn't**	*Past Participle:*	**done**

244 *Do* als Hilfsverb in Fragesätzen, verneinten Sätzen und emphatischen Sätzen

(*Do* as auxiliary in questions, negative sentences and emphatic sentences)

Do you **play** the piano? – No, I **don't.**
Your brother plays an instrument, **doesn't** he?
– Oh yes, he plays the guitar, and so **do** I.
Normally I **don't** care for jazz, but I **do like** dixieland.
An analysis of the process of composition **does not** necessarily lead to a better understanding of music.

Do wird, wenn der Satz kein anderes Hilfsverb enthält, zur Bildung von Frage und Verneinung verwendet, ebenso in verschiedenen Arten von Kurzsätzen sowie zur Hervorhebung einer Aussage (emphatisches *do*). (Vgl. **27, 29, 34, 335**)
Von den verneinten Formen sind die Vollformen nur im förmlichen Stil gebräuchlich, sonst werden die Kurzformen bevorzugt.

245 *Do* als Vollverb (*Do* as main verb)

Where's Tony, what**'s** he **doing**? – He's mending his bike.
My brother and I always take turns to **do the washing-up.** *(... wechseln uns immer beim Geschirrspülen ab.)*
Betty **is doing** her room at the moment, but she'll be down in a minute. *(... macht gerade ihr Zimmer sauber ...)*
Do you really **do** the lawn twice a week? – No, I used to, but I **don't do** it so often any more.

Als Vollverb gehört *do* zur Gruppe der Tätigkeitsverben (Verben mit dynamischer Bedeutung).
Es tritt dabei häufig zusammen mit bestimmten Nomen in Verbverbänden auf, die bedeutungsmäßig eine Einheit bilden.
Wie andere Tätigkeitsverben kann das Vollverb *do* in der *Progressive Form* verwendet werden.

In Frage und Verneinung wird das Vollverb *do* mit dem Hilfsverb *do* umschrieben.

246–251 *Have* als Hilfsverb und Vollverb (*Have* as auxiliary and main verb)

246 Formenübersicht (Table of forms)

Finite Formen:		Vollformen:	Kurzformen:		
Present Tense:	I/you/we/they	**have (not)**	**I've/you've/ ... (not)**	I/you/ ...	**haven't**
	he/she/it	**has (not)**	**He's/she's/it's (not)**	he/she/it	**hasn't**
Past Tense:	I/you/he/she/it/we/they	**had (not)**	**I'd/you'd/ ... (not)**	I/you/ ...	**hadn't**
Infinite Formen:	*Infinitive:* **have**	*Present Participle:* **having**		*Past Participle:* **had**	

Die Kurzformen sind üblich, wenn *have* als Hilfsverb verwendet wird, besonders in der Verbindung *have got.* Im förmlichen Stil werden jedoch die Vollformen bevorzugt.

247 *Have* als Hilfsverb zur Bildung zusammengesetzter Tempora

(*Have* as auxiliary in compound tenses)

> I've **been** to France twice this year.
> I **had hoped** to go to Paris last year, but I couldn't.
> **Have** you ever **been** to Spain? – No, **I haven't.**

Have wird in Verbindung mit dem *Past Participle* eines Vollverbs zur Bildung der *Perfect Tenses* benutzt (vgl. **178**). Wie alle Hilfsverben wird *have* in dieser Verwendung in Frage und Verneinung nicht mit *do*-Formen umschrieben.

248 *Have to* in der Bedeutung ‚müssen'

> **Do** you **have to** finish that essay today?
> No, I **don't have to** hand it in till next Wednesday.

Have to muß in Frage, Verneinung, etc. in den einfachen Tempusformen mit *do* umschrieben werden. (Zu *have to* und *must/needn't* vgl. **229**.2.)

249 *Have something done:* ‚veranlassen, daß etwas getan wird'

> Your hair looks nice. Where **did** you **have it done?** *(Wo hast du es machen lassen?)*
> I **didn't have these trousers cleaned,** I washed them in the machine.

In dieser Bedeutung muß *have* in Frage, Verneinung, etc. ebenfalls mit *do*-Formen umschrieben werden. (Vgl. auch **284**. Zur gleichen Konstruktion in passivischer Bedeutung vgl. **64**.)

250 *Have/have got* in der Bedeutung ‚besitzen'

> **Have** you enough wool to finish your pullover? – No, I **haven't.**
> She **hadn't** any interest in needlework when she was young.
> **Have** they still **got** that material at the shop? – I don't know. But if they **haven't got** it any more, they can order it.
>
> **Do** you **have** any buttons like this one? – Sorry we **don't have** that colour.
> I **have** much less time for knitting these days than I used to.

Wenn *have* in der Bedeutung „besitzen" oder „als Merkmal haben" auftritt, können Frage und Verneinung im britischen Englisch ohne *do*-Formen gebildet werden.
In der britischen Umgangssprache wird in bezug auf die Gegenwart allerdings *have/has got* bevorzugt, das (als ursprüngliche *Present-Perfect*-Form) nicht umschrieben wird.
Im amerikanischen Englisch ist die Umschreibung von *have* mit *do*-Formen üblich.
Da *have* in dieser Bedeutung eine Beziehung und keine Tätigkeit ausdrückt (statische Bedeutung), kann nur die *Simple Form* gebraucht werden (vgl. **184**.2).

251 *Have* in Verbverbänden (*Have* in verbal complexes)

> He couldn't answer the telephone because he **was having a shower.**
> **Did** you **have a nice walk?**
> I **didn't have breakfast** this morning, so I'm starving!

Have bildet mit einer Reihe von Nomen Verbverbände, die sich wie Tätigkeitsverben verhalten. *Have* kann deshalb hier in der *Progressive Form* auftreten. In den einfachen Tempusformen werden Frage, Verneinung, etc. mit *do*-Formen gebildet.

252 Formenübersicht (Table of forms)

Finite Formen:		**Vollformen:**		**Kurzformen:**		
Present Tense:	I	**am**	**(not)**	**I'm (not)**		–
	you/we/they	**are**	**(not)**	you**'re**/we**'re**/they**'re** **(not)**	you/we/they	**aren't**
	he/she/it	**is**	**(not)**	he**'s**/she**'s**/it**'s** **(not)**	he/she/it	**isn't**
Past Tense:	I/he/she/it	**was**	**(not)**	–	I/he/she/it	**wasn't**
	you/we/they	**were**	**(not)**	–	you/we/they	**weren't**
Infinite Formen:	*Infinitive:* **be**		*Present Participle:* **being**		*Past Participle:* **been**	

Der Gebrauch von Kurz- und Vollformen richtet sich nur nach der Stilebene (vgl. **219**). Er ist unabhängig davon, ob *be* als Hilfsverb oder Vollverb (d. h. Kopulaverb) verwendet wird.
In der verneinten Frage wird *Aren't [a:nt] I?* als Kurzform für *Am I not?* verwendet. Im verneinten Aussagesatz gibt es neben *I'm not* keine entsprechende allgemein akzeptierte Kurzform.

Anmerkung:
Die Kurzform *ain't [eɪnt]* (in *I ain't/Ain't I?* für *I'm not/Aren't I?*) entspricht nicht der Sprachnorm (vgl. **10**); *ain't* wird auch anstelle von *aren't, isn't, haven't* und *hasn't* gebraucht:

Ain't she sweet? (= **Isn't** she sweet?)
Ain't got no cigarettes. (= **I haven't** got any cigarettes.)

253 *Be* als Hilfsverb zur Bildung zusammengesetzter Tempora

(*Be* as auxiliary in compound tenses)

They**'re building** some new houses in our road.
The street **is being widened.**
That fence **was put up** last year.

Be dient in Verbindung mit dem *Present Participle* eines anderen Verbs zur Bildung der *Progressive Form*, in Verbindung mit dem *Past Participle* zur Bildung der Passivform (vgl. **178**).

254 *Be to* in der Bedeutung ‚sollen'

The wedding **is to** take place in March.
(... soll ... stattfinden.)
The club members **were to** meet in May but the date has now been changed. *(... sollten ...)*

Mit nachfolgendem *to* + Infinitiv drückt *be* meist aus, daß ein Ereignis vereinbart oder von einer dritten Person oder fremden Instanz festgelegt wurde. (Vgl. **232.2**)

255 *Be* als Kopulaverb (*Be* as linking verb)

He **is** { a doctor. / always busy. / often away from home. }
Is his wife a doctor, too? – No, she **isn't**. She **is** a teacher.

In dieser Verwendung hat *be* ein Subjektkomplement (Nomen, Adjektiv, etc.) oder eine notwendige adverbiale Bestimmung nach sich (vgl. **54, 55.1**). Als Kopulaverb zählt *be* zu den Vollverben; Fragesätze und verneinte Aussagesätze werden aber trotzdem ohne *do*-Formen gebildet.

Bedeutungsmäßig erfüllt *be* hier folgende Funktionen:

1. *Be* zum Ausdruck eines Zustands, einer Beziehung oder Eigenschaft

Sheila **is** very musical.
She **was** Mr Benn's best pupil.

In dieser Bedeutung tritt *be* wie andere Zustands- und Beziehungsverben stets in der *Simple Form* auf (vgl. **182, 184**.2).

2. *Be* zum Ausdruck eines Verhaltens

You**'re being** very stubborn. Maybe your parents are right to want you to continue with your piano lessons.
I wish our neighbour would stop practising the trumpet. He**'s being** a terrible nuisance.

Be sensible. Don't waste all your money on records.
Don't be such a tyrant.
Do be careful with the tape-recorder. It was very expensive.

In Verbindung mit einigen Adjektiven und Nomen kann *be* im Sinn von „sich (vorübergehend) verhalten" verwendet werden. *Be* läßt sich hier als Tätigkeitsverb auffassen und kann deshalb in der *Progressive Form* erscheinen (vgl. **185**).

In dieser Bedeutung kann auch der Imperativ von *be* gebraucht werden (vgl. **35**).
Der verneinte Imperativ wird dabei mit *do* gebildet. Der bejahte Imperativ kann durch *do* verstärkt werden.

Anmerkung:
Ein sinnvoller Imperativ kann manchmal auch gebildet werden, wenn *be* durch eine adverbiale Bestimmung des Orts ergänzt wird:

Be there in time. – **Be back** at ten.

Kapitel 8: Infinite Konstruktionen

(Non-Finite Constructions)

256–258 Infinitiv, *Gerund,* Partizipien: Formen, Funktionen, Bedeutung (Übersicht)

(Infinitive, gerund, participles: forms, functions, meanings)

256 Formen (Forms)

Infinitiv, *Gerund* und Partizipien werden als infinite Verbformen bezeichnet. Sie können von allen Vollverben gebildet werden. Im Gegensatz zu den finiten Formen des Verbs enthalten sie keine Angaben zur grammatischen Person (*I, you, he,* etc.) und zum Numerus (Singular, Plural). Sie können jedoch in verschiedenen Aktiv- und Passivformen auftreten:

Aktiv-Formen	Passiv-Formen	
(to) **count** the votes (to) **be counting** (to) **have counted** (to) **have been counting**	(to) **be counted** (to) **have been counted**	1. Infinitiv ◄ *Progressive Infinitive* ◄ *Perfect Infinitive* ◄ *Perfect Progressive Infinitive*
counting the votes **having counted** **having been counting**	**being counted** **having been counted**	2. *ing*-Formen: je nach Funktion *Gerund* oder *Present Participle* ◄ *Perfect*-Formen ◄ *Perfect-Progressive*-Form
	the votes already **counted** a **written** constitution	3. *Past Participle* ◄ (unregelmäßige Formen vgl. **343**)

Wie die Beispiele zeigen, können infinite Verbformen die gleichen Arten der Ergänzung haben wie finite Verben, z.B. ein Objekt (vgl.: *They counted **the votes***) oder eine adverbiale Bestimmung (vgl. *The votes had **already** been counted.*). (Zu infiniten Konstruktionen mit eigenem Sinnsubjekt vgl. **259–262.**)

Anmerkung:
Infinite Konstruktionen werden durch vorangestelltes *not* verneint (vgl. **19** Anm. 3):
We must be careful **not to count** the spoiled votes.

257 Funktionen (Functions)

Während finite Verbformen immer als Prädikat des Satzes auftreten, haben die Konstruktionen aus Infinitiv/ *Gerund*/Partizip + Ergänzungen andere Funktionen. (Der Kürze halber bezeichnen wir solche Konstruktionen meist einfach als Infinitiv/*Gerund*/Partizip.)

1. Infinitiv und *Gerund*

Infinitiv und *Gerund* vereinigen in sich Eigenschaften von Verb und Nomen. Wie Nomen können sie in folgenden Funktionen auftreten: Subjekt, Ergänzung zum finiten Verb oder Verbverband, Attribut zu einem Nomen. Darüber hinaus erscheinen sie auch als adverbiale Bestimmung.
Im Gegensatz zum Infinitiv kann das *Gerund* dabei wie ein Nomen auch an eine Präposition angeschlossen werden.

To err is human. **Forecasting the future** is always risky.	Infinitiv *Gerund*	als Subjekt
I don't *want* **to know what is in store for me.** My mother *enjoys* **reading her horoscope.** I don't *believe **in*** **consulting the stars.**	Infinitiv *Gerund* Präp. + *Gerund*	als Ergänzung zum Verb
My friend *was afraid* **to walk under the ladder.** Mary *was uneasy **about*** **travelling on the 13th.**	Infinitiv Präp. + *Gerund*	als Ergänzung zum Verbverband (formal: Ergänzung zum Adjektiv)
You could hang up a horseshoe **to bring good luck.** ***In spite of*** **wearing my lucky charm,** I lost the match.	Infinitiv Präp. + *Gerund*	als adverbiale Bestimmung
The last room **to be occupied** is always No 13. He ignored *the gypsy's advice* **not to wear red.** *The fear **of*** **seeing black cats** is widespread.	Infinitiv Präp. + *Gerund*	als Attribut zu einem Nomen

Anmerkung:
Als Subjekt in Anfangsstellung ist das *Gerund* weit häufiger als der Infinitiv. Der Infinitiv erscheint dagegen oft als nachgestelltes Sinnsubjekt. In diesem Fall wird der Satz durch das Strukturwort *it* eingeleitet:

Subjekt		Sinnsubjekt
Forecasting the future is always risky.		
	It is always risky	**to forecast the future.**

2. *Present* und *Past Participle*

Present und *Past Participle* vereinigen in sich Eigenschaften von Verb und Adjektiv. Wie Adjektive können sie als Ergänzung zum finiten Verb und als Attribut zu einem Nomen auftreten.
Darüber hinaus erscheinen sie auch als adverbiale Bestimmung.

They *sat* **talking** round the fire. The cheese biscuits *remained* **untouched.**	*Present Participle* *Past Participle*	als Ergänzung zum Verb
Bill opened a bottle of **sparkling** *wine.* *The guests* **living nearby** came last.	*Present Participle*	als Attribut zu einem Nomen
There was **boiled** *rice* to go with the curry. *The sherry* **served before the meal** made Jim tipsy.	*Past Participle*	als Attribut zu einem Nomen
Reaching for the sugar, I knocked over a glass. **Settled comfortably in their chairs,** the visitors relaxed.	*Present Participle* *Past Participle*	als adverbiale Bestimmung

258 Bedeutungen (Meanings)

Obwohl Infinitiv, *Gerund* und Partizip oft in derselben Funktion erscheinen (z. B. als Ergänzung zum Verb oder als adverbiale Bestimmung), sind sie nicht austauschbar, weil jede dieser infiniten Konstruktionen eine andere Bedeutung hat.

1. Bedeutungen von Infinitiv und *Gerund*

Der Bedeutungsunterschied zwischen Infinitiv und *Gerund* wird in der Gegenüberstellung am deutlichsten:

We told him **to turn off the lights.**
("You **must turn off the lights.**")

Der Infinitiv hat im Vergleich zum *Gerund* häufig **modale Bedeutung,** d. h. er drückt – wie Sätze mit modalen Hilfsverben – aus, daß etwas geschehen soll oder der Fall sein kann.

He remembered **turning off the lights.**
(Tatsache: **He had turned off the lights.**)

Das *Gerund* hat im Vergleich zum Infinitiv häufig **faktische Bedeutung,** d. h. es drückt aus, daß eine Handlung oder ein Zustand als Tatsache (Faktum) betrachtet wird.

Aus der modalen Bedeutung des Infinitivs und der faktischen Bedeutung des *Gerund* lassen sich unter anderem folgende Verwendungsweisen erklären:

(1) The team are hoping **to produce a more powerful vaccine** *(Impfstoff)* **soon.** (2) The doctor gave me some advice on **how to avoid infections while in Mexico.** (3) The safest dish **to choose** would be the chili con carne. (4) Drink your tea. You need lots of liquid **to combat the effects of the heat.** (5) **To go on a safari in Africa and to bring home lots of trophies** was his one great ambition in life. (6) He seems **to have recovered from his malaria.** (7) She is considered **to be an expert on Indian temples.**	(1) Researchers are engaged **in developing new methods of treating typhoid.** (2) **On arriving home from New Guinea** he was rushed to hospital. (3) He regretted **eating (having eaten) some unwashed fruit.** (4) She is very good **at cooking southern Indian dishes.** (5) **Watching films about wild animals** is nothing like **seeing them in their natural surroundings.** (6) Some people are terrified **of travelling by plane.** (7) I always enjoy **seeing new places.**

Satz (1)–(5):
Hier drückt der Infinitiv aus, daß die Handlung im konkreten Einzelfall erst noch vollzogen werden muß, bisher also nur als Absicht, Wunsch oder Zielvorstellung besteht.
Satz (6)–(7):
Hier zeigt der Infinitiv an, daß etwas als wahrscheinlich oder möglich, nicht jedoch einfach als Tatsache betrachtet wird.

Satz (1)–(3):
Hier drückt das *Gerund* aus, daß die Handlung tatsächlich stattfindet oder bereits stattgefunden hat.
Satz (4)–(7):
Hier bezeichnet das *Gerund* einen Sachverhalt, über den eine allgemeine Aussage gemacht werden soll (Charakterisierung, Vergleich, gefühlsmäßige Einstellung). Der Sachverhalt wird zu diesem Zweck als gegeben vorausgesetzt.

2. Bedeutungen von *Present Participle* und *Past Participle*

Die Bedeutungen der Partizipien lassen sich am besten durch den Vergleich mit finiten Verbformen erfassen (*Progressive Form,* Passiv- und Perfektformen):

(1) We watched **the procession crossing the bridge.** (2) **Walking in the middle of the road,** a man was nearly run over. (3) **Not knowing how long we would have to wait,** we had taken thermos flasks with us.	(1) **Pulled by four horses,** the brewers' cart moved slowly forward. (2) The flags **waved by the children** added to the colourful scene. (3) **Frightened by the noise,** one of the horses got out of control. (Having been frightened . . .)

Satz (1)–(2):
Das *Present Participle* von Verben mit dynamischer Bedeutung (Tätigkeits- und Vorgangsverben) kann wie die *Progressive Form* den Ablauf einer Handlung darstellen: Die Handlung findet **gleichzeitig** mit einer anderen statt (1) oder läuft gerade ab, als eine andere eintritt (2).
Satz (3):
Das *Present Participle* kann aber auch von Verben mit statischer Bedeutung gebildet werden, die nicht in der *Progressive Form* erscheinen. Hier gibt das *Present Participle* meist den Grund einer Handlung an (kausale Bedeutung).

Das *Past Participle* ist mit den Passivformen des finiten Verbs vergleichbar, da es ein Geschehen aus passivischer Sicht darstellt.
Satz (1)–(2):
Es kann ausdrücken, daß ein Geschehen **gleichzeitig** mit einem anderen stattfindet.
Satz (3):
Es kann auch wie *Present Perfect* und *Past Perfect* ausdrücken, daß eine Handlung **vor** einer anderen stattgefunden hat und daß ein Ergebnis vorliegt. (In dieser Bedeutung kann auch die Passiv-Perfekt-Form des *Present Participle* verwendet werden.) Meist hat das *Past Participle* zusätzlich kausale Bedeutung.

Infinite Konstruktionen mit eigenem Sinnsubjekt (Übersicht)

(Non-finite constructions with logical subjects of their own)

259 Infinite Konstruktionen im Vergleich mit Nebensätzen

(Non-finite constructions compared with subordinate clauses)

Infinitiv-, Gerundial- und Partizipialkonstruktionen sind mit Nebensätzen vergleichbar, da sie wie Nebensätze in einen übergeordneten Satz „eingebettet“ sind (vgl. **302**).
Der Vergleich mit Nebensätzen hilft besonders zum Verständnis infiniter Konstruktionen mit eigenem Sinnsubjekt. Dies soll am Beispiel eines *that*-Satzes und einer Infinitivkonstruktion erläutert werden (nach *expect* sind beide Alternativen möglich):

(gleiches Subjekt)

Nebensatz	Peter	expected that	he	would arrive at six o'clock.
Infinitiv	Peter	expected		**to arrive at six o'clock.**
Nebensatz	He	expected that	they (his parents)	would arrive at six o'clock.
Infinitiv	He	expected	**them** (his parents)	**to arrive at six o'clock.**

Sinnsubjekt der Infinitivkonstruktion

Der Nebensatz kann das gleiche Subjekt haben wie der Hauptsatz. In der entsprechenden Infinitivkonstruktion wird es dann nicht mehr erwähnt.
Der Nebensatz kann aber auch ein anderes Subjekt als der Hauptsatz haben. Die entsprechende Infinitivkonstruktion erhält dann ein eigenes **Sinnsubjekt.** Personalpronomen erscheinen dabei in der **Objektform** (*them;* daher auch: „Objekt + Infinitiv-Konstruktion“).

Mark wanted	**his sister**	to play	the saxophone.	Infinitiv	mit eigenem Sinnsubjekt
They hated	**her**	playing	the saxophone.	*Gerund*	mit eigenem Sinnsubjekt
We watched	**her**	playing	the saxophone.	Partizip	mit eigenem Sinnsubjekt

Wie Infinitivkonstruktionen können auch Gerundial- und Partizipialkonstruktionen ein eigenes Sinnsubjekt haben. Im Deutschen ist häufig nur ein Nebensatz möglich („wollte, daß ...“, „haßte es, wenn ...“), im Englischen kommt dagegen manchmal nur eine infinite Konstruktion in Frage (z. B. bei *want*).

Anmerkung:
Statt eines persönlichen Sinnsubjekts können infinite Konstruktionen auch die Strukturwörter *it* oder *there* enthalten:
I want **it to be understood** that I will not tolerate this situation much longer.
He complained about **there being** too much noise.

260 Die *for* + Infinitiv-Konstruktion (The *for* + infinitive construction)

Mit dieser Kurzformel bezeichnen wir die Konstruktion, die sich aus *for* + Nominalgruppe + Infinitiv zusammensetzt. Wichtig für das Verständnis dieser sehr verbreiteten Konstruktion ist, daß *for* meist nicht als Präposition im Sinn von *für* aufgefaßt und wörtlich ins Deutsche übertragen werden kann. *For* dient häufig als Strukturwort, das anzeigt, daß die nachfolgende Nominalgruppe Sinnsubjekt der Infinitivkonstruktion ist.
Im Deutschen wird die *for* + Infinitiv-Konstruktion meist durch einen Nebensatz (häufig durch einen *daß*-Satz) wiedergegeben:

	Strukturwort	Sinnsubjekt	
We were anxious	**for**	***them*** (the painters)	**to finish the job quickly.**

Infinitivkonstruktion

(Wir wünschten dringend, daß sie die Arbeit schnell erledigen würden.)

Die *for* + Infinitiv-Konstruktion erscheint vor allem in folgenden Fällen:

1. als Ergänzung

They've arranged **for *the electricians* to come next week.** *(Sie haben es so eingerichtet/abgesprochen, daß die Elektriker nächste Woche kommen.)*
I'm keen **for *John* to have a look at the washing machine tonight.** *(Mir liegt sehr daran, daß John sich ... die Waschmaschine anschaut.)*
It's important **for *the instructions* to be clear and simple.** *(Es ist wichtig, daß die Gebrauchsanweisung klar und einfach ist.)*
It was impossible **for *the vacuum-cleaner* to be repaired.** *(Es war unmöglich, den Staubsauger zu reparieren.)*
It was not easy **for *him* to put up the shelves without the aid of an electric drill.** *(Es war nicht leicht für ihn/Es fiel ihm nicht leicht ...)*
It was unimaginable **for *her* to live without the comforts of civilization.**
Entweder: *Es war ihr/für sie (selbst) unvorstellbar, ohne die Annehmlichkeiten ... zu leben.*
Oder: *Es war (für andere) unvorstellbar, daß sie ohne ... leben könnte.*

- nach einigen Verben: *arrange for, provide for* (für etw. sorgen), *wait for* (auf etw. warten), *ask for* (um etw. bitten), *long for* (sich nach etw. sehnen), *can't bear* (nicht ertragen können);
- nach einigen Verbverbänden mit persönlichem Subjekt: *be eager, be anxious, be keen* (auf etw. aus/erpicht sein) (vgl. **264**);
- nach Verbverbänden mit dem Strukturwort *it*, wie *it's hard/good/bad/sad/impossible/important*, etc. (vgl. **268**). Wenn das Sinnsubjekt des Infinitivs eine Sache bezeichnet, so ist *for* als reines Strukturwort aufzufassen, das nicht durch *für* wiedergegeben werden kann.
  Wenn das Sinnsubjekt eine Person bezeichnet, kann jedoch eine Übersetzung mit *für* durchaus sinnvoll sein.
  In manchen Fällen sind auch zwei unterschiedliche Auslegungen möglich.

Anmerkungen:

1. Bei Verbverbänden mit dem Strukturwort *it* ist die *for* + Infinitiv-Konstruktion Sinnsubjekt des übergeordneten Satzes und kann daher auch als Subjekt an den Satzanfang gestellt werden. Diese Stellung wirkt jedoch förmlicher und wird nur dann verwendet, wenn der Verbverband besonders betont werden soll.
   It is most unusual **for that road to be flooded.** *(Es ist sehr ungewöhnlich, daß diese Straße überflutet wird.)*
   For that road to be flooded is most unusual. *(Daß diese Straße überflutet wird, ist sehr ungewöhnlich.)*
2. Die *for* + Infinitiv-Konstruktion kann auch nach Verben mit einem direkten Objekt und einem Adjektiv als Objektkomplement auftreten, z. B. *make s.th. impossible/necessary/*etc.:
   The bad weather made it impossible **for the bridge to be finished in time.**

2. als adverbiale Bestimmung (zum Ausdruck des Zwecks oder der Folge) (vgl. 296–297)

Let's tape this programme **for *Sue* to watch later.** (... so that Sue can watch it later.)
Leave the door open **for *us* to hear the telephone.**
Breakfast TV is *too early* **for *me* to enjoy.** (... so early that I can't enjoy it.)
The speaker talked *too fast* **for *the viewers* to follow.**
The sound wasn't *clear enough* **for *me* to hear properly.**

- nach zahlreichen Tätigkeitsverben;
- nach *too* + Adjektiv (oder Adverb) und nach Adjektiv (oder Adverb) + *enough.*

3. als Attribut zu Nomen (zum Ausdruck des Zwecks, der Verpflichtung oder der Möglichkeit) (vgl. **300**.2)

She made some sandwiches **for *them* to eat on the journey.** (= which they could eat on ...) *(Sie machte ihnen ein paar belegte Brote für die Reise.)*
There was no other person nearby **for *us* to ask.** *(..., die wir hätten fragen können.)*
Have you a timetable **for *me* to look up the time of the train in?** *(Haben Sie einen Fahrplan? Ich würde gern ...)*

Die *for* + Infinitiv-Konstruktion entspricht hier einem Relativsatz mit einem modalen Hilfsverb. Sie kommt besonders häufig nach *there is,* nach *have* und nach anderen Verben vor, die angeben, daß etwas vorhanden ist.
Im Deutschen verwendet man verschiedene andere, oft weniger genaue Konstruktionen, wobei die genaue Bedeutung meist aus dem Zusammenhang hervorgeht

Anmerkung:
Die *for* + Infinitiv-Konstruktion erscheint auch nach bestimmten abstrakten Nomen und entspricht dann häufig einem *that*-Satz (vgl. **288**):

The necessity **for him to earn some money** was impressed upon him.
(The necessity that he should earn some money ...)

261 Gerundialkonstruktionen mit eigenem Sinnsubjekt

(Gerund constructions with logical subjects of their own)

Auch eine Gerundialkonstruktion kann nach bestimmten Verben, Verbverbänden und Nomen sowie in adverbialer Funktion ein eigenes Sinnsubjekt haben. (Vgl. **269–272**, **288**, **292**.2)

Would you mind ***your son*** **helping me with this case?**
She kept hold of the old man's arm for fear of ***him*** **falling again.**
The family were overjoyed at ***Ted's*** **having been awarded a medal for life-saving.**

I appreciate ***your*** **coming to the rescue so quickly.**
In spite of *their* taking great care, the ladder slipped on the muddy ground.

Ist das Sinnsubjekt ein Nomen, so steht es normalerweise im Einheitskasus *(common case;* vgl. **67**).
Bei Pronomen werden die Objektformen verwendet (vgl. **82**).
Im förmlichen Stil kann das Sinnsubjekt auch durch den *s*-Genitiv wiedergegeben werden, wenn es sich um eine Person (gelegentlich ein Tier) handelt.
An Stelle einer Objektform des Personalpronomens kann entsprechend auch der Possessivbegleiter eintreten. (Er wirkt jedoch nicht so förmlich wie der *s*-Genitiv.)

262 Unverbundene Partizipialkonstruktionen (Absolute participle constructions)

His wife **being so fond of jewelry,** he brought her a necklace from India. *(Da seine Frau so gerne Schmuck trug, ...)*
With *Joan* being so knowledgeable about old silver, she's not likely to be swindled. *(Joan weiß so viel über altes Silber. Sie wird ...)*
With *the old panelling* so beautifully restored, they should get a good price for their house. *(Nachdem die alte Täfelung so schön restauriert ist, ...)*
Antique furniture is selling well, **with *Chippendale* fetching the highest prices.** *(..., wobei Chippendale die höchsten Preise erzielt.)*

Von den Partizipialkonstruktionen mit eigenem Sinnsubjekt verdienen die adverbial gebrauchten Konstruktionen besondere Beachtung.
Sie werden als unverbundene oder absolute Partizipien bezeichnet und werden häufig durch das Strukturwort *with* eingeleitet, das keinesfalls durch *mit* übersetzt werden darf.
Meist entspricht eine unverbundene Partizipialkonstruktion einem Hauptsatz oder einem adverbialen Nebensatz im Deutschen. (Einzelheiten vgl. **294.**)
(Zum Partizip mit eigenem Sinnsubjekt nach Verben der Wahrnehmung und des Beobachtens vgl. **281–282.**)

Anmerkung:
Auch Infinitivkonstruktionen und verblose Nebensätze werden gelegentlich durch das Strukturwort *with* + Sinnsubjekt eingeleitet. Solche Konstruktionen haben ebenfalls adverbiale Funktion:

With George to advise her, she felt confident that the new shop would be a success.
With old books so much in demand, his business is doing well.

263 Infinite Konstruktionen nach Verben und Verbverbänden: Formale Gesichtspunkte

(Non-finite constructions after verbs and verbal complexes: formal criteria)

Bei der Wahl zwischen Infinitiv, *Gerund* oder Partizip kann man sich zum Teil von formalen, zum Teil von bedeutungsmäßigen Hilfen leiten lassen. Die folgende Übersicht listet die formalen Gesichtspunkte auf, zu den bedeutungsmäßigen vgl. **264–286.** Wo diese systematischen Hinweise im Einzelfall nicht ausreichen, geben die Wörterbücher Auskunft.

1. Infinite Konstruktionen nach Verben

They *wanted*	**to sell**	me a very expensive ring.	Verb + Infinitiv
He *considered*	**buying**	the diamond necklace.	Verb + *Gerund*
The pearls *lay*	**gleaming**	in the box.	Verb + *Present Participle/Past Participle*
	scattered	all over the floor.	

Wird eine infinite Konstruktion direkt an ein Verb angeschlossen, so kommen dafür Infinitiv, *Gerund* und (gelegentlich) *Present* oder *Past Participle* in Frage. Welche dieser infiniten Formen zu wählen ist, hängt vom übergeordneten Verb ab (vgl. **264–286**).

He *dreamt of*	**finding**	gold one day.	Verb mit Präposition + *Gerund*
No one *would object to*	**inheriting**	a gold mine.	

(Vgl. They *objected to* his crazy ideas: Verb mit Präposition + Nominalgruppe)

Nach Verben, die mit einer Präposition verbunden sind (Präpositionalverben), erscheint stets das *Gerund.* Dabei kann *to* als Präposition auftreten und darf nicht mit *to* als Merkmal des Infinitivs verwechselt werden: *to* + *Gerund* erscheint, wenn auch eine Nominalgruppe mit *to* angefügt werden kann.

2. Infinite Konstruktionen nach Verbverbänden

He *is unable*	**to tell**	real furs from fakes.	Verbverband + Infinitiv
Sheila *is fond of*	**wearing**	spectacular hats.	Verbverband mit Präp. + *Gerund*
She is *used to*	**getting**	expensive presents.	

Nach Verbverbänden mit persönlichem Subjekt wird der Infinitiv ohne Präposition, das *Gerund* dagegen immer **mit** Präposition angeschlossen. (Auch hier kann *to* als Präposition auftreten, z.B. *be used to/be accustomed to (doing) s.th.).* Welche Konstruktion zu wählen ist, hängt vom Verbverband ab (vgl. **264–278**).

It was difficult	**to fasten**	the bracelet.	*It* + Verbverband + Infinitiv (häufig!)
It's interesting	**to watch**	the goldsmith at work.	
It's not worth	**repairing**	this watch.	*It* + Verbverband + *Gerund* (selten!)
There's no	**knowing**	what the price will be.	*There is no* + *Gerund*

Nach Verbverbänden, die mit dem Strukturwort *it* eingeleitet werden, steht meist der Infinitiv. Er hat dann im Satz die Funktion eines nachgestellten Sinnsubjekts (vgl. **257**.1 Anm.).
Das *Gerund* erscheint nach *it's no use, it's no good, it's fun, it's worthwhile, it's (not) worth* sowie nach *there is no.*

Anmerkungen:
1. Das *Gerund* kann umgangssprachlich auch an andere Verbverbände mit dem Strukturwort *it* angeschlossen werden, die normalerweise den Infinitiv nach sich ziehen, z.B. *it's a pleasure, it's nice:*

It was nice **meeting** you. It's been a pleasure **talking** to you.

2. Infinitivkonstruktionen werden meist mit *to* an das Verb bzw. den Verbverband angeschlossen. Nach einigen Verben des Veranlassens und Zulassens (**283–286**) und nach Verben der Wahrnehmung und des Beobachtens (**281–282**) stehen sie ohne *to*. Nach *help* kann der Infinitiv mit oder ohne *to* angeschlossen werden:

She helped him **(to) write** his thank-you letter.

Auch nach den modalen Hilfsverben sowie nach den Ausdrücken *had better, would sooner, would rather, cannot but* wird der Infinitiv ohne *to* angeschlossen:

We'd better **send** the Browns a Christmas card this year.

3. Eine *ing*-Form nach Verben und Verbverbänden wird *Gerund* genannt, wenn sie direktes Objekt ist (d.h. wenn auch eine Nominalgruppe als direktes Objekt angeschlossen werden kann) oder wenn sie mit Präposition angeschlossen wird. Hat die *ing*-Form die Funktion eines Subjekt- oder Objektkomplements, so wird sie *Present Participle* genannt. Es gibt jedoch eine Reihe von Grenzfällen, bei denen die Zuordnung nicht eindeutig ist. Vergleiche:

He is busy **reading** his mail.	He is busy **with** his mail.
She went on **working**.	She went on **with** her work.
They kept (on) **asking** questions.	

Diese Fälle erscheinen in **269** und **276** unter der Überschrift *Gerund*, da sie sich bedeutungsmäßig anderen Verben und Verbverbänden mit *Gerund* zuordnen lassen.

264–268 Verben und Verbverbände mit Infinitiv

(Verbs and verbal complexes with the infinitive)

Die wichtigsten Verben und Verbverbände, die mit dem Infinitiv verbunden werden, können in fünf Gruppen eingeteilt werden.

Vier dieser Gruppen (**264–267**) fassen jeweils Verben und Verbverbände ähnlicher Bedeutung zusammen. Bei ihnen läßt sich die Verwendung des Infinitivs meist aus seiner modalen Bedeutung ableiten (vgl. **258**.1).

Die fünfte Gruppe (**268**) umfaßt Verbverbände verschiedenartiger Bedeutung. Hier sind es in erster Linie formale Gesichtspunkte (z. B. die *it*-Konstruktion), die den Gebrauch des Infinitivs erklären (vgl. **263**.2).

264 Verben und Verbverbände, die Absicht, Bereitschaft oder Wunsch ausdrücken

(Verbs and verbal complexes expressing intention, willingness or wishes)

We plan to leave tomorrow. He is willing to go with you.	I want (him) to stay at home I am anxious (for her) not to be late.
plan to do s.th. **Ebenso:** intend, mean *(beabsichtigen)*, threaten, offer, refuse, decline *(es ablehnen)*, decide, determine, hope, attempt, try *(den Versuch machen)*	**want (s.o.) to do s.th.** **Ebenso:** wish, expect, would like/love/prefer/hate
be willing to do s.th. **Ebenso:** be ready, be prepared *(bereit sein)*, be inclined *(geneigt sein)*, be interested *(gerne wollen)*, be afraid *(aus Furcht nicht wollen)*	**be anxious (for s.o.) to do s.th.** **Ebenso:** be eager, be keen *(unbedingt wollen)*

(Zum *Gerund* nach *like, love, prefer, hate, be keen, be interested, be afraid* vgl. **273**, nach *try* vgl. **274**.)

Der Infinitiv wird hier verwendet, weil er eine Handlung beschreibt, die erst noch vollzogen werden soll. In einigen Fällen kann der Infinitiv hier auch ein eigenes Sinnsubjekt haben. Bei Verbverbänden wird dieses Sinnsubjekt mit *for* eingeführt. (Vgl. **259** und **260**)

265 Verben, die Rat, Aufforderung, Veranlassen oder Zulassen ausdrücken

(Verbs expressing advice, exhortation, causing and allowing)

My friends told **me** to catch the number 9 bus. I was told to catch the number 9 bus.

tell s.o. to do s.th.
Ebenso: advise, recommend, ask, beg, persuade, encourage, remind, press, urge, command, direct, require, order, cause, force, allow, permit, forbid, warn
(**Beachte:** warn s.o. **to do** s.th.: *jdn. ermahnen, etw. zu tun,* warn s.o. **not do do** s.th.: *jdn. davor warnen, etw. zu tun*)
Außerdem: let s.o. do s.th. (nur Aktiv!), make s.o. do s.th.

(Zum Gebrauch von *advise, recommend, encourage, urge, allow, permit, forbid* mit *Gerund* vgl. **275.**
Zu den Verben des Veranlassens und Zulassens *cause, force, make, let, allow, permit* vgl. **283** und **285.**)

Auch hier soll die Handlung erst noch vollzogen werden. Im Aktivsatz haben diese Verben immer ein Objekt (zugleich Sinnsubjekt der Infinitivkonstruktion). Das Objekt bezeichnet die Person, die die Handlung ausführen soll. Im Passivsatz wird diese Person zum Subjekt (des ganzen Satzes).

266 Verben, die eine Meinung oder Vermutung ausdrücken

(Verbs expressing an opinion or supposition)

We think him to be the best man for the job. (förmlich)
He is thought to be the best man for the job. (weniger förmlich)
Vgl.: We think (that) he is the best man for the job. (stilistisch neutral)

think s.o./s.th. to be s.th.
Ebenso: believe, consider, suppose, imagine, judge, find, know, understand *(halten für, wissen),* admit *(zugeben)*

Der Infinitiv erscheint hier, weil etwas nicht als Tatsache sondern als persönliche Ansicht dargestellt wird. Nach den Aktivformen dieser Verben muß der Infinitiv (meist ist nur *to be* möglich) ein eigenes Sinnsubjekt haben. Diese Konstruktion wirkt sehr förmlich; in der Umgangssprache werden *that*-Sätze bevorzugt. Die entsprechende Passivkonstruktion mit Infinitiv ist weniger förmlich.

Anmerkung:
Nach den meisten dieser Verben kann *to be* entfallen. In diesem Fall handelt es sich um das Satzmuster mit Objekt + Objektkomplement (vgl. **54** und **57**).

267 Verben und Verbverbände, die einen Anschein oder Grad der Wahrscheinlichkeit ausdrücken

(Verbs and verbal complexes expressing a degree of probability)

We seem to have run out of money.
Is Jimmy likely to have some change?
Vgl.: It seems that we have run out of money.
Is it likely that Jimmy will have some change?

s.o. s.th.	**seems** **is likely**	**to do/to be doing/to have done s.th.** **to be/to have been/etc.**

Ebenso: appear, be unlikely, be sure, be certain

Ähnlich wie bei der oben (**266**) erwähnten Verbklasse soll auch hier etwas nicht als Tatsache dargestellt werden: Der Sprecher bringt seine persönliche Einschätzung der Situation zum Ausdruck.
Der Infinitiv kann nur folgen, wenn der Satz ein persönliches Subjekt hat. Als Alternative ist die Konstruktion mit dem Strukturwort *it* und *that*-Satz möglich.

Anmerkung:
Auch nach *happen* und *chance* erscheint der Infinitiv. Er drückt zwar eine Tatsache aus; zugleich gibt der Sprecher aber einen persönlichen Kommentar dazu ab („zufällig"):

I happened/chanced to meet her on the bus. (Auch: It happened/chanced that I met her on the bus.)

268 Verbverbände verschiedener Bedeutung mit dem Strukturwort *it*

(Verbal complexes with various meanings constructed with the structure word *it)*

It was hard to forgive her for that remark.
Is it safe for us to interrupt Dad when he's watching the Cup Final?

it is hard (for s.o.) to do s.th.
Ebenso andere Verbverbände, die den Schwierigkeitsgrad einer Handlung angeben:
it is easy/simple/difficult/safe/dangerous/convenient/etc.

It is unusual to bring flowers when you visit someone in England.
It is quite normal for the neighbours to drop in unannounced.

it is unusual (for s.o.) to do s.th.
Ebenso andere Verbverbände, die die Häufigkeit eines Geschehens oder Sachverhaltes angeben:
it is usual/normal/common/the custom/rare/etc.
(Hierher gehören auch: there is a tendency (for s.o.) to do s.th./the tendency is (for s.o.) to do s.th.)

It is important (for us) to keep on good terms with Aunt Gertrude.

it is important (for s.o.) to do s.th.
Ebenso andere Verbverbände, die die Dringlichkeit einer Handlung ausdrücken:
it is necessary/crucial/essential/advisable/preferable/urgent/etc.

It would be awful to lose contact with the Kellys altogether.
It must have been disappointing for you to have missed meeting your cousin from Australia.

it is awful (for s.o.) to do s.th.
Ebenso andere Verbverbände, die die gefühlsmäßige Wirkung von etwas beschreiben:
it is sad/dreadful/surprising/shocking/disappointing/annoying/a pity/a pleasure/etc.

It was foolish to lose your temper over it.
It would be sensible of you to apologize.

it is foolish (of s.o.) to do s.th.
Ebenso andere Verbverbände, die eine Wertung (Lob oder Kritik an einer Person) ausdrücken:
it is sensible/clever/crazy/right/wrong/brave/generous/strange/etc.

Daß diese Verben den Infinitiv anschließen, liegt vor allem an der Konstruktion mit dem Strukturwort *it* (vgl. **263**.2). Der Infinitiv kann dabei fast überall zur *for* + Infinitiv-Konstruktion erweitert werden, mit Ausnahme der letzten Gruppe (Verbverbände, die eine Wertung ausdrücken): Hier wird das Sinnsubjekt des Infinitivs (die bewertete Person) gewöhnlich durch *of* eingeführt (vgl. dt. „von").

Anmerkungen:
1. Eine Reihe dieser Verbverbände können auch mit persönlichem Subjekt und Infinitiv konstruiert werden. Vergleiche:

The argument was difficult to follow.	It was difficult to follow the argument.

(Ebenso die anderen Verbverbände, die den Schwierigkeitsgrad einer Handlung ausdrücken.)

You were right to demand an explanation.	It was right of you to demand an explanation.

(Ebenso viele andere Verbverbände, die eine Wertung ausdrücken.)

2. Einige Verbverbände mit dem Strukturwort *it* können auch durch *that*-Sätze ergänzt werden (zur finiten Verbform in solchen *that*-Sätzen vgl. **213**.2 a, **234**, **305**.2–3). Vergleiche:

It is important that some member of the family (should) attend the funeral.
It is important for some member of the family to attend the funeral.

It was a pity that she missed/should have missed her sister's wedding.
It was a pity for her to have missed her sister's wedding.

269–272 Verben und Verbverbände mit *Gerund* (Verbs and verb complexes with the gerund)

Die wichtigsten Verben und Verbverbände, die mit dem Gerund verbunden werden können, fassen wir in vier Bedeutungsklassen zusammen. Dabei werden auch solche Verben und Verbverbände aufgeführt, die das *Gerund* nicht direkt, sondern mit einer Präposition anschließen. Ihre bedeutungsmäßige Einordnung bietet eine zusätzliche Hilfestellung zum rein formalen Hinweis, daß nach einer Präposition nur das *Gerund* möglich ist.
Das *Gerund* drückt nach allen angeführten Bedeutungsklassen aus, daß ein Sachverhalt als gegeben vorausgesetzt wird (faktische Bedeutung: vgl. **258**.1).

269 Verben und Verbverbände, die eine Beschäftigung mit etwas ausdrücken

(Verbs und verbal complexes expressing one's occupation with something)

1. Beschäftigung im allgemeinen Sinn

When her right arm was in plaster, Pauline practised writing with her left hand.
Do you know anybody who specializes in interpreting handwriting?
My cousin Vera ist engaged in studying Egyptian hieroglyphics.
The boys were busy copying out the words of the song.

practise doing s.th.	**Ebenso:** try *(es mit etwas versuchen, etwas ausprobieren)*
specialize in doing s.th.	**Ebenso:** concentrate on
be engaged in doing s.th.	**Ebenso:** be occupied with, be concerned with, take part in
be busy doing s.th. (vgl. **263** Anm. 3)	

2. Geistige Beschäftigung oder Vergegenwärtigung

Joe's considering taking up fishing.
I can't imagine him sitting still for hours.
The angler was aware of a fish biting.

consider doing s.th.	**imagine (s.o.) doing s.th.** **Ebenso:** fancy *(sich vorstellen),* remember *(sich an etwas Vergangenes erinnern)*
think of doing s.th.	**dream of (s.o.) doing s.th.** **be aware of (s.o.) doing s.th.** **Ebenso:** be conscious/unconscious of, pay attention to

Hier beschreibt das *Gerund* meist eine Handlung, die stattfindet oder schon stattgefunden hat. Bei Verben wie *consider, imagine,* etc. drückt es aus, daß man sich einen Handlungsablauf vorstellt, daß man sich also bereits etwas tun sieht. Daher erscheint – anders als bei Verben wie *plan, intend, hope* etc. (vgl. **264**) – nicht der Infinitiv, sondern das *Gerund.*
Bei einigen dieser Verben und Verbverbände ist ein *Gerund* mit eigenem Sinnsubjekt möglich.

Anmerkung:
Verbverbände wie *be good/bad at* beschreiben, wie gut oder schlecht jemand eine Tätigkeit beherrscht, die er folglich schon mehrmals ausgeführt hat. Daher erscheint hier ebenfalls das *Gerund:*

He's not very good at doing sums, but he's excellent at spelling.

Ebenso bei: *be outstanding in/famous for; be capable of/experienced in/an expert in/efficient in/knowledgeable about; be terrible at/hopeless at,* etc.

270 Verben, die eine Abwehrreaktion oder ein Verhindern ausdrücken

(Verbs expressing avoidance or prevention)

He always avoids drinking before driving. Please refrain from smoking.	It's only vanity *(Eitelkeit)* that keeps me from over-eating.
avoid doing s.th. **Ebenso:** escape, resist, delay, postpone, put off **refrain from doing s.th.** *(unterlassen)*	**keep s.o. from doing s.th.** *(jdn. von etwas abhalten)* **Ebenso:** prevent, dissuade, discourage, protect, save

Will man etwas verhindern, so geht man von einem Sachverhalt aus, der eintreten würde, wenn man nichts dagegen unternähme. Der betreffende Sachverhalt wird gleichsam vorausgesetzt, so daß das *Gerund* auch hier faktische Bedeutung hat.

Anmerkung:
Auch bei *risk* setzt man einen Sachverhalt voraus, dessen Eintreten unerwünscht ist oder der unerwünschte Folgen haben könnte. Dieser Sachverhalt wird durch das *Gerund* bezeichnet:

The children risked being caught shoplifting.
She risked leaving the car window open.

271 Verben und Verbverbände, die eine gefühlsmäßige Reaktion oder Einstellung ausdrücken

(Verbs and verbal complexes expressing an emotional reaction or attitude)

1. Tätigkeitsverben, die eine Gefühlsreaktion beschreiben

Most people enjoy travelling to foreign countries.
Didn't you boast of being able to speak French fluently?
I'm not worrying about us making ourselves understood in Norway.
We thanked the waiter for so patiently explaining the items on the Chinese menu to us.

enjoy doing s.th.	**Ebenso:** regret doing s.th. *(etwas Vergangenes bedauern)*
boast of (s.o.) doing s.th.	**Ebenso:** complain of, object to, worry about
praise s.o. for doing s.th.	**Ebenso:** blame s.o./pity s.o. for doing s.th.

2. Verben und Verbverbände, die eine Einstellung wie Vorliebe oder Abneigung beschreiben

I like playing the piano.
Are you fond of going to concerts?
Do you mind me practising the violin this afternoon?
Mum didn't approve of me giving up music lessons.

like (s.o.) doing s.th.	**Ebenso:** love, appreciate, prefer, favour, (don't) mind, hate, dislike, detest, resent, cannot stand, cannot bear
approve of (s.o.) doing s.th.	**Ebenso:** disapprove of
be fond of (s.o.) doing s.th.	**Ebenso:** be keen on, be interested in, take an interest in, be enthusiastic about, be crazy about, be opposed to, be afraid of

(Zum Infinitiv nach *like, love, prefer, be keen,* etc. vgl. **264** und **273.**)

3. Verbverbände mit persönlichem Subjekt, die eine gefühlsmäßige Wirkung beschreiben

We were surprised at her choosing to study the flute and not the piano.

be surprised at (s.o.) doing s.th. **Ebenso:** be glad about, be proud of, be ashamed of, be disappointed at/about, be amazed at, be astonished at, etc.

(Zur Konstruktion *be surprised/glad to hear that s.o. has done s.th.* vgl. **278.**)

Das *Gerund* bezeichnet hier einen Sachverhalt, der eine persönliche Reaktion oder ein Gefühl auslöst. Dieser Sachverhalt wird als persönliche oder allgemeine Erfahrung vorausgesetzt.

272 Verben und Verbverbände, die eine Beziehung ausdrücken oder herstellen

(Verbs and verbal complexes expressing or establishing a relationship)

My duties at the Duponts' place included cooking and baby-sitting.
Being an au pair girl can amount to being treated like a servant.
You can't compare working in a foreign country with going there as a tourist.

include doing s.th. *(einschließen)*
Ebenso: involve *(zur Folge/zur Bedingung haben)*, mean *(bedeuten)*

amount to doing s.th. *(auf etwas hinauslaufen)*
Ebenso: depend on, refer to *(sich beziehen/anspielen auf)*, apply to *(zutreffen auf, gelten für)*, differ from, be different from

compare doing s.th. with doing s.th.
Ebenso: confuse ... with, combine ... with, distinguish ... from

Hier wird ein Sachverhalt zu einem anderen in Beziehung gesetzt (Zuordnung, Vergleich, Unterschied, etc.). Das *Gerund* erscheint, weil der betreffende Sachverhalt als (allgemein) gegeben vorausgesetzt wird.

Anmerkung:
Gelegentlich wird das *Gerund* auch hier durch ein eigenes Sinnsubjekt erweitert:
This job would involve **my** living out in the country.

273–278 Verben und Verbverbände mit Infinitiv oder *Gerund*

(Verbs and verbal complexes with the infinitive or the gerund)

273 *Like, love, prefer, hate, be keen, be interested*

Would you *like* **to have** supper with us?
I'*d love* **to stay** longer, but I'm afraid I must be getting home.
I *hate* **to mention** it, but there's a caterpillar *(Raupe)* in the salad.
I'*m* rather *keen* **to try** this interesting-looking vegetable. *(Ich würde gern ... ausprobieren.)*
They *like* **to eat** out on Sundays.
He *hates* **to leave** anything on his plate.

Der Infinitiv drückt hier aus, daß etwas in einem konkreten Fall gewünscht wird oder geschehen soll (modale Bedeutung). Er ist deshalb vor allem in Kombinationen von *should/would* + *like/love/prefer* zwingend.
Like, love, hate und *prefer* + Infinitiv können auch eine Vorliebe für (bzw. Abneigung gegen) eine Gewohnheit bezeichnen.

Do you *like* **cooking?**
Bill *loves* **trying out** exotic recipes.

No one *hates* **peeling** potatoes more than I do.

Our friends *are* very *keen* **on buying** their food at health shops. *(... kaufen ... gern ...)*
More and more people *are becoming interested* **in growing** their own vegetables.

Das *Gerund* erscheint hier, wenn eine allgemeine Vorliebe oder Abneigung ausgedrückt werden soll. Der angesprochene Sachverhalt wird als allgemein bekannt und gegeben vorausgesetzt (faktische Bedeutung).
Bei den Verbverbänden *be keen* und *be interested* wird das *Gerund* mit Präposition angeschlossen.

Anmerkung:
Bei *be afraid* können Infinitiv oder *of* + *Gerund* verwendet werden. Der Infinitiv bezeichnet eine bestimmte (noch nicht ausgeführte) Handlung, vor der man Angst hat.
Das *Gerund* bezeichnet entweder eine allgemein geläufige Tätigkeit, vor der man Angst hat, oder ein Ereignis, das ohne eigenes Zutun eintreten könnte.
Der Infinitiv kann also nur willentlich ausführbare Handlungen ausdrücken, das *Gerund* auch solche, die man erleidet:

I'm afraid to ski down that steep slope.

I'm afraid of skiing.
I'm afraid of breaking my leg.

274 *Remember, regret, forget* und *try*

I must *remember* **to set** the alarm for six thirty tomorrow. Don't *forget* **to put** your clocks back an hour tonight. We *regret* **to tell** you that your application has come too late to be considered. He *tried* **to repair** his watch himself and made a mess of it.	The alarm didn't go off although he clearly *remembered* **setting** it/**having set** it. He *forgot* **having made** this early appointment and kept me waiting for half an hour. You'll *regret* **not making** more effort to be punctual. If you want your electric clock to work, *try* **putting in** a battery.

Der Infinitiv steht hier für eine Handlung, die beabsichtigt ist, also erst noch vollzogen werden soll (modale Bedeutung).

Das *Gerund* beschreibt bei *remember, forget* und *regret* eine Handlung, die schon stattgefunden hat. (Hier ist auch die Perfekt-Form möglich.)
Bei *try* bezeichnet das *Gerund* eine bekannte Methode oder eine Fertigkeit, über die der Handelnde eventuell schon verfügt (faktische Bedeutung).

275 *Advise, recommend, encourage, urge, allow, permit, forbid*

Mary *advised* her mother **to buy** the red off-the-shoulder dress. The shop assistant *recommended* him **to wash** the jeans separately the first few times. The store only *allows* you **to try** on three garments at one time.	Doctors *advise* **wearing** natural fibres such as cotton in summer. Most manufacturers *recommend* **washing** knitwear by hand. Many shops don't *permit* **smoking** on the premises. *(in den Geschäftsräumen)*

Der Infinitiv wird verwendet, wenn man einer Person rät, gestattet oder verbietet, etwas in einem konkreten Fall zu tun. Der Adressat wird immer genannt; die Infinitivkonstruktion ist also im Aktivsatz nur möglich, wenn diesen Verben ein **Objekt** folgt.

Das *Gerund* tritt hier auf, wenn es sich um eine Empfehlung, eine Erlaubnis oder ein Verbot im allgemeinen Sinn handelt. Dabei darf der Adressat nicht genannt werden, d. h. die Gerundialkonstruktion darf **kein eigenes Sinnsubjekt** haben.

Anmerkung:
Eine Gerundialkonstruktion, jedoch keine Infinitivkonstruktion, erlauben *suggest* und *how about?/what about?:*
Last season the fashion articles all suggested mixing green and navy blue.
How about/What about dyeing that T-shirt purple?

276 Verben, die Beginn, Fortdauer oder Beendigung ausdrücken

(Verbs expressing beginning, continuation or ending)

1. *Begin, start, continue, cease*

The boat *started* **to sink.** They *began* **to realize** the danger they were in.	The boat *started* **sinking.** The crew *began* **distributing** life-jackets.

begin to do s.th. – begin doing s.th.
Ebenso: start, continue, cease *(aufhören)*

Nach diesen Verben können ohne Bedeutungsunterschied Infinitiv oder *Gerund* stehen.
Verben mit statischer Bedeutung (*realize, understand, like,* etc.) erscheinen jedoch nach *begin, start, continue* und *cease* normalerweise im Infinitiv.

2. *Go on, stop, quit, finish, give up, leave off*

First she read the business pages, then she *went on* **to study** the job advertisements. On the way home from the factory he *stopped* **to buy** a newspaper. You must *finish* (those letters) quickly (in order) **to be** in time for the post. She *quit* (her job) **to have** more time for her family.	Mary and I *went on* **arguing** about the causes of unemployment all the evening. He *stopped* **reading** the paper when the boss came in. Have you *finished* **sorting** the afternoon mail yet, Catherine? Do *quit* **grumbling** and get on with your work.
go on to do s.th. (= do s.th. next: *als Nächstes tun)* **stop to do s.th.** (= stop doing s.th. in order to do s.th. else) (Ebenso gelegentl.: quit, finish, give up, leave off)	**go on doing s.th.** (= continue doing s.th.) **stop doing s.th.** (= cease doing s.th.) **Ebenso:** quit, finish, give up, leave off

Der Infinitiv steht hier für eine geplante Handlung, die erst noch vollzogen werden soll (modale Bedeutung).
Nach *go on* bezeichnet er den nächsten Schritt in einer Handlungskette.
Nach *stop* bezeichnet er den Zweck, zu dem eine andere Handlung abgebrochen wird.
Genauso (in der Funktion einer adverbialen Bestimmung des Zwecks) erscheint der Infinitiv gelegentlich auch nach *quit, finish, give up* und *leave off.*

Das *Gerund* nennt hier die Handlung selbst, die bereits in Gang ist und die fortgesetzt bzw. abgebrochen wird (faktische Bedeutung).

Anmerkung:
Bei *go on doing s.th.* handelt es sich um einen Grenzfall zwischen *Gerund* und *Present Participle* (vgl. **263** Anm. 3), ebenso bei *keep doing s.th./keep on doing s.th.*, welche nur mit *ing*-Formen konstruiert werden.

277 Verben, die ein Erfordernis ausdrücken: *need, want, require, deserve*

(Verbs expressing necessitiy)

That question *needs* **to be gone into** thoroughly.	That question *needs* **going into** thoroughly.

s.th. needs to be done – s.th. needs doing
Ebenso: want/require *(erforderlich sein, es nötig haben)*, deserve *(es verdienen)*

Trotz seiner Aktiv-Form hat das *Gerund* nach diesen Verben die gleiche passivische Bedeutung wie der passive Infinitiv.

Anmerkungen:

1. Nach *remain* und *be* zum Ausdruck eines Erfordernisses erscheint der passive Infinitiv (im Deutschen dagegen der aktive Infinitiv). Das *Gerund* ist hier nicht möglich.
   All that *remains* **to be decided** is the price of the article. *(Alles was noch zu entscheiden bleibt . . .)*
   Such matters *are* always **to be handled** very carefully. *(. . . sind . . . zu behandeln.)*

2. Nach *There is* + Nomen (seltener *There remains* + Nomen) ist auch der aktive Infinitiv möglich. Er drückt eine aktivische Sichtweise aus, ähnlich wie die Konstruktion aus persönlichem Subjekt + *have* + Nomen + Infinitiv:
   There is a problem (for us) **to solve.** (There is a problem which we have to solve.)
   We have a problem **to solve.**

278 Verbverbände, die eine gefühlsmäßige Wirkung ausdrücken

(Verbal complexes expressing an emotional effect)

I was angry to find that I wasn't invited to take part in the discussion. We were surprised to hear that he had left the Labour Party. (Oder: We were surprised to hear about his decision/to hear the news.)	I was angry about not being invited to take part in the discussion. We were surprised at his having left the Labour Party.

be angry to hear/see/find that s.th. is the case – be angry about s.th. being the case
Ebenso: be surprised (at), be glad (about), be sorry (about), be alarmed (at), be shocked (at), be delighted (at), be relieved (at), be excited (at), be worried (at), etc.

Diese Verbverbände haben stets ein persönliches Subjekt und bestehen häufig aus *be* und einem Adjektiv, das aus einem *Past Participle* abgeleitet ist. Sie erlauben folgende infinite Konstruktionen:

- Infinitiv eines Verbs der Wahrnehmung *(see/hear/find)*+ *that*-Satz oder Präpositional- bzw. Nominalgruppe. Diese Konstruktion wirkt stilistisch neutral und wird in der Umgangssprache bevorzugt.
- Präposition + *Gerund* (mit oder ohne Sinnsubjekt). Diese Konstruktion wirkt meist förmlich.

Anmerkung:
Zur Infinitivkonstruktion nach Verbverbänden mit dem Strukturwort *it* (*it is surprising/alarming,* etc.) vgl. **268.**

279–280 Verben mit Partizip als Subjektkomplement

(Verbs followed by a participle as subject complement)

279 Verben, die eine Ruheposition beschreiben (Verbs describing a position)

We sat waiting for the rain to stop. *(Wir saßen und warteten darauf, daß ... aufhörte.)* They remained standing by the window. *(Sie blieben am Fenster stehen.)*	He lay stretched out on the bed. *(Er lag auf dem Bett ausgestreckt.)* Please remain seated. *(Bitte bleiben Sie sitzen.)*

sit talking/reading/wondering/.../bent over a book/...
stand waiting/watching/waving/.../confused/...
lie dying *(im Sterben liegen)*/gasping/.../exhausted/...
remain sitting/standing/.../seated/...
stay floating/drifting/.../fixed to the wall/...

Das *Present Participle* drückt eine gleichzeitig ablaufende Handlung aus. Im Deutschen wird diese Konstruktion häufig durch zwei mit *und* aneinandergereihte Verben wiedergegeben *(... saßen und warteten ...).* Das *Past Participle* beschreibt das Ergebnis einer vorangegangenen Handlung.

280 Verben, die eine Bewegung (Ankommen, Weggehen) beschreiben

(Verbs describing a movement towards or from somewhere)

He came running along the platform. *(Er kam ... gelaufen.)* They arrived panting for breath. *(Sie kamen nach Atem ringend an.)*	We left rested and refreshed after our two hours' stop. *(Wir gingen ... ausgeruht und erfrischt weg.)* Did they arrive very worn out by the journey? *(Kamen sie sehr erschöpft ... an?)*

come/arrive/return/leave/go (away) running/hopping/stumbling/.../injured/...

Die Partizipien beschreiben hier Art und Weise oder Begleitumstände des Ankommens oder Weggehens. Auch hier drückt das *Present Participle* Gleichzeitigkeit, das *Past Participle* ein Ergebnis aus.

281–282 Infinitiv und Partizip nach Verben der Wahrnehmung und des Beobachtens

(Infinitive and participle after verbs of perception and observation)

Verben der passiven Wahrnehmung *(see, hear, feel, smell, notice, find)* und des aktiven Beobachtens *(watch, observe)* lassen verschiedene infinite Konstruktionen zu. Bestimmte Einschränkungen ergeben sich aus den unterschiedlichen Bedeutungen von Infinitiv, *Present Participle* und *Past Participle* (vgl. **282** Anm.).

281 Strukturen (Structures)

The caretaker *saw* him **open** the window. He *was seen* **to open** the window. *Did* you *hear* someone **bang** the door? The little boy *watched* the man **shut** the gate.	A neighbour *saw* him **knocking** at the door. He *was seen* **knocking** at the door. We *watched* the piano **being carried** upstairs. The key *was found* **hidden** under the mat.

Der Infinitiv ist möglich nach Aktiv- oder Passivformen von Verben der Wahrnehmung und des Beobachtens.
Nach den Aktivformen steht er ohne *to*, nach den Passivformen mit *to*. Der Infinitiv selbst kann nur in der Aktivform auftreten.

Auch beide Partizipien können sowohl nach Aktiv- als auch nach Passivformen des übergeordneten Verbs stehen.
Das *Present Participle* selbst kann nicht nur Aktivform *(knocking)*, sondern auch Passivform *(being carried)* haben.
Beim *Past Participle* gibt es nur eine (passive) Form.

282 Bedeutungsunterschiede zwischen Infinitiv und *Present Participle*

(Differences in meaning between infinitive and present participle)

Zwischen Infinitiv und *Present Participle* bestehen ähnliche Aspektunterschiede wie zwischen *Simple Form* und *Progressive Form* beim finiten Verb (vgl. **181**).

We *saw* the ambassador **arrive** in a limousine. (Vgl.: The ambassador **arrived** in a limousine.) *Did* you *hear* the bomb **go off**? The witness *saw* a man in a grey raincoat **place** a parcel near a pillar and **walk** out of the building.	We *watched* the V.I.P.s **arriving** at the Town Hall. (Vgl.: The V.I.P.s **were arriving** at the Town Hall.) We *could hear* the crowd **shouting** anti-war slogans all the time. They *found* a group of people **sitting** on the steps, **blocking** the entrance.

Der Infinitiv drückt aus, daß ein Vorgang **insgesamt**, einschließlich seines Ergebnisses erfaßt wird.

Diese Sichtweise ergibt sich vor allem bei Einzelhandlungen von kurzer Dauer oder bei Gliedern einer Handlungskette.

Das *Present Participle* drückt aus, daß ein Vorgang wahrgenommen wird, der sich gerade **im Ablauf** befindet (progressiver Aspekt).
Diese Sichtweise ergibt sich vor allem, wenn ein Vorgang eine gewisse Zeit in Anspruch nimmt, sich laufend wiederholt, zu keinem bestimmten Ergebnis führt (z. B. bei Verben, die eine Ruheposition beschreiben) oder gleichzeitig mit einem anderen Vorgang stattfindet.

Anmerkungen:

1. Aufgrund seiner Bedeutung erscheint der Infinitiv nicht nach *find* (= vorfinden) und *smell* (ein Vorgang wird kaum insgesamt durch den Geruchssinn erfaßt).

2. Das *Past Participle* erscheint nur nach Verben der Wahrnehmung (vor allem *see, hear* und *find*). Es beschreibt aus passivischer Sicht

- das Ergebnis eines **vorausgehenden** Vorgangs

We **found** his bicycle **chained** to a fence.
(Vgl.: He **had chained** his bicycle to a fence.)

- einen Vorgang, der **gleichzeitig** mit der Wahrnehmung stattfindet.
Hier ist auch die Passivform des *Present Participle* möglich, doch drückt sie den progressiven Aspekt aus (vgl. **181**).

I **heard** my name **shouted** from the other side of the street.
(Vgl.: Someone **shouted** my name from the other side . . .)
I **heard** my name **being shouted** again and again.
(Vgl.: Someone **was shouting** my name again and again.)

3-286 Infinitiv und Partizip nach Verben des Veranlassens und Zulassens

(Infinitive and participle after verbs of causing and allowing)

Im deutschen Verb *lassen* fallen mehrere Bedeutungen zusammen, die im Englischen durch verschiedene Verben und verschiedene infinite Konstruktionen ausgedrückt werden.
Zu unterscheiden sind folgende Bedeutungen:

283 Veranlassen (Causing)

They **make** the factory workers **keep** their hair tied back for safety. *(Aus Sicherheitsgründen läßt man . . . die Haare zurückgebunden tragen.)*
The officials **had** us **put on** safety helmets before going down the mine. *(. . . ließen uns Schutzhelme aufsetzen . . .)*
They **were made to wear** protective clothing. *(Man ließ sie/Sie mußten Schutzkleidung tragen.)*

The strike at the airport **caused** me **to cancel** my trip. *(. . . veranlaßte mich . . .)*
I **got** the travel agency **to change** my booking. *(Ich ließ . . . durch das Reisebüro ändern.)*
You **can be compelled to open** all your bags at the customs. *(Man kann gezwungen werden . . .)*
People **were forced to wait** for hours before they were able to get their luggage. *(. . . waren gezwungen . . ./mußten stundenlang warten . . .)*
I **was caused to cancel** my trip because of the airport strike.

Im Sinn von „jemand veranlassen, etwas zu tun" d. h. in kausativer Bedeutung werden verwendet:

- **make** / **have** } **s.o. do s.th.**
(Infinitiv **ohne** *to*)

Make kann auch in der Passivform erscheinen, hat dann aber den Infinitiv **mit** *to* bei sich.
Have + Infinitiv ist in Passivsätzen nicht möglich.

- **cause** / **get** / **force** / **compel** } **s.o. to do s.th.**
(Infinitiv **mit** *to*)

Die Passivformen *be forced/compelled to do s.th.* können als Ersatzformen für das modale Hilfsverb *must* zum Ausdruck einer Notwendigkeit betrachtet werden (vgl. **229**).

Auch *cause* kann im Passiv auftreten, *get* + Infinitiv jedoch nicht.

284 Etwas machen lassen (Having something done)

The gallery **had** their Rembrandt **cleaned** and **restored.** *(. . . ließ ihren Rembrandt reinigen und restaurieren.)*
We**'re going to have** this bronze statue **valued.**
You'll **have** your Chippendale chairs **insured,** won't you? *(Sie werden . . . versichern lassen . . . ?)*
You **must get** that Wedgewood vase **mended** professionally. *(. . . reparieren lassen.)*

Im Sinn von „veranlassen, daß etwas getan wird", also ebenfalls in kausativer Bedeutung, erscheinen:

have / **get** (umgangssprachl.) } **s.th. done**
(Past Participle)

(Zur rein passivischen Verwendung der Konstruktion mit *have* vgl. **64**)

Anmerkung:
Die Konstruktion *have s.th. done* darf nicht mit *Present Perfect* und *Past Perfect* verwechselt werden. Deshalb ist genau auf die Stellung von Objekt und *Past Participle* zu achten:

They **had** burglar alarms **installed** in all rooms.	*(Sie ließen ... Alarmanlagen installieren.)*
They **had installed** burglar alarms in all rooms.	*(Sie hatten ... Alarmanlagen installiert.)*

285 Zulassen (Allowing)

They **let** him **do** just as he liked.
(Sie ließen ihn machen, was er wollte.)
Her parents **will never allow** her **to go** to India on her own.
The Russian authorities **don't permit** you **to take** photos of bridges and railways.
Non-believers **are not permitted to enter** this Hindu temple. *(Ungläubigen ist es nicht gestattet .../Ungläubige dürfen ... nicht betreten.)*

In dieser Bedeutung treten auf:

- **let** — **s.o. do s.th.** (Inf. ohne *to*)
- **allow** / **permit** (förmlich) — **s.o. to do s.th.** (Inf. mit *to*)

Die Passivformen *be allowed/permitted to do s.th.* dienen als Ersatzformen für *may* zum Ausdruck einer Erlaubnis (vgl. **227**).

Anmerkung:
In der Bedeutung „nicht zulassen" wird auch die Konstruktion *not + have s.o. doing s.th. (Present Participle)* verwendet:
I can't **have you taking** photos in the church. *(Ich kann es nicht zulassen/dulden, daß ...)*

286 Unverändert bestehen lassen (Preserving a situation unchanged)

She **left** us **puzzling** over what she meant.
(Sie ließ uns im Unklaren darüber, was sie meinte.)
He **kept** the press **waiting** for half an hour.
(Er ließ ... warten.)
The country **was kept guessing** as to his real intentions. *(... wurde im Unklaren über ... gelassen.)*
He **was left unmoved** by the attacks on his political credibility. *(... blieb unberührt ...)*
She **kept** her eyes **fixed** on the speaker.

In diesem Sinn erscheinen:

leave / **keep** — **s.o. doing s.th.** *(Present Participle)*

Leave hat eher die Bedeutung „zulassen, zurücklassen", *keep* hat eher die Bedeutung „veranlassen". Beide Verben können auch im Passiv auftreten.

Statt eines *Present Participle* kann auch ein *Past Participle* eintreten im Sinn von „in einem Zustand belassen".

Anmerkung:
Dem deutschen *lassen* können auch kausativ-transitive und mediopassivische Konstruktionen entsprechen (vgl. **45** und **65**):
The men **had** all **grown** beards during the expedition. *(... hatten sich ... einen Bart wachsen lassen.)*
This camp-bed **folds up** very small. *(... läßt sich ... zusammenfalten.)*

287 Verben und Verbverbände mit infiniten Konstruktionen an Stelle deutscher Adverbien

(Verbs and verbal complexes plus non-finite constructions where adverbs are used in German)

Eine Reihe von Verben und Verbverbänden mit infiniten Konstruktionen hat in etwa dieselbe Bedeutung wie deutsche Verb + Adverb-Verbindungen. Typische Fälle sind:

She **is fond of** meeting people. *(Sie lernt gern Leute kennen.)*	like/love/be fond of/prefer/hate/ dislike doing s.th. (would) like/love/prefer/hate to do s.th.	*etw. gern/lieber/nicht gern tun*

You'**re sure to** enjoy the picnic. *(Du wirst ... bestimmt genießen.)*	be sure/be certain/be likely to do s.th. appear/seem to do s.th.	*etw. sicher/wahrscheinlich/anscheinend tun*
I **happened to** meet him on the bus. *(Ich traf ihn zufällig ...)*	happen/chance to do s.th.	*etw. zufällig tun*
They **were quick to** answer our letter. *(Sie beantworteten ... schnell.)*	be quick/slow/prompt to do s.th.	*etw. schnell/langsam/sofort tun*
Sue Martin **kept** calling me names. *(... beschimpfte mich andauernd.)*	keep (on)/go on doing s.th. continue doing s.th./to do s.th.	*etw. andauernd/weiterhin tun*
Granny **used to** have many friends. *(Oma hatte früher viele Freunde.)*	I used to do s.th.	*ich tat früher etwas*

Anmerkungen:

1. *Fail to do s.th.* und *miss doing s.th.* entsprechen oft einfach einem verneinten Satz im Deutschen:
   I failed to meet him. *(Ich traf ihn nicht.)*
   He missed seeing that film. *(Er hat diesen Film nicht gesehen.)*
2. Auch Verben und Verbverbände mit *that*-Sätzen können deutschen Adverbien entsprechen:
   I'm afraid (that) I can't come. *(Ich kann **leider** nicht kommen.)*

8–289 Infinitiv und *Gerund* nach abstrakten Nomen

(Infinitive and gerund after abstract nouns)

288 Strukturen (Structures)

The decision *to close the factory* was not taken lightly.
Have you heard about **the plan** ***for the firm to be nationalized?***
(Vgl. ... the plan that the firm should be nationalized?)

- Nomen + Infinitiv (auch mit *for* + Sinnsubjekt)

Their reasons *for dismissing so many employees* are obvious.
They underrated **the danger** ***of automation destroying jobs.***
(Vgl: ... the danger that automation would/might destroy jobs.)

- Nomen + Präp. + *Gerund* (auch mit Sinnsubjekt)

Infinitiv und *Gerund* können als Attribute zu abstrakten Nomen auftreten.

- Der Infinitiv wird stets mit *to* angeschlossen. Er kann manchmal durch ein Sinnsubjekt erweitert werden, das mit *for* eingeführt wird.
- Das *Gerund* wird stets mit einer Präposition angeschlossen. Auch hier kann z. T. ein eigenes Sinnsubjekt eingeführt werden.

Infinitiv und *Gerund* lassen sich in dieser Funktion oft durch *that*-Sätze umschreiben. (Vgl. dagegen Infinitiv und Partizip als Entsprechungen zu Relativsätzen: **300–301**.)
Welche Konstruktion angeschlossen wird, hängt vom einzelnen Nomen ab, nicht aber von dessen Stellung oder Funktion im Satz.

289 Die Wahl von Infinitiv oder *Gerund* und die Bedeutung des Nomens

(The choice of infinitive or gerund and the meaning of the noun)

Viele abstrakte Nomen sind aus Verben und Adjektiven abgeleitet oder mit ihnen verwandt. Sie können deshalb meist dieselbe Konstruktion nach sich haben wie die entprechenden Verben oder Verbverbände aus *be* + Adjektiv.

1. Infinitiv

The Minister's willingness to take the blame was respected by all.
Will he accept their advice to resign?

(s.o.'s) **willingness to do s.th.** (vgl. **be willing to do s.th.**)
Ebenso: eagerness, inclination, plan, wish, agreement, attempt, etc.
(s.o.'s) **advice to do s.th.** (vgl. **advise s.o. to do s.th.**)
Ebenso: order, command, permission, etc.

Der Infinitiv erscheint vorwiegend nach Nomen,
- die Absicht, Bereitschaft oder Wunsch ausdrücken,
- die Rat, Aufforderung, Veranlassen oder Zulassen ausdrücken.

In all diesen Fällen beschreibt die Infinitivkonstruktion eine Handlung, die noch nicht vollzogen ist (modale Bedeutung).

2. *Gerund*

Though glad at the success of her play, she can't get over her dislike of being interviewed.
Her habit of asking tactless questions made Jane very unpopular.

(s.o.'s) **dislike of doing s.th.**
Ebenso: love of, hate of, preference for, doubt about, fear of, worry about, etc.
(the) **habit of doing s.th.**
Ebenso: method of, question of, problem of, etc.

Das *Gerund* erscheint unter anderem nach Nomen,
- die eine gefühlsmäßige Reaktion oder Einstellung zu einem Sachverhalt ausdrücken,
- mit denen allgemein auf einen Sachverhalt verwiesen wird.

We have no objection to your taking a holiday job.

objection to (s.o.) doing s.th.
(vgl. **to object to (s.o.) doing s.th.**)
Ebenso: surprise at, interest in, etc.
(vgl. to be surprised at/be interested in ...)

Schließt ein Verb oder Verbverband das *Gerund* mit einer Präposition an, so erscheint beim entsprechenden Nomen normalerweise dieselbe Präposition.

3. Infinitiv oder *Gerund*

He had no chance to express his opinion on the matter.
Is there no chance of their altering their decision?

(a) **chance to do s.th./of doing s.th.**
Ebenso: opportunity (of), desire (of), hesitation (in), intention (of), reason (for), idea (of), pleasure (at/in), etc.

Viele Nomen lassen jedoch – dies im Gegensatz zu den entsprechenden Verben und Verbverbänden – ohne merklichen Bedeutungsunterschied **sowohl Infinitiv als auch Präposition + *Gerund*** zu.
Im Einzelfall geben die Wörterbücher Auskunft.

290–291 Infinitivkonstruktionen mit Fragewort

(Infinitive constructions with interrogatives)

290 Strukturen (Structures)

		Infinitivkonstruktion			
The boys	wondered	how		to	get better results.
	were not sure	whom		to	turn to for advice.
	had no idea	whether		to	leave school or stay on.
	discussed the question	how	they	might	get better results.
		whom	they	could	turn to for advice.
		whether/if	they	should	leave school or stay on.
		Indirekter Fragesatz			

Infinitivkonstruktionen, die mit einem Fragewort oder der Konjunktion *whether* (niemals *if*!) eingeleitet werden, entsprechen indirekten Fragesätzen mit modalen Hilfsverben (gewöhnlich solchen, die dasselbe Subjekt haben wie der Hauptsatz).
Sie treten nach Verben (*wonder, ask,* etc.), Verbverbänden (*not be sure, have no idea,* etc.) sowie als Attribute zu abstrakten Nomen (*question, problem* etc.) auf.

Anmerkungen:

1. Infinitivkonstruktionen mit Fragewort oder *whether* können auch mit einer Präposition an Verben (= Präpositionalverben), Verbverbände und Nomen angeschlossen werden. Zum Teil ist die Verwendung der Präposition möglich, aber nicht zwingend. Auch hier verhalten sich die Infinitivkonstruktionen wie die indirekten Fragesätze (vgl. **307.2**):
   The group **agreed on** when to meet next time.
   We were **doubtful (about)** what to do next.
   The **problem/question (of)** how to deal with the matter was put to the vote.

2. Die Infinitivkonstruktion mit *how* erscheint auch nach *know, learn, teach* und *show.* Hier kann das Fragewort nach *learn* und *teach* entfallen, nach *know* und *show* jedoch nicht.
   Do you **know how to** play cricket? Can you **show me how to** play the game? (Fragewort nötig)
   During the holidays many children **learned (how) to swim,** whereas the older ones **were taught (how) to** sail. (Fragewort entbehrlich)

291 Bedeutung und Verwendung (Meaning and use)

We didn't know what to do with all those blackberries.
(entweder: We didn't know what we **should** do . . .
oder: We didn't know what we **could** do . . .)

The question of how to protect rare plants was raised at the meeting.
(entweder: how rare plants **should** be protected . . .
oder: how rare plants **could** be protected . . .)

He told us where to find the nicest mushrooms.
(eindeutig: . . . where we **could** find . . .)

Seiner modalen Bedeutung entsprechend (vgl. **258**) drückt der Infinitiv in Kombination mit Fragewörtern ein Sollen, Müssen oder Können aus. Wenn es unwesentlich oder sowieso offensichtlich ist, welche dieser modalen Bedeutungen gemeint ist, wird die knappere, elegantere Infinitivkonstruktion gegenüber dem genaueren indirekten Fragesatz bevorzugt.

Partizipial- und Gerundialkonstruktionen als adverbiale Bestimmungen

(Participle and gerund constructions as adverbials)

292 Strukturen (Structures)

1. Partizipialkonstruktionen als adverbiale Bestimmungen

Adverbiale Partizipialkonstruktionen können mit *Present Participles* und *Past Participles* gebildet werden. Sie lassen sich mit adverbialen Nebensätzen vergleichen. Zu unterscheiden sind:

- **Verbundene Partizipialkonstruktionen** *(related participle constructions)*

Looking out over the calm sea, he began to dream.
(While **he** looked out over the calm sea, **he** began to dream.)

gleiches Subjekt

Verbundene Partizipialkonstruktionen beziehen sich auf das Subjekt des ganzen Satzes: Vergleichbare Nebensätze haben dasselbe Subjekt wie der Hauptsatz.

Always take along your raincoat **when** going for a walk in Ireland. (. . . when you go for a walk in Ireland.)
Though signposted, the mountain trail was not easy to follow. (Though it was signposted, . . .)

Verbundene Partizipialkonstruktionen können auch wie adverbiale Nebensätze durch **Konjunktionen** eingeleitet werden.

- **Unverbundene Partizipialkonstruktionen** *(absolute participle constructions)*

The sun having come out, they decided to go for a walk.
(As **the sun** had come out, **they** decided to go for a walk.)

verschiedene Subjekte

Unverbundene Partizipialkonstruktionen haben ein eigenes Sinnsubjekt: Vergleichbare Nebensätze haben ein anderes Subjekt als der Hauptsatz.

With temperatures reaching the eighties yesterday, the ice-cream sellers did a roaring trade.

Unverbundene Partizipialkonstruktionen werden häufig durch *with* eingeleitet. (Vgl. **262** und **294**)

2. Gerundialkonstruktionen als adverbiale Bestimmungen

Gerundialkonstruktionen können nur in Verbindung mit Präpositionen adverbiale Funktion haben. Sie lassen sich ebenfalls mit adverbialen Nebensätzen vergleichen.

In spite of being warned, she risked skating on the thin ice.
(Though **she** was warned, **she** risked skating on the thin ice.)

gleiches Subjekt

Adverbiale Gerundialkonstruktionen beziehen sich normalerweise auf das Subjekt des ganzen Satzes.

She walked very carefully **because of** the path being slippery.
(**She** walked very carefully because **the path** was slippery.)

verschiedene Subjekte

Gelegentlich hat die Gerundialkonstruktion aber auch ein eigenes Sinnsubjekt.

Anmerkungen:

1. Partizipialkonstruktionen ohne eigenes Sinnsubjekt werden vom Hörer oder Leser auf das Subjekt des ganzen Satzes bezogen. Bei fehlendem oder falschem Bezug können Aussagen von unfreiwilliger Komik entstehen:

> Before launching the 'Queen Anne', the duchess gave a little speech. Then, after breaking a bottle of champagne over the bow of the ship, she slid majestically into the water.

Gelegentlich wird der fehlende Bezug aber auch stilistisch anerkannt, z. B. wenn der Satz *it* oder *there* als formales Subjekt hat und als Sinnsubjekt des Partizips erschließbar ist:

> Seeing so many men searching for a job, **it** became very obvious that things were building up to a crisis. (As you/one/ people could see so many men . . .)

Üblich sind solche bezugslosen Partizipialkonstruktionen *(dangling participles)* außerdem als kommentierende Einschübe und Konjunktionen, seltener als Präpositionen (vgl. **298–299**).

2. Adverbiale Partizipial- und Gerundialkonstruktionen können vor oder hinter dem Hauptsatz stehen. Partizipialkonstruktionen können außerdem hinter das Bezugswort treten und damit im Satzinnern erscheinen. In diesem Fall lassen sie sich auch als Entsprechungen zu nichtnotwendigen Relativsätzen auslegen (vgl. **301**.2).

Soon becoming bored, the girls started to talk among themselves.
The girls, soon becoming bored, started to talk among themselves.

293 Verbundene Partizipialkonstruktionen (Related participle constructions)

Adverbiale Partizipialkonstruktionen erlauben knappere Formulierungen und wirken geschliffener als adverbiale Nebensätze. Sie werden daher vor allem im förmlichen Stil eingesetzt. Sie treten zum Teil ohne, zum Teil mit Konjunktionen auf.

1. Ohne Konjunktion

Ohne Konjunktion verwendet, sind diese Partizipialkonstruktionen bedeutungsmäßig nicht so eindeutig festgelegt wie vergleichbare Nebensätze. Zu den häufigsten Bedeutungen gehören:

Passing the factory, we saw that the old chimney had been demolished.
(When we passed the factory, we saw . . .)

Having set the fuse for blowing up the bridge, the men retired to a safe distance.
(When they had set the fuse . . .)

- Angabe der Zeit
  Zum Ausdruck der Gleichzeitigkeit erscheint vor allem das *Present Participle* von Verben mit dynamischer Bedeutung, da diese Verben einen zeitlichen Ablauf schildern können.
  Zum Ausdruck der Vorzeitigkeit wird die Perfektform des *Present Participle* verwendet.

Having become unsafe, the tower had to be closed to the public. (As it had become unsafe . . .)
Known for its historic windmills, the island attracts thousands of tourists every year. (As it is known for . . .)

- Angabe des Grundes
  Diese Bedeutung können das *Present Participle* und das *Past Participle* aller Verben haben.
  Fast immer so zu verstehen sind die Partizipien von Verben mit statischer Bedeutung.

The passengers gathered on deck as they passed the headland, **photographing, filming** and **admiring** the scenery. *(Die Passagiere versammelten sich an Deck. Sie photographierten, filmten . . .)*
Escorted by many small boats, the ship entered the harbour. *(Von vielen kleinen Booten begleitet, lief das Schiff in den Hafen ein.)*

- Angabe der Begleitumstände
  In dieser Verwendung treten vorwiegend *Present Participle* und *Past Participle* von Verben mit dynamischer Bedeutung auf. Im Deutschen benützt man Partizipialkonstruktionen, Hauptsätze mit *und* oder Nebensätze mit *indem* und *wobei.*

Living by the sea, I got used to the ceaseless sound of the waves, which at first I had found irritating. *(Als ich am Meer lebte, . . .* oder: *Da ich am Meer lebte, . . .)*

Oft sind mehrere dieser Bedeutungen gleichzeitig enthalten (z. B. Zeit und Grund), so daß mehrere Übersetzungen in Frage kommen.

Protected by a dam, the village would not have been flooded by the spring tide. (If it had been protected by a dam, . . .)
Looking through a telescope, you can see the opposite coast line. (If you look . . .)
Badly **battered** by the storm, the fishing boats nevertheless all reached the harbour safely. (Though they were badly battered . . .)

Gelegentlich haben Partizipialkonstruktionen ohne Konjunktion auch andere Bedeutungen. Sie können z. B. auch zum Ausdruck der Bedingung, des Mittels oder der Einräumung dienen.

2. Mit Konjunktion

Mit Konjunktionen werden Partizipialkonstruktionen verwendet, wenn ihre Bedeutung möglichst genau festgelegt werden soll. Dabei kommen folgende Konjunktionen in Frage:

After presenting the case for the defence, the lawyer sat down.
Once arrested, a person must be charged with an offence within 24 hours. *(Sobald . . .)*
Though struggling desperately, the suspected thief was eventually overpowered.
The accused looked nervous when the jury returned, **as if expecting** the worst.
When cross-examined, the witness became confused.
Though found guilty by the court, the prisoner still protested his innocence.

- Beim *Present Participle:*
  after, before
- Beim *Past Participle:*
  once, as soon as
- Bei beiden Partizipien:
  when, while, (al)though, if, even if, as if, since (= seit), *till, until*

Die Konjunktionen des Grundes (*because, as/since* = da/weil) werden kaum mit Partizipialkonstruktionen kombiniert; wie oben (Abschn. 1) ausgeführt, wird die kausale Bedeutung meist durch das Partizip ohne Konjunktion wiedergegeben.

Anmerkungen:

1. Zur Angabe des Grundes kann man auch ein Partizip mit *as* + Personalpronomen + Hilfsverb kombinieren:
   The trial, **publicized as it was** in the press, aroused great national interest.
   Adhering as they do to conservative ideals, most of the villagers were shocked at the judge's mild verdict.
2. Manchmal kann eine Konjunktion notwendig sein, um Mißverständnisse zu vermeiden:
   Clare noticed an odd-looking man **entering** the courtroom. (= **The man** was entering the courtroom. Vgl. **281**)
   Clare noticed an odd-looking man **when entering** the courtroom. (= **Clare** was entering the courtroom.)

294 Unverbundene Partizipialkonstruktionen (Absolute participle constructions)

The explorers suddenly found themselves in a vast cavern, **their lamps casting** strange shadows. *(. . . Ihre Lampen warfen . . .)*
Many caves have been made accessible to the public, **some of them** even **being equipped** with electric light. *(. . ., wobei einige sogar . . .)*

Their existence discovered in 1940, the cave paintings at Lascaux became a sensation in the art world. *(Als ihre Existenz 1940 entdeckt wurde, . . .)*

Stalactites and stalagmites are generally very old, **their formation having taken** centuries. *(. . . Ihre Entstehung dauerte . . ./. . ., da ihre . . .)*

With a fall of rock blocking their way, the team had to turn back. *(Da . . .)*
The cave was pitch dark, **with bats flying** all around. *(. . ., und Fledermäuse . . .)*

Unverbundene Partizipialkonstruktionen drücken meist die **Begleitumstände** einer Handlung aus und werden dann im Deutschen gewöhnlich durch Hauptsätze oder adverbiale Nebensätze mit *wobei* oder *indem* wiedergegeben.

Außerdem können sie auch zur Angabe von **Zeit und Grund** dienen und entsprechen dann z. B. deutschen Nebensätzen mit *als, wenn, da, weil.*

Unverbundene Partizipialkonstruktionen, die nicht mit *with* eingeleitet werden, gehören der gehobenen Schriftsprache an.

Auf allen Stilebenen anzutreffen ist dagegen die *with* + *Participle*-Konstruktion: Sie ist auch in der Umgangssprache sehr beliebt.

295 Gerundialkonstruktionen als adverbiale Bestimmungen

(Gerund constructions as adverbials)

Die Bedeutung adverbialer Gerundialkonstruktionen hängt von der einleitenden Präposition ab. Es sind folgende zwei Gruppen zu unterscheiden:

On hearing the crash Mrs Brown rushed out into the street. (When she heard ...)
Tom got a bruised knee **from falling off** his bicycle. (... because/when he fell off ...)
In case of the neighbours **complaining,** the boys can always go elsewhere to play football. (In case the neighbours complain, ...)
In spite of being told to take care, Fred kicked the ball through Mrs Black's window. (Although he was told to take care, ... *Obwohl er ermahnt wurde .../Trotz der Ermahnung ...)*

Instead of helping to mow the lawn, she went out on her roller skates. *(Statt ... zu ...)*
Apart from going for a stroll now and then, Grandpa never takes any exercise. *(Abgesehen davon, daß ...)*
By doing an hour's jogging a day she keeps very fit. *(Indem/Dadurch daß ...)*
He did a good thing **in joining** that sports club. *(Er tat gut daran, ... beizutreten.)*

- Bedeutungen, die auch durch adverbiale Nebensätze wiedergegeben werden können, so Angaben
  - der Zeit *(on, since, after, before)*
  - des Grundes *(because of, from, for)*
  - der Bedingung *(in case of)*
  - der Einräumung *(in spite of, despite)*.

  Dabei wirkt die Gerundialkonstruktion (außer bei *from* und *for*) förmlicher als der entsprechende Nebensatz.
  Im Deutschen verwendet man Nebensätze oder gelegentlich Ausdrücke mit Nomen.
- Bedeutungen, die im Englischen nicht durch adverbiale Nebensätze wiedergegeben werden können. Dazu gehören Gerundialkonstruktionen mit *instead of, apart from, without, by* und *in.*
  Diese Konstruktionen sind auf allen Stilebenen üblich. Im Deutschen entsprechen ihnen Infinitivkonstruktionen oder Nebensätze.

Anmerkung:
Da *since, after* und *before* entweder als Präpositionen oder als Konjunktionen auftreten können, läßt sich eine *-ing*-Form nach diesen Wörtern entweder als *Gerund* oder als *Present Participle* auffassen. Vergleiche:
before his arrival (Präposition + Nomen), before he arrived (Konjunktion + Nebensatz)
before arriving (Präposition + *Gerund* oder Konjunktion + *Present Participle*).

296–297 Infinitivkonstruktionen als adverbiale Bestimmungen des Zwecks und der Folge

(Infinitve constructions as adverbials of purpose and result)

Aufgrund seiner modalen Bedeutung eignet sich der Infinitiv dazu, auszudrücken, was beabsichtigt aber noch nicht ausgeführt ist (vgl. **258**.1). Daher erscheint er auch als adverbiale Bestimmung des Zwecks oder der Folge. Er steht hier stets mit *to.*

296 Als adverbiale Bestimmung des Zwecks (As adverbial of purpose)

A large crowd was waiting outside the theatre **to catch sight of** the rock group.
A way was cleared **for the film star to reach** the hotel entrance.
The famous dancer posed at the top of the steps **in order to give** the photographers a chance to get their pictures.
So as not to face the press the manager of the group slipped out the back way.

In dieser Funktion genügt der Infinitiv allein. Er kann durch *for* + Sinnsubjekt erweitert werden (vgl. **260**.2).

Soll der Zweck besonders betont werden oder ist der Infinitiv verneint, so werden dem Infinitiv *in order* oder *so as* vorangestellt.
(Zu adverbialen Nebensätzen des Zwecks vgl. **317**.7.)

Anmerkungen:
1. Auch die Konjunktion *as if* kann mit dem Infinitiv konstruiert werden, wenn gleichzeitig ein Vergleich und eine Absicht ausgedrückt werden soll.

He opened his mouth **as if to speak,** but the words wouldn't come. *(... als ob er sprechen wollte ...)*

2. Auch Gerundialkonstruktionen können zum Ausdruck des Zwecks dienen. Sie werden benutzt, wenn der eigentliche Zweck allgemein und knapp angegeben wird.
Der Infinitiv wird dagegen verwendet, wenn ein spezieller Zweck beschrieben wird:

This machine has been designed **for cutting cloth.**
This machine has been designed **to provide maximum protection for the operator.**

297 Als adverbiale Bestimmung der Folge (As adverbial of result)

The book was ***too exciting*** **to put down.**
Some scenes were described ***realistically enough*** **to send** cold shudders down one's spine.
Aren't those comics ***too childish*** **for you to be reading?**

Would you be ***so kind as*** **to pass** me that magazine next to you?
The novel is not ***such a masterpiece as*** **to deserve** all that praise.

Zum Ausdruck der Folge dienen vor allem:
- *too* + Adjektiv/Adverb + Infinitiv
- Adjektiv/Adverb + *enough* + Infinitiv.

Auch hier kann ein Sinnsubjekt mit *for* eingeführt werden. (Vgl. **260.**2)

Im förmlichen Stil erscheinen auch
- *so* + Adjektiv/Adverb + *as* + Infinitiv
- *such (a)* + Nomen + *as* + Infinitiv.

Anmerkung:
Gelegentlich drückt der Infinitiv, ähnlich wie im Deutschen, einfach eine (meist unerfreuliche) Aufeinanderfolge von Ereignissen aus und entspricht dann einem Hauptsatz mit *and* oder *but:*

They arrived home **to find** slogans smeared on the wall. (... and found ...)
He complained to the police, **only to be told** they could do nothing about it. (... but was only told ...)

298–299 Kommentierende und verknüpfende Infinitiv- und Partizipialkonstruktionen

(Infinitive and participle constructions as comments and sentence links)

298 Verwendung als adverbiale Bestimmungen (Used as adverbials)

To be honest,
Honestly speaking,
(Vgl.: Honestly)
} I wouldn't recommend that record-player.

To start with,
(Vgl.: Firstly)
} it's far too expensive.

Vorwiegend kommentierend:
to be honest, to be frank, to tell the truth, to speak plainly, to be sure, honestly speaking, generally speaking, roughly speaking, strictly speaking, properly speaking

Vorwiegend verknüpfend:
to start with, to begin with, to be brief, to sum up, to conclude

Hier treten Infinitiv- und Partizipialkonstruktionen als Entsprechung zu kommentierenden Adverbien (*honestly, frankly, certainly,* etc.) und verknüpfenden Adverbien (*firstly, lastly, finally,* etc.) auf.

Formal handelt es sich um bezugslose Infinitiv- und Partizipialkonstruktionen (vgl. **292** Anm. 1). Sie haben kein eigenes Sinnsubjekt, gemeint ist aber der Sprecher, selbst wenn dieser nicht als Subjekt des ganzen Satzes erscheint.
Sie werden durch Sprechpausen und meist durch Komma vom zugehörigen Satz abgetrennt. (Zu den Problemen der Textverknüpfung vgl. auch **329.**)

Anmerkung:
Die Ausdrücke *to start with, to begin with* können zu Verständnisschwierigkeiten führen, wenn sie nicht durch Komma oder deutliche Sprechpausen vom Restsatz getrennt werden. Hier ist zu beachten, daß die Präposition *with* zum Infinitiv gehört und nicht etwa zur nachfolgenden Nominalgruppe:

We'll have to set out early. **To start with** the trip will take us at least two hours. And then ...
(= Firstly, the trip will take us ...)

299 Verwendung als Konjunktionen (Used as conjunctions)

> **Supposing (that)** you do get the job, will you be earning more money than you do now?
> (If you do get ...)
> **Granted that** money isn't everything, it still helps. (Even if money ...)
> **Ebenso:**
> assuming/presuming/providing (that)
> considering/seeing (that), given that u. a.

Eine Reihe von bezugslosen Partizipien kann auch als Konjunktionen verwendet werden, häufig in Kombination mit *that.* Viele von ihnen leiten Bedingungssätze ein.

Anmerkung:
Bestimmte Partizipien werden, vorwiegend im förmlichen Stil, auch wie Präpositionen vor Nominalgruppen verwendet:

It was very generous of him, **considering** his usual attitude to parting with his money.
(... wenn man ... in Betracht zieht.)
Ebenso: *concerning, excepting, given, including, owing to, according to* u. a.

00–301 Partizipial- und Infinitivkonstruktionen als Entsprechungen von Relativsätzen

(Participle and infinitive constructions corresponding to relative clauses)

300 Strukturen (Structures)

Partizip und Infinitiv können als Attribute zu Nominalgruppen auftreten und dabei Relativsätzen entsprechen. (Zu einem anderen Typ von infiniten Attributen vgl. **288.**)

1. Partizipialkonstruktionen

The girl	**wearing** the red coat	has just dropped her glove.
Vgl.: The girl	who is wearing the red coat	has just dropped her glove.
	▲ Subjekt (im aktiven Relativsatz)	
The scarf	**found** on the floor	belonged to a customer.
Vgl.: The scarf	which was found on the floor	belonged to a customer.
	▲ Subjekt (im passiven Relativsatz)	

Partizipialkonstruktionen entsprechen in dieser Funktion Relativsätzen, in denen das Relativpronomen **Subjekt** ist.
Das *Present Participle* tritt für Relativsätze im Aktiv ein, das *Past Participle* für Relativsätze im Passiv.
Zu den bedeutungsmäßigen Einschränkungen vgl. **301.1.**

2. Infinitivkonstruktionen

The first Englishman		**to sail** round the world.	was Sir Francis Drake.
Vgl.: The first Englishman	who (↑ Subjekt)	who sailed round the world.	was Sir Francis Drake.
1492 is a date		**to remember.**	
Vgl.: 1492 is a date	(which) you (↑ Objekt)	should remember.	

Bei diesen Infinitivkonstruktionen sind zwei Typen zu unterscheiden:

- Im entsprechenden Relativsatz ist das Relativpronomen (wie bei den Partizipialkonstruktionen oben) **Subjekt.**
  Dieser Typ ist nur nach Nominalgruppen möglich, die folgende (einschränkende) Wörter enthalten:
  - Superlative (*the best, biggest,* etc.) oder *only*
  - Ordnungszahlen oder unbestimmte Mengenangaben (*the first, the last, the few,* etc.)
- Im entsprechenden Relativsatz ist das Relativpronomen **Objekt** (oder entfällt). Außerdem muß der Relativsatz ein modales Hilfsverb (meist *should*) enthalten. Der Infinitiv drückt hier also ein Sollen, Können oder Müssen aus (modale Bedeutung, vgl. **258.**1).

Anmerkungen:

1. Superlative, Ordnungszahlen und unbestimmte Mengenangaben wie *the few* können ohne nachfolgendes Nomen stehen. *Only* kann dagegen nur mit einem Nomen oder dem Stützwort *one/ones* verwendet werden:
   Mary is always **the last** to arrive. But she's not **the only one** to be unpunctual.
2. Infinitivkonstruktionen vom letztgenannten Typ *(a date to remember)* können durch *for* + Sinnsubjekt erweitert werden:
   A date for schoolchildren to remember is 1492. (. . . which schoolchildren should remember . . .)

301 Infinite Konstruktionen als notwendige oder nichtnotwendige Attribute

(Non-finite constructions as defining or non-defining attributes)

Ähnlich wie bei den Relativsätzen kann man auch zwischen notwendigen und nichtnotwendigen infiniten Attributen unterscheiden. Die in **300.2** vorgestellten Infinitivkonstruktionen entsprechen fast immer notwendigen Relativsätzen. Von Bedeutung ist diese Unterscheidung daher nur bei den Partizipialkonstruktionen.

1. Partizipialkonstruktionen als notwendige Attribute

In dieser Funktion werden Partizipialkonstruktionen weder durch Komma noch durch Sprechpause vom Restsatz abgetrennt. Sie kommen auf allen Stilebenen vor.

The family **eating at the next table** seem to be Japanese. (The family who are eating at the next table . . .)
I asked the waitress **serving us** for some salt, but she brought us some pepper instead. (. . . the waitress who was serving us . . .)

Das *Present Participle* drückt Gleichzeitigkeit aus und betont bei Verben mit dynamischer Bedeutung (vgl. **182–185**) meist den Ablauf einer Handlung. *Present-Participle*-Konstruktionen können daher immer für Relativsätze mit *Present* oder *Past Progressive* eintreten und werden diesen vor allem im Satzinnern vorgezogen.

People working/who work in restaurants usually have to put up with irregular hours.
(**Aber nur:** I got this information from the woman **who works** next to me in the factory.)
Anyone **wanting/who wants to be sure of a place** should book in advance.
(**Aber nur:** Did I tell you about that rich aunt of mine **who wants** to take us to the Ritz tonight?)

Als Alternative zu Relativsätzen mit *Simple Present* oder *Simple Past* sind *Present-Participle*-Konstruktionen nur dann üblich, wenn das Bezugswort eine unbestimmte oder wenig bekannte Person oder Sache bezeichnet. Sonst werden Relativsätze verwendet. (Im Zweifelsfall ist es sicherer, einen Relativsatz zu benutzen.)

The pub (which is) **frequented by everybody round here** is the Black Bull. (**Aber nur:** You mean the pub **which is being renovated.**)
The beer glasses (which had been) **broken in the fight** had to be paid for. (**Aber nur:** The darts match **which will be played tonight** is the most important of the season.)

Past-Participle-Konstruktionen können nicht für Relativsätze mit *Progressive Form* oder Futurformen eintreten.
In Fällen, in denen sie einer anderen Tempusform entsprechen, werden sie jedoch meist den längeren Relativsätzen vorgezogen.

Anmerkung:
Bei einigen der Verben, die eine Beziehung ausdrücken (also stets in der *Simple Form* auftreten), ist ein *Present Participle* auch nach **bestimmtem** Bezugswort (z. B. *the* + Nomen) möglich, so z. B. bei *belong to, consist of, face* (gegenüberliegen), *lead* (zum Ausdruck einer räumlichen Beziehung):

She went through **the door leading** (which leads) **into the yard.**
She lives in **the flat facing** (which faces) **the park.**

2. Partizipialkonstruktionen als nichtnotwendige Attribute

The night, **now drawing on quickly,** made her long for the warmth of home.
The moon, **partly covered by clouds,** cast a feeble light.
My father, **suffering from night blindness,** always took a torch with him in the dark. *(Mein Vater, der an Nachtblindheit litt, .../Da mein Vater an Nachtblindheit litt, ...)*
(Vgl. Suffering from night blindness, my father always took a torch with him in the dark.)

In dieser Funktion stellen *Present-* und *Past-Participle*-Konstruktionen einen Einschub im übergeordneten Satz dar. Sie werden deshalb durch Sprechpause und Komma abgetrennt. Ihr Gebrauch ist auf die Schriftsprache und den förmlichen Stil beschränkt.
Nichtnotwendige attributive Partizipialkonstruktionen können auch als adverbiale Bestimmungen verstanden werden, die ins Satzinnere eingeschoben sind (vgl. **292** Anm. 2). Sie lassen sich daher auch durch adverbiale Nebensätze (z. B. des Grundes) wiedergeben.

Kapitel 9: Nebensätze (Subordinate Clauses)

302–303 Nebensätze und ihre Funktionen im übergeordneten Satz (Übersicht)

(Subordinate clauses and their functions in the superordinate clause)

302 Arten und Funktionen von Nebensätzen (Types and functions of subordinate clauses)

Nebensätze bilden zusammen mit dem übergeordneten Hauptsatz ein Satzgefüge. Sie werden dabei gewöhnlich mit Hilfe bestimmter Funktionswörter (Konjunktionen, Relativpronomen, Fragewörter) mit dem Hauptsatz verbunden. Es lassen sich folgende Arten von Nebensätzen unterscheiden:

a) *that*-Sätze (indirekte Aussagesätze), die mit der Konjunktion *that (daß)* eingeleitet werden (vgl. **304–305**)
b) indirekte Fragesätze, die mit Fragewörtern wie *how, what, who* etc. eingeleitet werden (vgl. **306–307**)
c) Relativsätze, die mit Relativpronomen wie *who, which, that* etc. eingeleitet werden (vgl. **308–315**)
d) adverbiale Nebensätze (Adverbialsätze), die mit Konjunktionen wie *after, where, because, if* etc. eingeleitet werden (vgl. **316–318**).

In einigen Fällen können bestimmte Funktionswörter ausgelassen werden, z. B. die Konjunktion *that* und einige Relativpronomen.

Die Nebensätze sind in den Hauptsatz „eingebettet"; d.h. sie stellen entweder Satzteile des Hauptsatzes dar oder sind Attribute (Beifügungen) zu einem Nomen im Hauptsatz. Einige Beispiele sollen dies verdeutlichen. Zum Vergleich steht in Klammern jeweils eine Nominal- bzw. Präpositionalgruppe mit gleicher Funktion:

Subjekt	
That the new national park will be opened in June **When** the new national park will be opened (The date of the opening of the new national park)	has not been finally decided.

	direktes Objekt
The commission have decided	**that** the new national park will be opened in June. **when** the new national park will be opened. (the date of the opening of the new national park).

adverbiale Bestimmung	
When the new national park has been opened (After the opening of the new national park)	tourists are expected in large numbers.

	Attribut	
The film	**which** was made about the opening of the new national park (on the opening of the new national park)	will be shown next week.

Anmerkung:
Nebensätze können als Satzteile nicht nur – wie in den obigen Beispielen – in einen übergeordneten Hauptsatz, sondern auch in einen übergeordneten Nebensatz eingebettet sein. Man spricht dann von Nebensätzen zweiten, dritten, etc. Grades.

Everybody applauded	◄ Hauptsatz
when the speaker said	◄ Nebensatz 1. Grades: (adverbiale Bestimmung)
that the amount of litter had greatly decreased	◄ Nebensatz 2. Grades: (direktes Objekt)
since enough litter bins had been provided.	◄ Nebensatz 3. Grades: (adverbiale Bestimmung)

303 Funktionswörter und Nebensätze (Function words and subordinate clauses)

Es gibt eine Reihe von Funktionswörtern (*that, when* etc.), die bei gleicher Form verschiedene Arten von Nebensätzen einleiten können. Dazu gehören zum Beispiel:

		that
Nowadays everybody knows **that** evolution took place.	*(..., daß ...)*	*that*-Satz
The theory **that** Darwin expounded was at first widely ridiculed.	*(..., die ...)*	Relativsatz
Fossil remains are so numerous **that** scientists are able to trace the development of certain species.	*(... so ..., daß ...)*	Adverbialsatz
		when
Nobody knows **when** life began.	*(..., wann ...)*	indir. Fragesatz
The late Paleozoic was the period **when** lungs evolved.	*(..., in der ...)*	Relativsatz
There was great excitement **when** the first Neanderthal skull was found.	*(..., als ...)*	Adverbialsatz
		if
If conditions had been different, the dinosaurs might have survived.	*(Wenn ...)*	Adverbialsatz
The experts were not sure **if** the bones were those of a man or an ape.	*(..., ob ...)*	indir. Fragesatz
		who
The speaker was an anthropologist **who** had just returned from Africa.	*(..., der ...)*	Relativsatz
We don't know **who** will finance the expedition.	*(..., wer ...)*	indir. Fragesatz

304–305 *That*-Sätze (That-clauses)

304 Funktionen (Functions)

Mit der Konjunktion *that (daß)* eingeleitete Nebensätze können im übergeordneten Satz verschiedene Funktionen haben. Dabei werden sie im Gegensatz zum Deutschen nicht durch Komma abgetrennt (Ausnahme: s. unten bei „Attribut").

Subjekt

That the Celtic languages are dying out is something that makes me very sad.
It is very sad **that the Celtic languages are dying out.**
It is a terrible pity **(that) I can't speak Welsh.**

Als Subjekt können *that*-Sätze dem übergeordneten Satz vorangehen. Sie treten jedoch – wie deutsche *daß*-Sätze – meistens als Sinnsubjekt an das betonte Satzende, weil sie länger sind oder die eigentlich neue Information enthalten (vgl. **6, 257** Anm.). In solchen Fällen wird das Satzgefüge durch das Strukturwort *it* als formales Subjekt eingeleitet. Dabei kann die Konjunktion *that* bei einigen umgangssprachlichen Wendungen entfallen.

Ergänzung zum Prädikat

I am told **(that) 1 % of the Welsh people speak no English.**
Many Welsh families are anxious **that their children should learn Welsh.**
Many people still have hopes **that a revival of Irish will take place.**
Gaelic-speaking Scots often complain **that their language is ignored in the media.**

Stehen *that*-Sätze als Ergänzung nach Verben und Verbverbänden, so werden sie im Gegensatz zu Nominalgruppen ausnahmslos ohne Präposition angeschlossen (vgl. *to be anxious about s.th./to be anxious that, ...; to complain of s.th./to complain that ...*). Auch hier kann die Konjunktion *that* bei umgangssprachlich häufig gebrauchten Verben und Verbverbänden entfallen.

Attribut

The fact **that English is relatively easy to learn** makes it suitable as a world language.
The nationalists' original demand, **that English be banned,** was totally unrealistic.

Als Attribut stehen *that*-Sätze nach abstrakten Nomen wie *answer, belief, demand, fact, feeling, knowledge, news, proposal, statement,* etc.
That-Sätze, die zum Verständnis des Bezugswortes notwendig sind, dürfen nicht durch Komma abgetrennt werden; rein erläuternde, also nichtnotwendige *that*-Sätze werden dagegen durch Komma abgetrennt (vgl. auch die Kommaregeln für notwendige und nichtnotwendige Relativsätze **308**.1).

305 *That*-Sätze nach bestimmten Verben und Verbverbänden

(That-clauses after certain verbs and verbal complexes)

Als Ergänzung zum Prädikat oder als Sinnsubjekt treten *that*-Sätze nach einer Vielzahl von Verben und Verbverbänden auf:

1. Verben und Verbverbände des Mitteilens, Meinens und Vermutens

We **were told** that "Gone with the Wind" was a best-seller in the thirties.
The author **was confident** that her novel would be a great success.
People **imagine that** romantic fiction **is** easy to write.
People **imagine** romantic fiction **to be** easy to write. (förmlich)

Hier werden Äußerungen und Gedanken in der Form der indirekten Rede wiedergegeben. Dabei sind besonders die Regeln des Tempusgebrauchs zu beachten (vgl. **322–324**).
Nach Verben des Meinens und Vermutens (*imagine, believe,* etc.) wird im förmlichen Englisch statt eines *that*-Satzes mit *be* häufig eine Infinitivkonstruktion benützt (vgl. **266**).

Anmerkungen:

1. Nach einigen Verben des Meinens und Vermutens (Verben mit Objekt + Objektkomplement, vgl. **57**.2) ist eine Konstruktion mit dem Strukturwort *it* und nachgestelltem *that*-Satz möglich:
   I find it (to be) a fault that the play is so long.
   He considers it (to be) essential that the theatre should be subsidized.
Statt des *that*-Satzes kann auch eine Infinitivkonstruktion erscheinen:
   I thought it a splendid idea to join a drama group.

2. Nach Verben und Verbverbänden, die einen Anschein oder Grad der Wahrscheinlichkeit ausdrücken (*seem, be likely,* etc.), ist eine Konstruktion mit dem Strukturwort *it* und *that*-Satz oder eine Konstruktion mit persönlichem Subjekt und Infinitiv möglich (vgl. **267**):
   It is hardly likely that a book of poems will make a lot of money.
   A book of poems is hardly likely to make a lot of money.

2. Verben und Verbverbände, die eine Forderung, einen Entschluß oder Wunsch ausdrücken

Our producer **proposed** that we **(should) perform** "Hamlet". It **was decided** that Bill **(should) play** the ghost.	Nach solchen Verben und Verbverbänden steht (mit Ausnahme von *I wish, I'd rather*) im *that*-Satz *should* (vgl. **234**.1) oder der *Present Subjunctive* (vgl. **213**.2 a).
It **is necessary** that some of us **(should) take** two parts./It is necessary for some of us to take two parts. They **were** all **anxious** that the performance **(should) go off** well./They were all anxious for the performance to go off well.	Bei den meisten Verbverbänden ist als Alternative zum *that*-Satz eine Infinitivkonstruktion möglich (vgl. **268**).
I wish I **could** act like Meryl Streep. *(Ich wünschte, ich könnte ...)* **I'd rather** people **didn't eat** chocolates in the theatre. **She'd rather** we **hadn't sat** so near the back.	*Wish* im Sinn eines irrealen Wunsches und *I'd rather* (*he'd rather,* etc.) schließen einen Nebensatz (meist ohne *that*) mit *Past Subjunctive* bzw. *Modal Past* oder *Modal Past Perfect* an. (Vgl. **214**.2 c.)
When do you **want** us to turn the lights on? *(Wann sollen wir ...)* The cast **wish** me to thank you for all your help. *(Die Mitwirkenden wünschen, daß ich ...)*	Nach *want* ist kein *that*-Satz, sondern nur eine Infinitivkonstruktion möglich. Das gleiche gilt für *wish*, wenn es wie *want* einen realen Wunsch oder eine Aufforderung wiedergibt (förmlicher Stil).

Anmerkung:
Auch nach **Nomen**, die eine Forderung, einen Entschluß oder einen Wunsch ausdrücken, steht im *that*-Satz *should* oder der *Present Subjunctive:*

His **suggestion** that everybody **(should) join** in the singing was taken up with enthusiasm.

3. Verben und Verbverbände, die eine gefühlsmäßige Wirkung oder Wertung ausdrücken

It is not surprising that Australia **should have attracted/has attracted** many immigrants since the war. *(... angelockt hat.)* **It seems strange** to us that Christmas in Australia **should be/is** at the height of summer. I **regret** that we **(should have) missed** visiting a sheep station during our stay.	Hier steht im Nebensatz *should* (förmlicher Stil) oder der Indikativ. (Vgl. **234**.2) (Zu Infinitiv- und Gerundialkonstruktionen nach solchen Verben und Verbverbänden vgl. **268, 271**.3, **273, 278**.)

306–307 Indirekte Fragesätze (Indirect questions)

306 Strukturen und Funktionen (Structures and functions)

Somebody asked me **where the bus station was.**
They want to know **whether there'll be a coach to Dover soon.**

Indirekte Fragesätze haben folgende Eigenschaften:
a) Sie werden mit einem Fragewort (*where, how, when, why,* etc.) oder mit den Konjunktionen *whether* oder *if* (dt. *ob*) eingeleitet.
b) Sie haben – im Gegensatz zum direkten Fragesatz (vgl. **21, 24**) – die Wortstellung des Aussagesatzes, also keine Inversion und keine *do*-Umschreibung.
c) Sie unterliegen den Regeln des Tempusgebrauchs in der indirekten Rede (vgl. **322–324**).
d) Sie werden nicht durch Komma vom übergeordneten Satz getrennt. (Ausnahme: s. unten bei „Attribut")

Indirekte Fragesätze können im übergeordneten Satz folgende Funktionen haben (vgl. auch **304**):

Subjekt

When the excursion will take place has not yet been decided.
It has not yet been decided **when the excursion will take place.**

Indirekte Fragesätze können dem übergeordneten Satz als Subjekt vorausgehen oder als Sinnsubjekt folgen. Im zweiten Fall wird der übergeordnete Satz durch *it* als formales Subjekt eingeleitet (vgl. **304**).

Ergänzung zum Prädikat

The passengers wondered **why the driver had been gone so long.**
They inquired at the travel agency (about) **how much the fare would be.**
The children are quarrelling about **who is going to sit by the window.**
We were uncertain (about) **whether it was best to travel by coach or by train.**

Stehen indirekte Fragesätze als Ergänzung nach Verben und nach Verbverbänden (z. B. *be uncertain*), so werden sie – im Gegensatz zu *that*-Sätzen – teilweise auch mit Präpositionen angeschlossen. (Einzelheiten vgl. **307.2**)

Attribut

There was no information about **when the relief bus would arrive.**
The usual question, **whether a new bus service can pay its own way,** was raised at the meeting.

Als Attribut stehen indirekte Fragesätze nach einer Reihe von abstrakten Nomen. Dabei werden nur die nichtnotwendigen indirekten Fragesätze durch Komma abgetrennt. (Vgl. auch **304**.)

Anmerkung:
Anstelle von indirekten Fragesätzen mit modalem Hilfsverb treten häufig Infinitivkonstruktionen mit Fragewort oder *whether* ein (vgl. **290–291**):

We didn't know **where we could/should put** our luggage. – We didn't know **where to put** our luggage.

307 Indirekte Fragesätze nach bestimmten Verben, Verbverbänden und Nomen

(Indirect questions after certain verbs, verbal complexes and nouns)

1. Bedeutungen

I **asked** him why so many people were waiting at the station waving flags.
The question of who would win the election was hotly debated.
A grey-haired man **explained** to me what he thought of all political parties.
Nobody **had any idea** when the President's train would arrive.
It **was doubtful** whether many people would bother to come to the public meeting.

Indirekte Fragesätze können einen direkten Fragesatz wiedergeben (vgl. **327–328**), aber auch einen Gedanken oder einen sonstigen Sachverhalt zusammenfassen. Sie stehen daher nicht nur nach bestimmten Verben, Verbverbänden und abstrakten Nomen des Fragens, sondern auch nach solchen des Mitteilens, Erklärens, Wissens.

2. Der Anschluß indirekter Fragesätze mit oder ohne Präposition

Everyone **was talking about** who would take over the leadership of the party.
The opinion polls caused much **confusion about/as to** who the winner would be.
There were **conjectures about/as to** why the minister had resigned.

Indirekte Fragesätze können auch an Präpositionalverben und an Verbverbände oder Nomen + Präposition angeschlossen werden. Nach Verbverbänden und Nomen kann statt der sonst üblichen Präpositionen auch *as to* verwendet werden.

Many people **had doubts about/as to whether** a general election was necessary.
(Vgl.: They wondered **if/whether** it was necessary.)
It all **depends (on)** whether the new measures are popular or not.
The government **is not certain (about/as to)** how the voters will react.
No one **is sure** if and how soon the situation will improve.
She **had no idea** what his politics were.
I **don't care** if you do think differently.

Nach Präpositionen (einschießlich *as to*) kann kein *if* stehen, statt dessen benutzt man *whether.*

In einigen Fällen kann die Präposition entfallen, ohne daß sich die Bedeutung ändert.

Bei einigen häufig verwendeten Verben und Verbverbänden steht fast nie eine Präposition. Im Zweifelsfall geben die Beispielsätze in einsprachigen Wörterbüchern Hinweise.

308–312 Attributive Relativsätze (Attributive relative clauses)

Wenn man von Relativsätzen spricht, so meint man normalerweise die attributiven Relativsätze, d. h. solche, die sich auf eine Nominalgruppe im übergeordneten Satz beziehen: I read *the book* **that you recommended.** (Zu den nominalen und den adverbialen Relativsätzen vgl. **313–315.**)

308 Notwendige und nichtnotwendige Relativsätze, Wahl der Relativpronomen (Übersicht) (Defining and non-defining relative clauses, choice of the relative pronoun)

1. Art des Relativsatzes

Relativsätze lassen sich – nach dem Wichtigkeitsgrad der Informationen, die sie enthalten – in zwei Arten einteilen:

Notwendige Relativsätze

Trees **which lose their leaves in winter** are called deciduous, those **that don't** are called evergreen.

Notwendige Relativsätze legen genauer fest, wer oder was mit dem Bezugswort gemeint ist (hier: welche Bäume). Sie enthalten also Information, die für das Verständnis des übergeordneten Satzes unentbehrlich ist.

Notwendige Relativsätze werden deshalb weder durch eine Sprechpause, noch – im Gegensatz zum Deutschen – durch ein Komma vom übergeordneten Satz getrennt.

Notwendige Relativsätze gehören dem gesprochenen wie dem geschriebenen Englisch an.

Nichtnotwendige Relativsätze

Trees, **which play such an important part in our environment,** are suffering more and more from pollution.

Nichtnotwendige Relativsätze enthalten zusätzliche, erläuternde Information (hier: über Bäume allgemein), die für das Verständnis des Bezugswortes, und damit des übergeordneten Satzes, entbehrlich ist.

Nichtnotwendige Relativsätze werden durch eine Sprechpause bzw. ein Komma vom übergeordneten Satz abgehoben.

Sie gehören vorwiegend der geschriebenen oder förmlichen Sprache an.

Anmerkung:
In der Umgangssprache werden nichtnotwendige Relativsätze als Einschub vermieden. Statt eines Satzgefüges aus Hauptsatz und nichtnotwendigem Relativsatz verwendet man z. B. zwei nebengeordnete Sätze:

Sherwood Forest was the home of Robin Hood. It is now much smaller than in medieval times.
Sherwood Forest, which is now much smaller than in medieval times, was the home of Robin Hood.

2. Kriterien für die Wahl der Relativpronomen

Für die Wahl der Relativpronomen gibt es drei Kriterien, deren Auswirkungen hier nur kurz angedeutet werden. (Zur Wahl der Relativbegleiter vgl. **314.**)

- **Art des Relativsatzes: notwendig oder nichtnotwendig**
  We ate all the wild strawberries **(that) we could find.**
  Wild strawberries, **which you often find in our forests,** are much tastier than the garden variety.

  So kann z. B. *that* nur im notwendigen Relativsatz auftreten (vgl. **309.1, 310**). Nur im notwendigen Relativsatz kann das Relativpronomen unter bestimmten Bedingungen entfallen (vgl. **309.2**).

- **Bezugswort: Person oder Sache**
  The woodcutters, **who had been hard at work since early morning,** stopped for a short break.
  Half the wood **which is used in the world** is burnt as fuel.

  So kann *who* nur für Personen, *which* nur für Sachen eintreten (vgl. **309.1, 310**).

- **Funktion des Relativpronomens im Relativsatz: Subjekt oder anderer Satzteil**
  The storm **which raged over the country last night** uprooted hundreds of trees.
  (*which:* hier Subjekt)
  The oak **(that) they chopped down** was over 300 years old.
  (*that:* hier Objekt)

  So kann z. B. das Relativpronomen als Subjekt nie weggelassen werden (vgl. **309.2**).

Anmerkung:
Zum Relativpronomen bei Gruppenbezeichnungen, Tieren und bestimmten Sachbezeichnungen wie Ländernamen vgl. **74, 80** Anm. 1, **81**.

309 Relativpronomen im notwendigen Relativsatz (Relative pronouns in defining relative clauses)

1. *who, whom, which, that*

The girl **who/that** claims to have seen the Loch Ness monster yesterday was interviewed by the press.
The tourists **that/who/whom** the lake attracts every year all hope to catch a glimpse of the animal.

Für **Personen** tritt ein:
- als Subjekt vor allem *who,* daneben auch *that;*
- als Objekt *that* (stilistisch neutral), *who* (umgangssprachlich) oder *whom* (förmlich).

The fog **that/which** rose during the boat trip reduced visibility to less than ten yards.
The picture **that/which** a journalist had taken of "Nessie" revealed only a log floating on the water.

Für **Sachen** tritt ein:
- als Subjekt und als Objekt *that* oder *which*

Anmerkungen:
1. In bezug auf Sachen wird *that* dem Relativpronomen *which* meist vorgezogen, besonders nach *all/any/only/every/few/some/first/last/*Superlativ + Nomen sowie nach den Pronomen *all, anything, everything, something, nothing, few, little, much:*
   The bookseller showed him **all** the books on space research **that** she had in stock.
   The **only** novels **that** interest him are science fiction.
   Is there **anything** here **that** you haven't read?
2. Geht dem Bezugswort *such* voraus, so wird statt eines Relativpronomens *as* verwendet:
   He studied only **such** reports **as** would be useful to him.

2. Wegfall des Relativpronomens: Kontaktsatz *(contact clause)*

Im notwendigen Relativsatz kann das Relativpronomen weggelassen werden, wenn es nicht Subjekt ist, sondern eine der folgenden Funktionen hat:

These are postcards of all the towns *(which)* **my brother visited** when he was in Europe.

- direktes Objekt

Here are the holiday brochures **the customer was asking for** (. . . *that* the customer was asking for.)

- Präpositionalobjekt (Zur Stellung der Präposition vgl. **311**.1.)

The café **they had arranged to meet in** shut at six. (. . . *in which* they had arranged to meet . . .)
The person **I'm waiting for** is ten minutes late already.
Are you sure the clock **you looked at** was right?

- Teil einer Präpositionalgruppe als adverbiale Bestimmung.

Kontaktsätze sind vor allem in der Umgangssprache sehr häufig, besonders wenn sie kurz sind und/oder als Subjekt ein Personalpronomen haben.

310 Relativpronomen im nichtnotwendigen Relativsatz

(Relative pronouns in non-defining relative clauses)

Nichtnotwendige Relativsätze können grundsätzlich nicht mit *that* eingeleitet werden; das Relativpronomen kann auch nicht wegfallen. Diese Relativsätze werden stets durch Komma abgetrennt.

My father, **who** was driving, just managed to stop the car in time.
They overtook a cyclist, **whom** they recognized as Charlie Jones.

Für **Personen** tritt ein:
- als Subjekt *who*
- als Objekt *whom*.

The white Jaguar, **which** had been speeding, overturned at the next bend.
The road conditions, **which** the driver blamed for the accident, were in fact very nasty.

Für **Sachen** tritt ein:
- als Subjekt und als Objekt *which*.

311 Präpositionen im Relativsatz (Prepositions in relative clauses)

1. Präpositionen im notwendigen Relativsatz

Was the project **which** he worked **on** for so long really such a success?
The economist **whom** we talked **to** about the firm's plans for expansion was very pessimistic.

Im notwendigen Relativsatz steht die Präposition meist (umgangssprachlich immer) hinter dem Verb.

The goods did not have the quality **(that)** we were looking **for**.
The man **(who)** you were talking **to** just now was the export manager.

In Relativsätzen mit *that* oder *who* (als Präpositionalobjekt) und in Kontaktsätzen kann die Präposition nur hinter dem Verb stehen.

Those experts **on whom** the government is dependent for advice are often biased in favour of industry.
The figures **on which** the report is based were provided by a government agency.

Im förmlichen Stil steht die Präposition dagegen vorwiegend vor dem Relativpronomen *(whom, which)*.

2. Präpositionen im nichtnotwendigen Relativsatz

The Arabs, **from whom** the Europeans learned the decimal number system, were also great astronomers. The Mediterranean region, **in which** much of our civilization developed, is today relatively impoverished.

Da nichtnotwendige Relativsätze meist Kennzeichen eines förmlichen Stils sind, steht die Präposition gewöhnlich vor dem Relativpronomen.

Anmerkungen:

1. Einige Präpositionen können grundsätzlich nur **vor** dem Relativpronomen stehen, z. B. *during, by means of, because of, due to, owing to, in spite of:*
   The hours **during which** the hijackers negotiated with the police were particularly nerve-racking for the victims.
   The trick **by means of which** he obtained the money was a very old one.

   Die Präpositionen *after, between* und *around* müssen den Relativpronomen vorangehen, wenn sie zeitliche Beziehungen ausdrücken:
   the day **after which** ..., the dates **between which** ..., the time **around which** ...

2. Steht nach Bezugswörtern der Zeit ein Relativsatz mit *that* oder ein Kontaktsatz, so fällt die Präposition meistens aus:
   Nobody knew **the day** (that) he intended to arrive (on).

3. Nach vielen Bezugswörtern des Orts und der Zeit können Relativsätze auch mit den Relativadverbien *where* bzw. *when* angeschlossen werden:
   The area where our house used to be has now been turned into a huge car park.
   Statt: The area in which .../The area (that/which) our house used to be in ...
   Nobody knew **the day when** he intended to arrive.
   Statt: ... the day on which .../... the day (that) he intended to arrive (on).

312 Relativsätze mit *whose, of whom, of which*

Relativsätze können nicht nur durch Relativpronomen eingeleitet werden, sondern auch durch den Relativbegleiter *whose* + Nomen sowie durch eine Nominalgruppe + *of whom/of which.*
Mit ihnen kann man verschiedene (genitivische) Verhältnisse (z. B. ein Besitzverhältnis) angeben:

We should like to thank all those **whose** generosity has helped us to preserve this historic building. The duke, **whose** country house is now owned by the National Trust, lives in the west wing only. The ruined castle, **whose** massive remaining walls give a good impression of its former strength, is still an imposing sight. Visitors always admire the lawns, the upkeep **of which** costs so much. The first Earl had three sons, **the youngest of whom** eventually inherited the title. Tiverton House, **part of which** is now open to the public, was once the home of Lady Margaret Ashley.

Zum Ausdruck von Besitz oder Zugehörigkeit steht

- für Personen *whose (dessen, deren);*
- für Sachen *whose* oder *of which;* letzteres wirkt schwerfälliger.

Zum Ausdruck eines partitiven Verhältnisses steht

- für Personen (*one/two/.../both/either/some/each/...*/Komparativ/Superlativ +) *of whom;*
- für Sachen (*one/two/...both/either/...* +) *of which.*

Anmerkung:
Of whom und *of which* stehen, wie die obigen Beispiele zeigen, meistens hinter dem Wort (Zahlwort, Mengenangabe, etc.), zu dem sie gehören. Gelegentlich werden sie ihm jedoch auch vorangestellt:
There is an adventure playground for children, **of whom very few** are interested in a tour of the house.
Be sure not to miss seeing the family portraits, **of which a number** are very valuable.

Nominale Relativsätze (Nominal relative clauses)

313 Funktion (Function)

Whoever takes the trouble to climb the tower Subjekt	will have a magnificent view.

You can take	**whichever footpath you like.** Objekt

Unter nominalen Relativsätzen versteht man solche Relativsätze, die kein Bezugswort im übergeordneten Satz haben. Sie haben innerhalb eines Satzgefüges die Funktion nominaler Satzteile wie z. B. Subjekt oder Objekt. Diese Relativsätze werden mit sogenannten verallgemeinernden Relativpronomen oder -begleitern eingeleitet: *whoever, what, whatever, whichever.*

Anmerkung:
Manchmal haben Nebensätze mit *whichever, whoever* und ähnlichen Zusammensetzungen auf *-ever* auch die Funktion eines adverbialen Nebensatzes (meist mit einräumender Bedeutung):

Whichever footpath you take, it will get you to the village. *(Welchen Fußweg Sie auch nehmen, ...).*
Whoever you ask, you'll get the same answer. *(Wen Sie auch immer fragen, ...).*

314 Relativpronomen und -begleiter in nominalen Relativsätzen

(Relative pronouns and determiners in nominal relative clauses)

Verallgemeinernde Relativpronomen enthalten von ihrer Bedeutung her gleichzeitig ein Bezugswort und ein Relativpronomen, z. B. *whoever = the person who, anyone who ...* In dieser Funktion erscheinen:

There will be an ice-cream for **whoever** finds the nicest sea-shells. **Whoever** I showed the dead jelly-fish to just shuddered in disgust.	**für Personen** ● *whoever:* derjenige, welcher; wer (auch immer); jeder, der.
He was staring at **what** he thought was a sailing-boat on the horizon. **What** I like about this beach is that it's never crowded.	**für Sachen** ● *what:* etwas, das; (das,) was/wofür/wonach/worüber/etc.
The seagulls will eat **whatever** you throw to them.	● *whatever:* was (auch immer); alles, was.
Whichever *of you* has a spare moment can pump up the air-bed. *Both ways* lead to the camping site. You can take **whichever** you like.	**für Personen und Sachen** ● *whichever:* welcher (auch immer) Whichever bezieht sich auf eine bestimmte Menge. Es wird verwendet, wenn eine *of*-Gruppe folgt, oder wenn ein bereits genanntes Nomen nicht wiederholt werden soll.

Verallgemeinernde Relativbegleiter stehen vor einem Nomen. Bei **Personen und Sachen** treten auf:

> **Whatever people** were out on the streets at that late hour hurried silently along.
> He decided to stay at **whatever hotel** happened to have a vacancy.
> **Whichever person** he asked the way of turned out to be a stranger in the area.
> You can see the cathedral towers above the roofs from **whichever way** you approach the city.

- *whatever:* jeder, ... der; alle, ... die; welcher ... (auch immer) – aus einer unbestimmten Menge;
- *whichever:* welcher ... (auch immer) – aus einer bestimmten Menge.

Anmerkungen:

1. In festen Wendungen und Sprichwörtern treten als verallgemeinernde Relativpronomen auch *who* und *whom* auf:
   Whom the gods love die young. (= Those whom the gods love ...)
   Who pays the piper calls the tune. (= The person who finances something can determine what is to be done.)
2. *What* tritt gelegentlich auch als verallgemeinernder Relativbegleiter vor Nomen auf:
   I gave her **what information** I could. *(... alle Informationen, die ich ihr geben konnte.)*
   What directions they received were not very helpful. *(Was sie an Auskünften erhielten, ...)*

315 Relativsätze als Satzkommentar

(Relative clauses commenting on a statement)

Relativsätze können sich auch als Kommentar auf einen Satz (bzw. einen Teil eines Satzes) beziehen. Als Satzteile sind sie dabei kommentierende adverbiale Bestimmungen.
Da diese Relativsätze für das Verständnis des Satzes entbehrlich sind, werden sie durch Sprechpause bzw. Komma vom übergeordneten Satz abgehoben; es handelt sich also um nichtnotwendige Relativsätze.

> In the European institutions all documents must be translated into several languages, **which** costs a great deal of money. *(..., was viel Geld kostet.)*
> All economies of the world are interrelated; and **what** is more to the point, they are dependent on one another. *(... und, was noch entscheidender ist, ...)*

Folgen sie dem übergeordneten Satz, so werden sie mit dem Relativpronomen *which* eingeleitet.

Gehen sie dem übergeordneten Satz voran, so beginnen sie mit dem Relativpronomen *what.*
(Im Deutschen benutzt man in beiden Fällen *was.*)

Anmerkungen:

1. Im förmlichen Englisch werden adverbiale Relativsätze gelegentlich durch *which* und ein abstraktes Nomen eingeleitet. Im Deutschen ist eine entsprechende Konstruktion nicht möglich:
   The Prime Minister announced that there would be a general election in October, **which decision** was not unexpected. *(..., eine Entscheidung, die nicht unerwartet kam.)*
   According to the polls, the opposition has a good chance of gaining power, **in which case** the country must expect many changes. *(...; in diesem Fall muß ...)*
2. Relativsätze mit *which* können sich auch an Personenbezeichnungen anschließen, wenn sie als Kommentar zum übergeordneten Satz aufzufassen sind:
   He looked like a student, **which** in fact he was. *(..., was er auch war.)*
   Vgl. dagegen attributive Relativsätze wie:
   A student **who** lives at home needs less money. *(Ein Student, der ...)*
3. Dem deutschen *wie* entsprechend kann das englische *as* ebenfalls wie ein Relativpronomen auftreten, das sich auf einen Satz bezieht:
   The professor's lecture, **as** was intended, provoked a good deal of laughter. *(... rief, wie beabsichtigt, viel Gelächter hervor.)*

Adverbiale Nebensätze (Adverbial clauses)

316 Strukturen (Structures)

When I was in America, I visited some of my relatives there.
They went to Washington **because** they wanted to see the White House.

Nebensätze, die die Funktion einer adverbialen Bestimmung haben, werden normalerweise durch eine Konjunktion eingeleitet.
Der Nebensatz kann dabei dem Hauptsatz vorangehen und wird dann meist durch ein Komma abgetrennt, oder er kann ihm folgen, wobei gewöhnlich kein Komma zwischen Haupt- und Nebensatz steht.

Anmerkung:
Nach bestimmten Konjunktionen (z. B. *though, when, once, while, if*) können das Subjekt und das Kopulaverb *be* ausgelassen werden, wenn das Subjekt dasselbe ist wie im Hauptsatz:
Though (it is) not the largest country in the world, the USA is definitely the richest.
When in Rome, do as the Romans do. (Proverb)

317 Bedeutungsgruppen adverbialer Nebensätze und Konjunktionen

(Types of adverbial clauses and conjunctions)

Adverbiale Nebensätze lassen sich zu verschiedenen Bedeutungsgruppen zusammenfassen. Die folgende Liste führt diese Bedeutungsgruppen zusammen mit ihren typischen Konjunktionen auf:

1. Nebensätze der Zeit (Clauses of time)

after	*nachdem*	before	*bevor*	till/until	*bis*
as	*als, während*	now (that)	*(nun) da*	when	*als, wenn*
as long as	*solange*	once	*sobald*	whenever	*wann auch immer, immer wenn*
as soon as	*sobald*	since	*seit*	while/whilst	*während*

Once the North had won the Civil War, slavery in the United States was abolished.

Zum Gebrauch der Tempora vgl. **197.2, 208–209.**

2. Nebensätze des Orts und der Richtung (Clauses of place and direction)

where	*wo, wohin*	wherever	*wo/wohin auch immer*

Wherever the pioneers settled, they came into conflict with the native Indians.

3. Nebensätze des Grundes (Clauses of reason or cause)

because	*weil*	as, since	*da*	when	*wenn, da* (vgl. **318**)

As/Since there are now 50 states in the Union, there are 50 stars on the American flag.
We will have a motor caravan on our Canadian trip **because** it comes cheaper than hotels.

In der Regel enthalten Nebensätze mit *as* und *since* bereits bekannte Information und stehen daher eher vor als hinter dem Hauptsatz. Nebensätze mit *because* stehen dagegen meist hinter dem Hauptsatz, da sie die eigentlich neue Information enthalten.

4. Nebensätze der Bedingung (Clauses of condition)

if	*wenn, falls*	in case (that)	*im Falle, daß*
unless	*sofern nicht, außer wenn, es sei denn, daß*	provided/providing that	*vorausgesetzt, daß*
		on condition that	*unter der Bedingung, daß*
as long as	*sofern, solange*	supposing (that), etc.	*angenommen, daß*

If we don't deal with this fruit quickly, it will go bad.
The grape harvest is expected to be very good, **provided that** the weather keeps up.

Während *if* alle Arten von Bedingungssätzen einleiten kann, treten die anderen Konjunktionen nur in realen Bedingungssätzen auf. (Zu den Arten von Bedingungssätzen und zum Tempusgebrauch vgl. **215–218.**)

Anmerkung:
In Bedingungssätzen mit *should, were-Subjunctive* oder modalem *Past Perfect* kann im förmlichen Stil die Konjunktion *if* entfallen: In diesem Fall wird *should, were* oder *had* dem Subjekt vorangestellt (Teilinversion):

Should there be a surplus of apples, prices will drop. (**If** there **should** be . . .)
Were the weather to improve, the harvest might be saved. (**If** the weather **were** to improve . . .)
Had they not received immediate help, many fruit farmers would have been ruined. (**If** they **had** not received . . .)

5. Nebensätze der Einräumung (Clauses of concession)

although/though	*obwohl*	while	*obwohl* (vgl. **318**)	when	*wo . . . doch, obwohl* (vgl. **318**)
even if/even though	*selbst wenn*	if	wenn . . . auch (vgl. **318**)		

Although vast sums have been spent, malaria is still widespread in many countries.

Anmerkung:
Im förmlichen Stil kann *though* hinter ein satzeinleitendes Adjektiv oder Adverb treten. In diesem Fall kann statt *though* auch *as* stehen:

Incredible **as/though** it may seem, smallpox has finally been eradicated from the earth.
Much **as/though** it is to be deplored, the fact is that one third of the world's population is starving.

6. Nebensätze des Gegensatzes (Clauses of contrast)

whereas/while *während* (vgl. **318**)

Whereas tuberculosis is now rare in the West, it is still quite common in some Third World countries.

7. Nebensätze des Zwecks (Clauses of purpose)

in order that/so that; so (umgangsspr.); that (förmlich) (mit modalen Hilfsverben oder *Present Subjunctive*, vgl. **213**.2 b)	*damit*	lest (förmlich) (mit *should* oder *Present Subjunctive*)	*damit nicht*

Money is needed for education in the developing countries, **so that** these can be helped to help themselves.
Measures must be taken immediately to protect the tropical forests, **lest** it be too late.

(Zu Infinitivkonstruktionen mit *in order to/so as to* vgl. **296.**)

8. Nebensätze der Folge (Clauses of result)

so that	*so daß*	so/such . . . that	*so/solche . . . daß*

The population of the Third World continues to increase **so** much **that** the problem of poverty becomes ever greater.

9. Nebensätze des Vergleichs (Clauses of comparison)

as *(so) wie*	as though/as if *als ob* (vgl. **214**.2 b)

The peasants go on cultivating the land **as** their forefathers have done before them.
The old woman shook her head **as if** she wanted to show that she disapproved of our presence.

Anmerkung:
Vergleich und Zweck gleichzeitig können durch *as if to* + Infinitiv ausgedrückt werden:
She shook her head **as if to show** she disapproved of our presence.

10. Nebensätze des Verhältnisses (Clauses of proportion)

as *in dem Maße wie*

As living standards improve, (so) life expectancy increases.

318 Konjunktionen mit mehreren Bedeutungen (Conjunctions with several meanings)

Wie sich aus **317** ergibt, haben einige Konjunktionen mehrere Bedeutungen. Sie können daher verschiedene Arten adverbialer Nebensätze einleiten. Die Unterscheidung dieser Bedeutungen ist für das Textverständnis von großer Bedeutung.

		as
As Thunderbolt was lame, he could not be ridden in the polo match.	*(Da . . .)*	Grund
There was cheering **as** the first horse reached the winning post.	*(. . ., als . . .)*	Zeit
In spite of many protests, foxhunting is as popular today **as** it has ever been.	*(. . ., wie . . .)*	Vergleich
The jockeys got muddier and muddier **as** the rain became heavier.	*(. . . in dem Maße wie . . .)*	Verhältnis
		if
If we run out of paint, we'll have to go and get a new tin.	*(Wenn/Falls . . .)*	Bedingung
I'll finish painting this room **if** it takes me all night.	*(. . ., selbst wenn . . .)*	Einräumung
		since
The living-room has not been wallpapered **since** we moved in.	*(. . . seit . . .)*	Zeit
Many people prefer to do their own decorating **since** it comes so much cheaper.	*(. . ., da . . .)*	Grund
		when
When the train arrived, there was a mad dash to get in.	*(Als . . .)*	Zeit
There's no point in telling her to book a seat **when** she refuses to hear of it.	*(. . ., da/wenn . . .)*	Grund
Why are you standing in the corridor **when** there is plenty of room further up?	*(. . ., wo . . . doch/obwohl . . .)*	Einräumung
		while
Would you get the cups and saucers out **while** I put the kettle on?	*(. . ., während . . .)*	Zeit
Some people like sugar in coffee **while** others can't stand it.	*(. . ., während . . .)*	Gegensatz
While tea is still the most popular beverage in Britain, coffee is gaining ground.	*(Obwohl . . .)*	Einräumung
		so that
Give me a ring **so that** I'll know when you're coming.	*(. . ., damit . . .)*	Zweck
His number was engaged all afternoon **so that** I gave up trying to telephone him.	*(. . ., so daß . . .)*	Folge

Anmerkung:
Konjunktionen dürfen nicht mit den ihnen entsprechenden Präpositionen verwechselt werden. Während Konjunktionen Nebensätze einleiten, stehen Präpositionen vor Nominalgruppen:

Konjunktionen:	Präpositionen:
. . . **while** he was staying abroad . . .	. . . **during** his stay abroad . . .
. . . **because** he had travelled extensively . . .	. . . **because of** his extensive travels . . .
. . . **although** she liked foreign places . . .	. . . **in spite of** her liking for foreign places . . .

Kapitel 10: Direkte und indirekte Rede

(Direct and Reported Speech)

319–321 Direkte, indirekte und erlebte Rede (Übersicht)

(Direct and reported speech, interior monologue)

319 Direkte Rede, indirekte Rede und Zusammenfassung als Formen der Berichterstattung

(Direct speech, reported speech and summary as forms of reporting)

Die Berichterstattung über sprachliche Äußerungen kann auf verschiedene Weise erfolgen:

1. Als direkte Rede
Die ursprüngliche Äußerung wird wörtlich zitiert, d. h. unverändert wiedergegeben, also mit allen grammatischen und stilistischen Merkmalen der mündlichen Umgangssprache wie *Question Tags,* Ausrufen, Wiederholungen, etc.

> Speech by the Mayor:
> I think that every one of us here is proud of the fact that our town has built one of the finest leisure centres in the country. How many of you here have always felt the need for a centre like this? A place where you can meet your friends, play squash, go swimming or simply relax.
> And now a big hand for the architect, Mr Jones, who, I know you will all agree, has done a marvellous job, an absolutely marvellous job. It's not every day that this can be said, is it?
> I now declare this Leisure Centre open.

2. Als indirekte Rede
Hierbei hat der Berichterstatter einen gewissen Spielraum:

- **Genaue Wiedergabe:**
Es werden nur die unbedingt nötigen grammatischen Anpassungen an den Standpunkt des Berichterstatters vorgenommen, z. B. die Anpassung der Pronomen und Tempora. Unvollständige Sätze entfallen oder werden ergänzt; sonst bleiben Satzmuster und Wortschatz weitgehend erhalten.

> The Mayor said that he thought that every one of those present was proud of the fact that their town had built one of the finest leisure centres in the country.
> He wondered how many of his audience had always felt the need for a centre of this kind, a place where they could meet their friends, play squash, go swimming or simply relax.
> He called for a round of applause for the architect, Mr Jones, who, he knew they would all agree, had done an absolutely marvellous job. It was certainly not every day that that could be said!
> He then declared the Leisure Centre open.

- **Freiere Wiedergabe:**
Der Berichterstatter entfernt sich weiter vom Wortlaut der ursprünglichen Äußerung; er verändert Satzmuster und Wortschatz und damit oft auch das Stilniveau. Diese Art der indirekten Rede ist im Sprachgebrauch von größerer Bedeutung als die genaue Wiedergabe.

> In his speech the Mayor said that he thought every one present was proud of their newly built Leisure Centre, one of the finest in the country. Local residents had always felt the need for a centre of this sort, where they could meet their friends, play squash, go swimming or simply relax. The architect, Mr Jones, deserved a special round of applause for his work, which had received unanimous admiration, a rare thing these days. On this humorous note he declared the Leisure Centre open.

3. Als Zusammenfassung
Diese sehr freie Form der Berichterstattung (ein Grenzfall der indirekten Rede) wird gewählt, wenn der Inhalt einer Äußerung auf das Wesentliche reduziert werden soll.

> Yesterday the Mayor opened the town's new Leisure Centre, which he claimed to be one of the finest in the country. He praised particularly the work of the architect, Mr Jones.

320 Direkte und indirekte Rede: grammatische Unterschiede

(Direct and reported speech: grammatical differences)

In der indirekten Rede können folgende Veränderungen gegenüber der direkten Rede nötig werden:

"We'**re testing** a new brand of toothpaste, and we **want** you to try this sample." → The market research worker said that they **were testing** a new brand of toothpaste and that they **wanted** me to try a sample. *(... sie prüften gerade ... und hätten gern ...)*	1. Rückverschiebung *(backshift)* der Tempora, wenn das einleitende Verb des Mitteilens in einem Tempus der *Past-Tense*-Gruppe steht. Vgl. **322–324.** (Im Deutschen werden statt dessen Konjunktivformen benutzt.)
"**I**' ll write a letter of complaint to the Consumers' Association about **my** new lawn-mower." → Roy said that **he** would write a letter of complaint to the Consumers' Association about **his** new lawn-mower.	2. Anpassung der Personalpronomen sowie der Possessivbegleiter und -pronomen an den Standpunkt des Berichterstatters.
"I'm looking for a blouse to go with the skirt I bought **here yesterday.**" → The customer said she was looking for a blouse to go with the skirt she had bought **in the same shop the day before.**	3. Anpassung der Zeit- und Ortsangaben an den Standpunkt des Berichterstatters. Vgl. **325–326.**
"Would you be willing to answer a few questions, please?" → The young woman asked me if I would be willing to answer a few questions. "Mind your own business!" → Several people told the interviewer to mind her own business.	4. Umformung der Satzart, z. B. Fragesatz → indirekter Fragesatz, Aufforderungssatz → Infinitivkonstruktion. Vgl. **327.**
"And what about our advertising? We'll have to brighten that up, won't we?" → At the meeting the sales manager raised the question of their advertising and suggested that they would have to brighten it up.	5. Wegfall von bestimmten Merkmalen der mündlichen Umgangssprache (z. B. *Question Tags*); sinnvolle Ergänzung von verkürzten Sätzen. Vgl. **327** Anm. 2.
"Let us please not lose our tempers over the colour of the packaging!" → John **pleaded with** the other members of the staff not to lose their tempers over the colour of the packaging.	6. Charakterisierung der Sprechabsicht durch das einleitende Verb. Vgl. **328.**

321 **Erlebte Rede** (Interior monologue)

... but the thought of having to cook was too much for her. Elderly people didn't need much food, anyway – surely the doctor must realize that? A cup of tea, of course; that was a stimulant, and now that she had discovered tea bags it was so much less trouble. At the supermarket she had bought a packet of 144 tea bags which she reckoned ought to last her about seven weeks all but one day. But long before that she would be at the hospital; the card indicating the date of her appointment at Mr Strong's outpatients' clinic was on her mantlepiece. Not that she needed reminding, especially not after what she had just seen.

(From Barbara Pym, *Quartet in Autumn*)

Die erlebte Rede ist eine weitverbreitete literarische Stilform, mit der die Gedanken, Eindrücke und Assoziationen von Personen, ihr „Bewußtseinsstrom", ausgedrückt werden.
Grammatikalisch handelt es sich um ein Mittelding zwischen direkter und indirekter Rede:

- Die Satzarten der direkten Rede und die Merkmale der mündlichen Umgangssprache (verkürzte Sätze, etc.) bleiben erhalten. Auch Zeit- und Ortsangaben werden nicht verschoben.
- Dagegen werden, wie in der indirekten Rede, die Personalpronomen und die Possessivbegleiter und -pronomen angepaßt. Die Tempora werden zurückverschoben (wie bei der erlebten Rede im Deutschen – im Gegensatz zur echten indirekten Rede).

322–324 Tempusformen in der direkten und indirekten Rede

(Tenses in direct and reported speech)

322 **Das Prinzip der Rückverschiebung** (The principle of backshift)

Die Rückverschiebung der Tempora tritt in der indirekten Rede normalerweise ein, wenn das übergeordnete Verb in einem Tempus der *Past-Tense*-Gruppe steht, also im *Past Tense, Past Perfect,* etc.
Die Verbformen der direkten Rede werden dabei in folgender Weise verändert:

"I'**m** on my way to the letter box." → Eric *said* he **was** on his way to the letter box.	*Present Tense*	→ *Past Tense*
"Postage on letters **has gone up** again in spite of the fact that the last rise **took place** only two years ago." → My mother *complained* that postage on letters **had gone up** again in spite of the fact that the last rise **had taken place** only two years before.	*Present Perfect* *Past Tense*	→ *Past Perfect*
"The post office **is going to** issue a new series of stamps, which **will depict** ships through the ages." → I *read* in the paper yesterday that the post office **was going to** issue a new series of stamps, which **would depict** ships through the ages.	*will-Future, going-to-Future,* etc.	→ *Future-in-the-Past, was/were going to,* etc.
"**Will** the mail **have arrived** by eight thirty?" → She *asked* me if the mail **would have arrived** by eight thirty.	*Future Perfect*	→ *Future-Perfect-in-the-Past*
"I'm not sure whether you **can** send the parcel to your pen-friend by the cheap rate – it **may** be too heavy." → My sister *said* she was not sure whether I **could** send the parcel to my pen-friend by the cheap rate as it **might** be too heavy.	*can, may, shall, will*	→ *could, might, should, would*

Anmerkungen:
1. *Shall* und *should* können zur Bildung der *Future*-Formen nur in der 1. Person *(I, we)* benützt werden. Daher wird *shall* zu *would* rückverschoben, wenn sich die grammatische Person (d.h. das Pronomen) ändert:

"**We shall** be sending you a card tomorrow."

→ They *told* us on the phone that **they would** be sending us a card the next day.

Wird mit *shall* jedoch ein Wunsch erfragt, so wird es zu *should* rückverschoben:

"**Shall** I put the letter in the post box for you?"

→ She *asked* me if **she should** put the letter in the post box for me.

2. Folgende Formen lassen sich nicht weiter rückverschieben, bleiben also erhalten:
Past Perfect, Future-in-the-Past (Conditional), Future-Perfect-in-the-Past (Conditional Perfect), might, should, would, ought to, used to sowie *could* als Entsprechung einer deutschen Konjunktivform (*könnte:* vgl. **225–226**).

"I noticed immediately that the parcel **had been opened.**"

→ She *said* that she had noticed immediately that the parcel **had been opened.**

"His telephone **could be** out of order again."

→ Brian *thought* that John's telephone **could be** out of order again.

Wenn *could* einer deutschen Indikativform *(konnte)* entspricht (Ausdruck einer Fähigkeit, etc.; vgl. **223–224**), so wird in der indirekten Rede gewöhnlich eine rückverschobene Ersatzform benützt (*had been able to, had managed to,* etc.):

"Until the introduction of the Penny Post in 1840 poor people **couldn't communicate** easily with one another."

→ The lecturer *said* that until the introduction of the Penny Post in 1840, poor people **had not been able to communicate** easily with one another.

323 Redesituationen, in denen keine Rückverschiebung eintreten muß

(Speech situations in which backshift is not necessary)

Steht das einleitende Verb des Mitteilens im *Present Tense, Present Perfect* oder *will-Future* (also einem Tempus der *Present-Tense*-Gruppe), so erfolgt keine Rückverschiebung; man verwendet dieselben Tempora wie in der direkten Rede:

I shan't mention the matter to Richard again. He *will* only *tell* me that he **knows** what he **is doing** and that no one **will find out** whether he **was involved** or not.

Doch auch wenn das übergeordnete Verb im *Past Tense* oder *Past Perfect* steht, ist die Rückverschiebung der Tempora nicht immer nötig oder sinnvoll.

1. Beibehaltung von *Present Tense, Present Perfect* und Futurformen

The weatherman *said* that at present a depression **is/was moving** over the British Isles from the Atlantic.
It *said* in the news that a new weather satellite **has/had been launched.**

It took a long time before everybody *was convinced* that the earth **revolves/revolved** round the sun.
Peter *assured* us that on summer mornings he **likes/liked** to get up and watch the sun rising.

Present Tense und *Present Perfect* können erhalten bleiben, wenn deutlich gemacht werden soll, daß etwas zum Zeitpunkt der Berichterstattung noch zutrifft. (Hier: Das Tief bzw. der Satellit sind immer noch vorhanden.)

Das *Simple Present* kann insbesondere betonen, daß etwas immer und damit auch zum Berichtszeitpunkt gilt (Naturgesetz, Eigenschaft, Gewohnheit).

In all diesen Fällen ist jedoch auch eine Verschiebung zu *Past Tense* bzw. *Past Perfect* möglich.

It *was announced* that the landing of the spacecraft **will/would be transmitted** live on TV.
We *listened to* some madman *prophesying* that the world **is/was going to end** at midnight tonight.

Ebenso können *will-Future* und andere Ausdrucksformen der Zukunft in der indirekten Rede erhalten bleiben, wenn ausdrücklich betont werden soll, daß etwas zum Berichtszeitpunkt immer noch bevorsteht. Sonst verwendet man *Future-in-the-Past,* etc.

2. Beibehaltung des *Past Tense*

He *told* me last month that he **(had) tried out** his new mountaineering boots during his last holidays and they **gave/had given** him blisters. He *said* that after he **(had) packed** his rucksack, one of the straps **broke/had broken.**
The Browns *were telling* us a few weeks ago that they **had gone** for a walking tour in Cornwall the year before and **(had) enjoyed** themselves immensely. They **(had) followed** the track running along the cliff tops and **(had) spent** the night at bed and breakfast places along the way. They **were/had been** lucky with the weather – it **(had)** only **rained** once the whole week.

a) *Past Tense* zum Ausdruck der Vorzeitigkeit
Die *Past-Tense*-Formen der direkten Rede können erhalten bleiben, wenn die Vorzeitigkeit gegenüber dem einleitenden Verb durch andere sprachliche Mittel klargestellt wird, z.B. durch Zeitangaben (*during his last holidays,* etc.) oder Konjunktionen (*after,* etc.). Die Rückverschiebung zum *Past Perfect* ist natürlich ebenfalls möglich (und wird im förmlichen Stil vorgezogen).
Eine Aufeinanderfolge von mehreren *Past-Perfect*-Formen wird gern durch die Rückkehr zum *Past Tense* vermieden (Textbeispiel 2).

"If I **lived** near the mountains I'd go climbing every weekend."
→ I *heard* one of the tourists *say* that if she **lived** near the mountains, she would go climbing every weekend.
"I wish it **weren't** such a long way to the next youth hostel."
→ The hiker said he wished it **weren't** such a long way to the next youth hostel.

b) *Past Tense* in modaler Verwendung
In irrealen Bedingungs-, Vergleichs- und Wunschsätzen wird das *Past Tense* nicht verschoben, weil es keine Vorzeitigkeit ausdrückt, sondern sich auf einen nichtwirklichen Sachverhalt bezieht (vgl. **212, 214**). Aus dem gleichen Grund bleibt der *were-Subjunctive* erhalten (ebenso übrigens die Formen *might, would, should,* etc.: vgl. **322** Anm. 2).

324 *Must* und *need* in der direkten und indirekten Rede

(*Must* and *need* in direct and reported speech)

Must und *need* verfügen nur über eine sogenannte *Present-Tense*-Form, die sich auf die Gegenwart oder Zukunft bezieht. Trotzdem können diese beiden Hilfsverben auch in der indirekten Rede erscheinen, die durch ein Verb im *Past Tense* oder *Past Perfect* eingeleitet wird.

"There's the door-bell. It **must** be the doctor."
→ Mum *said* that the door-bell was ringing and that it **must** be the doctor.

Must zum Ausdruck einer **Annahme** (vgl. **230**) bleibt in der indirekten Rede immer erhalten.

"You **must** stay at home the rest of this week."
→ The doctor *said* this morning that Tim **must** stay at home the rest of this week."

→ When the doctor had examined him, he *said* that Tim **would have to** stay at home the rest of that week.

Must zum Ausdruck der **Notwendigkeit** (vgl. **229**) kann ebenfalls erhalten bleiben, wenn die Notwendigkeit zum Zeitpunkt der Berichterstattung immer noch besteht.
Besteht die Notwendigkeit nicht mehr, so treten – je nach Sprechabsicht – folgende Formen ein: *had to, would have to, should, was/were to.*

No, you can't watch TV. I *said* you **mustn't** get up for another two days.
I *told* Jill she **shouldn't** get up for another two days, but she wouldn't listen.

Ebenso kann *mustn't* beibehalten werden, wenn ein Verbot immer noch gilt.
Andernfalls wird es durch *shouldn't, wasn't/weren't to* ersetzt.

The specialist *said* this morning that I **needn't** take any more of these tablets after tomorrow. (Three days later:) The specialist *told* me that I **didn't have to** take any more of those tablets from yesterday on.

Entsprechend werden auch *needn't* und die Ersatzformen *didn't have to/didn't need to, wouldn't have to/wouldn't need to* verwendet.

Anmerkung:
Für *must* und *mustn't* zum Ausdruck einer Aufforderung oder eines Verbots können auch Infinitivkonstruktionen eintreten:

"You must take things easy for a few days." → He *told her* **to take** things easy for a few days.
"You mustn't go back to work too soon." → He *told her* **not to go back** to work too soon.

325–326 Zeit- und Ortsangaben in der direkten und indirekten Rede

(Expressions of time and place in direct and reported speech)

325 Die Veränderung von Zeit- und Ortsbezügen und ihre Auswirkungen

(Changes in time and place relationships and how they are expressed)

Eine **Zeitangabe** kann einen Zeitpunkt oder Zeitraum auf zweierlei Weise festlegen:
- absolut, z.B. durch eine Datumsangabe (*on February 21st, in the 19th century,* etc.);
- relativ, und zwar relativ zur Gegenwart, d.h. zum Sprechzeitpunkt (*yesterday,* etc.) oder relativ zu einem Zeitpunkt der Vergangenheit (*the day before, that month,* etc.).

Bei den **Ortsangaben** kann man entsprechend zwischen absoluten Ortsangaben (*in Munich,* etc.) und relativen Ortsangaben (*here, there,* etc.) unterscheiden.
Von der Verschiebung beim Übergang in die indirekte Rede sind nur die **relativen** Zeit- und Ortsangaben betroffen.

Direkte Rede	**Indirekte Rede**	
	Zeitbezug unverändert	**Zeitbezug verändert**
Sheila (on Thursday): I had my first driving lesson **yesterday.** – I'm feeling rather proud of myself.	Keith (on Thursday): Sheila told me that she (had) had her first driving lesson **yesterday** and that she is/was feeling rather proud of herself.	Keith (on Sunday): Sheila told me on Thursday that she (had) had her first driving lesson **the day before/on Wednesday** and that she was feeling rather proud of herself.

Relative **Zeitangaben** werden in der indirekten Rede nicht verändert, wenn der ursprüngliche Zeitbezug (hier: *yesterday*) für den Berichterstatter noch zutrifft. (Die Tempora können in diesem Fall – je nach Aussageabsicht – beibehalten oder auch rückverschoben werden; vgl. **323.**)
Trifft der ursprüngliche Zeitbezug nicht mehr zu, so werden sie ersetzt
- durch andere (rückverschobene) relative Zeitangaben *(yesterday → the day before)*
- oder durch absolute Zeitangaben *(yesterday → on Wednesday).*

Direkte Rede	**Indirekte Rede**	
	Ortsbezug unverändert	**Ortsbezug verändert**
Sheila (in Sandwich): The Golf Championships are being held **here** this year.	Keith (staying in Sandwich): Sheila told me that the Golf Championships are being held **here** this year.	Susan (in London): Sheila phoned from Sandwich and told me that the Golf Championships are being held **there** this year. Or: Sheila told me on the phone that the Golf Championships are being held **in Sandwich** this year.

Auch relative **Ortsangaben** werden in der indirekten Rede nur dann verändert, wenn der ursprüngliche Ortsbezug (in unserem Beispiel: *here*) für den Berichterstatter nicht zutrifft, weil er sich an einem anderen Ort befindet als der Sprecher, dessen Äußerung er wiedergibt.
- Sie können dann manchmal durch andere relative Ortsangaben ersetzt werden *(here → there).*
- Doch meist schaffen erst absolute Ortsangaben die nötige Klarheit *(here → in Sandwich).*

326 Die Verschiebung relativer Zeit- und Ortsangaben

(Changes in expressions of relative time and place)

Die folgende Aufstellung zeigt die möglichen Verschiebungen auf, die sich in der indirekten Rede ergeben können. Dabei darf jedoch keineswegs schematisch vorgegangen werden. Dies ist besonders bei den relativen Ortsangaben (bzw. relativen Ortsbezeichnungen wie *this country, our town*) zu beachten. So ist z.B. *there* nur dann sinnvoll, wenn aus dem Zusammenhang hervorgeht, welcher Ort gemeint ist.

"Here is the twelve o'clock news. The fog blanket has become so thick that no planes are landing in London at all **now.** Other airports have so far been coping well with the extra traffic **this week,** although there was chaos at Manchester **yesterday. Tomorrow** the fog is expected to lift a little and there is hope that **next week** all will be back to normal."

→ Recalling the great fog catastrophe last winter, I remember hearing on the twelve o'clock news that Sunday that the fog blanket had become so thick that no planes were landing in London at all **then.** The newsreader went on to say that other airports had so far been coping well with the extra traffic **that week,** although there had been chaos at Manchester **the day before.** The fog was expected to lift a little **the next day** and there was hope that **the following week** all would be back to normal. But that was only the beginning ...

Relative Zeitangaben

direkte Rede		indirekte Rede
		häufig:
now/at this moment	→	*then/at that moment*
today	→	*(on) that day*
this week/ these hours, etc.	→	*(in) that week/ (in) those hours,* etc.
yesterday	→	*(on) the day before/ the previous day*
last week, etc.	→	*the week before/ the previous week,* etc.
two months ago, etc.	→	*two months before/ two months earlier,* etc.
tomorrow	→	*the next day/ the following day*
next year, etc.	→	*the next year/ the following year,* etc.

"You may have read in the paper about the floods **here.** Well, **our area** has been affected as well. **This village** was cut off from the outside world for nearly two weeks. Several families **here** are now homeless."

→ In her last letter, my Indian pen-friend mentioned the floods **in her country,** and told me that **their area** had been affected as well. **Her own village** was cut off from the outside world for nearly two weeks and several families **there** are now homeless.

Relative Ortsangaben

direkte Rede		indirekte Rede
here/ (in) this village/ (in) this country, etc.	→	meist: *(in) his/her/their village/ (in) India,* etc. seltener: *there/ (in) that village/ (in) that country,* etc.

Anmerkung:
Bei Zeitangaben mit *next* ist genau auf den Gebrauch des bestimmten Artikels zu achten. *Next month* (ohne Artikel) legt den Zeitraum relativ zur Gegenwart fest, *the next month* (mit Artikel) relativ zu einem Zeitpunkt der Vergangenheit.

"I'll buy a new car **next month.**"	direkte Rede
→ John said that he will/would buy a new car **next month.**	indirekte Rede ohne Verschiebung
→ John told me last August that he would buy a new car **the next** (= the following) **month.**	indirekte Rede mit Verschiebung

Satzarten in der direkten und indirekten Rede

(Different sentence types in direct and reported speech)

327 Die Umformung der Satzarten in der indirekten Rede

(Converting different sentence types into reported speech)

Die Wiedergabe der Satzarten der direkten Rede erfolgt in der indirekten Rede vor allem durch Nebensätze und Infinitivkonstruktionen:

	direkte Rede	**indirekte Rede**
"I've been watching the news on TV." → Derek said (that) he'd been watching the news. "I'll videotape the Chaplin film for you tonight." → My brother promised to videotape the Chaplin film for me tonight.	Aussagesatz (gelegentlich, z.B. nach Verben, die eine Absicht ausdrücken)	→ *that*-Satz (*that* kann entfallen) → Infinitiv (vgl. **328.2**)
"How did the play end?" → Sylvia asked me how the play (had) ended. "Which programme shall I put on?" → I asked Toby which programme to put on.	Fragewortfrage (bei Bitten um Anweisungen mit *shall I, can we,* etc. meist)	→ indirekter Fragesatz mit Fragewort (Wortstellung wie im Aussagesatz!) → Fragewort + Infinitiv
"Do you always watch the Eurovision Song Contest?" → I asked Mary if she always watched the Eurovision Song Contest. "Would you please switch over to BBC 2?" → Bob asked me to switch over to BBC 2.	Entscheidungsfrage (gelegentlich, z.B. bei Bitten)	→ indirekter Fragesatz mit *if/whether* (Wortstellung wie im Aussagesatz!) → Infinitiv (vgl. **328.2**)
"Turn the sound up a bit, will you?" → Mother asked me to turn the sound up a bit. "Go to bed now, Tony." → Father told Tony that he should go to bed.	Aufforderungssatz (seltener)	→ Infinitiv → *that*-Satz mit *should*

Anmerkungen:

1. Auch Konstruktionen mit dem *Gerund* und mit Nominalgruppen können in bestimmten Fällen für die Satzarten der direkten Rede eintreten, vor allem wenn eine freiere Form der Wiedergabe beabsichtigt ist (vgl. **319**):

"Take a walk every morning." → The doctor advised taking a walk every morning.
The doctor advised a walk every morning.
"I have a headache." → She complained of a headache.

2. Satzfragmente (verblose Ausrufe und Fragen, Grußformeln, etc.) werden in der indirekten Rede zu vollständigen Sätzen ergänzt bzw. umschrieben:

Ann:	Hello Bob. What about a game of table tennis?	Ann greeted Bob and suggested playing a game of table tennis.
Bob:	Oh, no. Too tired.	Bob refused and complained that he was tired.
Ann:	You lazy thing.	Ann called him a lazy thing.
Cathy:	Now, now, no quarrelling you two.	Cathy said soothingly that they shouldn't quarrel.
Ann:	Please, just for half an hour, Bob.	Ann pleaded with Bob to play for just half an hour.
Bob:	Oh, well, all right then.	Bob consented rather reluctantly.

3. Besonders im gesprochenen Englisch geschieht es immer wieder, daß in der indirekten Rede die Wortstellung des (direkten) Fragesatzes beibehalten wird:

"What's your name?" → He asked me what was my name (statt korrekterem: what my name was).

328 Wahl und Stellung des Verbs im übergeordneten Satz

(Choice and position of the reporting verb)

1. Direkte Rede

"I dreamt about you last night," Charles **said.** "It was a nice dream, too," he **added.**

"Whatever's the matter?" **asked** Beryl anxiously. "Thank goodness I'm awake again," **answered** Susan. "I was having a nightmare."

"You're daydreaming again," **exclaimed** his teacher, Mrs Walker.
"Daydreaming?" **echoed** Fred. "No, I wasn't," he **protested,** "I was just thinking."
Weitere Verben: remark, declare, inquire, continue, repeat; murmur, stammer, whisper, shout, cry, smile, laugh; agree, object, insist, etc.

Wenn direkte Rede zitiert wird, steht der Begleitsatz (*he said* o.ä.) meist nicht als Einleitung, sondern wird nachgestellt oder eingeschoben. In diesem Fall können Nomen und Verb umgestellt werden (Vollinversion). Bei Pronomen und Verb wirkt die Inversion *(said he)* veraltet oder literarisch.
Statt des neutralen *say* (oder – bei Fragen – *ask*) werden oft andere Verben benützt, die zusätzliche Informationen geben, z.B. über

- Art und Weise der Äußerung (*exclaim,* etc.)
- Funktion im Gesprächsablauf (*answer, add, echo,* etc.)
- Sprechabsicht (*protest,* etc.).

Anmerkung:
Im Zeitungsstil findet sich die Inversion manchmal auch in einem einleitenden Hauptsatz:
Declared the dog's owner: "His bones must be made of rubber to survive being run over like that."

2. Indirekte Rede

Bob **said/stammered** that he was sorry he was late. He **added/promised** that he would be on time in future.
The boy **asked** a man in the street if he had the correct time on him.

"We shall resign if our demands are not met," two members of the committee said/threatened.
→ Two members of the committee **threatened to resign** if their demands were not met.

The chairman said/suggested, "I think we should try and work towards a compromise."
→ The chairman **suggested trying** to work towards a compromise.

Our neighbours **invited me to come** and have a swim in their pool.
His uncle **encouraged Denis to take up** diving.
The experts **recommend using** a good snorkel.
If someone hadn't **reminded us of the incoming tide,** we would have been cut off.

When the boatman **proposed crossing** over to the island, everyone was very enthusiastic.

The boss is mad. He was **expecting you to have finished** the job by four.
Mr Black has just phoned. He **wants to know** if his car is ready yet.

The garage man **offered to change** the oil.
The car dealer **promised me a trial run** in the latest model.

Ist eine **möglichst genaue Wiedergabe** der Äußerung beabsichtigt, so verwendet man Nebensätze *(that*-Sätze oder indirekte Fragesätze). Diese können im wesentlichen durch dieselben Verben eingeleitet werden, wie sie auch bei der direkten Rede vorkommen.

Bei einer **freieren Wiedergabe,** z.B. durch Infinitivkonstruktionen, Gerundialkonstruktionen oder Nominalgruppen, werden vor allem Verben benützt, die die Sprechabsicht charakterisieren.

Für die wichtigsten Sprechabsichten stehen dabei folgende Verben zur Verfügung (zu den Verben mit Infinitiv oder *Gerund* vgl. auch **264–272**):

- Aufforderung, Bitte, Rat
  tell, order, command, urge, warn (ermahnen), *encourage, invite, ask s.o. to do s.th.;*
  advise, recommend s.o. to do s.th./doing s.th.
  Mit anderen Strukturen: *remind s.o. of s.th., encourage s.o. in (doing) s.th., ask (s.o.) for s.th.,* etc.
- Vorschlag
  suggest, propose (doing) s.th.
- Erwartung, Wunsch, Absicht
  expect, want, wish s.th./(s.o.) to do s.th.
- Angebot, Versprechen, Drohung
  offer, promise (to do) s.th., threaten to do s.th.

Kapitel 11: Textverknüpfung und Emphase

(Cohesion and Emphasis)

329–331 Formen der Textverknüpfung (Übersicht) (Ways of achieving cohesion)

329 Merkmale eines zusammenhängenden Textes (Features of a cohesive text)

Dear Sir Basil,
I would like to apply for the position of personal assistant *that* you advertised in last Saturday's Daily Telegraph.
There are numerous reasons why I think I could be of considerable help to you in researching your forthcoming book on Lloyd George.
First and foremost, I have taken a life-long interest in both *his* political achievements and *his* colourful private life. What fascinates me most about *the man* are *his* powers of leadership. Equally impressive was the personal charm *he* possessed. **On the one hand,** *it* undoubtedly enabled *him* to cast a spell over the general public and political opponents alike; **on the other hand, however,** the power *it* gave *him* over women clearly played no small part in *his* subsequent downfall ...
It is, **however,** the prospect of working with an author of your eminence, Sir, *that* I find most exciting, and I sincerely hope that you will give me the opportunity of doing *so.* **Meanwhile,** I look forward to having the opportunity of discussing *the matter* further with you in person.
Though you did not specially ask for them in your advertisement, I enclose a curriculum vitae and the names of two referees.
Yours faithfully,
Jeremy D. Johnson

Beim nebenstehenden Beispiel handelt es sich ganz offensichtlich nicht um eine willkürliche Ansammlung von Sätzen, sondern um einen zusammenhängenden Text, einen Brief.
Er enthält eine für diese Textsorte typische Anfangs- und Schlußformel als äußerliches Merkmal. Der innere Zusammenhang wird durch den schrittweisen Aufbau von Information und Argumentation gewährleistet. Dies geschieht u. a. durch folgende grammatische Mittel:

- Bereits Erwähntes wird durch *Rückverweise* wieder aufgenommen. Diese Rückverweise leisten z. B. Nominalgruppen *(the man, the matter)*, Personalpronomen und Possessivbegleiter (*his, he, it,* etc.), Relativpronomen *(that)* oder Proformen wie *so* (jeweils schräg gedruckt).
- **Logische Beziehungen** zwischen den Sätzen werden oft durch verknüpfende Adverbien und adverbiale Gruppen (*first and foremost, on the one hand,* etc.) oder durch Konjunktionen *(though)* **ausdrücklich genannt** (jeweils fett gedruckt).
- Eine wichtige Rolle bei der Gestaltung eines Textes spielt außerdem der Satzbau. Sowohl die übliche Anordnung der Satzteile (z. B. im ersten Satz), als auch ungewöhnliche Wortstellungen *(Equally impressive was ...)* sowie Konstruktionen mit den Strukturwörtern *there, it* oder *what* (jeweils farbig unterstrichen) sind nicht zufällig, sondern tragen dazu bei, die Informationen zu ordnen und zu gewichten und so die Beziehungen zwischen den Sätzen zu verdeutlichen (vgl. **330, 332–342**).

Anmerkung:
Unter Texten verstehen wir nicht nur geschriebene Texte, sondern z. B. auch Gespräche. Für diese Textsorte ist u. a. die Abfolge von Fragen und Antworten (v. a. Kurzantworten) kennzeichnend. (Vgl. Kapitel 1.)

Wortstellung und Textverknüpfung (Word order and cohesion)

Die Wortstellung eines Satzes ordnet nicht nur die Beziehung der Satzteile untereinander, sie ist auch ein wichtiges Mittel der Textverknüpfung. Dabei spielt das **satzeinleitende Element** eine entscheidende Rolle. Dies soll am Beispiel der beiden häufigsten Formen der Satzeinleitung illustriert werden:

- Satzeinleitung durch das Subjekt
- Satzeinleitung durch eine nichtnotwendige adverbiale Bestimmung (d. h. durch eine adverbiale Bestimmung, die kein fester Bestandteil des Satzmusters ist, vgl. **41**).

(Zu anderen Wortstellungen und Konstruktionen mit *it, what, there* vgl. **337–342.**)

Subjekt in Anfangsstellung

The destruction of Britain's countryside is proceeding at an appalling rate, according to the latest official report. ◀ Anknüpfung an Vorkenntnisse

The facts and figures reveal the havoc wrought in particular by modern farming methods. ◀ Anknüpfung an *the latest official report*

Their effects can most clearly be seen in the damage done to wildlife by the spraying of the country's chalk downlands with fertilizer and weed-killers. ◀ Anknüpfung an *modern farming methods*

Another serious problem is acid rain. ... ◀ Neueinführung

Beginnt der Sprecher den Satz mit dem Subjekt, so führt er den Hörer **direkt in die Hauptaussage** des Satzes ein.
Meist knüpft das Subjekt an etwas bereits Erwähntes oder als bekannt Vorausgesetztes an. Darauf verweisen z. B. der bestimmte Artikel, Possessivbegleiter, Demonstrativpronomen, etc.
Das satzeinleitende Subjekt kann aber auch etwas Neues einführen, z. B. wenn es einen unbestimmten Artikel oder einen indefiniten Begleiter (vgl. *another*) enthält. (Eine ähnliche, aber viel deutlichere Funktion der Neueinführung hat die *there*-Konstruktion: *There is another serious problem: acid rain.* Vgl. **341–342.**)

Adverbiale Bestimmung in Anfangsstellung

According to an official report, 90 per cent of our landscape is at present under threat of destruction. ◀ Einstimmung auf das Gesprächsthema

In the past Britain's countryside was very varied ◀ Kontrast zu *at present*
and teeming with plant and animal life. **In the national nature reserves** something of this may perhaps survive intact; ◀ Kontrast zu Großbritannien allgemein
(but) unfortunately even this is doubtful. ◀ Kontrast *may perhaps – doubtful*

Beginnt der Sprecher den Satz mit einer adverbialen Bestimmung, so setzt er damit **den Rahmen** (Ort, Zeit, Standpunkt, etc.), unter dem die nachfolgende Hauptaussage des Satzes zu betrachten ist. Der Hörer wird sozusagen zuerst auf das Gesprächsthema eingestimmt. Im Textinnern steht ein solcher Rahmen häufig im Kontrast zu etwas vorher Erwähntem (oder Mitverstandenem) oder bereitet auf einen Kontrast vor. Besonders im letzten Fall wird der Kontrast häufig durch *but* oder *however* unterstrichen.

Anmerkung:
Bei der Darstellung oben wurden nur die häufigsten Verwendungsweisen von Subjekt und adverbialer Bestimmung in Anfangsstellung berücksichtigt.
Sätze, die mit dem Subjekt beginnen, können auch einen Kontrast zum vorangehenden Satz ausdrücken. Umgekehrt können auch satzeinleitende Orts- oder Zeitangaben an eine bereits erwähnte Orts- oder Zeitangabe anknüpfen. (Meist werden sie hier im Sinn einer Klarstellung verwendet.):

Country dwellers are still flocking to the cities, **many city-dwellers** (however) are dreaming of going back to the land.
Industrialization started in the early 19th century. **At that time** nobody foresaw the radical social changes the new machines would bring about.

331 Die Rolle des komplexen Satzes bei der Textverknüpfung (Cohesion through complex sentences)

Derselbe Gedankengang kann in vielen Fällen entweder durch eine Folge von einfachen Sätzen oder statt dessen durch einen komplexen Satz ausgedrückt werden. (Zur Funktion von Nebensätzen oder infiniten Konstruktionen als Satzteile im komplexen Satz vgl. **257** und **302.**)
Häufig stellt der komplexe Satz dabei die gewähltere, eher in der Schriftsprache verwendete Form dar.
Hierzu ein paar Beispiele:

Don't leave your purse around **or** it'll get stolen.	**If** you leave your purse around, it'll get stolen.
Mary gets a large allowance. **But/Nevertheless** she always seems to be short of money.	**Though** Mary gets a large allowance, she always seems to be short of money./**In spite of** getting a large allowance, Mary always seems ...
I had no change. **So** I had to borrow some.	**As** I had no change, I had to borrow some./Having no change, I had to borrow some.

Hier werden einfache Sätze durch Konjunktionen oder Adverbien miteinander verknüpft.
(Zu verknüpfende Adverbien vgl. **161–162.**)

Als Alternative sind komplexe Sätze mit adverbialen Nebensätzen (vgl. **317**) bzw. infiniten Konstruktionen (vgl. **292–297**) möglich.

Possible changes in our climate are a worry to scientists. **Some of them** are expecting catastrophic effects from atmospheric overheating.	Possible changes in our climate are a worry to scientists, **some of whom** are expecting catastrophic effects from atmospheric overheating.
Global temperatures are expected to rise generally. **This** could cause the polar ice caps to melt noticeably by the end of the century, and **then** large-scale flooding would occur.	Global temperatures are expected to rise generally, **which** could cause the polar ice caps to melt noticeably by the end of the century, **when** large-scale flooding would occur.

Hier knüpft der einleitende Satzteil des folgenden Satzes jeweils an etwas an, das im vorangehenden Satz genannt wurde. Darauf verweisen das Personalpronomen *them*, das Demonstrativpronomen *this*, das Adverb *then.*

Als Alternative sind komplexe Sätze mit nichtnotwendigen Relativsätzen möglich.
(Zu den Relativsätzen mit Bezugswort vgl. **308**, zu den satzbezogenen Relativsätzen vgl. **315.**)

Computer technology has become a major growth industry. **It** is closely watched by business and trade unions alike.	Closely watched by business and trade unions alike, computer technology has become a major growth industry.
Computer science is developing at an ever-increasing speed, and only a few insiders can actually grasp the possibilities it offers.	With computer science developing at an ever-increasing speed, only a few insiders can actually grasp the possibilities it offers.

Bei diesen Satzfolgen enthält jeweils einer der beiden Sätze die Hauptaussage, der andere nennt die Begleitumstände bzw. die Begründung.
Das Subjekt *it* knüpft im ersten Fall an *computer technology* an, im zweiten Fall wird durch *only a few insiders* etwas Neues eingeführt.

Statt dessen kann ein komplexer Satz mit einer Partizipialkonstruktion verwendet werden. Beim ersten Beispiel handelt es sich um eine verbundene, beim zweiten um eine unverbundene Partizipialkonstruktion. (Vgl. **293–294.**)

Anmerkungen:

1. Manchmal kann man den Inhalt eines einfachen Satzes auch durch eine Nominal- oder Präpositionalgruppe wiedergeben. Dadurch ergibt sich auch die Möglichkeit, statt einer Folge von kurzen einfachen Sätzen einen längeren (formal ebenfalls einfachen) Satz zu bilden, der allerdings meist förmlicher wirkt:
   In spite of a large allowance, Mary always seems to be short of money.
   The general rise in global temperatures could cause the polar ice caps to melt noticeably.
2. Neben verknüpfenden Adverbien und Konjunktionen können auch bestimmte verknüpfende Infinitiv- und Partizipialkonstruktionen wie *to begin with, supposing,* etc. zur Verbindung von Sätzen verwendet werden (vgl. **298–299**).

332–334 Emphase (Übersicht) (Emphasis)

332 Normale Wortstellung, normale Betonung, Emphase (Normal word order, normal stress, emphasis)

Im englischen Satz ist die Reihenfolge der notwendigen Satzteile relativ starr (im Aussagesatz: Subjekt – Prädikat – Ergänzungen). Dabei wird normalerweise der letzte Satzteil besonders hervorgehoben: Er enthält die am stärksten betonte Silbe (in den folgenden Beispielen unterstrichen; vgl. auch **6**). Dies gilt auch für adverbiale Bestimmungen in Endstellung – mit Ausnahme von nichtnotwendigen Orts- und Zeitangaben, die meist unbetont sind:

He is always complaining of **headaches.**

He complained **bitterly.** (**Aber:** He complained of **a headache** yesterday.)

Sind zwei Objekte vorhanden, so erscheint normalerweise das längere von beiden in Endposition (vgl. **50**):

He prescribed the patient **some nasty-tasting green medicine.**

Der Sprecher kann jedoch, um ein anderes Element des Satzes hervorzuheben, von dem hier beschriebenen Schema abweichen oder zusätzliche Mittel der Hervorhebung anwenden. In diesem Fall sprechen wir von **Emphase.**

333 Mittel der Emphase (Means of expressing emphasis)

1. Emphatische Betonung und hervorhebende Wörter

Today the three children are doing the cooking. (Mother is ill.)
It says you add a teaspoon of salt (not a tablespoon).

Beim Sprechen kann man Emphase vermitteln, indem man die Hauptbetonung auf ein sonst nicht so stark betontes Wort legt.

Now you must all lend a hand with the work.
Do clear the table and start the washing-up.
They didn't do any dusting, but they did go round with the vacuum cleaner.

Die Hauptbetonung kann auch auf ein Hilfsverb verschoben werden. Bei Prädikaten ohne Hilfsverb kann eine betonte *do*-Form eingesetzt werden. (Emphatisches *do,* vgl. **335–336.**)

Only a minority of households are still without a washing-machine.
Try this brand. We always use it **ourselves.**
Elsie has made a **complete** mess of the soufflé.
She spoiled it **completely.**
I wasn't **at all** satisfied with my sherry trifle.

Emphatische Wirkung haben u. a. auch hervorhebende Adverbien (*only, even, chiefly,* etc., vgl. **150–151**), verstärkende Pronomen auf *-self/ -selves* (vgl. **87.2**), verstärkende Adjektive, Adverbien und adverbiale Gruppen (*complete(ly), (not) at all, by no means,* etc., vgl. **147**).

2. Emphase durch Veränderung der Wortstellung

Hierbei rückt meist ein Satzteil, der sonst unbetont wäre, an das betonte Satzende.

They paid the £ 1,000 reward for the recovery of the stolen goods **to the wrong man.**

Manchmal betrifft die Umstellung nur die Satzteile hinter dem Prädikat. So kann z. B. ein kürzeres Objekt zur Hervorhebung hinter ein längeres treten.

From a member of the underworld came **the crucial tip leading to the capture of the gangsters.**
Decisive for the solving of the case was **the co-operation of the public.**

Emphatischer wirken jedoch Umstellungen, die den ganzen Satz betreffen. So kann z. B. das Subjekt in bestimmten Fällen in die hervorgehobene Endstellung rücken (vgl. **337.2**, **338.1**).

3. Emphase durch Spaltsätze (Konstruktionen mit *it* und *what*)

Who do you think was responsible for the bank robbery? – It must have been **the IRA** who was behind it.
What they tried to do was **smuggle the stuff out of the country.**

Hier wird der Satz in zwei Teile aufgeteilt. Dabei steht der hervorgehobene Satzteil am Ende eines der beiden Teile.
Zu den Einzelheiten vgl. **339–340.**

Anmerkung:
Fragewortfragen erhalten Emphase, wenn man das Fragewort durch *ever* oder Ausdrücke wie *on earth, the devil,* etc. verstärkt. Sie drücken eine Gefühlsreaktion wie Erstaunen, Ärger, etc. aus. Aufforderungssätze erhalten Emphase durch Zusätze wie *in heaven's name, for God's sake,* etc.:

Who **ever** is this? Where **the devil** have you been? **For God's sake,** shut up!

334 Die Rolle der Emphase im Text (Emphasis in texts)

Text	
Text 1: Everybody now realizes that we are living in a finite world. But by the end of this century there will be six billion people on the face of this earth, most of whom will be very poor.	Argumente, die zur zentralen Aussage führen
What is needed to feed, clothe and house that population adequately is **a sane distribution of the earth's resources.**	Emphase der zentralen Aussage durch einen Spaltsatz
The more money that is spent on the nuclear arms race, however, the less there is available for getting development programs going.	(neuer Gesichtspunkt)
Text 2: Anyone who has first-hand knowledge of Third World countries knows that a massive transfer of capital and advanced technology is **by no means the best form of development aid.**	Emphase (durch *by no means*) kündigt Kontrast an
Rather, it tends to disrupt traditional societies and impose on them problems we have as yet failed to solve in the West.	Darstellung des Kontrasts

Emphatische Wortstellungen und Konstruktionen erfüllen meist zugleich zwei Funktionen: die der Hervorhebung und die der Textverknüpfung (vgl. **330**). Mit ihrer Hilfe ist es dem Sprecher bzw. Autor möglich, die Höhepunkte eines Textes zu kennzeichnen. Emphase muß aber, wenn sie wirksam sein soll, im Text gut vorbereitet werden (vgl. Text 1, wo der emphatische Spaltsatz an die vorangehenden Sätze anknüpft), oder sie muß anschließend begründet werden (vgl. Text 2). Welche Wirkungen die verschiedenen Mittel der Emphase bei der Textverknüpfung haben, wird in **335–340** dargestellt.

335–336 *Do*-Emphase und andere Formen der Hervorhebung des Prädikats

(*Do*-emphasis and other ways of emphasizing the predicate)

335 Strukturen (Structures)

Wie jedes andere Element eines Satzes kann auch das Prädikat im mündlichen Sprachgebrauch besonders betont und dadurch hervorgehoben werden. Dabei gibt es zwei Möglichkeiten:

He **can swim**, but he **can't dive.** You'll make it if you run, but not if you walk.	**1. Betontes Vollverb**
You are ['ɑː] **taking** your time, aren't you? They **will** ['wɪl] **be** surprised when they see you. He **must** ['mʌst] **have been held up** somewhere.	**2. Betontes Hilfsverb** Bei Prädikaten aus Hilfsverb(en) und Vollverb kann das (erste) Hilfsverb betont werden. Es erscheint dann in der Vollform.
I **did bring** my umbrella with me, didn't I? I **do believe** it's going to be fine today. **Do take** your mackintosh with you.	Besteht das Prädikat nur aus einem Vollverb, so kann (als Ersatz) eine betonte *do*-Form (+ Infinitiv) verwendet werden. Hier ist auch im schriftlichen Gebrauch die Emphase erkennbar.

Anmerkung:
Zur Hervorhebung des Prädikats mit Hilfe des *what*-Spaltsatzes vgl. **339**.

336 Verwendung im Text (Use in texts)

Wenn der Sprecher das Vollverb besonders betont, so kontrastiert er damit gewöhnlich die Verbbedeutung mit einer anderen Verbbedeutung *(They're just arguing, not quarrelling)*. Emphatische *do*-Formen und andere betonte Hilfsverben haben dagegen vor allem folgende Wirkungen:

I *don't* care for Indian food, but I **do like** Chinese food.
They've got *no* Chop Suey left, but they **do** still **have** Sweet and Sour Prawns.

I **did enjoy** that curry. It was delicious. *(Dieses Currygericht hat mir wirklich geschmeckt.)*
You **must try** some of my bird's nest soup. It's awfully good. *(Du mußt unbedingt . . . .)*

- Sie betonen den positiven Charakter einer Aussage im Gegensatz zu einer negativen Aussage. Dabei erscheinen sie meist im Anschluß an einen verneinten Satz, zu dem sie im Kontrast stehen.
- Das betonte Hilfsverb kann aber auch eine besonders starke gefühlsmäßige Reaktion oder Einstellung ausdrücken. Dies kann spontan geschehen, bedarf also keiner Vorbereitung im Text.

337–338 Emphase durch Abweichung von der üblichen Wortstellung

(Emphasis through deviations from the usual word order)

337 Strukturen (Structures)

Die Stellung der Satzteile im Satz ist in unterschiedlichem Maße festgelegt:
Nichtnotwendige adverbiale Bestimmungen können in verschiedenen Stellungen auftreten (vgl. **142.1**).
Auch die Reihenfolge zweier Objekte hinter dem Prädikat ist z. T. variabel (vgl. **49–51**).
Relativ streng eingehalten wird jedoch die Reihenfolge Subjekt – Prädikat – Ergänzung(en), die für den Kern des Satzes gilt. Trotzdem sind auch hier unter bestimmten Bedingungen Abweichungen möglich:

1. Wortstellung Ergänzung – Subjekt – Prädikat – Ergänzung

Ergänzung	Subjekt	Prädikat	Ergänzung	
For their third baby	they	chose	the name Victoria Alberta.	
Vicky	her friends	called	her	for short.
Onto her granny's lap	they	put	the squalling infant.	
His hundreds of photos	the proud father	showed	to anyone who was interested.	

Enthält ein Satz zwei notwendige Ergänzungen, so kann eine von ihnen am Satzanfang erscheinen; die andere steht dann am Satzende hinter dem Prädikat. Die Reihenfolge Subjekt–Prädikat bleibt – im Gegensatz zum Deutschen – erhalten. Bei dieser Wortstellung nimmt ein direktes Objekt meist die Endstellung ein (Satz 1–3), seltener die Anfangsstellung (letzter Satz).

2. Wortstellung mit Inversion von Subjekt und Vollverb (Vollinversion)

Ergänzung	Prädikat	Subjekt
From the radio	came	the schmaltzy tones of David Dobson's latest hit.
Equally inexplicable	remains	this second-rate group's continued popularity.
At the top of the charts	is	'Sweet Dreams'.
Onto the stage	leapt	the band.

Diese Wortstellung kommt nur vor, wenn der Satz nur **eine** Ergänzung enthält. Dabei erscheint das Subjekt am Satzende und damit hinter dem Prädikat. Diese Umstellung, die wir als **Vollinversion** bezeichnen, tritt jedoch nur ein, wenn das Subjekt (meist ein Nomen oder eine Nominalgruppe) betont ist. Dagegen bleibt die Reihenfolge Subjekt – Prädikat erhalten, wenn das Subjekt (meist ein Pronomen) wesentlich weniger betont ist als das Verb oder die vorangestellte Ergänzung:

To this they **didn't reply.** Out of the room the two of them **stormed.**
Embarrassing it was. **A terrible mess** these people left.

3. Wortstellung mit Inversion von Subjekt und Hilfsverb (Teilinversion)

Adv. Bestimmung/ Ergänzung	Hilfsverb/ *be* als Vollverb	Subjekt	(Hilfsv.)	Vollverb	Rest des Satzes bzw. Satzgefüges
Not for anything in the world	would	John	have	entered	that room again.
Scarcely	had	they		arrived	when mysterious things started to happen.
Not a single word	did	he		speak	for the rest of the evening.
So great	was	her relief			that she burst into tears.

Diese Wortstellung tritt auf, wenn der einleitende Satzteil eine Verneinung, eine Einschränkung (*scarcely, hardly,* etc.) oder eine Verstärkung enthält (*so* + Adjektiv, etc.).
Hier steht – wie im Fragesatz – das Subjekt hinter dem (ersten) Hilfsverb bzw. hinter der *be*-Form (Teilinversion, vgl. **21**). Ist kein Hilfsverb vorhanden, so tritt eine *do*-Form ein (außer beim Vollverb *be,* das nicht mit *do* umschrieben wird, vgl. **19** Anm. 1).

Anmerkungen:

1. Inversion kann sich auch durch Aufteilung einer *Progressive Form* oder einer passiven Verbform ergeben. Dabei steht das Vollverb und seine Ergänzungen am Satzanfang, das Subjekt am Satzende:
   Dancing a Scottish reel **are** a group of folk-dancers from Braemar.
   Slung round his neck **was** a tartan scarf.

2. Vor allem im mündlichen Sprachgebrauch kann auch eine Ergänzung aus einem nachfolgenden Nebensatz am Beginn des Satzgefüges erscheinen:
   Chocolate I don't think I'll ever be able to give up. (Vgl. I don't think (that) I'll ever be able to give up chocolate.)

3. Varianten der Wortstellung sind vor allem in Aussagesätzen möglich. Doch auch in Aufforderungssätzen kommt es zu gewissen Abweichungen:
   Down you come. (Vgl. Come down.)   Out you go. (Vgl. Go out.)

338 Verwendung zur Textverknüpfung, Hervorhebung und Informationsgliederung

(Use for cohesion, emphasis and the structuring of information)

Mit der Abweichung von der Wortstellung Subjekt-Prädikat-Ergänzung(en) kann der Sprecher verschiedene Ziele verfolgen:

1. Hervorhebung des Satzteils, der in die Endstellung rückt

Diese Funktion hat die Umstellung meistens, wenn eine von zwei Ergänzungen allein am Satzende bleibt (vgl. **337**.1) und immer, wenn das Subjekt in der betonten Endstellung erscheint (vgl. **337**.2). Oft wird das Gewicht des nachgestellten Satzteils noch durch Zusätze (z. B. Attribute, anschließende Aufzählungen) verstärkt.
Welche Rolle diese emphatische Wortstellung bei der Textverknüpfung spielt, hängt vom einleitenden Satzteil ab:

New York's subway is showing its age. **To this indisputable fact** must be attributed *its numerous failings:* it is smelly, dirty, smeared with graffiti and prone to breakdowns.
(Vgl. Subjekt in Anfangsstellung: **... This indisputable fact** explains *its numerous failings ...* .)

- Der einleitende Satzteil kann an etwas bereits Genanntes anknüpfen, das dann im restlichen Satz weiter ausgeführt wird (vgl. die wichtigste Funktion des Subjekts in Anfangsstellung, **330**).
  Diesen Rückbezug zeigt z. B. der Demonstrativbegleiter *this* in unserem Beispiel an.
  Eine solche Art der Textverknüpfung kommt vor allem im förmlichen Stil vor.

A lot has been talked about the failings of the New York subway. **Much more to the point,** however, is *the essential contribution it makes to the functioning of a city of over ten million people.*

- Der einleitende Satzteil kann auch einen Kontrast zu etwas vorher Gesagtem (oder Mitverstandenem) ausdrücken, der dann weiter ausgeführt wird (ebenfalls vorwiegend im förmlichen Stil).

It was shortly before eight when we arrived breathless on platform 2 of Times Square Subway Station. **In** came *the train*. The doors opened and **onto the platform** surged *a huge crowd of commuters from the Bronx all in a hurry to get to work.*

- Erscheint eine notwendige Orts- oder Richtungsangabe am Satzanfang, so wirkt sie meist als dramatische Ankündigung des Handlungshöhepunkts und setzt eine vorbereitende Beschreibung von Handlung oder Situation voraus.

2. Hervorhebung des Satzteils, der in die Anfangsstellung rückt

Diese Funktion hat die Umstellung vor allem in kurzen Sätzen, die wenig wirklich neue Information enthalten. Die vorangestellte Ergänzung (häufig eine Richtungsangabe) drückt meist eine gefühlsmäßige Einstellung des Sprechers aus und trägt die Hauptbetonung. Das nachfolgende Subjekt (meist ein Personalpronomen, vgl. **337**.2) und das Verb vermitteln bekannte oder erwartete Information und treten deshalb in den Hintergrund. Aufgrund dieser Eigenschaften werden solche Sätze im Text vor allem folgendermaßen verwendet:

... He had never been on a 10 m diving-board before. Cautiously he moved towards the edge of the board. He closed his eyes and, taking a deep breath, **down** he jumped.

Policeman to driver going wrong way down one-way street: "Didn't you see the arrows?"
Driver: "**Arrows** you said? I didn't even see the Indians."

- als abschließender Höhepunkt einer Handlung, der inhaltlich aber nur die Bestätigung dessen bringt, was vorher schon angekündigt wurde. Diese Verwendung ist typisch für spannende Erzählungen, Sportreportagen, etc.
- als spontane Reaktion auf eine Äußerung, wobei der Restsatz gleichsam an den einleitenden Satzteil angehängt wird. Solche Konstruktionen ergeben sich meist im mündlichen Sprachgebrauch.

Anmerkungen:

1. Auch in Aufforderungssätzen, die mit *in, out, up, down* etc. beginnen, ist die entscheidende Aussage in der einleitenden adverbialen Bestimmung enthalten:
   Out you come. Down you come. On you go. etc.

2. Betonte satzeinleitende Ergänzungen können auch an etwas bereits Genanntes anknüpfen und gleichzeitig einen Kontrast zum nachfolgenden Satz ankündigen:
   The crossword's easy. – **Easy** it may be, but it's taking me an awful long time.
   I showed him two ways of doing the puzzle – **one** he understood right away, but **the other** he couldn't make head or tail of.

3. Vorwegnahme des negativen, einschränkenden oder verstärkenden Elements

Normalerweise erscheint ein negatives, einschränkendes oder verstärkendes Element im Satzinnern. Erscheint es am Satzanfang, so legt der Sprecher (bzw. Autor) von vornherein den negativen oder positiven Gesichtspunkt fest, unter dem die Aussage betrachtet werden soll. Meist handelt es sich bei dem vorangestellten Satzteil um eine adverbiale Bestimmung. (Vgl. die rahmensetzende Funktion anderer adverbialer Bestimmungen in Anfangsstellung, **330**.)

Die Vorwegnahme eines solchen Elements bedingt Teilinversion (Hilfsverb – Subjekt – Vollverb, vgl. **337**.3). Sie ist nur im förmlichen Stil üblich, dort aber recht verbreitet.

Around 1920 the decline of the British Empire began. **No longer** was Britain's dominance of the seas unquestioned, **nor** could Britain maintain its industrial and financial supremacy. **In vain** did some politicians try to uphold the idea of Britain's special role in the world.

Ghandi was the most influential figure India had produced for centuries. **So highly** revered [-'-] *(verehrt)* was he by millions of his countrymen that they treated him as a saint.

Steht eine **verneinende** adverbiale Bestimmung in Anfangsstellung, so kündigt sie oft eine Fortsetzung und Steigerung der Aussage des vorangehenden Satzes an. Negative Bedeutung haben z. B. *nor/neither* (auch nicht), *never, in vain* (vergeblich), *no longer* und andere Kombinationen mit *no.*

Eine ähnliche textverknüpfende Wirkung haben auch **verstärkende** adverbiale Bestimmungen. Dazu gehören *well* (durchaus, sehr wohl), *many a time, so highly, to such an extent* und andere Kombinationen mit *many, so, such.*

India's struggle for independence lasted many years. **No sooner** was it granted, however, than terrible violence broke out. **Only after much suffering** was an uneasy peace established.

Einschränkende adverbiale Bestimmungen, z. B. *hardly/scarcely/barely/little/no sooner* (kaum) sowie Kombinationen mit *only* (erst), leiten oft eine dramatische, unerwartete Wende des Handlungsgangs (also einen Kontrast) ein.

Anmerkungen:

1. Soweit die oben genannten adverbialen Bestimmungen in der Umgangssprache üblich sind, stehen sie dort teils in Binnen-, teils in Endstellung (vgl. Kap. 5). Gebräuchlich sind allerdings auch in der Umgangssprache Kurzsätze, die mit *nor/neither* beginnen (vgl. **34**):

   Independence had **scarcely** been granted when terrible violence broke out.
   I've never been to India. – **Nor** have I.

2. Meist liegt auch bei der Voranstellung solcher adverbialer Bestimmungen der Informationsschwerpunkt und damit die Hauptbetonung am Ende des Satzes bzw. Satzgefüges. Das gleiche gilt, wenn eine durch *so* oder *such* verstärkte Ergänzung (bzw. *such* allein) am Satzanfang steht. Sie kündigt meist eine Fortsetzung und Steigerung der vorangehenden Aussage an:

   The two figure skaters left the ice after their programme. **So breathless** were they that they could hardly speak.
   They waited expectantly for the judges' verdict. **Such good marks** did they get that the medal was almost certainly theirs.
   Such was the grace and musicality of the ice-dancers' performance that the spectators applauded frantically.

Dagegen trägt ein verneintes Objekt in Anfangsstellung die Hauptbetonung im Satz. Es knüpft bekräftigend an das vorher Gesagte an, während Subjekt und Prädikat nur bekannte oder erwartete Information enthalten (vgl. die in **338**.2 beschriebene Art der Textverknüpfung):

   The trainer was very pleased. **Not one mistake** had his young pupil made.

339–340 Spaltsätze (Cleft sentences)

339 Strukturen (Structures)

Die Bezeichnung „Spaltsatz" drückt die Vorstellung aus, daß ein Ausgangssatz in zwei Teile aufgespalten wird, ohne daß zusätzliche bedeutungstragende Elemente hinzukommen.
Man unterscheidet *it*-Spaltsätze und *what*-Spaltsätze:

(Ausgangssatz: Jim broke his leg last week when he was skiing.)

It-Spaltsätze:
It was **Jim**//who broke his leg last week.
It was **his leg**// (that) Jim broke last week.
It was only **last week**//that Jim broke his leg.
It was **when he was skiing**//that Jim ...

Der *it*-Spaltsatz wird durch das Strukturwort *it* und eine Singularform von *be* eingeleitet. (Singular auch dann, wenn ein Nomen im Plural folgt: *It **was** both legs that Peter broke.*)
Außer dem Prädikat kann praktisch jeder Satzteil (auch ein adverbialer Nebensatz) des Ausgangssatzes am Ende des ersten Teils stehen: Die restlichen Satzteile werden in Form eines Relativsatzes oder eines *that*-Satzes angeschlossen. (Ein *that*-Satz schließt sich an, wenn im ersten Teilsatz eine adverbiale Bestimmung steht, vgl. *last week, when he was skiing.*)

What-Spaltsätze:
What Jim broke (last week) //was **his leg.**
What Jim did (last week) //was **(to) break his leg!**
(Ausgangssatz: He was skiing at the time. →)
What he was doing at the time//was **skiing.**

Beim *what*-Spaltsatz wird der erste Teil durch *what* + Subjekt, der zweite durch eine Form von *be* eingeleitet. Dabei ergeben sich zwei Möglichkeiten:

- Der zweite Teil enthält nur die Ergänzung des Prädikats (meist ein direktes Objekt, jedoch nie eine Personenbezeichnung). Das Prädikat bleibt im ersten Teil.
- Der zweite Teil enthält das Vollverb des Ausgangssatzes (Infinitiv mit oder ohne *to* bzw. *Present Participle*) und seine Ergänzung. Im ersten Teil wird das Vollverb durch eine Form von *do* vertreten.

Anmerkungen:

1. *It*-Spaltsätze können auch in Form von Fragesätzen auftreten:
   Was it last week that Jim broke his leg? — When was it that Jim broke his leg?

2. Enthält ein *what*-Spaltsatz zwei Ergänzungen, so ergeben sich folgende Stellungsmöglichkeiten:
   What she brought *me*//was *a magazine to read.* (Prädikat + eine Ergänzung im ersten Teil, andere Ergänzung im zweiten Teil)
   What she did//was bring *me a magazine to read.* (*do*-Form im ersten Teil, beide Ergänzungen im zweiten Teil)

340 Verwendung zur Textverknüpfung, Hervorhebung und Informationsgliederung

(Use for cohesion, emphasis and the structuring of information)

1. Der *it*-Spaltsatz

The metric system is used in most European countries. It was **Napoleon**//who introduced *it*. (Napoleon: neu; it: bekannt)	Im *it*-Spaltsatz enthält der erste Teil das Element mit der wichtigsten neuen Information, das die Hauptbetonung trägt. Der zweite Teil greift dagegen meist Bekanntes wieder auf.
The earliest measurements were based on the size of a man's thumb, foot, step, etc. and varied from country to country and even from place to place. It was **the metric system** which put an end to this diversity. You must have packed a lot of clothes in this suitcase. It weighs a ton. – No, it's **all those books** that are in it that make it so heavy.	Meist drückt der hervorgehobene Satzteil einen Kontrast aus, der durch den vorherigen Verlauf des Textes oder Gesprächs gerechtfertigt sein muß. *It*-Spaltsätze erscheinen deshalb kaum zu Beginn eines Text- oder Gesprächsabschnittes, sondern im **Textinnern.** Hier sind sie ein mündlich wie schriftlich sehr verbreitetes Mittel der Emphase.
The theory of universal gravitation was first developed by Newton. It was **a falling apple** that made him hit on the idea. *(Ein fallender Apfel brachte ihn auf den Gedanken.)*	Im Deutschen ist zwar z. T. eine vergleichbare Konstruktion mit dem Strukturwort *es* möglich, sie ist jedoch viel seltener. Meist verwendet man einfache Sätze, in denen das hervorgehobene Element beim Sprechen besonders betont wird.

Anmerkungen:

1. Im förmlichen Stil werden *it*-Spaltsätze auch dann verwendet, wenn beide Teile neue Informationen enthalten. Der zweite Teil ist dabei oft sehr lang und enthält die eigentlich wichtige Information, obwohl der Sprecher oder Autor sie durch diese Konstruktion als bekannt oder selbstverständlich hinstellt. Der erste Teil enthält meist eine adverbiale Bestimmung, die den Rahmen für den Rest des Satzgefüges absteckt. In dieser Funktion erscheinen *it*-Spaltsätze gelegentlich auch zu Beginn eines Textes oder Abschnitts:
   It was at the turn of the century that the first films appeared: mainly newsreels and simple short comedies.

2. Durch einen *it*-Spaltsatz kann auch die noch förmlicher wirkende Konstruktion mit einer einschränkenden adverbialen Bestimmung in Anfangsstellung und Teilinversion vermieden werden (vgl. **337.3, 338.3**):
   Not until the late fifties **did** television really **catch on** in Britain.
   It was not until the late fifties **that** television really **caught on** in Britain.

2. Der *what*-Spaltsatz

She hates living alone in that isolated house. What she *fears* most//is **burglary.** (fears most: bekannt; burglary: neu)	Beim *what*-Spaltsatz greift der erste Teil Bekanntes oder Erschließbares auf, das aber besonders betont oder gesteigert wird. Die eigentliche neue Information ist im zweiten Teil enthalten. Dabei hat jeder der beiden Teile eine besonders betonte Silbe.
When our neighbours returned from holiday, they found their house stripped of all its furniture. *What the thieves had done* was (to) come with a removal van in the night and simply load everything into it.	Auch *what*-Spaltsätze erscheinen vor allem im **Textinnern.** Dabei kann der *what*-Teil einen vorhergehenden Textabschnitt direkt oder indirekt nochmals zusammenfassen.

That petty crime is on the increase is a wellknown fact. *What is really worrying,* however, is the fact that the number of young offenders is rising so much.

What we want to discuss today is the increase in shop-lifting and its possible causes.
What I wanted to tell you is that my purse wasn't stolen after all. It was found behind a bench.

What we need is a plan of the house. *(Was wir brauchen, ist ein Plan des Hauses.)*
What is most puzzling about the whole thing is that there were no footprints at all in the garden. *(Das Rätselhafte an der ganzen Sache ist, . . .)*

Ebenso kann der *what*-Teil eine Bewertung ausdrükken, unter der das Nachfolgende gesehen werden soll (rahmensetzende Funktion); diese Bewertung steht oft im Kontrast zu etwas vorher Gesagtem oder Mitverstandenem.

Am **Beginn eines Text- oder Gesprächsabschnitts** treten nur floskelhafte *what*-Sätze auf, mit denen die Aufmerksamkeit des Lesers oder Zuhörers geweckt werden soll.

Im Deutschen gibt es eine entsprechende Spaltsatzkonstruktion mit *was* (bzw. *wofür, worüber,* etc.); allerdings werden im Deutschen an ihrer Stelle häufig einfache Sätze verwendet, vor allem Sätze mit nominalisiertem Adjektiv (vgl. **135**).

341–342 Die *there*-Konstruktion (The *there*-construction)

341 Strukturen: *There* mit *be* und mit anderen Verben (*There* with *be* and other verbs)

Auf das (stets unbetonte) Strukturwort *there* folgt meist eine Form von *be,* manchmal aber auch ein anderes Verb.

1. *There* mit einer Form von *be*

Formales Subjekt	*Be*-Form		Sinnsubjekt		Partizip	Adverbiale Bestimmung oder Ergänzung
There	**is**		a bus stop			across the road.
		(Vgl.:	The bus stop	is		across the road.)
There	**are**		lots of people		**queuing**	already.
		(Vgl.:	Lots of people	are	queuing	already.)
There	**have been**		many complaints		**made**	about the new fares.
		(Vgl.:	Many complaints	have been	made	about the new fares.)

Dabei kann *be* als Vollverb erscheinen und steht vor dem Sinnsubjekt (Beispiel 1).
Be kann aber auch als Hilfsverb zur Bildung einer *Progressive Form* oder einer Passivform erscheinen (Beispiel 2 und 3). In diesem Fall steht die *be*-Form vor dem Sinnsubjekt, das *Present* oder *Past Participle* dahinter.
Die Konstruktion mit dem *Present Participle* entspricht allerdings nicht immer einer *Progressive Form.* Sie kann auch einem Satz mit *Simple Present* oder *Simple Past* entsprechen:

There	**is**		a coach	**leaving** at ten.
		(Vgl.:	The coach	leaves at ten.)

2. *There* mit *Simple-Present*-Formen und *Simple-Past*-Formen anderer Verben

At last	**there appeared**	a speck of light		in the distance.
(Vgl. At last		a speck of light	appeared	in the distance.)
Suddenly	**there rose**	through the air an ear-piercing scream.		
(Vgl. Suddenly		an ear-piercing scream rose through the air.)		

Diese *there*-Konstruktion ist vor allem mit den Verben *appear, remain, come* und *follow* üblich.
Außerdem erscheint sie – jedoch fast nur im literarischen Stil – bei einer Reihe weiterer, stets intransitiv gebrauchter Verben, z. B. bei *lie, spread, rise.*

Anmerkungen:

1. Die *be*-Form der *there*-Konstruktion richtet sich im Numerus gewöhnlich nach dem folgenden Sinnsubjekt. In der Umgangssprache wird singularisches *there is* jedoch gelegentlich mit einem Sinnsubjekt im Plural verbunden:
   There**'s** two cracks in the ceiling here. (statt: There **are** two cracks in the ceiling here.)

2. Das Strukturwort *there* kann im literarischen Stil entfallen, wenn eine Orts- oder Richtungsangabe vorausgeht. In diesem Fall handelt es sich um die in **337.2** beschriebene Wortstellung mit Vollinversion:
   On the floor (there) lay a shattered statue.
   From the damp walls (there) came a musty smell.

3. Die *there*-Konstruktion kann auch mit dem Infinitiv oder *Gerund* verbunden werden (vgl. **263.2**, **277** Anm. 2):
   There is so much to do. There remains much to be discussed.
   There is no denying the fact that we haven't got very far yet.

342 Verwendung zur Informationsgliederung (Use for the structuring of information)

Das Strukturwort *there* signalisiert, daß der ganze restliche Satz (besonders auch das Sinnsubjekt) neue Informationen enthält:

There was *a* large crowd of spectators waiting outside the courtroom when the prisoner arrived. He was hurried inside among jeers and catcalls.

The street market was in full swing. **There was** *every kind of* commodity you could think of being offered. At one end **there were** fruit and vegetables for sale, and at the other puppies and cage-birds. **There were** stalls selling genuine antiques and **there were** stalls selling just junk. And above all **there was** *an* incredible noise.

Im Text wird die *there*-Konstruktion vor allem dann verwendet, wenn jemand oder etwas erstmals eingeführt wird. Sie ist daher oft mit dem unbestimmten Artikel oder indefiniten Pronomen oder Begleitern verbunden und erscheint häufig zu Beginn eines Text- oder Gesprächsabschnitts.
Im fortlaufenden Text dient sie zur Aneinanderreihung von Fakten und Beobachtungen.

Hot and thirsty though he was, he dared not stop for a rest. At the back of his mind **there was** always *the* fear of arriving too late to save his friend.
(Vgl.: He was afraid of arriving too late to save his friend. *This fear* haunted him as he rode through the dark.)

Mit einem bestimmten Artikel, Possessivbegleiter, etc. wird die *there*-Konstruktion nur dann verbunden, wenn an einen besonders wichtigen Gesichtspunkt erinnert wird.
(Normalerweise verwendet man, wenn man an etwas Bekanntes anknüpft, Sätze mit Subjekt in Anfangsstellung: vgl. **330**.)

Anmerkungen:

1. Die *there*-Konstruktion erscheint auch in Nebensätzen, Fragesätzen sowie in Kurzantworten und Bestätigungsfragen (im Anschluß an vollständige Sätze mit *there* als formalem Subjekt):
   I don't think (that) **there's** anything wrong with that.
   Is there any point in following it up? – No, **there isn't.**
   There aren't any other problems needing attention, **are there?**

2. Das unbetonte Strukturwort *there* darf nicht mit dem betonten Orts- und Richtungsadverb *there* verwechselt werden, das ebenfalls am Satzanfang erscheinen kann:
   There he comes. **There**'s our bus. **There,** on the mat, lay the long-awaited letter.

Anhang

343 Alphabetische Liste der wichtigsten unregelmäßigen Verben

(Alphabetical list of the most important irregular verbs)

arise [aɪ]	arose [əʊ]	arisen [ɪ]	*sich erheben*
awake [eɪ]	awoke [əʊ]	awoke(n), awaked	*erwachen*
be [i:]	was [ɒ]	been [i:]	*sein*
bear [eə]	bore [ɔ:]	borne, born [ɔ:]	*(er)tragen, gebären*
beat [i:]	beat [i:]	beaten [i:]	*schlagen*
become [ʌ]	became [eɪ]	become [ʌ]	*werden*
begin [ɪ]	began [æ]	begun [ʌ]	*anfangen*
bend [e]	bent [e]	bent	*beugen, biegen*
bet [e]	bet, betted	bet, betted	*wetten*
bid [ɪ]	bade [bæd]	bidden	*heißen, gebieten*
bid	bid	bid	*(Preis) bieten*
bind [aɪ]	bound [aʊ]	bound	*binden*
bite [aɪ]	bit [ɪ]	bitten [ɪ], bit	*beißen*
bleed [i:]	bled [e]	bled	*bluten*
blow [əʊ]	blew [u:]	blown [əʊ]	*blasen*
break [eɪ]	broke [əʊ]	broken [əʊ]	*(zer)brechen*
breed [i:]	bred [e]	bred	*brüten, züchten*
bring [ɪ]	brought [ɔ:]	brought	*bringen*
broadcast [ɑ:]	broadcast, broadcasted	broadcast, broadcasted	*senden (Radio, TV)*
build [ɪ]	built [ɪ]	built	*bauen*
burn [3:]	burnt [3:], burned	burnt, burned	*(ver)brennen*
burst [3:]	burst	burst	*platzen*
buy [aɪ]	bought [ɔ:]	bought	*kaufen*
cast [ɑ:]	cast	cast	*werfen, (Metall) gießen*
catch [æ]	caught [ɔ:]	caught	*fangen*
choose [u:]	chose [əʊ]	chosen [əʊ]	*(aus)wählen*
cling [ɪ]	clung [ʌ]	clung	*sich (an)klammern*
come [ʌ]	came [eɪ]	come [ʌ]	*kommen*
cost [ɒ]	cost	cost	*kosten*
creep [i:]	crept [e]	crept	*kriechen*
cut [ʌ]	cut	cut	*schneiden*
deal [i:]	dealt [e]	dealt	*handeln (von), sich befassen (mit)*
dig [ɪ]	dug [ʌ]	dug	*graben*
do [u:]	did [ɪ]	done [ʌ]	*tun*
draw [ɔ:]	drew [u:]	drawn [ɔ:]	*zeichnen, ziehen*
dream [i:]	dreamt [e], dreamed [i:]	dreamt, dreamed	*träumen*
drink [ɪ]	drank [æ]	drunk [ʌ]	*trinken*
drive [aɪ]	drove [əʊ]	driven [ɪ]	*fahren, treiben*
dwell [e]	dwelt [e]	dwelt	*(ver)weilen, wohnen*
eat [i:]	ate [e/eɪ]	eaten [i:]	*essen*
fall [ɔ:]	fell [e]	fallen [ɔ:]	*fallen*
feed [i:]	fed [e]	fed	*füttern*
feel [i:]	felt [e]	felt	*(sich) fühlen, sich anfühlen*
fight [aɪ]	fought [ɔ:]	fought	*kämpfen*
find [aɪ]	found [aʊ]	found	*finden*
flee [i:]	fled [e]	fled	*fliehen*
fling [ɪ]	flung [ʌ]	flung	*schleudern, werfen*

fly [aɪ]	flew [uː]	flown [əʊ]	*fliegen*
forbid [ɪ]	forbad(e) [æ]	forbidden [ɪ]	*verbieten*
forecast [ɑː]	forecast, forecasted	forecast, forecasted	*vorhersagen*
forget [e]	forgot [ɒ]	forgotten [ɒ]	*vergessen*
forgive [ɪ]	forgave [eɪ]	forgiven [ɪ]	*vergeben, verzeihen*
freeze [iː]	froze [əʊ]	frozen [əʊ]	*erfrieren*
get [e]	got [ɒ]	got	*bekommen, werden*
give [ɪ]	gave [eɪ]	given [ɪ]	*geben*
go [əʊ]	went [e]	gone [ɒ]	*gehen, fahren*
grind [aɪ]	ground [aʊ]	ground	*mahlen*
grow [əʊ]	grew [uː]	grown [əʊ]	*wachsen, anbauen*
hang [æ]	hung [ʌ]	hung	*(auf)hängen*
	hanged	hanged	*an den Galgen hängen*
have [æ]	had [æ]	had	*haben*
hear [ɪə]	heard [ɜː]	heard	*hören*
hide [aɪ]	hid [ɪ]	hidden [ɪ]	*(sich) verstecken*
hit [ɪ]	hit	hit	*schlagen, treffen*
hold [əʊ]	held [e]	held	*halten*
hurt [ɜː]	hurt	hurt	*verletzen, wehtun*
keep [iː]	kept [e]	kept	*(be)halten, aufbewahren*
kneel [iː]	knelt [e]	knelt	*knien*
knit [ɪ]	knitted, knit	knitted, knit	*stricken*
know [əʊ]	knew [juː]	known [əʊ]	*wissen, kennen*
lay [eɪ]	laid [eɪ]	laid	*legen, (Tisch) decken*
lead [iː]	led [e]	led	*führen, leiten*
lean [iː]	leant [e], leaned [iː]	leant, leaned	*lehnen*
leap [iː]	leapt [e], leaped [iː/e]	leapt, leaped	*springen*
learn [ɜː]	learnt [ɜː], learned	learnt, learned	*lernen, erfahren*
leave [iː]	left [e]	left	*(zurück-/ver) lassen, weggehen*
lend [e]	lent [e]	lent	*leihen*
let [e]	let	let	*lassen, vermieten*
lie [aɪ]	lay [eɪ]	lain [eɪ]	*liegen*
light [aɪ]	lit [ɪ], lighted	lit, lighted	*anzünden, erleuchten*
lose [uː]	lost [ɒ]	lost	*verlieren*
make [eɪ]	made [eɪ]	made	*machen*
mean [iː]	meant [e]	meant	*meinen, bedeuten*
meet [iː]	met [e]	met	*begegnen, (sich) treffen*
mistake [eɪ]	mistook [ʊ]	mistaken [eɪ]	*verwechseln*
mow [əʊ]	mowed	mown	*mähen*
pay [eɪ]	paid [eɪ]	paid	*(be)zahlen*
put [ʊ]	put	put	*legen, setzen, stellen*
quit [ɪ]	quit, quitted	quit, quitted	*aufgeben, aufhören, verlassen*
read [iː]	read [e]	read [e]	*lesen*
rend [e]	rent [e]	rent	*zerreißen*
rid [ɪ]	rid	rid	*loswerden, befreien (von)*
ride [aɪ]	rode [əʊ]	ridden	*reiten, fahren*
ring [ɪ]	rang [æ]	rung [ʌ]	*läuten, anrufen*
rise [aɪ]	rose [əʊ]	risen [ɪ]	*aufstehen, aufgehen*
run [ʌ]	ran [æ]	run [ʌ]	*rennen, laufen*
saw [ɔː]	sawed [ɔː]	sawn [ɔː], sawed	*sägen*
say [eɪ]	said [e]	said	*sagen*
see [iː]	saw [ɔː]	seen [iː]	*sehen*
seek [iː]	sought [ɔː]	sought	*suchen*
sell [e]	sold [əʊ]	sold	*verkaufen*
send [e]	sent	sent	*schicken*
set [e]	set	set	*setzen, stellen*
sew [əʊ]	sewed [əʊ]	sewn [əʊ]	*nähen*

shake [eɪ]	shook [ʊ]	shaken [ei]	*schütteln*
shed [e]	shed	shed	*vergießen, sich entledigen*
shine [aɪ]	shone [ɒ]	shone	*scheinen, glänzen*
shoot [u:]	shot [ɒ]	shot	*schießen, erschießen*
show [əʊ]	showed [əʊ]	shown [əʊ], showed	*zeigen*
shrink [ɪ]	shrank [æ], shrunk [ʌ]	shrunk	*schrumpfen, zurückschrecken*
shut [ʌ]	shut	shut	*zumachen, schließen*
sing [ɪ]	sang [æ]	sung [ʌ]	*singen*
sink [ɪ]	sank [æ]	sunk [ʌ]	*sinken, versenken*
sit [ɪ]	sat [æ]	sat	*sitzen, sich setzen*
slay [eɪ]	slew [u:]	slain [eɪ]	*erschlagen*
sleep [i:]	slept [e]	slept	*schlafen*
slide [aɪ]	slid [ɪ]	slid	*gleiten*
sling [ɪ]	slung [ʌ]	slung [ʌ]	*schleudern, werfen*
slink [ɪ]	slunk [ʌ]	slunk	*schleichen*
slit [ɪ]	slit	slit	*(auf)schlitzen*
smell [e]	smelt [e], smelled	smelt, smelled	*riechen*
sow [əʊ]	sowed [əʊ]	sown [əʊ]	*säen*
speak [i:]	spoke [əʊ]	spoken [əʊ]	*sprechen*
speed [i:]	sped [e], speeded	sped, speeded	*schnell fahren, sich beeilen*
spell [e]	spelt [e], spelled	spelt, spelled	*buchstabieren*
spend [e]	spent [e]	spent	*ausgeben, verbringen*
spill [ɪ]	spilt [ɪ], spilled	spilt, spilled	*verschütten*
spin [ɪ]	spun [ʌ], span [æ]	spun	*spinnen*
spit [ɪ]	spat [æ]	spat	*spucken*
split [ɪ]	split	split	*(sich) spalten*
spoil [ɔɪ]	spoilt [ɔɪ], spoiled	spoilt, spoiled	*verderben*
spread [e]	spread [e]	spread	*(sich) aus-/verbreiten*
spring [ɪ]	sprang [æ]	sprung [ʌ]	*springen*
stand [æ]	stood [ʊ]	stood	*stehen*
steal [i:]	stole [əʊ]	stolen [əʊ]	*stehlen*
stick [ɪ]	stuck [ʌ]	stuck	*(an)stecken, (an)kleben*
sting [ɪ]	stung [ʌ]	stung	*stechen*
stink [ɪ]	stank [æ], stunk [ʌ]	stunk	*stinken*
stride [aɪ]	strode [əʊ]	stridden [ɪ]	*schreiten*
strike [aɪ]	struck [ʌ]	struck	*stoßen, schlagen*
string [ɪ]	strung [ʌ]	strung	*(auf einer Schnur) aufziehen, besaiten*
strive [aɪ]	strove [əʊ]	striven [ɪ]	*(an)streben*
swear [eə]	swore [ɔ:]	sworn [ɔ:]	*schwören, fluchen*
sweep [i:]	swept [e]	swept	*fegen, kehren*
swell [e]	swelled [e]	swollen [əʊ], swelled [e]	*(an)schwellen*
swim [ɪ]	swam [æ]	swum [ʌ]	*schwimmen*
swing [ɪ]	swung [ʌ]	swung	*schwingen, schwenken*
take [eɪ]	took [ʊ]	taken [eɪ]	*nehmen, bringen*
teach [i:]	taught [ɔ:]	taught	*lehren*
tear [eə]	tore [ɔ:]	torn [ɔ:]	*zerreißen*
tell [e]	told [əʊ]	told	*erzählen, sagen*
think [ɪ]	thought [ɔ:]	thought	*denken, glauben*
thrive [aɪ]	throve [əʊ]	thriven [ɪ]	*gedeihen*
throw [əʊ]	threw [u:]	thrown [əʊ]	*werfen*
thrust [ʌ]	thrust	thrust	*stoßen*
tread [e]	trod [ɒ]	trodden [ɒ], trod	*treten*
understand [æ]	understood [ʊ]	understood	*verstehen*
upset [e]	upset	upset	*aus der Fassung bringen, umstoßen*
wake [eɪ]	woke [əʊ], waked [eɪ]	woken [əʊ], waked	*(auf)wecken, aufwachen*
wear [eə]	wore [ɔ:]	worn [ɔ:]	*(Kleider) tragen, abnutzen*
weave [i:]	wove [əʊ]	woven [əʊ]	*weben*

wed [e]	wedded, wed [e]	wedded, wed	*heiraten*
weep [iː]	wept [e]	wept	*weinen*
win [ɪ]	won [ʌ]	won	*gewinnen*
wind [aɪ]	wound [aʊ]	wound	*winden, (Uhr) aufziehen*
wring [ɪ]	wrung [ʌ]	wrung	*auswringen*
write [aɪ]	wrote [əʊ]	written [ɪ]	*schreiben*

Anmerkung:
Verben, die von unregelmäßigen Verben abgeleitet sind, haben fast immer die gleichen unregelmäßigen *Past-Tense-* und *Past-Participle*-Formen wie das Grundwort: vgl. (in der Tabelle) *get – forget, take – mistake,* etc. Weitere Beispiele: *overcome, oversee, overhear, overrun; rebuild, rewrite, retell; outdo, outgrow, outshine,* etc.

344–348 Alphabet, Schreibregeln und Zeichensetzung
(The alphabet, spelling and punctuation)

344 Das englische Alphabet (The English alphabet)

a	b	c	d	e	f	g	h	i	j	k	l	m	n
[eɪ]	[biː]	[siː]	[diː]	[iː]	[ef]	[dʒiː]	[eɪtʃ]	[aɪ]	[dʒeɪ]	[keɪ]	[el]	[em]	[en]
o	p	q	r	s	t	u	v	w	x	y	z		
[əʊ]	[piː]	[kjuː]	[ɑː(r)]	[es]	[tiː]	[juː]	[viː]	[ˈdʌbljuː]	[eks]	[waɪ]	*Br.* [zed], *Am.* [ziː]		

345 Klein- und Großschreibung (Capitalization)

Außer am Satzanfang werden Wörter im Englischen normalerweise klein geschrieben. Großschreibung haben (neben dem Personalpronomen *I* sowie *He* für *God*) gewöhnlich nur Namen und namenähnliche Bezeichnungen. Dazu gehören:

Angela, Dave, Allen, the Smiths, John F. Kennedy, Joan of Arc, Emmy Lou Harris, Tiny Tim, Bugs Bunny, Rover, etc.	• Personennamen (Vor- und Nachnamen, Initialen, Spitznamen; auch Tiernamen, etc.);
Queen Elizabeth, Saint Peter, Ms Kelly, Dr Oates, General Sherman, Uncle Jack, Nurse Carey, etc. Please, Mother, don't tell Father what I said about Auntie! Mr President, what themes were discussed in your meeting with the Prime Minister? When appointed Secretary of State, he resigned his post as Professor of Political Science at Harvard.	• Titel, Verwandtschaftsbezeichnungen und (gelegentlich) Berufsbezeichnungen, wenn sie als Teil oder anstelle eines Personennamens verwendet werden; (Bezeichnungen für die Inhaber eines sehr hohen Amtes werden selbst dann groß geschrieben, wenn sie – oft mit Artikel – wie allgemeine Nomen verwendet werden.)
the United Nations, the Environmental Protection Agency, the Foreign Office, General Electric, the Mafia, the Sioux, the Conservatives, the Catholic Church, Christendom, the Middle Ages, World War II, etc.	• namenähnliche Bezeichnungen für wichtige Personengemeinschaften (Organisationen, Institutionen, Firmen, Volksgruppen, Religionen, politische Gruppen, etc.), geschichtliche Ereignisse und Epochen;
Melbourne, Alaska, the Rockies, Ben Nevis, the North Sea, Venus, the Great Bear, Broadway, Tower Bridge, the Statue of Liberty, The Welcome Inn, etc.	• geographische Namen, Namen von Gestirnen sowie Namen von Straßen, Plätzen, Gebäuden, Denkmälern, Gasthäusern, etc;
Chess for Beginners, Newsweek, The Times, Murder Most Foul, The Garden Party, My Fair Lady, When the Saints Go Marching In, the Magna Carta, the Immigration Act, etc.	• Buch-, Zeitschriften- und Zeitungstitel, Titel von Geschichten, Dramen, Filmen, Fernsehprogrammen, Liedern, Gedichten, Kapiteln, Dokumenten, Gesetzen, etc;
Tuesday, Good Friday, Easter, Halloween, May, etc.	• Wochentage, Feiertage, Monatsnamen.

Anmerkungen:

1. Groß geschrieben werden auch Adjektive und allgemeine Nomen, die von Namen abgeleitet sind:

   (Germany) – **G**erman efficiency – she is a **G**erman – to speak **G**erman
   (Queen Victoria) – **V**ictorian morals – an eminent **V**ictorian
   (the Catholic Church) – **C**atholic dogma – the **C**atholics – **C**atholicism

Einige Adjektive und allgemeine Nomen, die zwar nicht von Namen abgeleitet sind, aber eine ähnliche Bedeutung haben wie die oben aufgelisteten (Gruppenzugehörigkeit, Weltanschauung, etc.), werden manchmal groß, manchmal klein geschrieben (Bezeichnungen für Sprachen und Nationalitäten werden immer groß geschrieben):

   a **B**lack girl/a **b**lack girl, the **B**lacks/the **b**lacks, **S**ocialist ideals/**s**ocialist ideals, **C**ommunism/**c**ommunism, etc.
   an **E**speranto dictionary, to speak **E**speranto/**P**idgin/**D**utch, etc.

2. Bei mehrteiligen Namen und Titeln werden im Prinzip das erste Wort und die wichtigsten Wörter groß geschrieben – Artikel, Präpositionen und Konjunktionen werden also meist klein geschrieben. Ein Artikel als erstes Wort wird groß geschrieben, wenn er als Teil des Namens gilt:

   In **S**tratford **o**n **A**von we were introduced to **t**he Third **E**arl **o**f **M**arlborough.
   Did you see *Bonny and Clyde* on TV last night?
   I read it in *The Guardian*. (Auch: I read it in **t**he *Guardian*.)

346 Besonderheiten der Schreibung (Some spelling rules)

Werden Flexionsendungen (z. B. zur Bildung von Plural-, Tempus- und Steigerungsformen) oder Nachsilben an ein Grundwort angehängt, so verändert sich manchmal die Schreibung des Grundwortes. Die Änderungen dienen teils dazu, die Aussprache durch die veränderte Schreibung zu erhalten (*rip/ripper* [ɪ], *ripe/riper* [aɪ]), teils sind sie willkürlich (*dry/drier)*. Die wichtigsten Schreibregeln sind im Folgenden zusammengefaßt. (Weitere Einzelheiten vgl. **69**, **143** Anm. 1.)

rescue – rescuer – rescued, late – later – latest, free – freer – freest – freed, true – truer – truest	● **End-*e*** wird nie verdoppelt, entfällt also immer vor Endungen, die mit *e-* anfangen (*-er, -ed*, etc.).
rescue – rescuing, move – moving – movable, convince – convincible, stone – stony, nerve – nervous, base – basic	Es entfällt grundsätzlich auch vor Endungen, die mit einem anderen Vokal anfangen.
canoe [u:] – canoeing, tiptoe [əʊ] – tiptoeing, free – freeing, foresee – foreseeable	Beibehalten wird es aber zur Bewahrung der Aussprache von *-oe* [u:/əʊ] und *-ee* [i:] vor *-ing* und *-able*,
change – changeable, courage – courageous [-'eidʒ-] notice – noticeable, trace – traceable grace – gracious [ʃ]	sowie zur Bewahrung der Aussprache von *-g-* [dʒ] vor *-able* und *-ous* und von *-c-* [s] vor *-able*. (*-ce* wird zu *-ci-* [ʃ] vor *-ous*.)
die – dying, lie – lying, tie – tying, etc. (**Beachte:** dye – dyeing: *färben*)	● **End-*ie*** wird zu *-y-* vor *-ing*. (Wegen der dadurch entstehenden Gefahr der Verwechslung mit *die*, behält *dye* das End-*e* vor *-ing*.)
dry – dried – dries – drier – driest shy – shied (**Aber:** shy – shyer – shyest) pity – pitied – pities – pitiful – pitiless happy – happier – happiest – happily – happiness city – citify, forty – fortieth	● **End-*y*** nach Konsonant wird zu *-i-* (*-ie-)* vor den Endungen *-ed, -s, -er, -est*. (Ausnahmen: die Steigerungsformen einiger einsilbigen Adjektive.) Als unbetonte Endsilbe wird es außerdem zu *-i-* vor *-ly, -ful, -less, -ness, -fy* und *-eth*.
go – goes, do – does, potato – potatoes. (**Aber:** radio – radios)	● **End-*o*** wird vor *-s* oft zu *-oe-*. (Vgl. **69.**)
sad [æ] – sa**dd**er – sa**dd**en, shop [ɒ] – sho**pp**ing, regret [e] – regre**tt**ed – regre**tt**ing – regre**tt**able, bag [æ] – ba**gg**y, star [ɑ:(r)] – sta**rr**ed – sta**rr**y, control [əʊ] – contro**ll**able, occur [ɜ:(r)] – occu**rr**ed – occu**rr**ing – occu**rr**ence, prefer [ɜ:(r)] – prefe**rr**ed – prefe**rr**ing (**Aber:** preference ['---])	● **Einfache Endkonsonanten** werden vor den meisten vokalisch anlautenden Endungen (*-er, -est, -en, -ed, -ing, -ish, -y, -able, -ence, -ance)* verdoppelt, wenn der vorausgehende Vokal **betont** und einfach geschrieben ist. (Diese Verdoppelung dient meistens dazu, die Aussprache des Vokals zu erhalten.)

suffer – suffered, develop – developer, open – opening travel – travelled – traveller, pedal – pedalling, jewel – jeweller (*Am.:* traveler, pedaling, jeweler) worship – worship**p**er, handicap – handica**pp**ed, zigzag – zigza**gg**ing, panic – pani**ck**ed – pani**ck**y	Nach **unbetonten** Vokalen erfolgt normalerweise keine Verdoppelung. **Ausnahmen:** *-l* im britischen Englisch vor *-ed, -ing, -er, -est;* einige (meist zusammengesetzte) Wörter auf *-p* oder *-g* (vor allem im britischen Englisch); *-ic* wird zu *-ick-* vor *e, i* und *y.*
bench – benches, watch – watches, ash – ashes, box – boxes, buzz – buzzes, press – presses, lens – lenses, opus – opuses, gas *(v.)* – gasses, gas *(n.)* – gases, bus *(v.* oder *n.)* – buses	● **Nach *-ch, -sh, -x, -z, -s*** wird statt eines *-s* (Plural oder Verb-Endung) ein *-es* angehängt. Ein einfaches End-*s* wird dabei manchmal, aber nicht immer, nach der obigen Regel für Endkonsonanten verdoppelt.

347 Satzzeichen (List of punctuation marks)

.	full stop, period	-	hyphen ['haɪfən] *(Bindestrich)*
,	comma	“ ”	(double) quotation marks, inverted commas
;	semi-colon [semɪ'kəʊlən]	‘ ’	(single) quotation marks, inverted commas
:	colon	’	apostrophe [ə'pɒstrəfɪ]
?	question mark	( )	(round) brackets, parentheses [pə'renθɪsiːz]
!	exclamation mark	[ ]	(square) brackets
–	dash *(Gedankenstrich)*	/	diagonal (stroke), slant

348 Verwendung von Komma und Ausrufezeichen (Use of commas and exclamation marks)

Nur bei diesen beiden Satzzeichen gibt es einige wesentliche Unterschiede zum deutschen Gebrauch. Beide hängen im Englischen weniger mit bestimmten grammatischen Strukturen zusammen, sondern dienen eher dazu, die Sprechweise (Pausen, Intonation) anzudeuten, und damit das Verständnis zu fördern.

Two cokes, three glasses of lager(,) and an orange juice, please. Mr Fuller, the biggest bore in town, was telling jokes again(,) but nobody was listening.	Ein **Komma** wird zum Teil wie im deutschen gebraucht: in Aufzählungen, vor und nach Einschüben, manchmal zwischen nebengeordneten Haupt- bzw. Nebensätzen, etc. Darüber hinaus wird ein Komma gebraucht:
On the other hand, we are very short of money. We could ask my uncle to help us, of course. Most of the others, however, were rather keen on the idea.	– vor bzw. nach den meisten verknüpfenden Adverbien und Adverbien des Standpunkts (in Anfangs- oder Endstellung oder als Einschub, vgl. **155, 162**);
On the open plains of the Mid-West(,) you can travel for hours without seeing a single settlement. Approaching the town, the first thing I noticed was the veil of smog. In better weather conditions, I would have cycled. If the weather had been better, I would have cycled.	– meistens nach satzeinleitenden adverbialen Bestimmungen, infiniten Konstruktionen oder Nebensätzen, wenn diese den Rahmen für die Aussage des Hauptsatzes setzen (vgl. **330**). (Entscheidend ist dabei die Funktion des satzeinleitenden Elements im Satz- und Textzusammenhang und nicht seine grammatische Struktur.)

Kein Komma steht dagegen (in komplexen wie einfachen Sätzen) vor und nach Satzteilen, die für das Verständnis des gesamten Satzes notwendig sind und die daher nicht durch Sprechpause vom übrigen Satz getrennt werden. Dazu gehören:

I didn't know (that) Patricia wanted the job.
She wasn't sure whether she would have the time.
All those who had voted for him cheered.
We noticed Ann straining her neck to see the clock.
They looked as if they were impatient to leave.
I've been a member since I was a student.
I've been a member since my student days.

- *that*-Sätze (vgl. **304**)
- indirekte Fragesätze (vgl. **306**)
- notwendige Relativsätze (vgl. **308**)
- notwendige infinite Konstruktionen
- die meisten Nebensätze und adverbialen Bestimmungen in Endstellung, da sie hier eine für den Sinn des Satzes wichtige Information enthalten.

And who do you think I met there? Molly, of all people!
Get out of my sight! You are a disgrace to us all!
Hello, Jack! Haven't seen you in ages!
"But it isn't my birthday!" she cried.

Ein **Ausrufezeichen** wird nur gebraucht, wenn auf eine starke Emotion (Erstaunen, Begeisterung, Wut, etc.) oder auf eine besonders herzliche oder erregte Sprechweise hingewiesen werden soll.

Answer all the questions on the paper.
Pass the salt, please.
Oh dear, I've spilt some coffee. – Never mind.

Sonst (bei normalen Anweisungen, Bitten, Befehlen und nicht besonders erregten Ausrufen) wird ein Punkt bzw. ein Komma gesetzt.

Anmerkung:
In Briefen werden Kommas gesetzt:
- in der Adresse am Ende einer Zeile (Punkt am Ende der Adresse)
- in der Datumsangabe (vgl. **359**)
- nach der Anrede (niemals ein Ausrufezeichen!)
- nach der Schlußformel

65(,) Griffith Avenue,
Dublin 9.
April 2nd, 1984

Dear Mary,
Have you heard the news ....
....
Yours ever,
Joan.

349–353 Wortbildung (Word formation)

349 Arten der Wortbildung (Types of word formation)

Aus vorhandenen Wörtern (Grundwörtern) wurden und werden ständig neue Wörter gebildet.
Die wichtigsten Arten der Wortbildung sind:

happy → **un**happy	to write → to **re**write	• Ableitung durch **Vorsilben** *(prefixes)*
to treat → treat**ment**	dark → to dark**en**	• Ableitung durch **Nachsilben** *(suffixes)*
to walk → a walk comic → a comic	a nurse → to nurse tidy → to tidy	• **Konversion** (Übergang eines Wortes in eine andere Wortart ohne Änderung der Form)
gold, smith → goldsmith to treat, ill → to ill-treat		• **Zusammensetzung** mehrerer Wörter (oft zu einer neuen Bedeutungseinheit).

unfriendliness (Vorsilbe + zwei Nachsilben)
grey-haired (Zusammensetzung + Nachsilbe)
to wallpaper (Zusammensetzung + Konversion)

Häufig wirken zwei (oder mehr) Wortbildungsarten bei der Bildung eines Wortes zusammen.

Anmerkungen:

1. Weitere Arten der Wortbildung sind unter anderem:

– Rückbildung, d. h. Weglassen einer (manchmal vermeintlichen) Endung	baby-sitter → to baby-sit burglar → to burgle
– Kürzung von Wörtern:	influenza → flu, automobile → auto
– Mischung von Wörtern:	motor + hotel → motel, smoke + fog → smog
– Zusammensetzung von Anfangsbuchstaben:	National Aeronautics and Space Administration → NASA ['nɑːzə]

2. Viele Wörter wurden als Ableitungen aus dem Lateinischen oder Französischen ins Englische übernommen. Manchmal existieren im Englischen nur die Ableitungen, die entsprechenden Grundwörter dagegen nicht, z. B. bei:
include *(einschließen)* – exclude *(ausschließen)* – conclude *(abschließen, beenden)*

350 Ableitung durch Vorsilben (Derivation through prefixes)

Vorsilben fügen dem Grundwort ihre Bedeutung hinzu, ändern aber die Wortart des Grundwortes fast nie. Die folgende Liste gibt eine Auswahl häufiger Vorsilben in ihren wichtigsten Bedeutungen:

non-flammable *(nichtbrennbar)*, **non**-resident **in**dependent, **im**mobile, **im**polite, **im**balance **il**logical, **il**legality, **ir**rational, **ir**relevance **un**even, **un**decided, **un**damaged, **un**happiness **dis**loyal, to **dis**like, to **dis**obey, **dis**belief	***non-*** ***in-*** (*im-* vor *m/p/b*, *il-* vor *l*, *ir-* vor *r*) ***un-*** ***dis-***	vor Adjektiven und abstrakten Nomen (*dis-* auch vor einigen Verben)	Verneinung oder Gegensatz
to **un**fasten *(auf-/losmachen)*, to **un**lock to **dis**appear, to **dis**arm *(entwaffnen)*, **dis**armament to **de**frost, to **de**code, **de**coder, **de**centralization	***un-*** ***dis-*** ***de-***	vor Tätigkeitsverben und davon abgeleiteten Nomen	Umkehrung eines Vorgangs
misshapen *(mißgestaltet)*, to **mis**spell, a **mis**print **mal**odorous *(übelriechend)*, **mal**nutrition	***mis-*** ***mal-*** [æ]	„falsch" „schlecht"	Abwertung
subconscious, **sub**human, to **sub**divide, **sub**heading **super**natural, to **super**impose, **super**man **trans**atlantic, to **trans**plant, **trans**action **inter**continental, to **inter**marry, **inter**play **co**operative, to **co**exist, **co**-education **counter**clockwise, to **counter**sign, **counter**spy **anti**clockwise, **anti**social, **anti**-hero, **anti**-Semite **pro**-American, **pro**-rector *(stellvertr. Rektor)*	***sub-*** ***super-*** ***trans-*** ***inter-*** ***co-*** ***counter-*** ***anti-*** ***pro-***	„unter" „über" „jenseits, hinüber" „zwischen, untereinander" „zusammen" „(ent)gegen" „gegen" „für"	räumliche oder abstrakte Beziehungen (Grad, Einstellung, u. a.)
to **fore**tell [-'-], **fore**father ['---], **fore**sight ['--] **pre**historic, to **pre**pay, **pre**fabrication **post**glacial, to **post**date, **post**position to **re**consider, to **re**elect, **re**organization	***fore-*** [fɔː] ***pre-*** [priː] ***post-*** [pəʊst] ***re-*** [riː]	„vor" „vor" „nach" „wieder"	zeitliche Beziehungen
unilateral *(einseitig)*, **mono**syllable **bi**monthly *(zweimonatl.* oder *zweimal monatl.)* **tri**angular *(dreieckig)*, **tri**cycle *(Dreirad)* **poly**syllabic *(mehrsilbig)*, **multi**millionaire	***uni-*** ['juːnɪ] / ***mono-*** ['mɒnəʊ] ***bi-*** [baɪ] ***tri-*** [traɪ] ***poly*** ['pɒlɪ] / ***multi-*** ['mʌltɪ]	„ein" „zwei" „drei" „viel"	Anzahl

Anmerkungen:

1. *Non-* und *pro-* werden fast immer mit Bindestrich vorangestellt. Bei Neubildungen werden auch *anti-*, *re-*, *co-* und einige andere vorzugsweise mit Bindestrich geschrieben.

2. Bei Verben und davon abgeleiteten Nomen und Adjektiven hat die lateinische Vorsilbe *in- (im-/il-/ir-)* die (meist verblaßte) räumliche Bedeutung „hinein, in". Sie darf nicht mit der verneinenden Vorsilbe *in-* verwechselt werden:
to inhabit *(bewohnen)*, inhabitant *(Bewohner)*, inhabitable (*bewohnbar*, nicht: „unbewohnbar"!)
to inflame *(entzünden)*, inflammation *(Entzündung)*, inflammable (*leicht entzündbar*, nicht: „unbrennbar"!)

3. Die Vorsilben *en-* (*em-* vor *b/p*) und *be-* verändern meist die Wortart des Grundwortes und erscheinen manchmal zusammen mit Nachsilben:
to enslave *(versklaven)*, to empower, to embody *(verkörpern)*, to enlarge, to enlighten *(aufklären)*
to besiege *(belagern)*, to bewitch *(verhexen)*, belated *(verspätet)*, beloved *(geliebt)*, bespectacled *(bebrillt)*

351 Ableitung durch Nachsilben (Derivation through suffixes)

Durch Nachsilben wird ein Wort in eine andere Wortart oder in eine andere Bedeutungsklasse derselben Wortart übergeführt. Dabei ändert sich manchmal die Schreibung und/oder die Aussprache des Grundwortes (z. B. *sane* [ei] – *sanity* [æ]). Die folgenden Listen geben eine Auswahl häufiger Nachsilben in ihren wichtigsten Bedeutungen und Funktionen.
Verwendete Abkürzungen: V = Verb, N = Nomen, A = Adjektiv.

1. Mit Nachsilben abgeleitete Nomen

bak**er**, teach**er**, employ**er**, act**or**, li**ar**, begg**ar**, hatt**er** (← hat), furr**ier** (← fur), law**yer**	V/N + ***-er/-or/-ar/ (-ier, -yer)*** – Person, die etwas tut oder mit etwas zu tun hat (Branche, Fachgebiet, etc.)
engin**eer**, novel**ist**, zoolog**ist**, grammar**ian**	N + ***-eer, -ist, -ian*** – Person, die etwas tut oder mit etwas zu tun hat (Branche, Fachgebiet, etc.)
address**ee**, employ**ee**, pay**ee** (s.o. who is paid) (**aber:** escap**ee** – s.o. who has escaped)	V + ***-ee:*** Person, die von einer Handlung betroffen ist (seltener: handelnde Person)
steward**ess**, actr**ess**, waitr**ess**, duch**ess**, host**ess**	N + ***-ess:*** weibliche Person (vgl. **79**)
New York**er**, London**er**, villag**er**, cottag**er**, foreign**er** (← foreign), Northern**er**, Western**er**	N/(A) + ***-er*** auch: Person bestimmter Herkunft, etc. (weitere Nachs. für Herkunft vgl. **361**)
freez**er**, mix**er**, comput**er**, trail**er**, (tin-)open**er**	V + ***-er*** auch: Gerät für eine bestimmte Tätigkeit
move**ment**, begin**ning**, arriv**al**, libera**tion**, contribu**tion**, hindr**ance**, occurr**ence**	V + ***-ment, -ing, -al, -(t)ion, -ance/-ence*** – Vorgang, oder dessen Ergebnis
ripe**ness**, friendli**ness**, san**ity**, cruel**ty** intellig**ence**, eleg**ance**, decen**cy**, bankrupt**cy**	A + ***-ness, -(i)ty, -ence/-ance, -cy*** – Eigenschaft, Zustand
free**dom**, king**dom**, false**hood**, child**hood**, boy**hood**, hard**ship**, friend**ship**, professor**ship**	A/N + ***-dom, -hood, -ship*** – Eigenschaft, Zustand, Status, Gebiet, etc.
ideal**ism**, patriot**ism**, hero**ism**, rac**ism**, social**ism**, Anglican**ism**, fanatic**ism**, romantic**ism**, fatal**ism**	N/(A) + ***-ism:*** geistige (politische, religiöse, etc.) Einstellung oder Bewegung

2. Mit Nachsilben abgeleitete Adjektive

Viele Nachsilben zur Ableitung von Adjektiven haben sehr viele unterschiedliche, schwer definierbare Bedeutungen. Es ist deshalb nur möglich, die wichtigsten Bedeutungen annäherungsweise wiederzugeben. Einige werden vorwiegend an abstrakte Nomen (Bezeichnungen von Eigenschaften, Zuständen etc.) angehängt, andere vorwiegend an konkrete Nomen (Stoffbezeichnungen, etc.) (vgl. die Klammerzusätze).

use**ful**, hope**ful**, beauti**ful**, forget**ful**	N/(V)	+ ***-ful:*** „voller . . ." (Eigenschaft/Zustand)
beard**ed**, feather**ed**, strip**ed**, gift**ed**	N	+ ***-ed:*** „versehen mit . . ." (konkr. Sache/Eigensch.)
hair**y**, cloud**y**, snow**y**; water**y**, silk**y**	N	+ ***-y:*** „versehen mit . . ."; „vergleichbar mit . . ." (Stoff)
burden**some**, trouble**some**, quarrel**some**	N/(V)	***-some:*** „mit der Tendenz . . . zu sein/zu tun"
poison**ous**, spac**ious**, fur**ious**, gas**eous**	N	+ ***-(i/-e)ous:*** „gekennzeichnet durch . . .", „voller"
atom**ic**, histor**ic(al)**, educatio**nal**	N	+ ***-ic, -(ic)al:*** „zu . . . gehörig", „. . . betreffend"
earth**en**, silk**en**, wooll**en**, wood**en**	N	+ ***-en:*** „bestehend aus . . ." (Stoff)
use**less**, count**less**, beard**less**, cloud**less**	N/(V)	+ ***-less:*** „ohne . . ." (Gegensatz zu *-ful, -ed, -y*)
child**like**, lady**like**, coward**ly**, man**ly**	N	+ ***-like, -ly*** – „vergleichbar mit . . ." (hauptsächlich einer Person; *-ish* hier oft verächtlich)
child**ish**, boy**ish**; green**ish** *(grünlich)*	N/(A)	+ ***-ish*** – „vergleichbar mit . . ." (hauptsächlich einer Person; *-ish* hier oft verächtlich)
eat**able**, read**able**, accept**able**	V	+ ***-able:*** „machbar, ausführbar", „möglich"
interest**ed**, surpris**ed**, shock**ed**	V	+ ***-ed:*** „in einem bestimmten Zustand"
interest**ing**, surpris**ing**, shock**ing**	V	+ ***-ing*** – „mit der Tendenz etwas zu tun/zu bewirken"
attract**ive**, talkat**ive**, construct**ive**	V	+ ***-ive*** – „mit der Tendenz etwas zu tun/zu bewirken"

3. Mit Nachsilben abgeleitete Verben

dark**en** *(sich verdunkeln* oder *etw. verdunkeln)*, black**en**, wid**en**, length**en**	A/(N) + ***-en:*** „... werden" (intransitiv); „... machen" (kausativ-transitiv)
pur**ify**, simpl**ify**, cit**ify** *(verstädtern)* modern**ize**, fertil**ize**, computer**ize**	A/(N) + ***-ify*** / A/(N) + ***-ize/ise*** „(zu) ... machen" (kausativ-transitiv)

352 **Konversion** (Conversion)

Konversion ist im Englischen eine sehr häufige Art der Wortbildung. Daher gibt es sehr viele englische Wörter, die mehreren Wortarten gleichzeitig angehören. Meist ist das Bewußtsein für die ursprüngliche Wortart verlorengegangen; manchmal ist es aber noch vorhanden, z. B. bei *choice*, das primär als Nomen empfunden wird, obwohl es als Adjektiv sogar gelegentlich mit Steigerungsformen verwendet wird. Die folgende Tabelle gibt einen Eindruck von den vielfältigen Möglichkeiten der Konversion:

Nomen	Verb	Adjektiv	Adverb(ialpartikel)	Präposition
an **elbow**	to **elbow** s.o.			
a **swim**	to **swim**			
a **choice**		**choicest** quality		
a **criminal**		a **criminal** act		
	to **dry**	**dry** clothes		
		the **then** minister	**Then** he left.	
the **ups** and	to **up** a price	the **up** train	to bring **up** an idea	to walk **up/**
downs of life	to **down** tools	the **down** train	Prices went **down.**	**down** the street

Anmerkung:
Auch innerhalb einer Wortart können Wörter von einer Untergruppe in eine andere übergehen. Intransitive Verben können z. B. zu kausativ-transitiven Verben werden (vgl. **45**), Eigennamen zu allgemeinen Nomen, etc.:
to stand somewhere *(stehen)* – to stand s.th. s.wh. *(stellen)*; Biro (Markenname) – a biro *(Kugelschreiber)*

353 **Zusammensetzungen** (Compounds)

Zusammensetzungen sind Wortverbindungen, die als einheitlicher Ausdruck empfunden werden. Daher werden sie vorwiegend mit Bindestrich oder als ein Wort geschrieben. Sie können aus zwei oder mehr Grundwörtern bestehen (vgl.: *ice-cream, ice-cream parlour*). Ihre Bedeutung läßt sich in den meisten Fällen aus der Bedeutung dieser Grundwörter schließen; dabei trägt meistens das letzte Wort die Grundbedeutung und legt die Wortart fest, während das erste Wort die Hauptbetonung trägt: *songbird = a bird that can sing; power-hungry = hungry for power, to bottle-feed = to feed with a bottle.*
Die folgende Tabelle gibt einen Überblick über die wichtigsten Arten von Zusammensetzungen.

	Nomen aus:
fingernail, steamboat, press conference, paper-mill, birch tree, waterway, sunrise, postman, vacuum cleaner, dishwasher	• Nomen + Nomen (teils von Verben abgeleitet)
washing-machine, boiling point, chewing gum, driving licence; house-cleaning, sun-bathing, sight-seeing, window shopping	• *Gerund* + Nomen (und umgekehrt)
blackbird *(Amsel)*, goodwill, small talk, redskin, sweetheart	• Adjektiv + Nomen
afterlife, by-stander, by-product, input, offprint, onlooker, overcoat, outburst, underlip, upsurge; looker-on, passer-by	• Adverbialpartikel + Nomen (und umgekehrt)
	Adjektive aus:
bitter-sweet, deaf-mute, blue-black, light brown, dark red	• Adjektiv + Adjektiv
grassgreen, year-long, sea-sick, waterproof, power-hungry	• Nomen + Adjektiv
good-looking, ready-made, far-reaching, ever-lasting, newborn, deep-rooted, heartwarming, English-speaking, man-made	• Adjektiv/Adverb/Nomen + Partizip
upright, over-careful, over-proud, undersized, underprivileged, outstanding *(außergewöhnlich)*, outgoing, inborn, offshore	• Adverbialpartikel + Adjektiv/Partizip/Nomen

to housekeep, to sightsee, to baby-sit, to bottle-feed, to stage-manage, to dry-clean, etc. (aus *housekeeper, sightseeing,* etc.)

to snowball, to wallpaper, to highlight, to waterproof (aus *a ˈsnowball,* etc.)

outnumber s.o. *(jdm. zahlenmäßig überlegen sein),* outdistance *(weit hinter sich lassen),* outgrow *(über den Kopf wachsen),* overflow, overload, overdo s.th. *(etw. übertreiben),* underline, understate *(herunterspielen),* underestimate, upset, uphold, update

Verben:
Zusammengesetzte Verben sind selten; sie entstehen meist durch

- Rückbildung aus Wörtern mit *-ing* oder *-er*
- Konversion

Daneben gibt es auch Verben aus

- Adverbialpartikel (v. a. *out, over, under*) + Verb/Nomen. (Viel zahlreicher sind jedoch die sog. Partikelverben wie *bring up, go by,* etc.; vgl. **47**.)

Anmerkung:
Zu einigen komplexeren Zusammensetzungen, wie *good-for-nothing* vgl. **71**.

354–360 Zahlen, Rechenarten, Datum, Uhrzeit (Numerical expressions)

354 Grundzahlen (Cardinal numbers)

0	nought	[nɔːt]/zero [ˈzɪərəʊ]	11	eleven	[ɪˈlevn]	30	thirty	[ˈθɜːtɪ]
1	one	[wʌn]	12	twelve	[twelv]	40	forty	[ˈfɔːtɪ]
2	two	[tuː]	13	thirteen	[ˈθɜːˈtiːn]	50	fifty	[ˈfɪftɪ]
3	three	[θriː]	14	fourteen	[ˈ-ˈ-]	60	sixty	[ˈsɪkstɪ]
4	four	[fɔː]	15	fifteen	[ˈfɪfˈtiːn]	70	seventy	[ˈsevntɪ]
5	five	[faɪv]	16	sixteen	[ˈ-ˈ-]	80	eighty	[ˈeɪtɪ]
6	six	[sɪks]	17	seventeen	[ˈ--ˈ-]	90	ninety	[ˈnaɪntɪ]
7	seven	[ˈsevn]	18	eighteen	[ˈ-ˈ-]	100	a/one hundred	[ˈhʌndrəd]
8	eight	[eɪt]	19	nineteen	[ˈ-ˈ-]	101	a hundred and one	
9	nine	[naɪn]	20	twenty	[ˈtwentɪ]	142	a hundred and forty-two	
10	ten	[ten]	21	twenty-one	[--ˈ-], etc.	500	five hundred	

1,080	a/one thousand [ˈθaʊznd] and eighty	
913,853	nine hundred and thirteen thousand, eight hundred and fifty-three	
1,000,000	a/one million [ˈmɪljən]	
1,000,000,000	*Br.* a/one thousand million	*Am.* a/one billion (dt. Milliarde)
1,000,000,000,000	*Br.* a/one billion	*Am.* a/one trillion

Beim Sprechen und Schreiben der Grundzahlen sind folgende Regeln zu beachten:

- Zehner und Einer werden durch Bindestrich miteinander verbunden (vgl. die Zahlen 21, 142 oben). Einer und Zehner werden durch *and* an Hunderter und Tausender angeschlossen (vgl. die Zahlen 101, 142, 1 080).
- Vor *hundred* und *thousand* (als Zahlwörter) steht immer ein anderes Zahlwort oder *a/an.*
- *Hundred, thousand* und *million* erhalten kein Plural-*s,* wenn sie als Zahlwörter gebraucht werden (vgl. die Zahlen 500, etc. oben; aber: *hundreds of people,* etc.).
- Von 1000 aufwärts (Ausnahme: Jahreszahlen) werden je drei Stellen von rechts durch ein Komma abgeteilt: 5,732,999. Gelegentlich werden solche Zahlen mit Leerräumen gedruckt: 5 732 999. Niemals werden hierfür Punkte verwendet (vgl. **356** Dezimalbrüche).

Anmerkungen:

1. Für die Ziffer 0 (Null) gibt es je nach Funktion verschiedene Bezeichnungen:

– *nought (Am.: zero)* für den Zahlenwert:	Three minus three is *nought (Br.)/zero (Am.).*
– *zero* für den Nullpunkt einer Skala:	The temperature is ten below *zero.*
– *o/oh* [əʊ] in Jahreszahlen und mehrstelligen Zahlen:	She was born in 1903 *(nineteen-oh-three).*
– *nil* (gelegentlich *nothing*) für Sportergebnisse:	The match ended *five – nil (five – nothing).*
(Beim Tennis aber: *love.*)	And now Tracy Austin is leading *forty – love.*

2. Bei Telefonnummern, Kodenummern und anderen mehrstelligen Zahlen werden die Ziffern einzeln gesprochen. Sie können dabei in rhythmische Zweier- (gelegentlich Dreier-)gruppen aufgeteilt werden; wenn in einer solchen Gruppe zwei Ziffern gleich sind, (z. B. 88) werden sie meist *double eight,* etc. ausgesprochen:
   207704 *two oh/double seven/oh four* oder: *two oh seven/seven oh four.*

355 Ordnungszahlen (Ordinal numbers)

1st	(the) first	10th	tenth	30th	thirtieth
2nd	second	11th	eleventh	40th	fortieth
3rd	third	12th	twelfth	50th	fiftieth
4th	fourth	13th	thirteenth ['-'-]	60th	sixtieth
5th	fifth [ɪ]	14th	fourteenth	70th	seventieth
6th	sixth	15th	fifteenth	100th	hundredth
7th	seventh	20th	twentieth ['---]	106th	hundred and sixth
8th	eighth	21st	twenty-first	1,000th	thousandth
9th	ninth [aɪ]	22nd	twenty-second	1,000,000th	millionth

Beim Sprechen und Schreiben der Ordnungszahlen sind folgende Regeln zu beachten:

- *First, second* und *third* sind unregelmäßige Formen. Sie treten auch bei den zusammengesetzten Grundzahlen ein, die auf *one, two* und *three* enden: *the twenty-second, the hundred and third,* etc.
- Alle anderen Ordnungszahlen werden auf *-th* gebildet. Bei den Zehnerzahlen wird *-ty* zu *-tieth* [tɪɪθ] (vgl. **346**). Unregelmäßigkeiten in der Schreibung (und z. T. in der Aussprache) liegen bei 5th, 8th, 9th und 12th vor.
- Bei der Schreibung in (arabischen) Ziffern werden die beiden letzten Buchstaben der Ordnungszahl angefügt: *first – 1st, second – 2nd, third – 3rd, fourth – 4th,* etc.
- Auch die römischen Ziffern *(Roman numerals)* nach Herrschernamen werden als Ordnungszahlen gesprochen: *Henry VIII (Henry the Eighth), Elizabeth II (Elizabeth the Second).*

356 Bruchzahlen (Fractions)

Gemeine Brüche *(vulgar fractions)*

$\frac{1}{2}$	a/one half	$\frac{1}{4}$	a/one quarter (one fourth)
$\frac{3}{5}$	three fifths		
$\frac{7}{8}$ mile	seven eighths of a mile		
$1\frac{3}{4}$ miles	one and three quarter miles oder: a mile and three quarters		

- Mit Ausnahme von $\frac{1}{2}$ *(a half)* und $\frac{1}{4}$ *(a quarter,* seltener *one fourth)* werden als Nenner von Brüchen die Ordnungszahlen (vgl. **355**) verwendet. Im Plural erhalten sie ein *-s.*
- Maßeinheiten (*miles, litres,* etc.) werden mit *of* an Brüche angeschlossen (Ausnahme: *half a mile*).
- Bei Kombinationen von ganzen Zahlen und Brüchen gibt es – wie oben vorgeführt – zwei Sprechmöglichkeiten.

Dezimalbrüche *(decimal fractions)*

3.853	three point eight five three
1.53 cm	one point five three centimetres
0.76	point seven six (oder: oh/nought point seven six)
.007	point oh oh seven

- Vor dem Dezimalbruch steht ein Punkt (kein Komma!). Der Dezimalpunkt steht normalerweise unten auf der Zeile, im britischen Gebrauch z. T. auch auf halber Höhe: 3.53 oder 3·53.
- Maßeinheiten (*centimetres,* etc.) werden direkt angeschlossen.
- Eine Null vor dem Dezimalpunkt wird meistens nicht gesprochen, manchmal nicht einmal geschrieben. Die Ziffern hinter dem Punkt werden immer einzeln gesprochen.

357 Rechenarten und mathematische Begriffe (Mathematical operations and expressions)

Grundrechenarten

$7+15=22$	7 plus 15 is/equals 22 7 and 15 are/make 22	$7 \times 5 = 35$	7 multiplied by 5 is/equals 35 7 times 5 is/equals 35 7 fives are/make 35
$22-8=14$	22 minus 8 is/equals 14 22 less 8 leaves 14 8 from 22 leaves 14	$42 \div 7 = 6$	42 divided by 7 is/equals 6 7 into 42 goes 6 (times)

Von den obigen Sprechmöglichkeiten ist jeweils die erste Version die förmlichere und wird in der Mathematik bevorzugt. Die anderen Versionen werden eher im Alltag verwendet.

Einige weitere mathematische Begriffe

$x_1,\ x_2,\ x_n$	**x** [eks] sub one, **x** sub two, **x** sub **n**	10 % (p.c.)	ten per cent
$x',\ x''$	**x** prime, **x** double/(two/second) prime	$a = b,\ a \approx b$	**a** is equal to **b**/is approximately **b**
$x^2,\ x^3$	**x** squared, **x** cubed	$a > b,\ a < b$	**a** is greater/less than **b**
$x^{10},\ x^{-10}$	**x** to the tenth, **x** to the minus ten	$x = \frac{a+b+c}{d}$	**x** equals **a** plus **b** plus **c** (all) over **d**
x^{a+b}	**x** to the power of **a** plus **b**	$y = f(x)$	**y** is a function of **x**
$\sqrt{9},\ \sqrt[3]{27},\ \sqrt[n]{x}$	(square) root of 9, cubic root of 27, **n**th [enθ] root of **x**	y = sin/cos/ tan/ cot x	**y** is sine [saɪn]/cosine ['kəʊsaɪn]/ tangent ['tændʒənt]/ cotangent of **x**
		x : a :: b : c	**x** is to **a** as **b** is to **c**

358 Wiederholungs- und Vervielfachungszahlen (Expressions of frequency and multiplication)

once	(one time)	single	
twice	(two times)	double	twofold
(thrice)	three times	treble, triple	threefold
	four times	quadruple	fourfold
	five times	(quintuple)	fivefold
	six times	(sextuple)	sixfold
	seven times	(septuple)	sevenfold
	eight times, etc.		eightfold, etc.
Knock **five times.** I usually go shopping **twice** or **three times a week.**		It was a **treble/threefold** victory for him. He got his money back **fourfold.** (Oder: . . . **four times over.**)	

Wiederholungszahlen werden meistens aus der Grundzahl + *times* gebildet. Nur für die Zahlen 1–3 gibt es daneben auch eigene Formen. (Die weniger gebräuchlichen Formen sind in Klammern angegeben.) Wiederholungszahlen werden als Adverbien bzw. adverbiale Gruppen gebraucht, häufig mit einer Ergänzung in der Form einer zeitlichen Einschränkung. (Zum unbestimmten Artikel vgl. **103.2.**)

Vervielfachungszahlen, die regelmäßig mit *-fold* gebildet werden, können als Adjektive oder Adverbien gebraucht werden. Die Formen *single, double* etc., (die nur von den niedrigen Zahlen gebildet werden bzw. gebräuchlich sind), werden praktisch nur als Adjektive verwendet. Teilweise lassen sich die Wiederholungszahlen mit ähnlicher Bedeutung wie die Vervielfachungszahlen gebrauchen *(fourfold = four times over; double the amount = twice the amount).*

359 Das Datum (Dates)

Geschrieben:			Gesprochen:
April 2nd, 1987	April 2, 1987	Apr. 2, '87	*April the second, nineteen eighty-seven*
2nd April(,) 1987	2 April(,) 1987	2 Apr. '87	*the second of April, nineteen eighty-seven*
Informell auch:	2/4/87 *(Br.)* 4/2/87 *(Am.)*		Gesprochen wie oben, aber auch: *the second of the fourth, eighty-seven*

Anmerkung:
Jahreszahlen werden in zwei Zahlengruppen gesprochen: eine Zahl für das Jahrhundert z. B. 19, 18 (meistens ohne *hundred*, das literarisch oder gestelzt wirkt), und eine Zahl für das Jahr (z. B. 87, 01; vgl. auch **354**). Ausnahme: glatte Tausender. Jahreszahlen vor der Zeitenwende werden durch B.C. (= before Christ) gekennzeichnet, niedrige Jahreszahlen nach der Zeitenwende durch A.D. (= Anno Domini).

1801	*eighteen oh one* (selten: *eighteen hundred and one*)	9 A.D.	*nine A.D.*
1066	*ten sixty-six*	44 B.C.	*forty-four B.C.* [ˌbiːˈsi]
432 (A.D.)	*four thirty-two* (A.D. [ˌeɪˈdiː])	2000 B.C.	*two thousand B.C.*

360 Die Uhrzeit (Time of day)

7.00 a.m.	seven (a.m. [ˌeɪˈem])	seven (o'clock) (in the morning)
7.05	seven oh five (a.m.)	five (minutes) past seven (in the morning)
7.15	seven fifteen	a quarter past seven
7.30	seven thirty	half past seven
7.40	seven forty	twenty to eight
7.42	seven forty-two	eighteen minutes to eight
12.00	twelve (a.m.)	twelve (o'clock) (midday/noon)
12.01 p.m.	twelve oh one (p.m. [ˌpiːˈem])	one minute past twelve (midday/noon)
4.34	four thirty-four (p.m.)	twenty-six minutes to five (in the afternoon)
8.50	eight fifty	ten to nine (in the evening)
9.25	nine twenty-five	twenty-five past nine (in the evening/at night)
12.00 p.m.	twelve (p.m.)	midnight/twelve (o'clock) (midnight/at night)

Es gibt zwei Möglichkeiten, die Uhrzeit in Worten anzugeben:

- Man kann zuerst die (vorhergehende) Stunde nennen und anschließend die Minuten (1–59) danach (mittlere Spalte). Diese Möglichkeit wird z. B. gewählt, wenn es auf Genauigkeit ankommt, oder beim Ablesen von Digitaluhren, Fahrplänen, Fernsehprogrammen, etc.
- Man kann auch die umgangssprachlich üblichere Methode mit *o'clock, past, to* wählen (rechte Spalte). Dabei nennt man zuerst die Zeit **nach** bzw. **vor** einer vollen Stunde (nach = *past* bis zur ersten halben Stunde einschließlich; von da ab *to*). Die halbe Stunde wird mit *half past* angegeben, und Viertelstunden meist mit *a quarter to/past*. Bei Fünferzahlen fehlt gewöhnlich das Wort *minutes*. Im amerikanischen Gebrauch ist neben *past* bzw. *to* auch *after* bzw. *of* geläufig: 6.10 *ten after six;* 8.45 *a quarter of nine.*

Grundsätzlich zählt man die Stunden bis 12 und beginnt dann wieder von vorne. Um Verwechslungen zu vermeiden, können die Stunden von Mitternacht bis Mittag durch *a.m.* (Lat. *ante meridiem* = vor Mittag) und die Stunden von Mittag bis Mitternacht mit *p.m.* (Lat. *post meridiem* = nach Mittag) gekennzeichnet werden, oder man kann klärende Zeitangaben wie *in the morning, yesterday morning, at night, tonight*, etc. benützen. Die erste Möglichkeit *(a.m./p.m.)* ist beschränkt auf die digitale Zeitangabe (in Ziffern, linke Spalte) sowie die daran angelehnte Sprech- und Schreibvariante *nine thirty*, etc. (mittlere Spalte). Die zweite Möglichkeit ist frei verwendbar: *I'll meet you at a quarter past eight/eight fifteen tomorrow evening.*

Anmerkung:
Im internationalen Reiseverkehr (z. T. auch in Zugfahrplänen, etc.) wird die 24-Stunden-Zählung *(24-hour clock)* verwendet. Zeitangaben nach diesem System werden gelesen wie die normalen digitalen Zeitangaben, wobei die vollen Stunden den Zusatz ... *hundred hours* bekommen:

Depart Shannon	13.20	17.05	*(thirteen twenty; seventeen oh five)*
Arrive New York	15.15	19.00	*(fifteen fifteen; nineteen hundred hours)*

361 Nationalitätsbezeichnungen (Nationality words)

Zu den meisten Ländernamen und zu vielen geographischen Eigennamen (Kontinente, Regionen, etc.) gibt es Adjektive und Personenbezeichnungen, die meist durch Nachsilben abgeleitet sind. Dabei lassen sich folgende Wortbildungsregeln feststellen:

- Adjektive auf *-an/-ian/-ean* und *-i* werden auch als Nomen zur Bezeichnung von Einzelpersonen oder des ganzen Volkes verwendet (im Plural mit *-s*). Ähnlich verhalten sich eine Reihe anderer Adjektive:
  a Russian samovar, a Russian, the Russians – a Greek temple, a Greek, the Greeks
- Adjektive auf *-ese* (sowie *Swiss*) dienen ebenfalls als Personenbezeichnungen, sind aber im Plural endungslos (vgl. **70**):
  a Japanese camera, a Japanese *(ein Japaner)*, the Japanese *(die Japaner)*
- Adjektive auf *-ish* und *-ch* können nur zur Bezeichnung des ganzen Volkes verwendet werden (ohne Pluralendung; vgl. **134**). Für Einzelpersonen treten Zusammensetzungen mit *man* bzw. *woman* ein oder es gibt spezielle Nomen (letztere können, mit Plural-*s*, auch für das ganze Volk verwendet werden):
  a French car, a Frenchman, a Frenchwoman, the French *(die Franzosen)*
  a Danish trawler, a Dane, the Danish/the Danes *(die Dänen)*
- Wenn es kein entsprechendes Adjektiv gibt, wird der Ländername einem anderen Nomen wie ein Adjektiv vorangestellt. Die entsprechenden Personenbezeichnungen sind meist durch *-er* abgeleitet:
  New Zealand butter, a New Zealander, the New Zealanders.

Die folgende alphabetische Liste enthält eine Auswahl von Ländernamen und geographischen Bezeichnungen mit den zugehörigen Adjektiven. Personenbezeichnungen sind ebenfalls angegeben, sofern sie nicht durchweg mit dem Adjektiv übereinstimmen oder nicht den obigen Regeln entsprechen.
Adjektive, die gleichzeitig als Sprachbezeichnungen dienen (vgl. *to speak English/French/*etc.) sind mit * gekennzeichnet.

Afghanistan	Afghan(i)*
Africa	African
Albania	Albanian*
Algeria [-dʒ-]	Algerian
America	American
Angola [-'--]	Angolan
Arabia	Arab/Arabian/Arabic* (the Arab countries, Arabian Nights, Arabic numerals); an Arab(ian)
Argentina [-'tiːnə]/ the Argentine	Argentinian [-'tɪnɪən]/ Argentine ['ɑːdʒəntaɪn]
Asia	Asian
Australia	Australian
Austria	Austrian
Belgium	Belgian
Bolivia	Bolivian
Brazil [-'-]	Brazilian
Britain/ Great Britain	British; a Briton, the British
Brittany	Breton*
Bulgaria	Bulgarian*
Cambodia	Cambodian
Canada	Canadian
Chad	Chadian ['tʃædɪən]
Chile ['tʃɪlɪ]	Chilean ['tʃɪlɪən]
China	Chinese*
Colombia	Colombian
Cuba	Cuban

Cyprus [aɪ]	Cyprian [ɪ]/Cypriot [ɪ]; a Cypriot
Czechoslovakia	Czech*, Slovak*/ Czechoslovak(ian)
Denmark	Danish* [eɪ]; a Dane, the Danes/the Danish
Egypt	Egyptian [-ʃən]
England	English*; an Englishman/ -woman, the English
El Salvador	Salvadorean
Finland	Finnish*; a Finn, the Finns/the Finnish
France	French*; a Frenchman/ -woman, the French
Germany	German*
Greece	Greek*
Holland (the Netherlands)	Dutch*; a Dutchman/ -woman, the Dutch
Hungary ['---]	Hungarian* [-'---]
Iceland	Icelandic*; an Icelander
India	Indian
Indonesia	Indonesian
Iran [-'-]	Iranian
Iraq [-'-]	Iraqi
Ireland	Irish*; an Irishman/ -woman, the Irish
Israel	Israeli [ɪz'reɪlɪ]
Italy	Italian*
Jamaica	Jamaican
Japan [-'-]	Japanese*

Jordan	Jordanian	Saudi Arabia	Saudi (Arabian) (vgl. Arabia)
Kenya	Kenyan	Scandinavia	Scandinavian
Korea	Korean*	Scotland	Scottish/Scots/(Scotch); a Scot(sman/-woman), the Scots/the Scottish
Lebanon	Lebanese	Spain	Spanish*; a Spaniard the Spaniards/the Spanish
Luxemb(o)urg	(a Luxemburg village); a Luxemburger	the Sudan	Sudanese
Libya	Libyan	Sweden	Swedish*; a Swede, the Swedes/the Swedish
Malta [ɔ:]	Maltese*	Switzerland	Swiss
Mexico	Mexican	Syria	Syrian
Mongolia	Mongolian*; a Mongol(ian)	Thailand [t]	Thai*; the Thai(s)
Morocco	Moroccan	Tibet [-'-]	Tibetan* [-'--]
New Zealand	(a New Zealand sheep); a New Zealander	Tunisia	Tunisian
Nicaragua	Nicaraguan	Turkey	Turkish*; a Turk, the Turks/the Turkish
Norway	Norwegian*	Uganda	Ugandan
Pakistan	Pakistani	the U.S.A.	(a U.S. dollar)/American
Palestine	Palestinian	Venezuela	Venezuelan
Peru	Peruvian	Vietnam [-'-]	Vietnamese*
Poland	Polish*; a Pole, the Poles/the Polish	Wales	Welsh*; a Welshman/-woman, the Welsh
Portugal	Portuguese*	Yugoslavia [ɑ:]	Yugoslav(ian)
Puerto Rico	Puerto Rican		
Rumania/Romania	Rumanian*/Romanian*		
Russia	Russian*		

362–365 Britisches und amerikanisches Englisch (British and American English)

Die folgenden vier Abschnitte geben einen Überblick über die Hauptunterschiede zwischen den zwei wichtigsten nationalen Standardformen des Englischen.
Die Unterschiede sind im Laufe von mehreren Jahrhunderten entstanden, wobei die relative Isolation der Nationen voneinander und unterschiedliche Erfahrungen, Einflüsse, Haltungen, etc. eine Rolle gespielt haben. In einem Zeitalter der vermehrten Kommunikation verwischen sich die Unterschiede jedoch teilweise wieder, besonders im Bereich des Wortschatzes, so daß die folgenden Aufstellungen nur den augenblicklichen Stand wiedergeben können.

362 Unterschiede in der Schreibung (Differences in spelling)

Abgesehen von einigen Einzelfällen sind die wichtigsten Unterschiede hier aufgelistet:

Br.	*Am.*
favour, colour, odour, neighbour, etc.	favor, color, odor, neighbor, etc.
centre, theatre, litre, etc.	center, theater, liter, etc.
defence, offence, pretence, licence	defense, offense, pretense, license
quarrelling, pedalled, carollers, etc.	quarreling, pedaled, carolers, etc.

- Wörter, die im britischen Englisch auf unbetontes *-our* enden, werden amerikanisch grundsätzlich *-or* geschrieben.
- Wörter, die im britischen Englisch die Endung *-re* [ə(r)] haben, werden amerikanisch meist *-er* geschrieben.
- Einige Wörter, die im britischen Englisch die betonte Endung *-ence* haben (aber auch *licence*), werden amerikanisch *-ense* geschrieben.
- Beim Anhängen von *-ing, -ed, -er, -est* an die unbetonten Silben *-el, -al, -ol, -il* wird das *l* im britischen Englisch verdoppelt, im amerikanischen jedoch nicht (vgl. **346**).

organise/organize, realise/realize, etc. analyse, paralyse	organize, realize, etc. analyze, paralyze
prologue, catalogue, travelogue, etc.	prolog(ue), catalog(ue), travelog(ue) etc.

- Im britischen Englisch gibt es für die Endsilbe [-aɪz] die Schreibvarianten *-ise* und *-ize*, im amerikanischen nur *-ize*. (Das britische *-alyse* entspricht dem amerikanischen *-alyze*.)
- Die Endung [-lɒg] wird im britischen Englisch nur *-logue* geschrieben, während es im amerikanischen auch die vereinfachte Form *-log* gibt.

Anmerkung:
Im informellen amerikanischen Englisch wird auch die vereinfachte Schreibweise *thru, tho, donut* für *through, though, doughnut* verwendet. Weitere Beispiele für Vereinfachungen: *sox* für *socks, tonite* für *tonight*.

363 Unterschiede in der Aussprache (Differences in pronunciation)

Die folgende Tabelle enthält die wichtigsten Unterscheidungsmerkmale zwischen der britischen *Received Pronunciation* (vgl. 10) und der Aussprache des *General American* (wie sie in den meisten Regionen der USA zu hören ist). Für das *General American* wurden hier Lautsymbole aus dem britischen Standardsystem (manchmal leicht abgewandelt) verwendet. (Amerikanische Wörterbücher benutzen ein anderes System.)

	Received Pronunciation	*General American*
ask, after, laugh	[ɑ:]	[æ]
Aber: father, calm	[ɑ:]	[ɑ:]
grand, hat	[æ]	[æ]
hot, bother, stop	[ɒ]	[ɑ]
call, claw, yawn	[ɔ:]	[ɒ:]
so, old, boat	[əʊ]	[o^{ʊ}]
way, great, name	[eɪ]	[e^{ɪ}]
neutral, duty, tune enthusiasm, assume	[ju:]	[(j)u:]
for, art, burn	[ɔ:, ɑ:, ɜ:]	[ɒr, ɑr, ɜr]
here, there	[ɪə, eə]	[ɪr, er]
poor, door, fireman	[ʊə, ɔ:/ɔə, aɪə]	[ʊr, ɒr, aɪr]
better, winner	[-ə]	[-ər]
shelter, call	[ɫ]	[ɫ]
alley, jelly, college	[l]	[ɫ]
water, better	[t]	[d̬]
docile, futile, missile	[-aɪl]	[-ɪl]
melancholy,	['--kəlɪ]	['--ˌkɑlɪ]
territory,	['--t(ə)rɪ]	['--ˌtɑrɪ]
dictionary	['--n(ə)rɪ]	['--ˌnerɪ]

Ein [ɑ:] in der *Received Pronunciation* entspricht häufig (aber nicht immer) einem [æ] im amerikanischen Englisch.

Die Vokale [ɒ] und [ɔ:] der *Received Pronunciation* werden im amerikanischen Englisch offener gesprochen.

Den britischen Diphthongen [eɪ] und [əʊ] entsprechen im amerikanischen Englisch die kaum diphthongierten Laute [e^{ɪ}] und [o^{ʊ}].

Nach *n, d, t, th, s,* wird im amerikanischen (im Gegensatz zum britischen) Englisch meistens kein [j] vor [u:] ausgesprochen.

In der *Received Pronunciation* ist das *r* vor Konsonanten und am Wortende stumm; im amerikanischen Englisch wird es dagegen ausgesprochen.

Das dunkle *l* [ɫ], das in der *Received Pronunciation* nur vor Konsonanten und am Wortende vorkommt, wird von amerikanischen Sprechern auch zwischen Vokalen gebraucht.

Zwischen Vokalen wird *t* im amerikanischen Englisch häufig wie ein aufgeweichtes *d* ausgesprochen.

Die Endsilbe *-ile* wird unterschiedlich ausgesprochen.

Im Gegensatz zur britischen Aussprache bekommen in der amerikanischen alle Wörter mit mehr als drei Silben eine Nebenbetonung *(secondary stress)*.

364 Unterschiede in der Grammatik (Differences in grammar)

Am geringsten sind die Unterschiede zwischen den beiden Sprachvarianten im Bereich der Grammatik. Sie beschränken sich im wesentlichen auf das Folgende.

Br.	*Am.*
(1) **Have you (got)** a match?	(1) **Do you have/Have you got** a match?
(2) **I've** already **bought** the tickets.	(2) I already **bought/I've** already **bought** the tickets.
(3) She suggested that he **should take** the bus. (Seltener: . . . that he take the bus.)	(3) She suggested that he **take** the bus.
(4) We should have **got** the tickets earlier. She **dived** into the cold water.	(4) We should have **gotten** the tickets earlier. She **dived/dove** into the cold water.
(5) One should always do **one's** best.	(5) One should always do **his/their** best.
(6) We sat down and talked **a bit.** His advice didn't help me **at all.**	(6) We sat down and talked **some/a bit.** His advice didn't help me **any/at all.**

(1) Neben der Frageform *Have you got . . .?* ist im amerikanischen Englisch die Form *Do you have . . .?* üblich, die im britischen Englisch seltener gebraucht wird (vgl. **250**).
(2) In der amerikanischen Umgangssprache wird häufig das *Past Tense* verwendet, wo im britischen Englisch das *Present Perfect* erforderlich wäre (vgl. **295**).
(3) Nach Verben, die eine Forderung oder einen Entschluß ausdrücken, ist der *Present Subjunctive* im amerikanischen Englisch weiter verbreitet als im britischen Englisch (vgl. **213**.2a).
(4) Das Verb *get* hat im amerikanischen Englisch die zusätzliche *Past Participle*-Form *gotten,* die meist auf die Bedeutung *anschaffen, besorgen* beschränkt ist. Auch einige andere Verben besitzen zusätzliche amerikanische *Past Participle*- oder *Past Tense*-Formen.
(5) In Verbindung mit *one* (= dt. *man*) ist im amerikanischen Englisch *he, his, himself* bzw. *they,* etc. üblich, während im britischen Englisch *one, one's, oneself* gebraucht wird (vgl. **85**).
(6) *Some* kann im amerikanischen Englisch informell als Adverb gebraucht werden, ebenso *any,* das im britischen Englisch als Adverb nur vor einem Adjektiv bzw. einer Komparativform *(not any better)* möglich ist (vgl. **115** Anm. 3).

365 Unterschiede im Wortschatz (Differences in vocabulary)

Es gibt nur wenige Wörter, die ausschließlich der einen oder anderen der beiden Sprachvarianten zuzuordnen sind (z. B. *Br.: lorry, petrol; Am.: gasoline*). Es gibt aber eine Reihe von Wörtern, die mit unterschiedlicher Bedeutung oder unterschiedlich häufig gebraucht werden. Die folgenden Listen enthalten eine Auswahl von solchen Unterschieden, wobei sich jeweils die britischen und die amerikanischen Bezeichnungen für dieselbe Sache gegenüberstehen. Nicht aufgeführt sind Ausdrücke für spezifisch britische bzw. amerikanische Einrichtungen, Naturerscheinungen, etc. wie z. B. *public house, drugstore, prairie.*

Verkehr *(Transport)*		**Öffentliches Leben** *(Public life)*	
Br.	*Am.*	*Br.*	*Am.*
petrol	gasoline	(limited) company	(business) corporation
car	car, auto(mobile)	government	(the Carter) administration, (democratic) government
lorry, truck	truck		
railway	railroad	public (*or* State) ownership	government ownership
goods train	freight train		
underground (railway)	subway, rapid transit (system)	to conscript *(zum Militär einziehen)*	to draft
tram, (streetcar)	streetcar, (tram)	a conscript	a draftee, a conscript
motorway	(interstate) highway, expressway, turnpike	conscription	the draft
		to post/(mail) a letter	to mail/(post) a letter
dual carriageway	divided highway		
aeroplane	airplane, (aeroplane)	postman	mailman, postman

Natur und Landschaft *(Nature and landscape)*		**Kleidung, persönliche Gegenstände** *(Clothes and personal effects)*	
Br.	*Am.*	*Br.*	*Am.*
autumn	fall, autumn	trousers	pants, trousers
stream, small river, brook	creek, brook	pants, underpants	underpants, (pants)
insect	insect, bug	braces *(Hosenträger)*	suspenders
embankment *(Uferbefestigung)*	levee ['levɪ]	handbag	purse, handbag, pocket-book

Städtisches Leben *(Urban environment)*		**Ernährung** *(Food and nutrition)*	
Br.	*Am.*	*Br.*	*Am.*
lift *(Personenaufzug)*	elevator	chips, French fries	French fries
ground floor *(Erdgeschoß)*	first floor	(potato) crisps	(potato) chips
(public) toilet(s)	restroom	maize, (corn) *(Mais)*	corn
launderette *(Waschsalon)*	laundromat	corn *(Getreide)*	grain
bookshop	bookstore	aubergine, (egg-plant)	egg-plant
shop-assistant	sales clerk [klɜrk]	cookery book, cookbook	cookbook
dustbin	garbage can	tin, can	can

366 Lautschrift (Phonetic symbols and signs)

Vokale und Diphthonge *(Vowels and diphthongs)* **Konsonanten** *(Consonants)*

[ɪ]	sit	[i:]	see	[eɪ]	name	[s]	sun	[z]	easy	[l]	land
[ʌ]	cut	[ɑ:]	ask	[aɪ]	time	[ʃ]	ship	[ʒ]	vision	[m]	man
[ɒ]	box	[ɔ:]	broad	[ɔɪ]	boy	[tʃ]	chin	[dʒ]	Jim	[n]	new
[ʊ]	put	[u:]	moon	[əʊ]	cold	[θ]	thin	[ð]	then	[ŋ]	long
[e]	let	[ɜ:]	bird	[aʊ]	house	[f]	fan	[v]	van	[r]	red
[æ]	hat			[ɪə]	here	[p]	pig	[b]	big	[h]	hand
[ə]	another			[eə]	chair	[t]	town	[d]	down	[j]	yes
				[ʊə]	sure	[k]	car	[g]	gas	[w]	water

Bei mehrsilbigen Wörtern wird die betonte Silbe durch das Betonungszeichen ' markiert. Silben mit einem Nebenton werden durch ˌ markiert.

Wenn nur die Betonung und nicht die Aussprache insgesamt dargestellt werden soll, werden die Silben durch Querstriche symbolisiert:

elect [ɪ'lekt]/[-'-] reelect [ˌrɪɪ'lekt]/[ˌ--'-] anomalous [-'---]

Wort- und Sachregister

Die Zahlenangaben bezeichnen die **Randziffern.** Unterabschnitte sind mit einem Punkt abgetrennt, z. B. 73.1.
A = Anmerkung(en).

Weitere Abkürzungen:

Adj.	= Adjektiv(e)	Inf.	= Infinitiv	Präp.	= Präposition(en)
Adv.	= Adverb(ien)	Konj.	= Konjunktion(en)	*Progr. Form*	= *Progressive Form*
Begl.	= Begleiter	Obj.	= Objekt(e)	Pron.	= Pronomen
Ger.	= *Gerund*	Obj.kompl.	= Objektkomplement	Subj.(kompl.)	= Subjekt(komplement)

Q

R

S

W

Y

Z

Deutsch-englisches Verzeichnis grammatischer Ausdrücke

Ableitung	derivation	*happy* → *happily, derive* → *derivation*
Abschwächung, abschwächend	down-toning	Close the door, *will you?* I'm *nearly* finished.
abstraktes Nomen	abstract noun	*life, decision, arrogance*
Adjektiv	adjective	*careful, cheap, happy, glad*
Adjektivgruppe	adjective phrase	*very careful, glad to be here*
Adverb (der Art und Weise, der Zeit, etc.)	adverb (of manner, time, etc.)	*carefully, soon, really, very*
Adverbgruppe	adverb phrase	*very carefully*
adverbiale Bestimmung	adverbial *(n.)*	*Occasionally* she travels *to London.*
adverbiale Gruppe	adverbial phrase	*very carefully, with care, to London*
Adverbialpartikel	adverbial particle	go *out,* look *up*
Adverbialsatz	adverbial clause	*When the sun shines,* they go to the beach.
Aktiv (⟷ Passiv)	active (voice)	*The dog bit the postman.*
Anfangsstellung (eines Adverbs)	front-position	*Actually,* I've always lived here.
allgemeines Nomen (⟷ Eigenname)	common noun	*table, boy, decision, advice, group*
Artikel (bestimmter/unbestimmter)	(definite/indefinite) article	*the, a (an)*
Attribut/attributiver Gebrauch	Attribute ['ætrɪbju:t]/attributive use [-'---]	a *cheap* ticket *to London*
Aufforderungssatz	imperative sentence	*Close the door.*
Ausrufesatz	exclamation	*What a fool he is!*
Aussagesatz	statement	*He is a fool.*
Begleiter	determiner	*this* book, *my* coat, *each* person
Bestätigungsfrage	question-tag	It's a lovely day, *isn't it?*
Betonung	stress	. . . but I ***do*** like ***straw***berry ice-cream.
Beziehungsverb	relation verb	*contain, possess, imply, cost*
Bezugswort	referent (of a pronoun/determiner), antecedent (of a relative clause), head (of a noun phrase)	The *boys* came in, each carrying a flag. the *man* who fixed the fridge John's *car,* the *cause* of the accident
Binnenstellung (eines Adverbs)	mid-position	Actually, I've *always* lived here.
Demonstrativbegleiter/-pronomen	demonstrative determiner/pronoun	*this* book, *that* noise, *these* cups, *those* idiots
direkte Rede	direct speech	"It's raining," she announced.
direktes Objekt	direct object	I gave him *the money.*
dynamische Verbbedeutung	dynamic meaning	*work, sit, become, disappear*
Eigenname (⟷ allg. Nomen)	proper noun	*Betty, San Fransisco, the Nile*
Einheitskasus	common case	*The dog* bit *the man.* *The man* bit *the dog.*
Emphase	emphasis ['---]	
Endstellung (eines Adverbs)	end-position	Actually, I've always lived *here.*
Entscheidungsfrage	*yes/no* question	*Is it raining?*
Ergänzung (zum Verb, zum Adjektiv)	complementation (of a verb/adjective)	He put *it down.* It is easy *to read.*
erlebte Rede	inner/interior monologue	
Ersatzform	substitute (form)	*is able to* = can; *has to* = must
Erzählrückgriff	retrospection	
finite (⟷ infinite) Verbform	finite verb form	
formale Kongruenz (⟷ Sinnkongruenz)	formal concord	Her *family was* rich.
Fragesatz	question	*Is it raining? Where's my umbrella?*
Fragewort	interrogative [--'---]	*what? where? why? how?*
Funktionswort	function word	Konjunktion, Relativpronomen, etc.
Genitiv	*(s-)*genitive, possessive case	*Marion's* bike, *his neighbours'* dog
Genus	gender	Personen- und Sachbezeichnungen
Gerundialkonstruktion	gerund construction	She left without *saying a word.*
Gradadverb	adverb of degree	*very, rather, nearly*
Groß- (und Klein)schreibung	capitalization	
Grundzahl	cardinal number	*one, eight, thirty-seven*
Hilfsverb	auxiliary (verb)	*can* swim, *will* write, *doesn't* know

Hauptsatz	main clause	*I don't believe* he did it.
Imperativ	imperative	*Close* the door. *Be* there on time.
indefinite Begleiter/Pronomen	indefinite determiners/pronouns	*all* (the boys), *some* (tea), *any(body)*
Indikativ (←→ Konjunktiv)	indicative [-'---]	He *closed* the door. She *is* here.
indirekte Rede	reported/indirect speech	*She told me it was raining.*
indirektes Objekt	indirect object	I gave *him* the money. I gave it *to him.*
infinite Verbform/Konstruktion	non-finite verb form/construction	*Gerund,* Partizipien, Infinitiv
Infinitiv (konstruktion)	infinitive (construction)	*(to) go*; I want *to go home.*
Intonation	intonation	
Inversion	inversion	(She is →) *Is she* here? Along *came Joe.*
irreale Bedingung	hypothetical condition	*If I were you,* I would . . .
Kasus	case	Subjektfall, Objektfall, Genitiv
Komparativ	comparative (form)	*longer, better, more important*
Kongruenz (Numerus ~ /Genus ~)	concord (in number/gender)	The *girl was* . . ./*she* raised *her* hand. . .
Konjunktion	conjunction	*and, but, because, though*
Konjunktiv (←→ Indikativ)	subjunctive	I suggested he *close* the door. I wish you *were* here.
Kontaktsatz	contact clause	The price *you paid* is too high.
Konversion	conversion	*to walk → a walk; dry → to dry*
Kopulaverb	linking/copula verb	The milk *is/smells/went* sour.
Mengen-/Maßangabe	expression of quantity/measure	*lots of* money, *two pounds of* sugar
modales Hilfsverb	modal auxiliary ['məʊdl]	*can, could, may, will, should, must*
modaler Tempusgebrauch	modal use of tenses	If I *had* a hammer, I'd . . .
Modus	mood	Indikativ, Imperativ, Konjunktiv
Nachsilbe	suffix ['sʌfɪks]	happi*ly,* govern*ment,* teach*er*
Nebensatz	subordinate clause	I don't believe *he did it.*
negative Wörter	negative words	*nothing, neither* (of them), *never*
nichtpositive Wörter	non-assertive words	*anywhere, yet, ever*
nichtnotwendiges Attribut	non-defining attribute	Our house, *with its green door,* is easy to find.
nichtzählbares Nomen	uncountable (noun)	*butter, furniture, advice, physics*
Nomen	noun	*table, butter, advice, family, Betty*
Nominalgruppe	noun phrase	*a tasty meal, John's car*
notwendige Ergänzung	necessary complementation	Put *it on the table.*
notwendiges Attribut	defining attribute	We live in the house *with the green door.*
Numerus	number	Singular, Plural
Objekt	object	The dog bit *the man.*
Objektfall	object case	The dog bit *him* in the leg.
Objektkomplement	object complement	We call him *Paddy.*
Ordnungszahl	ordinal number	*first, eighth, thirty-seventh*
Ortsangabe	expression of place	*in England, at home, here, there*
Paarwörter	'doubles'	*trousers, glasses, scissors*
Partikelverb	phrasal verb	*go off, wake up, point out*
Partizip(ialkonstruktion)	participle (construction)	
Passiv (←→ Aktiv)	passive (voice)	*The postman was bitten by an Alsatian.*
Personalpronomen	personal pronouns	*I, me, it, them*
Personenbezeichnung	noun denoting a person	*child, parent, friend, writer, Queen*
Plakativsprache	block language	*No smoking. Way out.*
positive Wörter	assertive words	*somebody, a lot of, already*
Prädikat	predicate ['predɪkət]	I *could lend* it to you. He *was* a fool.
prädikative Ergänzung → Subjekt-/Objektkomplement		
prädikativer Gebrauch	predicative use [-'---]	The ticket was *cheap.*
Präposition	preposition	*in, at, to, towards, beyond, for*
Präpositionalgruppe	prepositional phrase	*in England, beyond all doubt*
Präpositionalverb	prepositional verb	*look for, listen to, stare at*
Präpositionalobjekt	prepositional object	I'm looking for *mistakes.* Listen to *the music.*
Proform	pro-form	Is he ill? I'm afraid *so.*/I hope *not.*
progressiver Aspekt	progressive aspect	*is/was/has been/will be playing tennis*
Pronomen	pronoun	*This* is ...; It's *mine; each* of the boys
reale Bedingung	realistic/real condition	*If it rains,* ...
reflexives Pronomen	reflexive pronoun	You are contradicting *yourself.*